U0814579

大学精品资源共享课程系列

（第3版）

中国文化概论

ZHONGGUO WENHUA GAILUN

《中国文化概论》编审委员会

顾　　问　祖保泉

主　　任　李　平

编审单位

安徽师范大学　皖西学院
淮北师范大学　巢湖学院
安庆师范学院　铜陵学院
阜阳师范学院　池州学院
淮南师范学院　滁州学院
合肥师范学院　宿州学院
合肥学院

主　　编　李　平

北京师范大学出版集团
BEIJING NORMAL UNIVERSITY PUBLISHING GROUP
安徽大学出版社

图书在版编目(CIP)数据

中国文化概论/李平主编. —3 版. —合肥:安徽大学出版社，2015.1(2020.1 重印)

ISBN 978-7-5664-0893-8

Ⅰ. ①中… Ⅱ. ①李… Ⅲ. ①中华文化—青年读物 Ⅳ. ①K203—49

中国版本图书馆 CIP 数据核字(2015)第 007420 号

中国文化概论(第3版) 李 平 主编

出版发行: 北京师范大学出版集团
安 徽 大 学 出 版 社
(安徽省合肥市肥西路 3 号 邮编 230039)
www.bnupg.com.cn
www.ahupress.com.cn

经 销: 全国新华书店
印 刷: 安徽昶颉包装印务有限责任公司
开 本: 170mm×240mm
印 张: 23.75
字 数: 376 千字
版 次: 2015 年 1 月第 3 版
印 次: 2020 年 1 月第 8 次印刷
定 价: 38.00 元
ISBN 978-7-5664-0893-8

策划编辑: 卢 坡
责任编辑: 卢 坡 苗 锐
责任校对: 程中业
装帧设计: 李 军
美术编辑: 李 军
责任印制: 陈 如

目　录

绪　论

陈寅恪说："华夏民族之文化，历数千载之演进，造极于赵宋之世。后渐衰微，终必复振。譬诸冬季之树木，虽已凋落，而本根未死，阳春气暖，萌芽日长，及至盛夏，枝叶扶疏，亭亭如车盖，又可庇荫百十人矣。"[①]中国文化源远流长，荡荡如长江，浩浩似大海，巍巍如嵩岳，霭霭似青云。它有五千年的悠久历史，具有精粹的内容和鲜明的民族特色，并世各国极少有能和我国相比者。这是我们身为炎黄后裔所引为自豪的。我们要感谢祖先的厚德，留给后代丰富无比的文化遗产。同时，我们也要致力于传统文化的更新与创造，使之成为中国现代文化建设的质料，从而发扬光大、再获生机。

一、文化的概念、结构与传承

1. 文化的概念

"文化"一词，中国古已有之。《周易·贲》曰："观乎天文，以察时变；观乎人文，以化成天下。""天文"，指自然之文；"人文"，指典籍礼俗。就是说，通过日月天象认识自然变化规律，凭借诗书礼乐教化世人治平天下。这段话虽有"以文教化"的含义，但是"文"与"化"还是并联使用，尚未独立

① 陈寅恪：《邓广铭宋史职官志考证序》，见《金明馆丛稿二编》，上海古籍出版社，1980年，第245页。

成词。西汉刘向最早将“文化”作为一个专有名词来使用。《说苑·指武》曰:“圣人之治天下也,先文德而后武力。凡武之兴,为不服也,文化不改,然后加诛。”这里说的“文化”,指文治教化,与武力征服相对应,即所谓“文治武功”。这样的理解一直持续到近代。

在西方,“文化”一词的本义为耕种、居住、练习、留心或注意、敬神等,后来引申为对人类精神的培养化育。它有一个从物质生产活动向精神生产活动演变的过程,而中国古代的“文化”概念一开始就是指精神道德活动。这是两者的区别。

[英]爱德华·泰勒

19世纪中叶以后,人类学、社会学、民族学等人文学科纷纷兴起,“文化”(culture)开始作为一个专门术语被诸多学科所阐述,“文化”的概念也随之发生变化,开始具有现代科学的意义。最早从科学的角度给“文化”下定义的是英国的“人类学之父”泰勒,他在《原始文化》(1871)一书中说:“文化或文明,就其广泛的民族学意义来说,乃是包括知识、信仰、艺术、道德、法律、习俗和任何人作为一名社会成员而获得的能力和习惯在内的复杂整体。”[①]这一定义长期被视为“文化”的经典性定义。

泰勒以后,西方许多学者从不同的角度对“文化”定义做了进一步的修正,使之不断发展。1952年,美国人类学家克鲁伯和克拉克洪在《文化,关于概念和定义的检讨》一书中,统计从1871年到1951年间关于文化的定义有164种之多。这些定义可归为六大类:①描述性的定义,如泰勒定义对文化诸层面的描述;②历史性的定义,此类定义注重强调文化的历史传统;③规范性的定义,此类定义强调文化的价值规范作用;④心理性的定义,此类定义注重的是人类文化心理的产生和作用机制;⑤结构性的定义,此类定义着重揭示文化形态内部的结构关系和文化的系统性;⑥发生性的定义,此类定义主要反映人类文化的起源、发生和发展。“文化”定义的众说歧出是因为以文化为研究对象的学科众多,而每一学科的内部又派别林立,形成不同的文化学派,如进化学派、传播学派、社会学派、历史学派、功能学派、心理学派、结构主义学派等,于是见仁见智的“文化”界说

① 转引自庄锡华等编《多维视野中的文化理论》,杭州:浙江人民出版社,1987年,第99~100页。

就不可避免地出现了。然而,这些定义大多没有超出泰勒把“文化”看作一个复杂的整体的基本概念。受西方文化学派的影响,中国近现代一些著名学者也试图对“文化”做出科学的界说。梁启超是较早运用资产阶级新观点、新方法,对文化进行研究的近世学者。他在《什么是文化》一文中说:“文化者,人类心能所开积出来之有价值的共业也。”“文化是包括人类物质、精神两面的业种业果而言。”①梁漱溟认为:“文化,就是吾人生活所依靠之一切。”“文化之本义,应在经济、政治,乃至一切无所不包。”②钱穆也说:“文化,是指人类的生活,人类各方面各种样的生活总括汇合起来,就叫它做文化。”③

对以上定义进行分析综合,便可以得出文化的一般特征。其一,文化是一个综合统一体。文化的要素和成分尽管是多种多样的,然而文化却不是简单、孤立的诸要素和成分杂乱无章的拼凑,相反,各要素和成分之间是相互整合而统一的。文化就是诸多要素和成分在杂乱的纵横交错的关系中所产生的综合统一体,这种统一性常常通过共同的价值系统和行为模式表现出来。其二,文化体现了创造的意志和力量。创造是文化之母,文化是超越有机存在的。这是因为文化是由作为社会成员的人创造并掌握的东西,因此必须明确地同本能的生物学遗传或先天性行为方式区别开来。其三,文化是世代相传的连续体。就是说,文化是社会性传承的结果,是超越个人的存在。当然,在连绵不断的发展过程中,文化也具有创新的机制。这种创新机制最终会导致文化传统的变化或迁移。其四,文化是普遍存在的具体性东西。广义地说,文化是一种人类活动,是人类所取得的一切成果的结晶。有了人就有了历史,有了历史也就有了文化。每一个社会、每一个民族、每一个时代,人们都生活在一定的文化系统中,这个文化系统就是人们生活的国家、活动的社会、遵守的制度、寄身的家庭、持有的信仰等等。

明白了文化的一般特征,就不难理解文化的本质特征了。文化的本质特征,用一句话来说,就是“自然的人化”或“人的本质力量的对象化”。

---

① 梁启超:《饮冰室合集·文集之三十九》,第5册,北京:中华书局,1989年,第98页。

② 梁漱溟:《中国文化要义》,上海:学林出版社,1987年,第1页。

③ 钱穆:《中国文化传统之演进》,见《港台及海外学者论中国文化》(上),上海人民出版社,1988年,第1页。

在文化的创造和发展过程中，主体是人，客体是自然。人凭着自由的意志和创造的力量，对自然界宣告独立，从而开创出所谓“文化”领域。从整体上讲，人虽然也是自然的一部分，是自然的产物，但人在社会实践中形成了一种具有创造能力的族类本质，不仅能适应自然，而且能驾驭自然、改造自然，按自己的目的和欲望，赋予自然以新的形式，把人的本质力量在劳动及其产品中对象化了，从而创造出“第二自然”。这“第二自然”就是所谓“人化自然”，也就是文化领域。所以，我们应当从人类与自然的关系上去界说“文化”的概念。文化是人与自然、主体与客体在实践中对立统一的产物，是人类本质力量创造性的体现，是人的不同形态的创造物的多元复合体。人能够创造“第二自然”，开创文化领域，是因为人有自由意志和能动作用。马克思说：

> 诚然，动物也生产。它也为自己营造巢穴或住所，如蜜蜂、海狸、蚂蚁等。但是动物只生产它自己或它的幼仔所直接需要的东西，动物的生产是片面的，而人的生产是全面的；动物只是在直接的肉体需要的支配下生产，而人甚至不受肉体需要的支配也进行生产，并且只有不受这种需要的支配时才进行真正的生产；动物只生产自身，而人在生产整个自然界；动物的产品直接同它的肉体相联系，而人则自由地对待自己的产品；动物只是按照它所属的那个种的尺度和需要来建造，而人却懂得按照任何一个种的尺度来进行生产，并且懂得怎样处处都把内在的尺度运用到对象上去。因此，人也按照美的规律来建造。①

这里，马克思从人的生命活动的本质出发，考察了人的生产活动与动物的生产活动的根本区别，指出了人的自觉、自由、有意识的活动是人类文化创造活动的本质特征。

2. 文化的结构

文化既是一个有机整体，那么我们也就可以对它做结构上的剖析。前人对文化结构的解剖，大多从文化形态入手。泰勒的定义强调的是文化精神方面的种种形态，而作为文化活动产品的物质文化则被忽略了。

---

① ［德］马克思：《1844年经济学哲学手稿》，见《马克思恩格斯全集》，第42卷，北京：人民出版社，1982年，第96～97页。

林顿就把文化划分为“显型文化”(overt culture)和“隐型文化”(covert culture)。所谓“显型文化”，主要指物质文化，即可视可感的、能够从外部加以把握的文化形态；“隐型文化”，主要指精神文化，即难以窥视其外部形态的、非物质性的心理文化。就文化活动的两面性来说，这种把握无可厚非。因为当人们以社会实践活动的方式去表现人的创造性的本质力量时，便产生了人类的物质文化；当人们以观念的形态去呈现创造力时，便形成了人类的精神文化。然而，仅就形态而言，物质与精神二分法也显得过于宽泛。于是，美国人类学家博厄斯对文化形态又做了如下划分：

(1)物质文化——食物的获得、保存、加工，房屋、衣服、制造工艺的过程、物产、运输方法等；

(2)社会关系——一般性经济状态、财产权，战争、和平时的部落关系、部落内的个人地位、部落、氏族、家族组织、通讯形态，性别上的、年龄上的个人关系；

(3)艺术、宗教、伦理——装饰、绘画、歌谣、故事、舞蹈，对超自然存在状态、神圣存在状态的态度及行动，对善恶、适应与不适应等的判断及行动。①

与此相应的是我国一些学者对文化形态的结构层次也做了类似的划分。庞朴将文化划分为“物质的——制度的——心理的”三个层次，其中，“文化的物质层面，是最表层的；而审美趣味、价值观念、道德规范、宗教信仰、思维方式等，属于最深层；介乎二者之间的，是种种制度和理论体系”。② 何新认为：“文化形态内部具有层次和结构。文化形态受制于一种特殊的价值系统。物质文化、精神文化、社会制度和价值系统，结合构成一种特殊文化形态的四个有机的、相关联的层面。每一种文化形态均包括四个层次：一、物质文化——工具、工艺、技术产品(文明)；二、精神文化——宗教、哲学、法律等意识形态；三、社会组织与社会制度；四、价值系统——风俗、伦理、道德、艺术、行为方式。”③冯天瑜又将文化划分为“物态文化”、“制度文化”、“行为文化”、“心态文化”四个层次，而心态文化(或曰

① Franz. Boas：The Mind of Primitive Man P. 183(1911). 转引自庄锡华等编《多维视野中的文化理论》，杭州：浙江人民出版社，1987 年，第 373～374 页。

② 庞朴：《要研究“文化”的三个层次》，载《光明日报》，1986 年 1 月 17 日。

③ 何新：《文化形态学的概念与理论》，载《人文杂志》，1986(1)。

“精神文化”、“社会意识”）又可区分为“社会心理”和“社会意识形态”两个层次，其中，社会意识形态又可分为“基层意识形态”（如政治理论、法权观念）和“高层意识形态”（如科学、哲学、艺术、宗教）。[1]

以上这些形态划分对于人们认识和理解文化的内容无疑是有帮助的，本书也将依据这些形态来分析中国文化的具体内容。但是，这种种形态并非文化结构所涵盖的全部内容，如果仅仅停留在这一层面的分析上，那就无异于把文化结构视为一种静止而平面的模式。事实上，文化结构是一种具有自身组织、具有内在发展动力的动态结构系统。它既不同于原子论的涌现图式，也有别于整体论的联想图式。文化结构虽然以其诸多形态呈现于我们面前，但这些形态仅仅是它的表层结构。因此，我们还须把这一表层结构导入它的深层结构，引入对其根源、对其自身的内在动力的探讨。这便把它引向了我们称之为文化本质特征的“关系层”。所谓“关系”，指的是人在其活动中与自然所发生的对象性的关系体系。它旨在从人的内在需求、从人与自然之间的整体关系中，探寻到文化结构大厦所赖以支撑的基础。但是，这种深层关系又是如何外化、涌现为文化结构的显在形态，这就要经过一个“转换层”。所谓“转换”，实际上也就是人的对象性关系体系在人类文化活动中的具体展开。一方面，正是这种文化活动把人与自然之间的整体关系转换成现实的成果，并通过种种文化形态呈示出来；另一方面，它又把人类自身种种需求转换为现实的满足，并进而激发起新的需求。于是，主体与客体、关系与形态、需求与满足便被纳入一种终而复始、变动不居的转换流程之中，文化结构的深层与表层便不断处于一种被结构化、现实化的动态建构之中。这种处于关系与形态之间，并使文化整体对人产生现实功能的转换层，其实就是人的本质力量的对象化活动，或者说是人的实践活动。因此，文化结构是一个具有自身组织、内在发展动力的一体三面的动态结构系统。它经过了一个由“关系层”到“转换层”、再到“形态层”的不断被外化、被实现的过程。这个动态结构系统可用右上图予以展示。

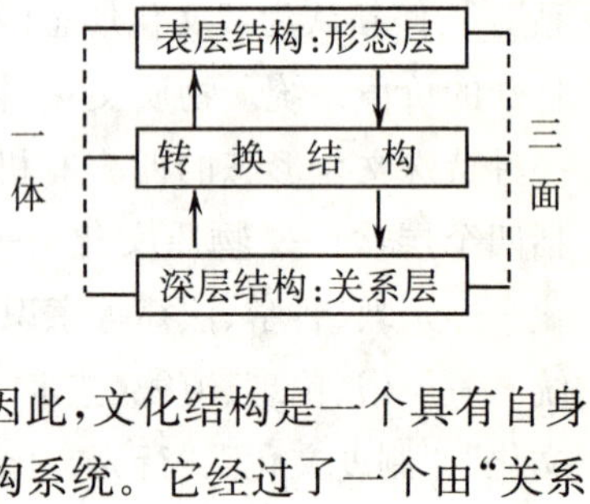

① 冯天瑜等:《中华文化史》(上)，上海人民出版社，1990年，第31～32页。

由图可见，在文化结构系统中，关系层、转换层、形态层既层层规定、互观共照，又定向开展、蒂萼相生，从而宛然呈示出它的一体三面的完整形象和运行转换的律动。这种积极的动态建构过程，正类似于人类的交感共构、孕化生子的过程。关系层好比是父母双方的交感共构，转换层则宛似母亲漫长的孕化妊期，而形态层又恰似胎儿出世、呱呱降生。如果说胎儿是父母双方的对象化"产品"，那无异于说形态层正是关系层的对象化产品；胎儿可与父母互观共照，又一如形态层可与关系层共照而互观。

3. 文化的传承

文化的传承发展是一个极其复杂的过程。19 世纪下半叶文化人类学兴起后，就有不少学者从各个不同的角度，对这一问题进行专门的研究，形成了许多有关文化传承的理论观点。这里只能概括地介绍进化与传播两种理论观点。

文化进化论　达尔文创立生物进化论以后，进化论被一些社会学者视为一种具有普遍意义的科学认识论，并成为 19 世纪后半叶的时代精神。早期文化人类学家摩尔根、泰勒等，将达尔文的进化论引入文化研究领域，认为人类社会永远沿着一定的进化阶梯前进。文化的发展过程是持续的、有阶段性的，每个阶段既是过去阶段的产物，又在未来阶段中起一定作用；文化的发展除了具有累积的性质外还包含着进步的性质，是一个由低级向高级、由简单到复杂的循序渐进过程。文化进化论坚持人类社会发展与文化发展规律的一致性，把人类文化演进的原则归结为：①"心理一致说"(theory of psychic unity)，就是说人类任何民族在心理方面都是一致的；②"独立发明说"(theory of independent invention)，文化是人类特有的适应环境的方式，各民族的物质环境大同小异，既然心力相同而环境刺激也无甚差异，因此任何民族都会自己产生文化；③"逐渐进步说"(gradual progressivism)，各民族文化都按同一路径发展，各阶段在次序上是固定的，在时间上却不一律，有些民族进步得快，有些民族进步得慢，但他们都会一段一段地逐渐前进，不会越级突进。[①] 摩尔根最先规定了人类社会依次经历"蒙昧"→"野蛮"→"文明"三个进化阶段，孔德又提出所有的社会都必然要经历"征服"→"防御"→"工业"三大阶段。文化

① 参见林惠祥《文化人类学》，北京：商务印书馆，1991 年，第 26 页。

进化论试图从整体上把握人类文化发展的规律，致力于寻求不同民族文化的历史联系，强调了文化传承演变的时间形式，具有一定的进步意义。可以说，只要有人类文化的地方，就会有进化的原则存在。任何高级、复杂、精致的文化现象，都是从低级、简单、粗糙的阶段逐渐发展而来的。但是，文化进化论认为，人类文化发展仅表现为单线的、机械的进化过程，西方文化是进化的最高成就和人类文化发展的最高形态，这一观点遭到了大多数现代社会学家的反驳。已有大量证据表明：人类文化并非单线的进化发展过程，西方文化中心论也只是一种偏颇的观点。

文化传播论　从19世纪末叶到20世纪中叶，随着文化研究与地理研究的结合，文化在空间上不断位移的现象日益为人们所认识，从而产生了将文化发展与特定的地理环境联系起来的文化传播学派。德国人文地理学家拉策尔强调由于民族的迁移、新的地理环境的出现，各种文化现象迅速移植，文化就是通过人类的交往联系（如战争、商业、迁徙、族类混合）而传播开的。文化传播论可分为两派：德国派和英国派。德国第一个真正的传播论者是格雷布内尔。他认为，各民族文化的相似大半可以由历史上的接触而发生的传播或“借用”来解释。人类的创造力不足道，发明是很罕见的事。相反，人类的各种交往、战争掠夺、迁徙移动则是经常发生的，这就不可避免地产生了文化传播现象。因此，传播或借用在文化传承演变中具有重要作用。在他看来，民族学的工作便是重新发现各民族在历史上接触的事实，并寻觅文化传播的痕迹。他还提出，以“文化圈”为寻觅文化传播的单位，把整个人类文化根据地域划分成若干文化圈，其中分为“母文明”（如埃及、巴比伦、中国、印度、希腊、玛雅等）和“子文明”，子文明的形成是母文明传播的结果。英国传播学派以里弗斯为首，代表人物有斯密斯、佩里。在文化源头问题上，德国派主多元，英国派主一元。里弗斯强调两种文化相对程度上“借用”的重要、少数移民产生重大文化影响的可能。他用这些原则配合心理学的方法，努力将现在的文化状态的过去背景重新复原。不过，他的论证方法主观推断的色彩太浓，以致到了斯密斯和佩里便流于纯粹的幻想。斯密斯全用非批判的方法泛论全世界的文化复原，提出“泛埃及主义”，认为世界文明的唯一中心在埃及，其他一切文化都由埃及这一最早母体传播而来。传播论认为，文化是若干文化特质或文化元素的结合，把文化看作一个动态的、不断迁移的过程。同时，注意文化与环境的关系，强调文化的多样性和发展途径的多元化，具有一定的合理性。但是，这个学派把文化解释为由一点扩散到四方的单向过程，发展到极端便是“泛埃及主义”的出现，这就违背了世界文化发展的客观现实而大错特错了。

如果说进化论强调了文化传承演变的时间序列，那么传播论则指出了文化传承演变的空间位移。前者主张对文化进行历时性分析，注重文化系统间相似的一面，却忽略了人类文化曲折差异的一面，结果将文化的传承演变看作单纯的线性进化过程；后者注意到文化的多样性，提出文化发展的多元化，却否认文化传承的规律性，结果又使文化的演变发展成为单向的辐射过程。这两派的观点都具有各自的合理性和片面性，只有把两者有机地结合起来并克服其缺陷，将文化的发展看作线性进化和多元共生的辩证统一，方可获得对人类文化传承演变规律的正确认识。

二、中国文化的生存空间、创造主体与发展历程

1. 中国文化的生存空间

“中国”是我们民族文化的生存空间，是华夏五千年文明的摇篮。它既是我们国家自古以来的一个通称，又是我们现在中华人民共和国的一个简称。

何　尊

作为一个地理概念，“中国”的内涵经历了一个逐渐扩展的过程。“中国”二字，在古代典籍里有狭义和广义之别。就狭义而言，“中国”指方形的城，意思是王的都城、京城，城外有诸侯、土地和百姓。《诗经·大雅·民劳》：“惠此中国，以绥四方。”《毛传》：“中国，京师也。”就是说“中国”是西周王朝直接统治的区域，即王畿。因为四方都有诸侯，故称“中国”。就广义而言，“中国”指地理空间的范围，主要指黄河中下游流域，也就是古代所谓“中原之地”。据考证，以“中国”指称中原之地，起源于周武王时期。[①] 以后就把中原以外的地方视为蛮夷之地，所谓“东夷”、“西戎”、“南蛮”、“北狄”，“皆据中国以指斥之”（王筠《说文句读》）。这样，中国就因处于

① 参见于省吾《释中国》，载《中华学术论文集》，北京：中华书局，1981 年。

四夷的中部而得名，体现出重中轻外的文化传统。

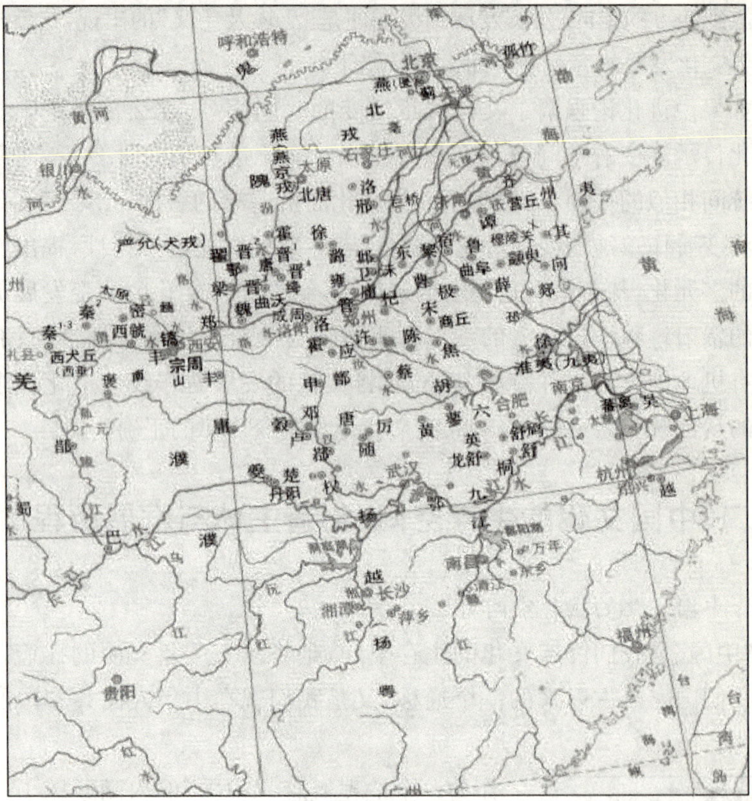

西周地图

中国作为地理概念的范围渐次扩大是与作为政治概念的国家凝成发展联系在一起的，从四五千年以前的史前时代到秦汉大一统的中央政权的建立，大致经历了五个阶段：①禅让制度，由各族互推共主，此为唐尧、虞舜时代；②王朝传统制度，各族共认的王朝，父子相传（如夏）或兄弟相及（如殷），继世承统，为天下之共主，此为夏、商时代；③封建制度，诸侯由王朝所建立，而非王朝由诸侯所尊认，此为西周时代；④联盟制度，由诸侯互推霸主，自由结盟，王朝虚设无权，此为春秋时代；⑤郡县制度，全国只有一个王朝而无诸侯存在，此为秦汉时期的情形。[①] 秦汉以后，历朝版图虽时有损益，但基本趋势是不断拓展。清代疆域“东极三姓所属库叶岛，

① 参见钱穆《中国文化史导论》（修订本），北京：商务印书馆，1994 年，第 38 页。

西极新疆疏勒,至于葱岭,北极外兴安岭,南极广东琼州之崖山”(《清史稿·地理志》)。这就是中国传统文化生存的地域范围。

清代疆域图

2. 中国文化的创造主体

中华民族,是中国传统文化的创造主体。由古代华夏族(古汉族)演变而来的“中华民族”,是在中国领域内共同生活的各个民族的总称呼。

“中华”之名,由来已久。春秋时代,黄河流域的人民就自称“诸华”或“诸夏”,有时单称“华”或“夏”。所以,“华夏”就是汉族的先祖。章太炎说:“是故华云、夏云、汉云,随举一名,互摄三义。”[①]华夏族因居于四方之中,故又称“中华”。

《说文解字》曰:“夏,中国之人也。从夊。从页。从臼。臼,两手。夊,两足也。”

根据古代传说,上古以畜牧经济为主,古人逐水草而居。于是,有三个大的氏族部落,进入黄河中、下游流域。一是西方来的,以炎帝为首的氏族部落;二是东方来的夷人氏族部落,以蚩尤为首领;三是西北来的,以黄帝为首的氏族部落。炎帝(姜姓,号“神农氏”)大部落来自陕西,沿着黄河向东而来,到了河南、山东。黄帝(姬姓,号“轩辕氏”)大部落自陕西北部过黄河,到了山西,沿着太行山,到达黄河之滨的河北、涿鹿地区。蚩尤率领的夷人(后称“九黎族”),原在山东沿海

① 章太炎:《中华民国解》,载《民报》,第15期,1907年7月。

黄帝

炎帝

地区。他们自东向西前进，首先碰上了自西向东的炎帝大部落，双方发生了激烈的战争。经过多年争战，炎帝被打败了，他的部落退到河北，和黄帝大部落联合起来。这样，炎、黄共同大战蚩尤。蚩尤被打败，他的一部分人退到南方，与南方荆楚地区的苗人、蛮人相合，共同居住生活下来。

赶走蚩尤之后，北方的黄、炎两大部落又争斗起来。在河北地区，先后发生了三次大规模的战争，结果是炎帝失败。已而，这两大氏族部落又重新联合起来，共同开发黄河流域。现在，汉族人说自己的祖先是“黄帝子孙”或“炎黄子孙”、“炎黄世胄”，就是源自这个古代传说。

后来，中华族人从北方中原地区向四周渗透：向南——和南迁的九黎族以及苗族、蛮族相并相合；向东——同东部沿海地区的夷人相并相合；向西——同羌族等民族相并相合；向北——同北方的狄族人以及其他各族相并相合。各民族经过长期的并合融化，终于形成了多民族的大整体，总称“中华民族”。这是经过几千年演进发展而形成的。中华民族的形成过程约略可分为四个时期：

第一期：上古至先秦。这是中华民族融合统一的最初阶段。在此期内，中华民族即以华夏族为主干，而纳入许多别的部族，如东夷、西戎、南蛮、北狄之类，融合成一个更大的中华民族，这便是秦汉时代的中国人了。亦因民族融合之成功，而有秦汉时代之全盛。

第二期：秦汉至南北朝。在此期内，尤其在秦汉之后，中华民族又融汇许多新流，如匈奴、鲜卑、氐、羌诸族，进一步融成一个更新更大的中华民族，这便是隋唐时代的中国人了。又因民族融合之成功，而有隋唐时代之全盛。

第三期：隋唐至元明。在此期内，尤其在隋唐以后，又在中华民族里汇进许多新流，如契丹、女真、蒙古之类，进一步形成明代之中国人。因第三次民族融合之成功，而有明代之全盛。

第四期：清代满人入关以后，在中华民族里又继续融汇了许多新流，如满、藏、回、苗等。这种民族大融合的趋势，还将继续下去。[1]

中华民族现在有56个民族，各民族在平等、团结的基础上，正满怀信心地为我们伟大民族的文化复兴而努力奋斗！

3. 中国文化的发展历程

中国文化是中华民族在中国境内创造的各具形态的物质文化和精神文化的总和。从横向的角度看，丰富多彩的中国文化渗透于经济生活、政治制度、宗教礼俗、学术思想、科学技术、文教艺术各个层面；从纵向的角度看，灿烂悠久的中国文化又有一个从发生、发展，到壮大、繁荣，直至蜕变、转型的漫长过程。下面，我们就循着历史的踪迹，踏勘中国文化的发展历程。

上古——中国文化的起源 "上古"主要指文字发明以前的史前社会，中国文化正起源于此。在文化的产生过程中，具有决定意义的是工具的使用。从旧石器时代的打制石器过渡到新石器时代的磨制石器，中国文化经历了从蒙昧到野蛮的发展过程。火的使用和工具的进步，使畜牧业及最原始的农业逐渐代替了狩猎经济；随着农业的发展，游牧生活又逐渐转向定居生活。在此基础上，社会组织形式也由母系氏族逐渐过渡到父系氏族，并出现了部落联盟。中国神话传说中的女娲、庖牺、神农、有巢、燧人，就是母系氏族时期创造的诸神；传说中的五帝（一般指黄帝、颛顼、帝喾、唐尧、虞舜）生活于父系氏族时期；尧、舜、禹禅让的传说，则是有关部落联盟首领产生的方式。与此同时，原始宗教（如龙凤图腾、原始巫术）、原始艺术（如陶绘艺术、原始歌舞）也都发展起来。当青铜器取代石器、陶器时，农业生产又有了长足的发展，于是产生了私有制和国家。随着国家的建立，中国文化便由野蛮进入文明阶段——阶级社会。

伏羲女娲画像石

① 参见钱穆《中国文化史导论》（修订本），北京：商务印书馆，1994年，第22页。这是一种传统而流行的文化史观，即认为中华文明的起源是一元的，其中心在黄河中下游，由此向外传播，以至各地。近年有学者对此观点提出异议，如李学勤、徐吉军主编的《长江文化史》一书认为，这种歧视边疆民族而又认为其与华夏同出一源的正统观，在历史上的影响是很深的。该书根据我国新旧石器考古学和人类学的发现与研究所取得的成就，证明早自史前时代，长江地区已有相当高度的文化；从上古到三代，南北之间的文化交往实未间断；中原王朝在很多方面，其实是依赖于南方地区。这样，就使传统的认为中华文明起源于黄河中下游然后向四周扩散的单源中心说得到了修正，证明了中华文明既是多元区域性发展，又呈现向中原内向汇聚及华夏族向四周辐射发展的特征。

殷周——中国文化的孕育 “中国政治与文化之变革，莫剧于殷周之际”。商周交替的背后是旧制度废而新制度兴、旧文化废而新文化兴，由此形成中国文化的特殊面貌。公元前 14 世纪，商人在盘庚的率领下，迁都于殷（今河南安阳小屯村），在此传位八代十二王，历时 273 年，创造了著名的殷墟文化。公元前 11 世纪周朝的建立是中国文化发展史上的一个里程碑。“周虽旧邦，其命惟新”。周朝在国家统一的前提下，实行文化主旨的转换，使夏商以来的华夏文化趋于制式化。从思想上看，商周时期的文化还具有比较浓厚的宗教色彩，但人本思想已初露端倪。《礼记·表记》：“殷人尊神，率民以事神，先鬼而后礼……周人尊礼尚施，事鬼敬神而远之。”商人为“天命神权”思想所笼罩，他们创造的甲骨文、典册、青铜器等，都体现出尊神重鬼的文化特色。周人入主中原，除了受天命神权思想影响外，还在总结殷亡教训的基础上，认识到“民心”比“天命”更重要，因而提出“敬德保民”的思想，它成为后来儒家“仁政”、“民本”政治主张的理论渊源。随着思想的进步，周人着手建立一套新的礼制文化。王国维说：“周人制度之大异于商者：一曰立子立嫡之制，由是而生宗法及丧服之制，并由是而有封建子弟之制、君天子臣诸侯之制；二曰庙数之制；三曰同姓不婚之制。”① 这里包括嫡长子继承制、封邦建国制、宗庙祭祀制度和婚礼制度等等。这些制度的建立，使宗法制度得以完善，进而影响了此后三千年中国文化的面貌，并成为了秦汉以来历朝统治者所奉行的文化范本。

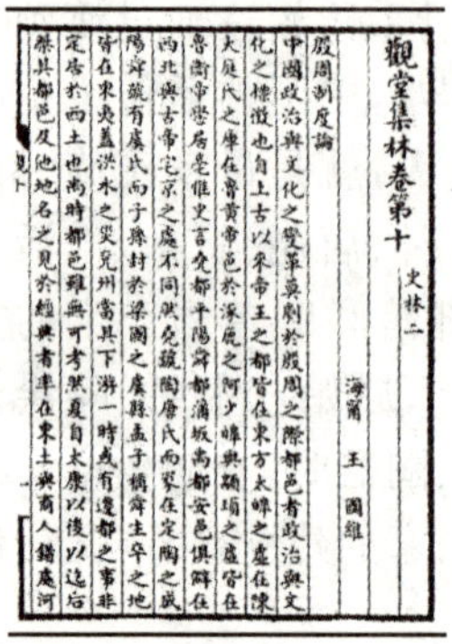
觀堂集林卷第十 史林二

海寧 王國維

殷周制度論

中國政治與文化之變革莫劇於殷周之際都邑者政治與文化之標徵也自上古以來帝王之都皆在東方太皞之虛在陳大庭氏之庫在魯黃帝邑於涿鹿之阿少皞與顓頊之虛皆在魯衛帝嚳居亳惟史言堯都平陽舜都蒲坂禹都安邑俱僻在西北與古帝宅京之處不同然堯號陶唐氏而冢在定陶之成陽舜號有虞氏而子孫封於梁國之虞縣孟子稱舜生卒之地皆在東夷蓋洪水之災兗州當其下游一時或有遷都之事非定居於西土也禹時都邑雖無可考然夏自太康以後以迄后桀其都邑及他地名之見於經典者率在東土與商人錯處河

王国维《殷周制度论》

春秋战国——中国文化的萌动 公元前 770 年，周平王东迁洛邑，中国历史进入春秋战国时期。这一时期是我国古代社会由奴隶制度向封建制度转变的时期，农业和手工业都有了较大的发展，商业也相当活跃，各地相继出现的许多繁荣的商业都市，成为各诸侯国政治、经济、文化的中心。春秋末期，周室衰微，“礼崩乐坏”。地主阶级经济日益强大，逐渐取代了奴隶主贵族经济，社会各阶级在不断发展、分化和组合。社会的大变革、大动荡，为思想文化的活跃提供了契机；新兴知识阶层的出现，为学术流派的不断产生提供了

① 王国维：《殷周制度论》，见《观堂集林》，第 2 册，北京：中华书局，1959 年，第 453～454 页。

可能；各个诸侯国的政治改革，为各学派发表自己的政治主张提供了讲坛。

秦坑儒谷

战国时期风起云涌、竞相争霸的政治局势，终于推演出诸子蜂起、“百家争鸣”的文化格局。① 战国初年，儒、墨两家在鲁国都城曲阜掀起学派争议的波澜；战国中期，齐国都城临淄成为当时全国学术文化的中心，临淄稷下学宫中人才荟萃，“百家争鸣”至此达到高潮；②战国末年，在赵国首都邯郸出现名辩与墨辩之争，成为“百家争鸣”的尾声。至秦始皇“焚书坑儒”，定法家思想于一尊，持续了二百多年的学术争鸣宣告结束。“百家争鸣”是我国历史上第一次重要的思想解放运动，各个学派相互竞争、相互吸收、相互融合，充分展示了中国文化精神的各个侧面，使我国古代学术文化在碰撞中升华，对后世文化学术的发展也产生了深远的影响。

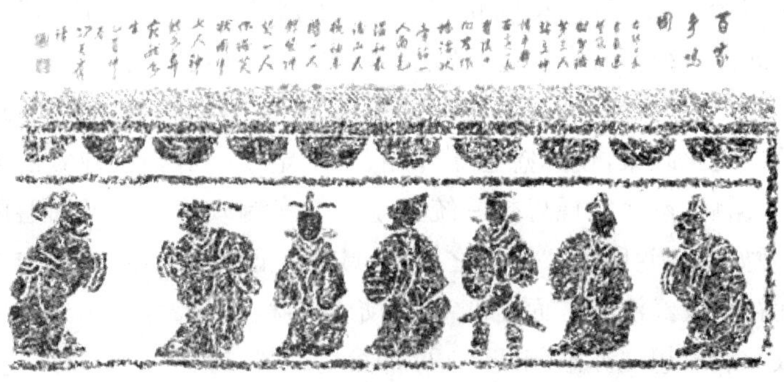

汉代画像砖·百家争鸣图

秦汉——中国文化的定型 公元前221年，中国历史上第一个封建专制的中央集权国家——秦王朝建立。汉兴以后，继承并发展了秦的各种制度，故史称“汉承秦制”。这样，秦汉时期就形成了一套完整的经济制

① 《汉书·艺文志·诸子略》统计，“凡诸子百八十九家，四千三百二十四篇”。又据战国各家学派的特点，将其分为“十家”：儒家、道家、阴阳家、法家、名家、墨家、纵横家、杂家、农家、小说家。除去小说家属于文学的范围，后世又称之为“九流”。所谓：“诸子十家，其可观者九家而已。皆起于王道既微，诸侯力政，时君世主，好恶殊方，是以九家之术蜂出并作，各引一端，崇其所善，以此驰说，取合诸侯。其言虽殊，辟犹水火，相灭亦相生也。”

② 《史记·田完世家》：“宣王喜文学游说之士。自如驺衍、淳于髡、田骈、接予、慎到、环渊之徒，七十六人，皆赐列第，为上大夫，不治而议论。是以齐稷下学士复盛，且数百千人。”

度、政治制度、文教制度以及伦理规范，使传统文化日趋制度化、模式化，从而奠定了中国文化的基础。经济制度方面，封建土地所有制在全国范围的确立是在秦汉时期。相传殷周时代的土地制度是井田制，《汉书·食货志》曰：“及秦孝公，用商君，坏井田，开阡陌。”秦完成统一大业后，又运用国家权力，在全国确立封建土地所有制。汉代继续推行并完善了封建土地所有制，使其具有国有和私有两种形式。国有形式主要是屯田和公田，私有形式一般分为皇室土地、地主土地和自耕农土地，其中地主土地是封建私有土地的主要成分。这种封建土地所有制形式成为中国封建社会的根本经济制度。政治制度方面，封建政体的总特点就是“朕即国家”、“朕即天下”。为了维护皇帝至高无上的权威，秦汉时期确立了延续两千年之久的封建中央集权制的君主专制政体。与此相适应，秦汉时期还建立了以三公九卿为主体的中央官僚政治制度。思想文化方面，中华民族思想文化的真正统一及相应制度的建立也在秦汉时期。秦统一后，实行“书同文”（统一文字）、“车同轨”（统一车辆形制）、“度同制”（统一度量衡）、“行同伦”（统一行为规范）、“地同域”（统一行政区划）。为了进一步统一学术思想，秦始皇和汉武帝还分别采用“焚书坑儒”和“罢黜百家，独尊儒术”的文化政策，使思想趋于专制、学术定于一尊。这种做法虽为后世文人所诟病，然而实现思想一统乃是君主专制政治下无可回避的历史任务。诚如冯友兰所说：“及汉之初叶，政治上既开以前所未有之大一统之局，而社会及经济各方面之变动，开始自春秋时代者，至此亦渐成立新秩序；故此后思想之亦渐归统一，乃自然之趋势。秦皇、李斯行统一思想之政策于前，汉武、董仲舒行统一思想之政策于后，盖皆代表一种自然之趋势，非只推行一二人之理想也。”①

魏晋南北朝——中国文化的发展　“汉末魏晋六朝是中国政治上最混乱、社会上最苦痛的时代，然而却是精神上极自由、极解放、最富于智慧、最浓于热情的一个时代，因而也就是最富有艺术精神的一个时代”②。魏晋以降，思想解放的洪流冲决了儒术独尊的堤坝，迎来了文化学术的空前繁荣，哲学、宗教、艺术都进入了转折的关头，出现了一次新的飞跃。在各种文化学术思潮中，最能体现时代精神的是玄学。玄学突破了两汉哲

① 冯友兰：《中国哲学史》（上），北京：中华书局，1961年，第486页。
② 宗白华：《论〈世说新语〉和晋人的美》，见《美学散步》，上海人民出版社，1981年，第177页。

学的思辨水平，玄学家关心的已不再是宇宙生成论问题，而是热衷于研究现象界背后的本体，即天地万物、宇宙万有的存在根据问题。因为玄学要为天地万物的存在寻找一个形而上的根据，所以“本末有无”就成了玄学家讨论的中心问题。玄学的方法是“辩名析理”。魏晋时期玄风大畅，士大夫竞相以清谈为风雅，士族中普遍存在着一种辩论风气。郭象从这种风气中概括出“辩名析理”的方法论，简称“名理”。存在本体、佛道养生、言意关系，都是玄学家谈论辨析的重要内容。玄学的兴起，对中国文化产生了深远的影响。玄学家清淡高远的人格风范，铸造了后世文人寄情山水的生活情趣和隐逸旷达的精神品格；玄学探究本体、辩名析理的思维方式，使得魏晋学术富有创新精神和理论深度。玄风相煽，佛道振翼。起于汉末的佛教和道教，至魏晋南北朝已经有了较大的发展。汉魏时期人们还把佛陀神化、仙化，将释迦牟尼与黄帝、老子相提并论，到了东晋南北朝，佛教就在中国大地上广泛流行开来。道教脱胎于道家，形成于东汉，魏晋南北朝时期已经出现了以葛洪为代表的金丹道派和以张陵为代表的符箓道派。玄学、佛教和道教相互激荡，共同构成这一时期文化的主旋律。

傅抱石《竹林七贤图》

隋唐——中国文化的隆盛 隋统一中国，结束了南北朝长期分裂的局面，使封建经济有所发展。但到隋炀帝时，阶级矛盾又空前激化，终于导致隋末农民大起义。这次起义把矛头直接指向门阀士族，起义军“得隋官及士族子弟，皆杀之”，给魏晋南北朝以来在政治、经济各方面享有特权的门阀士族势力以沉重的打击。李唐王朝建立后，又采取一些有助于发展生产、稳定社会的积极措施，如继续推行北魏以来的均田制，抑制土地兼并；沿袭隋朝科举取士制度，使大批中下层庶族有机会脱颖而出。随着门阀士族的衰落和改革措施的贯彻，一方面，农民对地主的人身依附有所减轻，自耕农数量增加，促进了社会生产力的发展，使得唐朝的经济空前繁荣；另一方面，庶族寒士通过科举上升为官僚，他们以饱满的热情活跃于政治舞台，从而打破了门阀世胄在社会上的垄断局面，给唐朝文化注入一股新鲜的活力。大唐帝国以经济繁荣、国力强盛、人心向上为依托，采取一种积极开放的文化政策，迎来了中国文化的隆盛时期。意识形态领域，唐朝实行三教并行的政策，使儒、释、道相互影响，趋于合流。唐朝的文学艺术，呈现出百花齐放的盛况，诗歌、散文、雕塑、绘画、书法、音乐、舞蹈等都取得了辉煌的成就，营造了一个丰富多彩的艺术世界。唐朝的科学技术也有了很大的发展，数学方面，著名学者李淳风奉诏为《算经十书》作注[①]；天文学方面，僧一行发现恒星的位置并非固定不移，并主持了世界上第一次测量子午线长度的活动；医学方面，有孙思邈的《千金方》、王焘的《外台秘要》等著作问世。另外，唐朝各民族的融合进一步加深，国际文化交流也十分活跃。胡汉混杂的血统使唐朝"大有胡气"，而胡汉文化的融合，又使唐文化更富生命活力。同时，唐朝还以宏大的气魄广泛吸收外域文化，南亚、中亚、西亚和西方国家的文化，纷纷涌入长安，使当时的长安成为一个国际城市，成为中外文化汇集交流的中心。

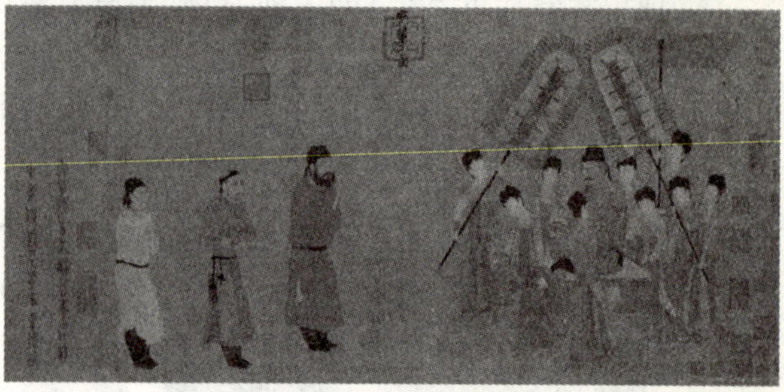

唐阎立本《步辇图》

宋明——中国文化的强化 随着赵宋王朝继李唐王朝主政中原，中国封建社会的文化也步入强化期。"华夏民族之文化，历数千载之演进，造极于赵宋之世"。[②] 宋代的文艺、教育、科技都达到了新的高度。而宋明理学更是成为这一时期文化的标志，它是中国传统文化中最为精致、最为完备的思想理论体系，影响了整个后期封建社会的思想文化。宋明理学作为一种社会思潮，它的兴起是与一定的政治、经济状况相联系的。虽然宋明时期已是中国封建社会的后期，但从北宋到明中叶，生产力仍有相当程度的发展。这一时期，封建经济高度成熟，地主土地私有制和封建工商

① 《算经十书》指《周髀算经》、《九章算术》、《海岛算经》、《五曹算经》、《孙子算经》、《夏侯阳算经》、《张丘建算经》、《五经算术》、《缉古算经》和《缀术》等十部古代数学著作，李淳风为之作注，书成后作为唐朝国子监算学馆学生必读的教科书。

② 陈寅恪：《邓广铭宋史职官志考证序》，见《金明馆丛稿二编》，上海古籍出版社，1980 年，第 245 页。

业都有了新的发展，科学技术也取得了很大的成就，世界三大发明，指南针、火药、活版印刷都在这一时期完成。在思想政治领域，封建专制主义进一步强化，封建的政治统治和思想统治都日趋完备。另一方面，五代以来由于长期的割据战争，使社会处于分裂和混乱的状态，造成了伦常的破坏和道德的沦丧。重建封建伦理纲常，已迫在眉睫。于是，在巩固专制中央集权和融合民族方面，宋朝继续了唐朝的事业，并且补做了唐朝所没有做的事。那就是在上层建筑中，出现了包括自然、社会和个人生活各方面的广泛哲学体系——理学。[①] 理学是儒、释、道三教合流的产物，佛教和道教进入全盛期以后，为了更好地适应地主阶级政治上的需要，在理论上便越来越儒学化；而儒家也不断地从佛教和道教那里吸取思想养料，最终三教合一，产生了宋明理学。理学的奠基人是通常被称为"北宋五子"的周敦颐、邵雍、程颢、程颐、张载，集大成者是南宋的朱熹；理学的发展则得力于作为其对立面的心学，心学的代表人物是南宋的陆九渊和明代的王守仁。理学根本的政治、伦理思想体现在"存天理、灭人欲"的口号中。其目的是"穷理尽性"，方法是"格物致知"（程、朱理学）和"知行合一"（陆、王心学），入手处则是"义利之辨"。宋明理学作为封建社会后期官方的意识形态，对于中国的封建社会起了巩固的作用，对于中国的传统文化起了强化作用。

清至"五四"——中国文化的转型　由明入清，中国封建社会已走向没落，传统文化也开始出现衰败的迹象。一些著名的思想家如黄宗羲、顾炎武、王夫之等，开始对封建专制主义和宋明理学展开批判。他们反对传统的"崇本抑末"，主张"工商皆本"；反对理学"空谈心性"的虚诞学风，注重经世致用；反对科举制度，主张设立学校，从而开辟了一代重实际、重实证、重实践的新学风。然而，这种启蒙思想在清代前期文化专制主义的压制下，出现了曲折回流。雍正、乾隆、嘉庆年间，随着西方传教士被逐出国门，明末清初的"西学东渐"几至中断，"康乾盛世"的背后充斥着闭关锁国的思想、因循守旧的心态和文化高压的政策，最终帝国主义的洋枪洋炮打开了中国的大门。鸦片战争的炮声迫使古老的中华帝国从睡梦中惊醒，

① 参见冯友兰《中国哲学史新编》，第 5 册，北京：人民出版社，1988 年，第 24～25 页。

使中国传统文化面临严峻的考验，从而在炮火中得到洗礼，获得新生。整个中国近代史，就其在文化上的表现来说，大致可以分为这样三个时期：其一，从鸦片战争经1861年开始的洋务自强运动，至1895年甲午战争失败，是"经世致用"观念复活，富国强兵呼声高昂，从器物上承认不如西洋文明，而觉得有必要于此舍己从人的时期；其二，从甲午战争失败、戊戌变法运动，至1911年共和革命成功，是怀疑一切成法，发挥创造精神，从制度上承认不如西洋文明，而勇于革除、勇于建立的时期；其三，从辛亥革命粉碎帝制复辟，至1919年五四新文化运动，是新旧思想最后较量，东西文明全面比较，而从文化根本上认真进行反思的时期。这样三个时期，是中国传统文化在自身的发展进程中，承受了外来文化（包括西洋文化侵入的冲击和日本文化变革的诱发）的压力，而逐步蜕变、逐步吸收、逐步转型、逐步走向现代文化的乾旋坤转的伟大时期。[①]

三、中国文化的基本精神、主要特点与思维方式

1. 中国文化的基本精神

文化的基本精神是相对于文化的具体形态而言的，但文化的外在形态又是与内在精神相联系的。中国文化上下五千年持续不绝，历久弥坚，必然有其不断发展的内在精神支柱。这内在精神支柱就是中国文化的基本精神，实质上也就是中华民族的民族精神。有人认为，中国文化长期发展的思想基础，可以叫作中国文化的基本精神，文化的基本精神是文化发展过程中的精微的内在动力，即是指导民族文化不断前进的基本思想。中国文化的基本精神就是中华民族在精神形态上的基本特点，主要为：①刚健有为；②和与中；③崇德利用；④天人协调。这些就是中国传统文化的基本精神之所在。[②]

天人合一　物我相通　中西文化的基本差异之一就在人与自然的关系问题上。西方文化强调人要征服自然、改造自然，以满足自身的生存和发展；中国文化趋向人与自然的谐调，追求一种天人合一的精神境界。中

① 参见庞朴《文化的民族性与时代性》，北京：中国和平出版社，1988年，第81～82页。

② 参见张岱年《论中国文化的基本精神》，载《中国文化研究集刊》，第1辑，上海：复旦大学出版社，1984年。

国文化中天人合一的思想既来自古代宇宙生成论的传统世界观，又内化于传统的富有辩证意味的整体思维方式。《礼记·礼运》曰："人者，天地之心也。"先哲认为，宇宙的本原是道，道在创生天地万物的同时，也创生了人。人是天地自然的一部分，天、地、人始终是宇宙大化这一整体世界中的有机构成。所谓"道大、天大、地大，人亦大。域中有四大，而人居其一焉"（《老子》第二十五章）。所以，中国文化不把人与自然对立起来，而是强调天人合一、物我相通。在中国人的观念中，没有绝对的自然，也没有绝对的主体，而是泯灭物我界限，主体与客体融合为一。自然万物皆着人之色彩，人之身心也能应合天地自然。在他们眼里，自然界的一山一水、一花一草、一泉一石，无不充满生机活力，富有生命情态。因而，月之阴晴圆缺可与人之悲欢离合相比类，自然界的春华秋实、夏热冬寒又与人类的兴衰胜败、生老病死相契合。天人合一思想的基本含义，就是充分肯定天道与人性的相通相感，自然与人类的和谐共处。

根据这种思想，人不能违背自然，不能超越自然界的承受力去改造自然、征服自然、破坏自然，而只能在顺从自然规律的条件下去利用自然、调整自然，使之更符合人类的需要，也使自然界的万物都能生长发展。另一方面，自然界对于人类，也不是一个超越的异己的本体，不是宰制人类社会的神秘力量，而是可以认识、可以为我所用的客观对象。这种思想长期实践的结果，是得到自然界与人的统一，人的精神、行为与外在自然的一致，自我身心的平衡与自然环境的平衡的统一，以及由于这些统一而达到的天道与人道的统一，从而实现了完满和谐的精神追求。①

自强不息　兼容并包　张岱年认为："中国的民族精神基本上凝结于《周易大传》的两句名言之中，这就是：'天行健，君子以自强不息'；'地势坤，君子以厚德载物'。"②自强不息是一种不屈不挠的精神，厚德载物是一种兼容并包的精神。中华民族的这种不屈不挠、兼容并包的精神，既体现在为国家民族、文化学术而奋斗求索上，也体现在对异质文化、外来思想的融合创新上。正是这种精神，增强了中华民族的凝聚力和向心力，赋予中国文化以创造力和持久性。"国家兴亡，匹夫有责"。历史上无数仁人

① 参见张岱年、方克立主编《中国文化概论》，北京师范大学出版社，1994年，第381页。

② 张岱年：《文化传统与民族精神》，见《文化与哲学》，北京：教育科学出版社，1988年，第74页。

志士，在身处逆境之际，总是以国家、民族利益为重，不顾一己生命安危，奋起抗争，鞠躬尽瘁，表现出一种刚健有为的人格力量。例如，屈原同恶势力斗争，虽九死而不悔；苏武羁留匈奴，啮雪吞旃十九年而心不忘汉；杜甫晚年历尽艰险，但仍然是“穷年忧黎元，叹息肠内热”；文天祥被俘后拒绝元将的诱降，高唱“人生自古谁无死，留取丹心照汗青”；谭嗣同在狱中墙壁上留下“我自横刀向天笑，去留肝胆两昆仑”的名句，然后神色不变，从容就戮。这种刚健有为的人生境界凝聚而成的文化精神，至今仍然是激励人们为国家民族建功立业的力量源泉。此外，古代文人君子在困厄潦倒之时，常常是不计个人荣辱得失，忍辱负重，自强不息，表现出一种不屈不挠的精神境界。“昔西伯拘羑里，演《周易》；孔子厄陈蔡，作《春秋》；屈原放逐，著《离骚》；左丘失明，厥有《国语》；孙子膑脚，而论兵法；不韦迁蜀，世传《吕览》；韩非囚秦，《说难》、《孤愤》；《诗》三百篇，大抵贤圣发愤之所为作也”（《史记·太史公自序》）。

与刚健有为、自强不息的精神相联系，中国文化还具有兼容并包、有容乃大的精神。历史上由于汉族人口众多、文化先进，曾经同化了一些少数民族，而实际上在同化的过程中，汉族也自觉不自觉地吸收了其他民族的某些文化特征。诸如战国末期流行的“胡服骑射”，盛唐人的气质“大有胡气”，清代满族妇女的旗袍为汉族妇女所钟爱等等。中国文化不仅善于在内部融合吸收各族文化的精华，而且能接受外来文化，如印度佛教文化、波斯文化、阿拉伯文化以及欧洲文化等。正是这种兼容并蓄的精神，才使得中华民族的内聚力得以加强、中国文化的传承得以久远。

以人为本　崇尚道德　庞朴在《中国文化的人文精神》一文中说：“放眼世界，拿希腊、印度、中国这三大古老文明做比较，人们会承认，以伦理政治为轴心、不甚追求自然之所以、缺乏神学宗教体系的中国文化，倒是更为富有人文精神的。”人文精神被认为是中国文化的一大特色，也是中国文化基本精神的重要内容。人文精神的核心是“以人为本”，就是以人为考虑一切问题的根本，表现在中国文化中，就是肯定在天、地、人之间和人、神之间以人为本。先哲认为，天、地、人“三才之道”中，人为“天地之心”、“五行之秀”，是宇宙万物的中心。人可以“赞天地之化育”，与天地“相参”。所以，考察事物，明辨物理，既要“上揆之天”、“下察之地”，又要“中考之人”。人成了衡量万物的尺度。人本与神本是相对的，在神与人的关系中，古人是尊人而远神的，这就使得中国文化较少宗教色彩。孔子说："务民之义，敬鬼神而远之，可谓知矣。"(《论语·雍也》)他虽然不反对天命，但对鬼神却采取存而不论的态度。所谓："子不语怪、力、乱、神。"(《论语·述而》)当学生问孔子如何事鬼神以及人死后的问题时，他回答说："未能事人，焉能事鬼？""未知生，焉知死？"(《论语·先进》)孔子关注的是现实的社会人生问题，而对宗教鬼神态度冷淡。后来孟子、荀子，以至宋儒都继承了孔子的这种观点，从而形成中国文化的一种基本精神。

以人为本的思想表现在价值观上便是对道德的崇尚。中国文化基本上是反功利主义的。荀子说："人有气、有生、有知，亦且有义，故最为天下贵也。"(《荀子·王制》)道义被看作人与动物的根本区别，因此，儒家强调道德的价值。孔子说："君子喻于义，小人喻于利。"(《论语·里仁》)董仲舒也说："正其义不谋其利，明其道不计其功。"(《汉书·董仲舒传》)古代君子大多能自觉地加强道德修养，致力于人格完善。他们对道德完善的追求，往往超过对生活改善的兴趣。在中国传统文化里，唯一的平等观念，就是人人在道德面前平等。所谓"人皆可以为尧舜"(孟子)、"涂之人可以为禹"(荀子)、"一阐提皆得成佛"(竺道生)、"满街是圣人"(王阳明)，都是鼓励人们忍受政治经济上的不平等以换取道德上平等的箴言。[1]

和而不同　中行无咎　中国文化还具有贵和尚中的精神。"和"是把众多矛盾的事物有机地统一起来，构成一个和谐的整体；"中"是在"和"的基础上所达到的居中不偏、兼容两端的境界。就主张将矛盾对立的各方面统一起来说，二者具有同一性，都有辩证的意味。张载曾把中国古代辩证法的规律归结为四句话："有象斯有对，对必反其为；有反斯有仇，仇必和而解。""和而解"之后所达到的既是矛盾的和谐统一，又是事物的中道之境，即最佳状态。要想把杂多对立的事物调和统一起来，就必须去"同"而取"和"。孔子主张"和而不同"。所谓"君子和而不同，小人同而不和"(《论语·子路》)。"和"与"同"是春秋末年以前流行的两种不同的文化观，史伯认为，周幽王搞文化专制是"去和而取同"。他说："夫和实生物，同则不继。以他平他谓之和，故能丰长而物归之；若以同裨同，尽乃弃矣。"(《国语·郑语》)在史伯看来，"和"与"同"是两个对立的概念。"同"是一种毫无差别的绝对等同，"以同裨同"，是不能生成美好和谐的事物的。"和"是对

① 参见庞朴《中国文化的人文精神》，载《文化的民族性与时代性》，北京：中国和平出版社，1988年。

立的统一，“以他平他谓之和”，即把相异的东西有机地结合起来，达到平衡、和谐、统一的状态，如此才能生生不息，不断产生新的事物。重和去同的思想，肯定事物是多样性的统一，主张以广阔的胸襟、海纳百川的气概，融会一切合理的、有价值的异质东西。这种思想在中国文化的发展过程中起了十分重要的作用。

在强调“和而不同”的同时，中国文化又倡导“中行无咎”，主张以“中”为度，把“中庸”作为处事行为的准则和人格完善的标准，所谓“极高明而道中庸”。孔子认为：“中庸之为德也，其至矣乎！民鲜久矣。”(《论语·雍也》)“中庸”作为一种道德标准，是指导人们行为方式的一个最佳尺度，体现在现实生活中就是所谓“中行”。《周易》在讲矛盾对立的同时，又十分重视中庸之道，强调“中行无咎”、“尚于中行”，意在告诫人们行事要合于中道，只有合于中道才能保持中和，其要无咎。孔子也说：“不得中行而与之，必也狂狷乎！狂者进取，狷者有所不为也。”(《论语·子路》)“中行”就是按照“中庸”的原则去行事，它是高于狂狷的行为方式。“中行无咎”也就是《中庸》说的“执其两端，用其中于民”；《论语》说的“叩其两端”、“过犹不及”，就是说既要看到事物的终始，把握其两端；又要居中不偏，贵和尚中。“中”与“两端”的内在联系则是“和而不同”，因为只有在众多事物的矛盾统一体中，才能达到最高的中庸境界。“中行无咎”的本义是说，做事有分寸就不会引起相反的效果。事物的发展都有一个量的限度，达不到这个限度，事物就不能处于最佳状态；但是超过这个限度，事物就发生质变，朝反面转化了。所以，只有“中行”才是保险安全之道。这种思想使得中国人做事不走极端，求大同存小异，自觉维护人际关系的和谐，注重保持安定团结的局面。

2. 中国文化的主要特点

关于中国文化的特点，前人和今人都做过许多探讨。梁漱溟曾综合他人观点，分析了中国文化的十四个特征，诸如国土广大、民族众多、历史长久、伟力深藏、停滞不前、绝少宗教、以家为重、文化早熟等。[①] 洋洋洒洒，娓娓道来，令人叹为观止。钱穆则认为：“中国文化特质，可以‘一天人，合内外’六字尽之。”[②]截断众流，单刀直入，使人奕入澄明。其实，中国文化的特点可以从不同角度、不同侧面来认识和总结。前面已说的中国

① 参见梁漱溟《中国文化要义》，上海：学林出版社，1987年，第4～21页。

② 钱穆：《中国文化特质》，载《中国文化与中国哲学》(1987年号)，北京：三联书店，1988年。

文化的基本精神，实际上是从精神的角度对中国文化特点的揭示；后面将说的中国文化的思维方式，其实是从思维的角度对中国文化特点的分析。这里再从形态方面，集中论述中国文化的主要特点。

延续性 中国文化具有旺盛的生命力和持久的延续性，它独自创发，慢慢形成，历久弥坚，从未中断，至今依然屹立于世界民族文化之林。中国文化在世界上并不是最古老的，但却以五千年的传统从未中断而为世界所罕见。历史上与中国文化先后出现的古代文化，或已夭折，或已转易，或已失其独立性。例如，巴比伦文化渊源甚古，但巴比伦国家早已夭折；印度文化极其辉煌，却因雅利安人的入侵而被摧毁；埃及文化最悠久，但因亚历山大大帝和恺撒大帝的占领而希腊化、罗马化，直到17世纪才伊斯兰化，比之古代已面目全非；希腊、罗马文化被认为是人类文明的第一个高峰，[1]却又因日耳曼人南侵而中绝；玛雅的天文、数学无与伦比，可这盛极一时的文化，早已消亡，留给后人的只是千古不解之谜。唯有中国文化绵延不绝，成为世界文化史上罕见的、独立发展而从未中断过的古老文化，即使近代遇到西方资本主义文化的挑战，中国文化也未泯灭自己的特性。

中国文化经久不衰的延续性，表明它具有强大的生命力和凝聚力。这强大的生命力和凝聚力，既与东亚大陆特殊地理环境所提供的相对隔绝的状态有关，也与中华民族所具有的伟大的同化力有关，此外还与文化心理的自我认同感和超地域、超国界的文化群体归属感有关。几千年封建专制的"家天下"统治，使得中国人只知有天下而不知有国家。顾炎武曾说："有亡国，有亡天下，亡国与亡天下奚辨？曰：易姓改号谓之亡国。仁义充塞，而至于率兽食人，人将相食，谓之亡天下。"(《日知录·正始》)这一传统观念显示出作为文化集合体的中国，文化存亡乃是民族兴衰的首要因素。在某种程度上，中国只能说是一个庞大的社会、一个具有松散政治形态的大文化区。"中华之名词，不仅非一地域之国名，亦且非一血统之种名，乃为一文化之族名。故《春秋》之义，无论同姓之鲁卫，异姓之齐宋，非种之楚越，中国可以退为夷狄，夷狄可以进为中国，专以礼教为标准，而无有亲疏之别。其后数千年，混杂数千百人种，而称中华如故。以此推

① 人们认为：以希腊、罗马为代表的奴隶制文明是人类文明的第一个高峰，以中国为代表的封建文明是人类文明的第二个高峰，以英国、法国为代表的资本主义文明是人类文明的第三个高峰。

之，华之所以为华，以文化言之可决也”[1]。所以，罗素 20 世纪 20 年代来华讲学，一到上海便说：“中国实为一文化体而非国家。”

伦理性　如果说西方文化是“智性文化”，那么中国文化则可以称之为“德性文化”。[2] 因此，许多学者都把中国文化归结为伦理型文化。中国文化的伦理性特点，主要源于中国古代社会的宗法制度。宗法是中国古代社会血缘关系的一种原则，其主要精神是嫡长继承制，其基本要点是大宗（“百世不迁之宗”）、小宗（“五世则迁之宗”）的区分。“所谓‘五世则迁之宗’，是凡共父亲共祖父共曾祖共高祖的弟兄，皆以之为宗。过此以往，则不以为宗，此之谓‘小宗’。所谓‘百世不迁之宗’，是凡共始祖的，皆以之为宗，此之谓‘大宗’。‘别子为祖’的别子，乃对周王室的嫡长子而言。周王室的嫡长子主祭其生之所自出，而为全姓的总宗……周王室的嫡长子以外的‘别子’，分封出去，则在其国另开一支，而为此国之祖。继别为宗，是继承此国的嫡长子，即为此一国百世不迁之大宗。‘继祢为小宗’者，此大宗之弟及庶出兄弟所生之嫡长子，即为其弟及庶出兄弟所宗，此乃五世则迁的小宗”。[3] 大宗包含小宗，而大宗为之本，小宗为其枝。大宗之上又有一个总的大宗，这就是天子。与宗法制度相联系，血亲意识，即所谓“六亲”（父子、兄弟、夫妇）、“九族”（父族四、母族三、妻族二）的观念构成中国人社会意识的轴心。经过历代统治者及其文人的加工改造，宗法制度下的血亲意识有的转化为法律条文，[4]更多的则形成宗法式的伦理道德，长期制约着人们的社会心理和行为规范。所以，黑格尔说：“在中国人那里，道德义务的本身就是法律、规律、命令的规定。所以中国人既没有我们所谓法律，也没有我们所谓道德。”[5]

---

① 章太炎：《中华民国解》，载《民报》第 15 期，1907 年 7 月。

② 参见冯天瑜等《中华文化史》（上），上海人民出版社，1990 年，第 236 页。

③ 徐复观：《两汉思想史・周秦汉政治社会结构之研究》，第 1 卷，上海：华东师范大学出版社，2001 年，第 10 页。

④ 被封建王朝视为最严重的犯罪是“十恶”：1. 谋反；2. 谋大逆（毁坏皇室的宗庙、陵墓和宫殿）；3. 谋叛（背叛朝廷）；4. 忤逆（殴打或谋杀祖父母、父母、伯叔等尊亲）；5. 不道（杀一家非死罪者三人等）；6. 大不敬（冒犯皇室尊严等）；7. 不孝（对祖父母和父母不抚养、诅骂、控告，或在他们丧期内嫁娶作乐等）；8. 不睦（殴打或控告丈夫等）；9. 不义（长官杀属吏或属吏、士卒杀长官等）；10. 内乱（亲属之间发生奸情）。十恶大罪被认为是直接触犯封建国家统治基础和统治秩序的，因此处刑十分严厉，并且不准赦免，故曰“十恶不赦”。然而，十恶大罪又大多由血亲意识转化而来。

⑤ ［德］黑格尔：《哲学史讲演录》，第一卷，北京：商务印书馆，1983 年，第 125 页。

在中国文化里，以血亲意识为基础的孝道被视为一切道德规范的核心和母体，忠君、敬长、尊上等等，都是孝道的延伸。《孝经·开宗明义》曰："夫孝，始于事亲，中于事君，终于立身。"以孝为核心，家族本位成为中国社会的特色之一。在社会组织方面，中国是轻个人而重家族、先家族而后国家。轻个人，导致西方的自由主义难以在中国流行；后国家，使得近代中国人的国家观念非常淡漠。以孝为核心，伦理道德又成为中国学术的基本精神。如果说西方文化主智，那么中国文化则主仁。主智以求"真"为最高目标，即追求理性的享受，因而西方文化关注的是自然与人类思维的奥秘，主体与客体二分、心灵与物质对立的观念深入人心，宇宙论、认识论与道德论各自独立发展，虽有联系，但从未混淆不分；主仁以求"善"为最高目标，即致力道德的修养，所以中国文化关注的是人际伦常关系，人伦取法自然，①自然亦被人伦化，②从而形成天人合一、物我相通的局面，致使道德论与本体论、认识论、知识论互摄互涵，畛域不清。③

宗法社会特定的伦理型文化，自有其正面的积极效用。西方人是先有我的观念，所以要求本性权利、个性发展，每个人之间界限都划得很清楚，开口就是权利义务、法律关系，谁同谁都要算账，甚至父子夫妇之间也都如此。而中国人却相反。《孟子·滕文公上》曰："教以人伦，父子有亲，君臣有义，夫妇有别，长幼有序，朋友有信。"母之与子，其情若有子而无己；子之与母，其情若有母而无己。兄之与弟，弟之与兄，朋友相与，都是为人可以不计自己，屈己从人的；不分人我界限，不讲什么权利义务，所谓孝、悌、礼、让之训，处处尚情而无我。当然，伦理型文化也有其消极的一面。它将伦理关系凝固化、绝对化，以致在某种程度上又成为人身压迫、精神虐杀的理论之源。特别是宋以后，所谓礼教名教变本加厉，使人不能从种种在上的权威中解放出来而得自由，个性不得伸展，社会性亦不得发

① 《周易》所谓："天行健，君子以自强不息"；"地势坤，君子以厚德载物"。《老子》亦曰："人法地，地法天，天法道，道法自然。"

② 张载说："乾称父，坤称母；予兹藐焉，乃混然中处。故天地之塞，吾其体；天地之帅，吾其性。民吾同胞，物吾与也。"（《正蒙·乾称篇》）

③ 被称为"大学之道"的三纲八目，恰当地道出了中国文化的这一特征。三纲的"明明德"，是说对"明德"进行哲学认识，或者说哲学认识的主要对象是"明德"，即人伦规范。"明明德"而后可以"亲民"，可以"止于至善"；"至善"既是道德上的最高境界，也是政治上的最终理想。八目的"格物、致知"是哲学，"诚意、正心、修身"是道德，"齐家、治国、平天下"是政治，三者又是不可分割的（参见庞朴《中国文化的人文精神》）。

达，这是我们人生上一个最大的不及西方之处。[1]

政治性 中国文化又是与封建统治的需要紧密结合，即依从于政治、为封建统治服务的政治型文化。无论从中国文化的主体内容，还是从作为中国文化核心的中国哲学来看，它们都是受制于政治、为政治服务的。在历史上，中国的学术文化，尤其是儒家思想，一直被用来当作施行“教化”和服务于政治的工具。

中国古代文学强调“载道设教”，发挥社会政治作用；史学要求“资治通鉴”，为统治者安邦治国提供历史的借鉴；教育则以“学而优则仕”为宗旨，成为培养封建统治人才的途径。而具有哲学形态的先秦诸子之学，《汉志》认为皆出王官，《淮南要略》以为起于救时之弊。一言其因，一言其缘，要皆与政治有关。孔子一生以恢复周礼为己任，厄于陈蔡，求于南子，游说各国，屡遭挫折，始终是为了阐扬其仁学主张，以廷献于国君，见用于当时。墨家鄙薄儒家的仁义，主张兼爱，以利为义，追求尚同，但在为政治服务这一点上，却与儒家并无本质区别；在认识论方面，墨子以圣王之事作为检验言论的标准，则更是带有浓厚的政治色彩。道家虽然高蹈遁世、逍遥自由，但是在其闪烁其词、扑朔迷离的思想学术中，仍然蕴涵了君人南面之术——以退为进、以弱胜强、以静制动，即无为而治，通过无为达到无不为。法家更是赤裸裸地参与政治，韩非从“定于一尊”的构思出发，提出了“事在四方，要在中央，圣人执要，四方来效”(《韩非子·扬权》)的中央集权的政治设计。秦帝国就是以韩非的思想为蓝图构筑起来的。诚如王国维所说：“披我中国之哲学史，凡哲学家无不欲兼为政治家者，斯可异已！孔子大政治家也，墨子大政治家也，孟、荀二子皆抱政治上之大志者也，汉之贾、董，宋之张、程、朱、陆，明之罗、王，无不然。岂独哲学家而已，诗人亦然。”[2]

中国文化实质上是文官和朝臣的文化。它重政治、重仕途，轻商贾、轻科学。如果说西方文化的特征是经济文化、市场文化，那么中国文化的特征则是政治文化、官场文化。前者是经济决定政治，官场被市场化；后者是政治决定经济，市场被官场化。这种政治型文化是由农业型的自然经济决定

---

① 参见梁漱溟《东西文化及其哲学》，见《梁漱溟全集》，第1卷，济南：山东人民出版社，1989年，第478～479页。

② 王国维：《论哲学家与美术家之天职》，见干春松等编《王国维学术经典集》(上)，南昌：江西人民出版社，1997年，第106页。

的。因为以农业立国，就不能指望以商品交换形成的纽带来维系国家的大一统，只能依靠政治上和思想上的君主集权主义将国家大一统变为现实。随之而来的是，文化的各个侧面无不深深地依附于政治、效力于政治。西方文化史上屡屡出现"纯科学"、"纯学术"、"纯文学"的派别，提出"为科学而科学"、"为艺术而艺术"的口号，但在中国文化史上则极少有此类现象。这种强烈政治化的风格，使中国文化保有生动的、富于社会责任感的"经世致用"传统，然而，又不能提供科学得以发展所必需的自由空气，这是中国的科学（尤其是自然科学）难以从古典阶段跨向近代的一个原因。①

世俗性 王国维在《红楼梦评论》中说："吾国人之精神，世间的也，乐天的也。故代表其精神之戏曲小说，无往而不着此乐天之色彩。始于悲者终于欢，始于离者终于合，始于困者终于亨。非是而欲厌阅者之心，难矣！"②伦理观念、入世思想构成中国人的社会主导心理，乐天精神、世间情怀成为中国人的生活基本支柱，因而中国文化绝少宗教色彩，是一种世俗型的文化。由于"孝亲"这一宗法意识笼罩全社会，使多数中国人不至于成为"六亲不认"、"无君无父"的宗教狂徒。罗素说中国文化有三个特点，其中之一就是中国"以孔子伦理为准则而无宗教"。③ 宗法社会的纲常伦理观念如同一具庞大严密的"思想滤清器"，阻挡、淡化了宗教精神对国民意识的渗透，使中国人普遍缺乏宗教兴味而执着世间亲情。近代以来，中国向西方借鉴物质文化、制度文化和精神文化的运动渐次深入，或而欲以西方军备代替中国军备，或而欲以西方政治代替中国政治，或而欲以西方经济代替中国经济，或而欲以西方教育代替中国教育……唯独没有出现过欲以西方宗教代替中国宗教的盛大运动。

因为中国文化注重伦理亲情，执着世间生活，所以外来宗教若想在中国流传、扎根，就必须经过人文精神的洗礼，接受中国文化的改造。例如，佛教禅宗提倡"明心见性"、"顿悟成佛"，与宋明理学精神相一致，同儒家孝悌之道相调和，于是在中国大地广为流传，并成为中国佛教最大的宗派，对中国文化产生深远影响。而佛教唯识宗因固守印度的佛性说，反对

① 参见冯天瑜《中国古代文化的类型》，载《中国文化与中国哲学》（1986 年号），北京：东方出版社，1986 年。

② 干春松等编：《王国维学术经典集》（上），南昌：江西人民出版社，1997 年，第 58 页。

③ 罗素在其所著《中国之问题》一书中，论中国传统文化特点有三：（一）文字以符号构成，不用字母拼音；（二）以孔子伦理为准则而无宗教；（三）治国者为由考试而起之士人，非世袭之贵族。

人人都能成佛，加之其细腻的逻辑思辨，也与中国人的思维方式大相径庭，因此只能昙花一现。不仅外来宗教，就是中国唯一的本土宗教——道教，也因中国文化世俗性的影响，而与世界上其他宗教相比，具有明显不同的特色。首先，宗教一般都是出世的、以神（如上帝、真主、佛陀等）为本的、灵魂与肉体分裂的；而道教则是现世的、以人为本的、灵魂与肉体统一的宗教。道教追求的最高境界是长生不死、羽化成仙，这正是现世的求生欲望与生命意识无限膨胀的表现。其次，宗教一般都是禁欲的、绝亲的；而道教则在禁欲、绝亲等关于世俗人伦的方面，留有充分的余地。道教不唯不禁欲，还继承并发展了古代房中术，形成一种男女合气双修的成仙方术。道教理论家葛洪、陶弘景、孙思邈等，都对这种方术进行过总结。此外，道教还融合儒家伦理纲常学说，把仁义道德与修道成仙结合起来，认为忠君、敬师、事亲是修道之门户。

3. 中国传统思维方式

思维方式是传统文化的核心，它的构成体现了传统文化的特质。因此，探讨中国传统思维方式，会使我们对中国文化有更深刻的认识。法国社会学家列维·布留尔说："具有自己制度与风俗的一定类型的社会也必然具有自己的思维样式。"[①]在有关中国文化的讨论中，人们对传统思维方式提出了各种不同的观点。蒙培元认为："如果说，传统思维方式有一个最基本的特征，那么在我看来，这就是经验综合型的主体意向性思维。就其基本模式及其方法而言，它是经验综合型的整体思维和辩证思维，就其基本程序和定势而言，则是意向性直觉、意象思维和主体内向思维，二者结合起来，就是传统思维方式的基本特征。"[②]总结这些观点，我们把传统思维方式归纳为：整体综合的直观思维、对立统一的辩证思维、类比推导的联想思维和观物取象的象征思维。

整体综合的直观思维　张岱年说："中国传统思维方式有一个特点，就是整体思维。中医非常强调整体，把人体看成是一个整体。同时又把人与整个世界看成是一个整体。这可以说是中国古代的系统思想。"[③]传

① ［法］列维·布留尔：《原始思维》，北京：商务印书馆，1981年，第20页。

② 蒙培元：《论中国传统思维方式的基本特征》，载《哲学研究》，1988(7)。

③ 张岱年：《中国传统哲学的批判继承》，见《文化与哲学》，北京：教育科学出版社，1988年，第266页。

统思维在总体观念的影响下，形成了一种整体直观的思维方式。这种思维方式以日常生活经验为基础，用直观的方法，把天、地、人看作一个和谐的统一体，强调人与自然的和谐及人自身的和谐。儒家的孟子认为，通过对内心世界的自我反省，会出现“万物皆备于我”(《孟子·尽心上》)的物我合一境界；道家的庄子也认为，经过心斋坐忘的虚静锻炼，个体生命会与天地宇宙相融合，进入“天地与我并生，而万物与我为一”(《庄子·齐物论》)的天人一体状态；兼有儒道两家思想特色的《周易》，则提出了“原始要终”的整体思维方式。书中将天、地、人视为并列的“三才之道”，并用“三才之道”组成各个具体的卦象，上五两爻象天，四三两爻象人，二初两爻象地，使天、地、人三者构成一个有机整体。所谓：“《易》之为书也，广大悉备，有天道焉，有人道焉，有地道焉。兼三才而两之，故六。六者非它，三才之道也。”(《周易·系辞下》)同样的整体思维方式，在传统医学中表现得更为突出。《黄帝内经》所说的“有机体是消息”，就是把人体看作与外界不断进行质能交换的系统。这个系统靠气的升降出入来维持平衡。“非出入无以生长壮老已，非升降无以生长化收藏。是以升降出入，无器不有，故气者，生化之宇。器散则分之，生化息矣。故无不出入，无不升降。”(《素问·六微旨大论》)这虽然只是一种直观的见解，但它却与现代系统论、控制论不谋而合。

以上这些整体思维方式，都带有强烈的经验直观特征。孟庄的物我、天人合一论，是靠内心的修养体验获得的；[①]《周易》的天、地、人三才统一说，是在具体卦象中体现出来的；《内经》的人体生命整体观，也是以望、闻、问、切的经验疗法为基础的。所以说，传统的整体思维方式是一种直观思维，它重在对事物的现象做整体综合的思考，而不受逻辑规律的束缚。诚如汤一介所说：“所谓‘天人合一’的观念表现了从总体上观察事物的思想，不多作分析，而且直接地描述，我们可以称它为一种直观的‘总体观念’。”[②]

对立统一的辩证思维　对立统一的辩证思维是传统文化的又一重要特征。张岱年说：“中国传统的思维方式，确有自己的特点，这主要表现为

---

① 古人认为，主体通过“致虚守静”、“凝神养气”的修炼，可以将一己的有限生命融入无限的自然大化之中，使物我贯通、天人合一，进入扑朔迷离、惟恍惟惚的“物化”境界。英国学者埃利奥特在《印度教与佛教史纲》一书中也说：“心理学上的考察，也许可以发现那种主观性的后果(例如看见幻象和在空中飞行的感觉)，实际上都是通过修炼所产生的。”

② 汤一介：《论中国传统哲学中的真善美问题》，载《中国社会科学》，1984(4)。

两种基本观点，一为总体观点，二为对立统一观点。”[①]我国古代哲学家有着丰富的辩证思想，提出过诸如“阴阳互化”、“一物两体”、“美丑相依”、“有无相成”等一系列对立统一的观点，只不过在他们那里，辩证思维一般叫作“执两用中”、“观复反衍”、“穷变通久”。

“执两用中”是儒家的说法，《论语·子罕》曰：“有鄙夫问于我，空空如也，我叩其两端而竭焉。”《中庸》亦曰：“执其两端，用其中于民。”“两端”即两方面。朱熹说：“盖凡物皆有两端，如大小、厚薄之类。”（《四书集注·中庸章句》）只有对事物的两方面进行具体的分析研究，兼解俱通，才能不偏不倚，持平用中。“观复”、“反衍”为老庄所倡，《老子》有言：“万物并作，吾以观复。”“复”是事物在运动中不断地向对立面转化，所谓“正复为奇，善复为妖”；“祸兮福之所倚，福兮祸之所伏”是也。庄子则把对立面的转化称为“反衍”。他说：“以道观之，何贵何贱，是谓反衍。”庄子从反衍的观点出发，对自然现象、社会生活和人类思维活动中的矛盾现象，做了深入细致的观察，提出了许多对立统一的矛盾概念，如是非、生死、有无、虚实、大小、成毁等等。《周易》中的辩证思想则更为丰富，它既讲“变”，又讲“通”。《系辞上》说：“阖户谓之坤，辟户谓之乾，一阖一辟谓之变，往来不穷谓之通。”《系辞下》又说：“《易》穷则变，变则通，通则久。”如果用《周易》所说的“通变”来概括传统文化的辩证思维特征，那是再恰当不过的了。辩证思维在传统文化中运用得非常广泛，渗透到哲学、医学、天文学、养生学以及宗教、民俗各个领域，产生了一系列表示对立统一的概念、范畴，如阴与阳、动与静、生与克、吐与纳、取与填、内与外、身与心、形与神、开与合等等。

类比推导的联想思维　“吾日出而作，日入而息，凿井而饮，耕田而食，帝力于我何有哉！”（《帝王世纪·击壤之歌》）这首古老的民谣道出了一个事实：中国文化赖以生存的根基是农业。农业生产强调顺应自然规律，要求尊重日常经验。那种能从一朵云彩推测天气、从一棵嫩芽估算年成的经验丰富的老农，备受人们的尊敬。“农夫式”的经验智慧，给传统文化着上了浓厚的经验论色彩，并使之形成了一种以经验为特征的类比推导的思维方式。所谓“类比”，就是根据两个或两类对象之间的某些方面的相似或相同，推导出它们在其他方面的相似或相同。

① 张岱年：《中国文化的思想基础与基本精神》，见《文化与哲学》，北京：教育科学出版社，1988年，第7页。

中国古代类比思维方式运用得很广泛，初民“万物有灵”的观念，就是以自我类比作为出发点而产生的。《周易·观·象》曰：“观天之神道，而四时不忒。圣人以神道设教，而天下服矣。”“神道设教”是以直观经验为依据，用“天道”类比“人道”，教化天下人立身行事要顺应自然规律。“以类族辨物”是《周易》考察事物、建立体系的基本方法，这种方法经过历史的积淀而成为影响深远的思维定势。《吕氏春秋》认为，事物同类可以互相感应，故曰：“类同则召，气同则合，声同则应。”董仲舒进而提出“人副天数”的观点：“求天数之微，莫若于人。人之身有四肢，每肢有三节，三四十二，十二节相持而形体立矣。天有四时，每时有三月，三四十二，十二月相尽而岁月终矣。”(《春秋繁露·官制象天》)《黄帝内经》也有同样的说法：“天有日月，人有两目；地有九州，人有九窍；天有风雨，人有喜怒；天有雷电，人有音律；天有四时，人有四肢；天有五音，人有五脏；天有六律，人有六腑。”(《灵枢·邪客》)这种以经验为基础的类比推导的思维方式，在五行生克的理论模式中表现得更为典型。古人从生活中归纳出万物可分为金、木、水、火、土五种基本元素，又从植物可以生火，火尽必有灰烬，土里埋藏着金属，金属又能冶炼成液状，水又可以滋润植物等直观经验中，得出木生火、火生土、土生金、金生水、水生木这样一种“五行相生论”。反之，水来土掩、木耜掘土、刀斧凿木、火能熔金、水能灭火等生活现象，又启发了古人产生土克水、木克土、金克木、火克金、水克火的“五行相克论”。

以经验为基础的类比推导法，在一定条件下可以按类别组织事物，使其由无序走向有序，也可以由此及彼、由微知著地揭示事物的类型及其关系。

观物取象的象征思维 象征思维同属于类比推导的范围。荣格说：“象征是某种隐秘的，但却是人所共知之物的外部特征。象征的意义在于：试图用类推法阐明仍隐藏于人所不知的领域，以及正在形成的领域之中的现象。”[①]由于象征性思维在传统文化中被广泛运用，深融于传统文化的肌理之中，因而成为传统思维方式的特质之一。

象征性思维是指在思维过程中，以具体物象或直观表象为工具，来认识客体、表达思想的一种思维形式。这种思维形式起源于原始时代。当代心理学家认为，原始人类的思维十分接近于儿童的思维，他们的头脑中

① 转引自葛兆光《道教与中国文化》，上海人民出版社，1987年，第32～33页。

只存在特定的具体物象，所使用的词也都是他们所接触到的实物记号。例如，他们只讲这个人、那个人，而没有“人”的一般概念；只说这棵树、那棵树，而没有“树”的抽象概念。尽管如此，象征性思维在人类进化史上还是具有不可忽视的重要意义。因为它毕竟是一种思维，而且这种思维标志着原始人类已经具有简单的类推和联想能力。美国人类学家怀特说得好：“正是象征，它把我们类人猿的祖先转变为人类，并使他们具有人的特点。只是由于使用了象征，所有的文明才被创造出来并得以永存。”①

中国古代的象征性思维在殷周之际已经有了很大的发展，《周易》中“观物取象”的思维方式就是这种发展的标志。《周易》是通过“观物”来“取象”的，《系辞下》曰：

> 古者包牺氏之王天下也，仰则观象于天，俯则观法于地，观鸟兽之文与地之宜，近取诸身，远取诸物，于是始作八卦，以通神明之德，以类万物之情。

这段话阐述了由天地万物到阴阳八卦的产生过程。“物”是自然、社会中客观存在的具体事物，“象”是对这些具体事物的模拟、概括，从“物”到“象”，经历了“观”和“取”两个阶段。《周易》中的“象”主要有两类，一类是卦象，一类是爻象。这两类象都是经过“近取诸身，远取诸物”的象征性思维来完成的。阴阳爻象取象于男根女阴，是“近取诸身”的产物，也体现了初民生殖崇拜的习俗；八卦卦象则是体察自然、“远取诸物”的结果，是古人对八种常见的自然现象和事物的模拟。

四、学习中国文化的目的、意义和方法

1. 学习中国文化的目的

我们今天学习中国文化，是为了在了解民族文化的悠久历史和辉煌成就的基础上，把握其精神风貌和本质特点，对其进行历史的分析和科学的评判，从而为更新民族的思维方式、价值体系和心理素质，建构具有现代意义的新的思想文化体系，提供养料和资鉴。

---

① 转引自庄锡华等编《多维视野中的文化理论》，杭州：浙江人民出版社，1987 年，第 241 页。

本书编写的目的，就是想给在校的大学生提供一个了解中华民族悠久、丰厚文化遗产的简明读本。我们希望广大学生通过本课程的学习，不仅对中国文化的主要内容和基本特征有所认识，而且对中国文化的继承与创新问题有所思考。

2. 学习中国文化的意义

学习中国文化具有十分重要的现实意义：

(1)有助于振奋民族精神，增强民族自信心和自尊心。中国文化开创之早、地域之广、民族之多，都是世界上不多见的。凭借其时、地、人的优势，中国在长期的封建社会里，创造了光辉灿烂的古代文化，我们应当加以总结、继承这份珍贵的遗产。在学习中国文化、继承这份遗产的过程中，我们会发现中国古代有许多优良的传统，中华民族有自己独特的个性，中国文化曾为世界文化做出过重要贡献，并非月亮也是西方的圆，能与西方文明交相辉映的正是中国文化。因此，学习中国文化可以增强民族自豪感，提高民族自尊心和自信心，从而振奋民族精神。

(2)有助于弘扬爱国主义精神，增强民族的凝聚力和创造力。章太炎曾说："若能明了中国的历史文化，我想即使是全无心肝的人，那爱国爱种的心，必定风发泉涌，不可遏抑的。"在我国数千年的历史中，每当中华民族处于危急关头，无数仁人志士、英雄豪杰都能挺身而出，率领广大人民为民族和国家的生存而英勇斗争、不屈不挠。在中国文化里，爱国主义一直是一面不倒的旗帜，它为中国人民不畏强暴、追求和平提供了精神支柱。同时，中华民族在几千年的历史发展过程中，形成了一种无与伦比的同化力和融合力。中国文化不仅善于吸收中国境内各民族及不同地域的文化来壮大自己，而且也善于吸收外域文化来发展自己。所以，学习中国文化既可以弘扬传统的爱国主义，又能够自觉地维护民族团结，发挥民族的创造力。

(3)有助于我们辨别良莠，开创民族文化的美好未来。马克思说："人们自己创造自己的历史，但是他们并不是随心所欲地创造，并不是在他们自己选定的条件下创造，而是在直接碰到的、既定的、从过去承继下来的条件下创造。"①中国文化源远流长、博大精深，长期居于世界文化的前列，

① ［德］马克思：《路易·波拿巴的雾月十八日》，见《马克思恩格斯选集》，第1卷，北京：人民出版社，2012年，第669页。

这说明传统文化中具有精粹的内容。这些精粹的内容，无论在什么时候都能熠熠生辉，都是我们一笔巨大的文化财富。但是，以封建时代为主体的中国文化，也有落后守旧甚至腐朽的一面。学习中国文化有助于我们辨别良莠，从而吸取精华，剔除糟粕，为开创中国文化的新局面提供素材。

3. 学习中国文化的方法

中国文化内容丰富，千头万绪，因此掌握正确的学习方法十分重要。

(1)批判继承与开拓创新相结合。传统文化中无疑有好的东西，如强调经世致用，提倡积极进取，认为穷变通久，主张民为邦本等等。但也有不少过时的东西，如天人感应、三纲五常、小农意识、愚忠思想等等。这些优秀传统和落后因素，都在我们现实生活中发生影响，这就需要我们采取批判地继承的方法。我们既反对对待民族文化传统毫无批判地兼收并蓄、一味颂古非今的复古主义；也反对全盘西化、诋毁民族文化传统的历史虚无主义。同时，传统不等于现实，传统文化中积极的、合理的因素，只有消融在我们的思想体系中，成为新的质料生成在新的文化体系中才有意义。所以，我们又要根据时代的需要，不断开拓创新，使传统文化焕发新的生命。

(2)宏观把握与微观研究相结合。中国文化内容丰富，门类众多，我们对它既要有面上的了解，又要有点上的深入。一个人的精力和时间都是有限的，所以要尽量避免被无穷无尽的枝节材料所淹没。在对中国文化的方方面面、来龙去脉有了一般的了解后，应当根据自己的兴趣和爱好，对某一点有所专攻，以求深入理解，突出重点。一般而言，在一国的文化中占有重要地位的是文史哲和科学技术，能代表一国文化水平的正是这些文化门类。对这些文化门类做一些微观研究，可以与宏观把握相得益彰。

(3)典籍研习与社会考察相结合。学习中国文化应当注意原典的研读，中华原典是中国文化的源头，是中华民族精神的结晶，中国文化的要义大多体现在原典之中。中国文化中，堪称原典的有“五经”，即所谓《诗》、《书》、《易》、《礼》、《春秋》，以及《论语》、《孟子》、《老子》、《庄子》、《史记》、《楚辞》等。研读这些原典，对于我们把握中国文化的精髓，无疑是重要的。另一方面，中国文化的众多要素，又是以非文本的形式存留于社会生活之中。这就要求我们把典籍研习与社会考察结合起来，相互比照、相互印证、相互补充，从而对生生不息的中国文化有一个动态的、全面的掌握。

上编

第一章　中国文化的经济基础与政治结构

政治是源于经济的，经济基础决定政治结构，政治结构受制于经济基础。两者统一于一定的生产方式之中，相辅为用。中国古代社会经济基础和政治结构相互联系、相互影响，共同构筑了中国文化所依赖的社会经济政治背景，对中国文化产生了深刻的影响。因此，了解中国文化所依赖的社会经济基础和政治结构，就成为理解中国文化的一个重要方面。

第一节　中国文化的经济基础

中国古代社会始终建构于小农自然经济的基础上，经过数千年的发展演变，个体农业和家庭手工业相结合的自然经济逐渐定型和巩固。与此同时，历代封建王朝无不以"重农抑商"为基本国策，致使整个封建国家的经济基础呈现出自给自足的自然经济特征，资本主义经济萌芽极其迂缓曲折。这种经济基础对传统文化的性格与面貌的影响是极为深远的。

一、传统自然经济的发展阶段和形态

中国得天独厚的地理环境，为华夏民族的经济生产提供了极其有利

的自然条件。早在新石器时代晚期，华夏民族就已经开始由以渔猎为主的攫取性经济生活向以农耕为主的生产性经济生活过渡，并初步形成了南方水田农业和北方旱地农业并存的农业生产格局。在此后漫长的发展历程中，传统自然经济日趋成熟，成为我国古代社会经济的主体。我国传统自然经济先后经历了几个不同的发展阶段，各个阶段自然经济的具体形态不一，对中国文化的影响也各不相同。

1. 土地公有的自然经济阶段

土地是农耕社会最基本和最重要的生产资料，土地所有制是反映农耕社会经济发展阶段的最显著标志。远古时代，土地为氏族公社集体占有，由于生产力水平低下，这种土地公有制具体表现为部落、氏族公社、家族公社的多级公有，实行公有共耕。夏、商、西周时期，原始土地公有制演变为土地国有制，国家为实施对土地的分配管理和收取贡赋，在地官司徒之下设有载师、闾师、县师、遗人、均人等职官，形成了国家干预农业生产的政治经济雏形。

夏、商、西周时期土地国有，“溥天之下，莫非王土；率土之滨，莫非王臣”（《诗经·小雅·北山》），人民“上无通名，下无四宅”（《商君书·徕民篇》），耕种国家的土地。这一时期土地不得自由买卖和私相授受，即所谓“田里不鬻”（《礼记·王制》）。西周时期，土地经常由周王分封给各级诸侯、贵族，但从原则上讲，诸侯、贵族只有土地的使用权，而无所有权，周天子拥有土地的最终所有权，可以随时将土地收回或转赐别人。因此，“三代以上，虽至贵巨富，求数百亩之田贻子及孙，不可得也”（张英《恒产琐言》），土地国有制度在夏、商、西周时期已相当完备。

自然经济，又叫“小农经济”，与商品经济相对，是不以市场交换为目的、自给自足的经济形态。

在土地国有制前提下，其时之农业生产主要以集体劳动为主。殷族甲骨卜辞有“王大令众人曰协田”的记载，“协”字在甲骨文中像三耒共耕，“协田”是殷商时期集体耕作制度的具体反映。井田制是夏、商、西周奴隶制农业生产的基本经济形态。较早提到井田制而又谈得比较具体的是孟子，他对滕国的毕战说："请野九一而助，国中什一使自赋……方里而井，井九百亩，其中为公田。八家皆私百亩，同养公田，公事毕，然后敢治私事，所以别野人也。"(《孟子·滕文公上》)孟子所说的井田制，是在一大块土地上做井字形纵横垂直的划分，公田居中，八家私田大小及其与公田的距离均相等。三代井田制实行统一规划农田、水利排灌系统和平均分配土地的措施。《周礼·地官·大司徒》载："不易之地家百亩，一易之地家二百亩，再易之地家三百亩。"这是对不休耕、休耕一年和休耕二年土地各不相同的分配方法，但都贯彻着以家为单位的平均分配原则。助耕公田是井田制下主要的剥削形式。三代井田制度是以各级奴隶主贵族占有农民在公田上的劳动为主要形式的，公田由分得私田的农夫耕种，其产品为奴隶主占有，此即所谓"公田什一"、"藉而不税"(《穀梁传》)。此外，井田制也使用一部分劳动奴隶制类型的奴隶，《国语·晋语一》载："吾观君夫人也，若为乱，其犹隶农也。虽获沃田而勤易之，将不克飨，为人而已。"三代胥、徒等统称"隶农"，他们没有私田，劳动成果完全由奴隶主贵族占有。三代井田制下实行助耕公田的剥削形式是主要的，使用劳动奴隶制类型的奴隶居少数。

夏、商、西周时期土地国有，采用集体耕作制是与这一时代生产工具铜、石并用的低下的社会生产力水平相适应的，是原始氏族公社自然经济在奴隶制条件下的延伸与发展。

2. 土地私有的自然经济阶段

东周以后，随着牛耕和铁制农具的广泛使用，农业生产力进一步提高，井田制已成为束缚生产力发展的障碍。这一时期，井田制遭到破坏，出现了变公田为私田的现象。春秋时期各诸侯国纷纷实行田制和租税制度的改革，如齐国"案田而税"、晋国"作爰田"、鲁国"初税田"、秦国"初税禾"等，逐渐承认土地的私有性质，形成国税私租分割的趋势，并使原来的奴隶主贵族中的一部分转化为新兴地主阶级。通过军功赏田是形成地主阶级的另一重要途径，获得土地的是有军功的人而不再是世袭贵族，庶人、工、商这些主要从事生产的劳动者只要有军功就可以获得一定数量的土地，而人臣、隶、圉这些主要从事奴隶主家庭劳动的奴隶，有了军功就可以释为自由民。"有军功者，各以率受上爵……各以差次名田宅、臣妾"(《史记·商君列传》)。这样，战国时就出现了一批因军功而获得土地的大土地占有者，他们是新兴地主阶级的重要组成部分。通过买卖兼并土地是形成地主阶级的又一途径。随着土地私有的合法性得到承认，土地可以自由买卖。春秋末年，“中牟之人，弃其田耘，卖宅圃而随文学者，邑之半”（《韩非子·外储说左上》）。战国以后，这种现象更为普遍。《汉书·食货志》说：“除井田，民得买卖，富者田连阡陌，贫者无立锥之地。”这里的田连阡陌的“富者”，就是通过自由买卖兼并大量土地的新兴地主阶级。通过各种途径形成地主阶级的过程，也就是封建经济关系发展的过程。公元前216年，秦始皇“使黔首自实田”（《史记·秦始皇本纪》），即自报所占有的土地，私人土地受到统一的中央政权的承认与保护，标志着封建土地所有制的形成。

在土地私有化和地主土地所有制形成的过程中，奴隶社会那种集体生产的形态也开始瓦解，逐步向以家庭为单位的个体生产形态过渡。一个家庭内，“男子力耕”，“女子纺绩”，“一夫不耕，或受之饥；一女不织，或受之寒”（《汉书·食货志》）。这种男耕女织、以织助耕，或以工助耕、以商助耕的自给自足的家庭农业，逐渐在中国的农耕自然经济中占据了主导地位，成为我国封建自然经济的主要形态。与此相适应，国税地租分割的进一步发展，形成了国家直接向个体生产者征收赋税徭役的封建租税、赋税制度。千千万万个向国家承担赋役义务的个体生产家庭，成为秦汉以后中国大一统国家政体的坚实基础。

我国传统社会经济基础是一种以农业经济为主、商品性手工业为辅的多元自然经济结构，是建立在地主土地所有制基础上的自然经济形态。当然，这种自然经济形态有其发展、确立的演变过程。东周以降，土地私有化程度逐步加深。唐代中叶均田制破坏之后，专制国家对土地私有权的干预逐渐减弱，契约制的租佃关系在唐宋以后普遍出现，到元、明、清时期，以封建土地所有制为基础的自然经济最终确立，传统的自给性农业和商品性手工业的结合得以普遍化。我国自然经济历史悠久，稳定性强，在长期的发展中促进了社会经济的发展，为多民族国家的统一奠定了基础。

二、中国资本主义经济的萌芽

16世纪以来，西方文明以突飞猛进之势，跨入了近代阶段。与此同时，中国在传统自然经济基础上也出现了资本主义经济的萌芽，但是明清时期产生的商业资本、高利贷资本和农业资本，由于种种原因，备受挫折，步履蹒跚，出现了迟滞状态。

1. 明清时期的商业资本和高利贷资本

明清时期，随着商品货币关系的发展，商业资本和高利贷资本十分活跃，在全国各地出现了许多大小商人和高利贷者。明清商业资本、高利贷资本往往是与地主对农民的剥削结合在一起的，这种三位一体的结合是由传统社会经济结构决定的。在其发展过程中，一方面，普遍出现了贵族官僚把部分资金从土地上游离出来从事商业活动的现象；另一方面，商业受高利贷资本控制的现象也不断扩大。

明清时期的商业资本主要是仍然实行前资本主义的封建剥削，其主要方式仍具有较浓厚的自然经济色彩。首先是进行简单的贱买贵卖，对农民进行剥削。明清时期农业中的商品经济虽然有了较大的发展，农民与市场发生了更多的联系，但是作为一般小生产者，他们对市场动态的了解是很闭塞的。在这种情况下，他们也就不得不越来越多地任凭商业资本的摆布。所谓"价则随口低昂"，"小民一岁之收，始则贱价归商，终则贵价归民"，[①]正是这种情况的反映。其次是进行商业高利贷剥削，这是商业资本与高利贷资本相结合，对农民进行购销活动时所惯常使用的剥削方法。《明律》中曾规定："凡私放钱债及典当财物，每月取利不得过三分。年月虽多，不过一本一利。"但这一规定并不能束缚住商业高利贷的贪婪剥削，不少地方都是勒偿倍息的。明清时期，随着农村土地的集中和农民贫困的加深，商业资本利用这种方式剥削农民的情况是十分严重的。此外，商业资本还在度量衡、货币成色等方面对农民进行敲诈欺骗以牟取暴利。明朝规定，贸易时应用官府核定过的标准斗、秤，但一般商人往往阳奉阴违，大斗、大秤入，小斗、小秤出，以不正当手段牟取暴利。明正统以后，由于交换的发展，白银使用得越来越多。许多富商巨贾在买卖过程中，利用小生产者的愚昧无知，用低色银或假银钱来支付货价。随着时间的推移，造假的手段越来越多，给广大城乡人民带来了深重的灾难，成为当时主要社会问题之一。入清之后，商业资本在利用各种骗术欺诈城乡人民方面，一如明代。如康熙时的嘉定县，就存在"布行布庄将低色银小

① 李文治：《中国近代农业资料》，第1辑，北京：三联书店，1957年，第531、87页。

钱收买布、花，及典铺出轻入重，刻削小民”[①]的现象。

明清时期，高利贷资本的剥削方式也是多种多样，程度严酷。从剥削方式看，主要有以下三种：一是央中借贷，这种方式由来已久，在明清两代的农村中极为流行；二是典当物品借贷，主要流行于城市典当业；三是短押，其主要特点是典押期限短和典押物品数量少，价格低。明清两代对于私放钱债和典当物品，其利率都规定有一定的限度，但是高利贷者对借贷者肆意勒取，利息实际上远远超出官府的规定。特别是在农民青黄不接、遇灾、交租纳税急需银钱时，以及边远偏僻、经济落后而很难取得货币的地方，高利贷者更是乘人之危，把利息提高到惊人的程度。如明代陕西同官县征收税粮时，“刑繁民急，假贷求免；令豪右收息，逾月倍母”（鹿善继《鹿忠节公文集》卷九）。又如乾隆时，河南农民“一至青黄不接，则糊口无资，东挪西借，遂有奸贪富户及外来游棍，乘机重利盘剥，八折出借，滚算月利，不及一年，利过于本”。[②] 严酷的高利贷剥削给广大城乡人民带来了深重的灾难。

明清时期，商业资本和高利贷资本通过对城乡人民的剥削，积累了大量财富，而且有的已向工业方面投资，但为数不多，并不能改变商业资本和高利贷资本的封建剥削性质，更不可能在此基础上真正建立起资本主义经济制度。在大多数情况下，它们仍然成了加强地主土地所有制的手段，从而也成了中国封建社会晚期农村自然经济长期停滞不前的重要原因之一。

2. 清代前期农业中的资本主义萌芽

农业中的资本主义萌芽，是指封建社会晚期，当自然经济开始分解的时候，所出现的资本主义农业生产关系的最初形态。农业中产生资本主义萌芽，是一种社会经济现象，它的出现是一个渐进的过程，可以经历数百年的历史时期，而稀疏地存在于封建社会内部。随着商品性农业、货币地租的发展，以及农业中自由雇佣劳动的使用，明代后期已经逐渐孕育了农业资本主义萌芽的条件，到清代前期，自然经济进一步分解，农业中出现了资本主义萌芽。

我国封建社会晚期农业中的资本主义萌芽，大体有以下三种表现形

① 李文治：《中国近代农业资料》，第1辑，北京：三联书店，1957年，第86页。

② 李文治：《中国近代农业资料》，第1辑，北京：三联书店，1957年，第97页。

式，即富农和佃富农雇工经营商业性农业、地主雇工经营商业性农业，以及商人租地经营商业性农业。

小商品生产者的两极分化是资本主义产生的途径之一，这在农业中表现为富农和佃富农雇工经营商业性农业。清代前期即已出现这种经营方式，它首先在商业性农业比较发达的东南地区出现，而后则在更广大的地区发生和发展起来。如乾隆时，江苏青浦县监生王永仁，就在其自有土地上雇农工二人种稻、短工五人插秧。① 此外，在四川、陕西、安徽、江西、浙江、福建等省边界地区，一些富裕棚民的农业经营都较多地出现了雇工进行商业性种植的情况了。这种经营方式已经是具有资本主义性质的富农或佃富农经营。

在我国封建地主经济中，原来就有较发达的经营地主的农业经营，但在清代以前大多是自给性的生产经营，而且地主使用的劳动还都是僮仆劳动。到了清前期，则出现了一些新的变化，即在经营地主的田场中，已开始出现若干雇工劳动、以“力本射利”为目的的商业性生产经营。如乾隆时，广东安定县柯氏兄弟购买大片荒地雇工种植槟榔树五万株，以出卖槟榔获利。② 此外，山东、河南等地均出现了这种经营方式，说明清前期的经营地主经济，已逐渐走上资本主义的经营轨道了。

商人租地经营农业，是农业资本主义化的主要形式，而这些商人实际上就是租地农场主。在农业资本主义萌芽中，商人投资具有典型意义，因为商人的财富本身就代表货币权力，当他雇工生产的时候，货币就转化成了资本，而劳动者就变成雇佣工人了。在明代尚未发现商人租地经营农业的事例，而到清代前期，这种情况已经在经济植物的种植中渐见普及了。如广西平南县“种烟之家，十居其半”，广东番禺、东莞、阳春等县“蔗田几与禾田等矣”（李调元《南越笔记》卷十四），其中相当部分是由商人雇工经营的。又如嘉庆以后，福建瓯宁的茶场，有些就是由商人雇工经营的。

清代前期农业中的资本主义萌芽，在封建统治的压制下，发展极为缓慢，而且其在很大程度上与封建势力仍保持着千丝万缕的联系。这种二重性在其他资本主义经济形式中同样存在，并延续到中国近代经济中。

---

① 许涤新、吴承明：《中国资本主义发展史》，第1卷，北京：人民出版社，1985年，第244页。

② 黎民：《乾隆刑科题本中有关农业资本主义萌芽的资料》，见《资本主义萌芽研究论文集》，上海人民出版社，1981年，第647页。

3. 中国资本主义经济迟滞的原因

中国一直到16世纪中叶才在手工业、商业中出现了资本主义萌芽，而农业更是迟至18世纪上半叶才出现资本主义萌芽。在前后三百多年里，中国的资本主义经济始终处于萌芽状态，而未能迅速成长为占据统治地位的新的社会经济形式。由此可见，我国资本主义经济的产生和发展极为迂缓，出现了迟滞状态。产生这种情况的原因比较复杂，概括地说，主要有以下几个方面：

第一，中国封建社会自然经济基础的坚韧性，严重束缚了新的生产方式的产生和发展。马克思指出："资本主义社会的经济结构是从封建社会的经济结构中产生的。后者的解体使前者的要素得到解放。"①这就是说，封建社会经济瓦解的过程，也就是资本主义经济产生的过程。而中国封建社会中农业与手工业的结合极其牢固，它的解体过程发生得特别缓慢，这是由中国封建社会以地主制经济为核心的封建土地所有制决定的。在这种制度下，封建地主阶级占有绝大部分土地，而农民则占有很少的土地，甚至根本不占有土地。这样，一方面农民因租税负担沉重而被迫在从事农业生产的同时，还必须从事家庭手工业生产，借以维持最低限度的生活需要；另一方面，地主阶级则可以从这种土地制度中得到高额的地租收入，而无需在地租限制着利润的情况下，去开创新的生产经营。在中国封建社会中，追逐土地兼并，强化封建租佃经营，已成为射利求富者的普遍行为。封建自然经济的牢固存在，严重限制了社会分工和生产的扩大，它竭力排斥和抵制商品经济的发展，最终必然束缚我国封建社会晚期资本主义萌芽的成长。

第二，中国封建社会晚期，上层建筑严重地钳制和束缚着中国资本主义经济的发展。中国古代社会的上层建筑是建立在农业自然经济基础上的，对于保障和促进农业自然经济稳定、持续地发展，有着重要的积极作用。然而中国早熟的中央集权制，派生出了庞大的官僚体系，它既是中央集权政体的运转工具，同时又是拥有种种特权的个体私有者政治、经济利益的代表，具有剥削下层民众和腐蚀国家政治的双重性格。这种自我矛盾的封建政治体制，对社会经济的发展起了严重的阻碍作用，特别是对在农业自然经济内部萌芽的资本主义商品经济的阻碍作用，就更为明显。

---

① 《马克思恩格斯全集》，第23卷，北京：人民出版社，1972年，第783页。

中国社会的政治经济布局也十分不利于资本主义萌芽的成长。中国古代城市的形成和发展，大多是出于政治的需要，城市既是经济中心，往往更是政治中心。封建国家出于财政的需要，对盐、铁等商品采取专卖的政策，致使许多商业活动成为国家财政的附庸。如明清两代最负盛名的徽州商人，就是以经营官盐著称的，而山陕商人则以九边军需为主要经营项目，都与国家财政有着紧密联系，甚至直接为国家管理或控制。中国古代社会政治经济布局及国家对主要商业的控制，导致了商业对封建政治的依附性，这是明清两代资本主义经济迟滞的重要原因之一。

第三，封建统治者实行“重本抑末”的经济政策，直接阻碍着资本主义经济的发展。中国历代封建统治者都把“重本抑末”的政策奉为圭臬，企图维持“男耕女织”的农业自然经济状态，从而把人民束缚在土地上，以巩固其统治基础。明清两代同样奉行了这一政策。这种政策的基本内容，主要表现为两个方面：一方面，从正面提倡和奖励小农业及自给性的农村副业经营；另一方面，则对商业、手工业和商业性的农业加以种种限制，甚至根本加以禁止。这些政策内容，在明清两代的诏诰、上谕中往往有所反映。如雍正二年上谕就强调：“舍旁田畔，以及荒田旷野，度量土宜，种植树木，桑以饲蚕，枣栗可以佐食，柏桐可以资用。其令有司……课令种植。”(《东华录》)这种政策只是强调纯自然的“佐食”或“资用”而已，若是以买卖为目的种植这些作物，则会被斥为“不务农本”、“惟利是图”。抑扬之间，政策上的取舍是极为明确的。此外，清代统治者还实行了重税、重赋、禁止外贸、限制户籍流动等一系列具体政策措施，客观上也限制了资本主义萌芽的发展。

在上述因素的制约下，中国明清两代出现的资本主义萌芽只能在原有格局内生存，资本主义经济比较迟滞，未能出现飞跃性的前进。正因为资本主义经济发展迂缓迟滞，所以中国社会自近代以来才逐步陷入了落后挨打的困难境地。

三、传统社会经济基础的特征及其对中国文化的影响

马克思曾经指出：“物质生活的生产方式制约着整个社会生活、政治

生活和精神生活的过程。"[①]我国传统的物质生产方式一直是以农业为本的，农业生产影响着传统畜牧业、手工业和商业的面貌，同时决定了传统社会经济基础是自给自足的自然经济，属于典型的"亚细亚形态"。这种自给自足的自然经济有许多显著的特点，对中国文化产生了极其重要的影响。

1. 自然经济的持续性与中国文化的延续性

我国是一个有着数千年历史的文明古国，自然经济的持续性是传统社会经济基础的显著特点之一。我国自然经济的基础是灌溉农业，它的发展同我国的自然地理环境具有内在联系。四季分明、雨热同季的气候，肥沃的土壤和星罗棋布的江河湖泊，为灌溉农业的发展创造了有利的条件，并进而发展出以农业为主、农业和手工业相结合的自然经济。亚细亚形态的文明古国，有的在历史的长河中湮灭了，如古代巴比伦、希伯来等；有的历尽沧桑，也早已面目全非，如古代埃及、印度等。只有中国一直延续下来，并且始终保持着自己的本来面目。究其原因，主要在于中国传统的自然经济具有无与伦比的持续性。自三代以来的传统自然经济，经历了无数次大大小小的天灾人祸的考验，始终未曾走入难以克服的困境，循环式的复苏和进步使自然经济得以长期延续。马克思指出，最坚韧和延续时间最长久的必然是那种亚细亚形态。其所以如此，是由于这一前提：个人对社会不是独立的，生产只是在自给自足的圈圈内打转，农业和手工业的结合等等。我国传统社会以自然经济为基础，是一种典型的亚细亚形态，具有持续的生命力。

传统自然经济的持续性造就了中国文化的延续性。传统自然经济的持续发展为中国文化的绵延提供了强有力的保证，使之成为一种具有极大的承受力和凝聚力的连绵型文化。

三代以来，中国历史经历了战乱与稳定的周期性运动，王朝的兴衰更替不可避免，短期的国家分裂时有发生，特别是游牧民族的侵扰和入主中原，都曾在中国历史的不同时期掀起悲壮的一幕。然而中国的自然经济在遭到破坏后却能很快复苏并有所前进，而建立在自然经济基础上的中国文化不仅未曾被割裂，相反地，短期的战乱与分裂，更增进了中国文化的坚韧性和向心力。例如，魏晋南北朝时期"五胡乱华"的动荡时代，恰恰也是中原文化得到进一步扩展传播的重要时期。又如，鲜卑族在中原建

① ［德］马克思：《〈政治经济学批判〉序言》，见《马克思恩格斯选集》，第2卷，北京：人民出版社，2012年，第2页。

立北魏王朝，推行汉化政策，所谓“方今厘革时弊，稽古复礼，庶令乐正雅颂，各复其宜”(《魏书·乐志》)。此外，游牧民族的汉化以及与汉族的文化融合，也都体现了中华民族无法抗拒的认同感和中国文化无与伦比的坚韧性和向心力。中国文化正是这样伴随着自然经济的长期延续而源远流长，并且历经动乱与分裂的洗礼而不断得到充实升华，这种具有延续性的文化传统是任何外来势力所无法割断的。我国传统自然经济的高度发达，也使中国文化较早地得以定型，并随之产生一种“瞻后式”思维模式，它一方面为中国文化的长期延续起到了积极的作用，另一方面却也在不知不觉中积累着文化的守旧性格。正因为如此，到了封建社会后期，中国文化便日益显得暮气沉沉，缺乏积极进取的精神。

2. 自然经济的多元性与中国文化的包容性

我国古代社会自然经济的另一个显著特点，是其多元性。早在大约6000年前，中华民族就逐渐超越狩猎和采集经济阶段，进入以种植经济为基本方式的农业社会。此后，中国更素称“以农立国”，列朝帝王都有耕籍田、祀社稷、祷求雨、劝农桑的措施和仪式，并且无一例外地把“重本抑末”作为“理国之道”(《后汉书·桓谭冯衍列传》)。在农业不断发展的过程中，畜牧业、手工业从农业母体中的分离，以及商业从农业和手工业母体中的分离都先后完成。由于统治阶级施行的经济政策的影响，我国传统农业、畜牧业、手工业和商业等经济成分的发展水平极不平衡，特别是商业，长期深受束缚，始终未得到充分发展。总之，我国传统自然经济属于典型的亚细亚形态，呈现出一种不平衡的多元结构。传统自然经济的多元性特点，造就了中国文化的兼收并蓄的包容性格。

《通典·礼六》:“天子孟春之月，乃择元辰，亲载耒耜，置之车右，帅公卿诸侯大夫，躬耕籍田千亩于南郊。”

春秋战国是我国传统自然经济的重要转型时期，也是中国文化发展的一个重要阶段。这一时期出现了诸子竞秀、百家争鸣的局面，儒家的仁义醇厚、道家的清静超逸、墨家的谨严兼爱、法家的因势严峻，各家尽管主张不一，相互辩难，但是通过社会变革的洗礼，诸子百家在争鸣中取长补短，都得到了不同程度的发展。

到了秦汉时期，儒道融合，综汇百家，促进了中国文化走向新的高潮。“天下同归而殊途，一致而百虑”（《易传·系辞下》），正反映了先秦思想文化相互包容荟萃的历史事实。此后历朝历代思想文化的发展，也都体现了这一点。

我国是个幅员辽阔的国家，各地自然条件千差万别，社会、政治、文化诸方面的发展水平也多有差异。因此，古代社会又形成了不同区域文化并存的格局，如齐鲁文化、楚文化、吴越文化、三晋文化、秦文化等。随着自然经济的不断扩展、定型，这些区域文化相辅相成，渐趋合一，实现了多元的统一，最终培育了中国文化的包容性格。

中国文化还善于吸收周边少数民族的文化，长期进行文化融合。汉代北方民族的器用杂物、乐器歌舞，“京都贵戚竞为之”（司马彪《续汉书·五行志》）。魏晋南北朝是中华各民族大融合时期，“漠北醇朴之人，南入中地，变风易俗，化洽四海”（《魏书·崔浩传》），充满生机的北方民族文化，为中原文化注入了新鲜血液。盛唐是中国历史上最为开放的时代，“胡音胡骑与胡妆，五十年来竞纷泊”（元稹《法曲》），胡汉文化相互融合，使中国文化的包容性发挥得淋漓尽致。

即使是对域外文化，中华民族也能以兼收并蓄的态度予以扬弃吸收。佛教自东汉传入中国以来，至魏晋、隋唐形成一个高潮，中国固有的儒、道思想文化，通过与外来佛教文化的交融会通，获得新的营养而走上了更高的层次。又如，近代以来，面对西方列强的欺凌压迫，许多进步知识分子本着“师夷长技以制夷”的态度，积极学习和吸收西方文化，历史上中国文化与异域文化的交流，都生动有力地说明了中国文化兼收并蓄的包容性。

中国的自然地理环境，为多种经济形态共生并存提供了可能，造就了我国古代自然经济的多元性，建构于这种经济基础之上的传统文化，也就相应地具有了兼收并蓄的包容性。

3. 自然经济的坚韧性和中国文化的守旧性

我国传统自然经济属于典型的亚细亚形态，既早熟又极具坚韧性。传统自然经济决定了个人对社会的依附关系，使作为生产者的农民和手工业者（多半是一身而二任）生产的目的不是为了交换，而是为了缴纳租税和维持生计，而优越的自然条件及农业与家庭手工业相结合的生产方式，又使农民容易自给自足，更兼统治者采用“重本抑末”的经济政策，商业经济始终未能壮大到足以冲击固有自然经济结构的地步。官方的对外贸易活动也往往具有政治、外交、礼仪的性质。总之，由于种种因素的限制，自然经济在我国古代社会存在和发展了数千年，从未受到任何强有力的冲击和破坏，具有极强的坚韧性。传统自然经济的坚韧性在一定程度上导致了中国文化的守旧性，这种守旧性到了封建社会后期便蜕变成为保守性。

我国自然经济的早熟使中国文化很早就具有一种优越感，孳生了一种主静瞻后的文化思维模式，这种文化思维模式很容易导致文化的守旧性。严复在《论世变之亟》中指出：“中西事理其最不同而断乎不可合者，莫大于中之人好古而忽今，西之人力今以胜古。”这段话概括得很恰当，“好古而忽今”很形象地揭示了中国文化思维模式的特征，也指出了中国文化的守旧性。中国历史上许多托古改制的举措、中国古人对上古之治的赞美与向往等等，都是这种“好古而忽今”的守旧性的真实写照。这种文化守旧性固然有与延续性、凝聚性等相联系的积极的一面，但是在文化发展与交流的过程中，其消极的一面似乎更应引起注意。

文化的守旧性束缚了传统文化中积极因素的发展，对整个传统文化起着侵蚀作用。例如，早在先秦时期，我国已有敬德保民、民为邦本的思想。以孔孟为代表的儒家学说，强调人与人在道德上的平等，所谓“人皆可以为尧舜”、“民为贵，社稷次之，君为轻，是故得乎丘民而为天子”(《孟子·尽心下》)。这种积极的民本意识，曾受到西方启蒙思想家的高度赞赏，但在中国却得不到正常的发展，其中文化的守旧性的限制是不容忽视的。中国文化史上的许多现象，如道统、文统、画统等，固然体现了中国文化的延续性和凝聚力，从另一角度看，同时也正反映了中国文化的某种守旧性——迷信传统，缺乏创造精神。此外，中国古代科学技术的曲折发展，也很能说明中国文化的守旧性。

我国传统自然经济的坚韧性，在封建社会后期开始逐渐成为社会进步的障碍，而由此派生的中国文化的守旧性也同时逐步蜕变为一种文化保守性。宋元以后，中国文化的开放性和包容性，较之汉唐已有明显的衰退。明清时期，统治者奉行闭关锁国政策，遂使中国文化的开放性和包容性荡然无存，而文化保守性日益加深。因此，中国文化自近代以来的发展步伐日益显得凝重。新中国成立后，随着传统自然经济的逐渐解体，中华民族前赴后继，卧薪尝胆，改革开放，终于使中国文化重新获得了生命活力。

第二节　中国文化的政治结构

中国社会是带着氏族制度的脐带跨入文明社会的门槛的，在漫长的历史进程中，一脉相承的封建专制制度和带有某种血缘关系的宗法制度、家族制度相辅相成，构成了中国传统社会政治结构的核心。

一、中国古代的宗法制度与家族制度

宗法制度和家族制度是中国传统社会政治结构的核心。家族是由若干具有亲近的血缘关系的家庭组成，自进入文明时代以来，我国古代的家族一直是以父系血缘联结的，而若干出自同一男性祖先的家族又组成宗族。《尔雅·释亲》即把由同一高祖父传下的四代子孙称为“宗族”，实际上，有些宗族还可包括更多的世代。家族和宗族密不可分，有时甚至合而为一。我国古代的家族制度与宗法制度有着密切的关联，对中国文化有着多方面深刻的影响。

1. 宗法制度的产生及早期发展

我国宗法制度是由父系氏族社会的家长制演变而来的。所谓“宗法”，是指一种以血缘关系为基础，标榜尊崇共同祖先，维系亲情，而在宗族内部区分尊卑长幼，并规定继承秩序及不同地位的宗族成员相应的权利和义务的法则。其具体情况在有关西周、春秋社会情况的文献中有较详细的记载，其起源则可追溯到更远的年代。

在父系氏族社会，世系以父亲计算，父系家长支配着家族成员，甚至对他们有生杀予夺之权。在父系氏族社会晚期，随着生产力的发展和剩余产品的增加，出现了私有财产。父系家长死后，其权力和财产需要有人继承，于是习惯上就会规定一定的继承程序，而一代代父系家长生前的权威仍然使人敬畏，子孙们想得到其亡灵的庇护，于是又产生了男性祖先崇拜及随之而来的种种祭祀仪式。凡此种种，都为宗法制度的萌芽提供了

适宜的土壤。

进入阶级社会以后，宗法制度逐渐形成。传说中父系氏族社会晚期部落联盟首领的推选原本采用“禅让”制，夏禹死后，其子启继位，遂变“禅让”的官天下为“传子”的家天下，开创了我国历史上第一个奴隶制王朝。从此，“大人世及以为礼”(《礼记·礼运》)，王位世袭成为制度。据《史记·夏本纪》记载，夏王朝先后有十四世、十七王，其中两次是弟继兄位，一次是弟之子死后王位复归于兄之子，其余都是子继父位。这种世袭统治权的确立，可以说与宗法制度的形成互为因果。夏王朝的宗法制度，在确定政治、经济等方面特权地位的继承秩序的同时，又规定这种特权地位的继承人应依血缘关系的亲疏远近，把部分权力和财产分配给宗族中的其他成员。古史记载，夏王仲康失国，其子相曾奔依同姓诸侯斟灌氏、斟寻氏。斟灌氏、斟寻氏当即夏王宗族，他们被封为诸侯，既分享到部分统治权，又承担为夏王效力的义务。其他奴隶主贵族在其宗族内部，也当有类似的区别尊卑等级并明确相应的权利和义务的办法。确立继统秩序和在宗族内部依血缘关系区分尊卑亲疏、规定各自的权利和义务，二者相辅相成，是宗法制度的基本内容。与此相适应，为了加强宗族内部的凝聚力，祖先崇拜被推进到新的高度，同一宗族的人具有共同的祖先、共同的宗庙、共同的姓氏、共同的领地，同受宗法制度的约束。

商代的宗法制度更趋严密。商代存在着宗族组织应无疑义，殷墟卜辞中屡见“王族”、“多子族”、“三族”、“五族”等名称。多子族与王族有血缘关系，实际上就是王族的分支。商代作战，往往以“族”作为用兵的单位，因此卜辞中提到动员军队，经常出现“三族”、“五族”等用语。王族的宗族长就是商王，多子族等的宗族长称“子”。从卜辞、铜器铭文和文献资料看，商代称宗族长为“子”是普遍现象，后世把宗族称为“宗子”，正与此一脉相承。宗族长在宗族内部具有至高无上的特权，无论是商王还是“子”，其权位都是世袭的。商代的继统法是以子继为主，虽然也存在着兄终弟及的情况。但是，或者因为兄本无子，或者因为兄子年幼而由弟摄代，或者因为王室内乱，都是在不正常的情况下发生的。而即便是以弟继兄，也依照长幼次序，有兄在，弟不得立，这本身也是宗法精神的体现。至于继位之弟，或传己子，或传兄子，又从不同侧面反映出传子观念之深入人心。此外，商代对直系和旁系的不同待遇，也说明商代继统法以父死子继为重的原则。

商代还施行嫡庶制度，就是在多妻的情况下，区分作为法定配偶的正妻和众妾身份上的尊卑，并从而规定正妻所生的嫡长子的优先继承权。商代嫡子继承王位，庶子则被分封。《史记·殷本纪》说："帝乙长子曰微子启，启母贱，不得嗣。少子辛，辛母正后，辛为嗣。"又称商代王子受封，以国为姓，有殷氏、来氏、宋氏、空桐氏等，正是对商代嫡庶制度的记述。区分嫡庶是宗法制度进一步发展的结果，从一个侧面说明了商代的宗族制度比夏代处于萌芽形态的宗法制度，已经大大发展了。

2. 西周春秋时期典型的宗法制度

周人与商人相比，是个后进部族，但也很早就产生了宗法制度。武王伐纣灭商，建立了周王朝。为了维护统治秩序，西周统治集团结合本民族原有的习惯，在新的条件下对商代原有的宗法制度又做了进一步的充实和发展，使之更加系统。可以说，在西周及春秋时期，宗法制度已臻于完善，极具典型性。

西周、春秋时期的宗法制度的主要特点是：在严格区分嫡庶、确立嫡长子优先继承权的前提下，在宗族内部区分大宗、小宗，无论大宗、小宗都以正嫡为宗子，宗子具有特殊的权力，宗族成员必须尊奉宗子。《礼记·大传》说："别子为祖，继别为宗，继祢者为小宗。有百世不迁之宗，有五世则迁之宗。百世不迁者，别子之后也。宗其继别子（之所自出）者，百世不迁者也。宗其继高祖者，五世则迁者也。尊祖故敬宗；敬宗，尊祖之义也。"这里说的是诸侯宗族旁系的情况。所谓"别子"，是与嫡长子相对而言的。诸侯和天子一样，世代由嫡长子继位，只有嗣位之君才能世守祖庙，其余各子地位卑微于嫡长子，因而"自卑别于尊"（《仪礼·丧服》），称为"别子"。别子不敢祖诸侯，只能分出另立一系，往往受封为卿大夫，领有封地采邑，其后世即奉之为始祖。这就是"别子为祖"。别子又会有嫡子、庶子，同样也是世世代代以嫡长子为继承人，这一支就是直系大宗。别子的其余庶出诸子，不能继别，应尊奉继别的嫡子为宗，相对而言，就是小宗。小宗也是以嫡长子为嗣，这个嫡长子无权继别，但可以继祢，称为"继祢小宗"。祢是已故父亲在宗庙中的神主，继祢者有权祭祀父亲，是父亲的合法继承人。其余庶子除了宗奉直系大宗外，还得宗奉继祢小宗。由于继祢小宗又是世代以嫡长子为嗣，于是又会有继祖小宗、继曾祖小宗、继高祖小宗。继祢小宗受亲弟的宗奉，继祖小宗受同祖昆弟的宗奉，继曾祖小宗受同曾祖昆弟的宗奉，继高祖小宗受同高祖昆弟的宗奉，而所有小宗又一起宗奉大宗。但是族中子孙不断增多，许多后代相互之间血缘上的联系会越来越疏远。一个人不可能宗奉许多小宗，于是根据五世亲尽的原则，规定连同本身只向上推到第五世高祖，也就是一个人只要宗奉继祢、继祖、继曾祖、继高祖四个小宗，高祖以上可以不管，这就是所谓"宗其继高祖者，五世则迁也"。然而只讲五世而迁，一个宗族又会分裂为无数小的宗族或家族而漫无统系，因此又要强调"宗其继别子者，百世不迁"，也就是大宗要永远受到宗奉。小宗可以绝，大宗不可以绝。万一大宗没有后嗣，族人应该以支子为大宗后，继续维持大宗的统系，因为大宗作为宗族的核心和象征，必须垂之永久，不能绝灭。

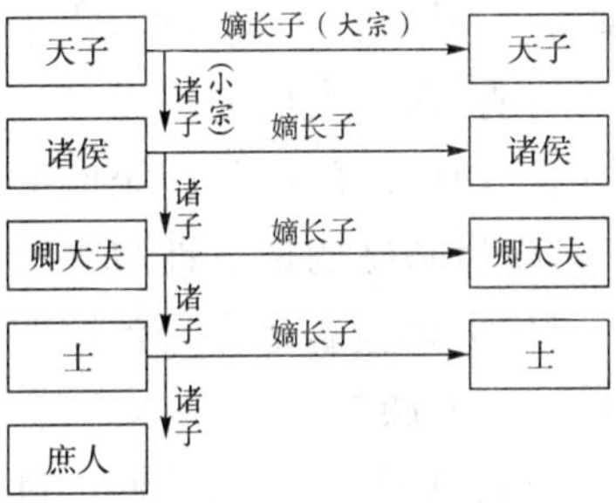

嫡长子继承制示意图

由于宗族中人口繁衍，同出一祖的宗族成员不可能永久聚居一处，过若干代必然迁居他处。那么，始迁他处的宗族成员即使不具备诸侯之子的身份，只是某一小宗，由于脱离了原先正嫡大宗的统率，往往也能自成一系，后世奉之为祖，于是又在本系之中开始大宗、小宗的区分。当然，这一系在名义上与故国旧家的正嫡大宗仍会保持一定的联系，相对于原先的正嫡大宗而言，它仍是小宗。

在不断依支系区分大宗、小宗的同时，又不断依世次辈分区分昭穆。分昭穆就是把始祖以下的同一宗族的许多世代的男子，按一昭一穆的次序轮流排列。在宗庙中，始祖的牌位居中，始祖以下祖先的牌位依左昭右穆的次序排列，族墓中穴位也分昭穆，井然有序。区分昭穆便于记住宗族成员的辈次，这在重视行辈尊卑、血缘亲疏的宗法社会是十分必要的。

西周、春秋时期的宗法制度较为典型，子继父、嫡统庶、兄先弟、尊临卑的原则无疑影响着整个社会生活。西周、春秋时期严密的宗法制度主要实行于统治阶级内部，并且宗法与政权又合而为一。国家的各级政权机构，在一定意义上讲，正是扩大了的宗族组织，派生出了中国传统政治结构中的家国同构原则，这对中国文化的影响是极其深远的。

3. 封建社会中家族制度的演变

受生产力发展和社会变革的影响，西周、春秋时期那种典型的宗法制度到战国以后已难以维持其先前的形态了。秦汉以后，就社会上一般情况而言，大宗、小宗之分实际上已经不受重视，宗子之尊也成了历史陈迹，封建帝国的行政系统也不容宗族组织插足各级政权，这说明严整的宗法体系已难以维系。但是，如果从广泛的意义上来理解，把宗法制度看作一种以血缘关系为纽带，在各个家族内部体现尊卑秩序，维护尊长特权，以巩固统治秩序的规范和方法，那么可以说，它在整个封建社会中始终存在，久盛不衰。事实上，封建社会的家族制度仍然深深地打有宗法的烙印。

在封建社会自然经济的条件下，聚族而居乃是一种普遍现象。秦汉时期一些宗族由于政治地位、经济力量以及人丁等方面的原因，发展成为强宗大族。虽然强宗大族受到朝廷的压制，但是从西汉后期开始，由于大地主庄园经济的发展和中央政权控制力的削弱，强宗大族的势力又迅速发展起来，最终形成了魏晋南北朝时期的门阀制度。门阀是门第阀阅的意思，指世代显贵的家族。门阀制度是以家族为基础的地方性组织及制度，它不仅标志着统治阶级与被统治阶级的区别，而且标志着统治阶级中部分家族与其他家族的区别。门阀望族与强宗大族是二位一体的，在社会上的势力和声望累代延续，组合成一种具有特殊身份、享有特殊权利的集团。与此相对，门第较低、家世不显的家族即使也拥有一定的土地和财产，其成员也有入仕的现象，但总体说来，在政治生活中仍受到压抑，社会地位无法同门阀士族相比。魏晋南北朝以九品中正制作为铨选官吏的基本制度，由于门阀士族垄断了选举权，九品中正制反过来又巩固并发展了门阀制度，使家族与政权结合得更为紧密。

由强宗大族发展而来的门阀制度，与西周、春秋时期典型的宗法制度相比，其宗族内部的层次系统不是严格以血缘关系的远近做明晰的区分，而更偏重于各个支系、各个家庭的政治权势和经济实力。但其重视血统和家世，以血统、家世决定社会地位，并在宗族内部实行家长制控制，区别尊卑贵贱，强调等级服从，则与以前的宗法精神是完全一致的。

魏晋南北朝时期的世家大族在隋末农民战争中受到沉重打击，隋唐废除九品中正制，以科举取士，使许多庶族士子有了仕宦机会。门阀制度渐次没落，但崇尚门第的风气在唐代社会中仍在延续。唐代一些旧的士族世家虽已衰落，但其社会声望仍然很高，受人仰慕。随着庶族地主的进一步兴起，又经唐末五代战乱的荡涤，与以重族望为特征的门阀制度密切结合的中古宗族制度最终同士族地主一起，退出了历史舞台。

宋代以后，我国封建社会进入了后期，租佃契约制的地主经济迅猛发展，不仅改变了农民对地主的人身依附关系，而且导致了地主阶级内部的分化。累世高官的旧士族失去了社会影响，而地主阶级中的寒士不断依靠科第入仕组成为新官僚集团。但是多子平均继承制又会使他们聚敛的土地、财富数代以后就迅速分散。与此同时，地主阶级和农民阶级的阶级矛盾也进一步尖锐。为了维护本家族、本阶级的利益，用血缘关系来掩饰同农民的对立，一些地主阶级的代表人物把上古时期的宗法制度理想化，主张重建古代的宗族组织，以稳定封建统治秩序。由于历史条件久已改变，要原封不动地恢复古代宗法制度是不可能的。但上古宗法制度尊祖、敬宗、收族的原则在经过一定调整后，仍得到了实际贯彻，从而形成了以修宗谱、建宗祠、置族田、立族长、订族规为内容的体现封建族权的家族制度。这种家族制度得到封建政权的大力扶植，通过布满社会各个角落的众多宗族而普遍存在，成为仅次于政权的无孔不入的权力体系，并和封建礼教纠合在一起，在我国封建社会后期起着长期而深刻的影响。

二、中国古代的国家政体和官制

政体发端于社会的一般组织管理形式，当人类进入阶级社会、产生了国家以后，它就演变为国家政权的构成形式，成为阶级统治的核心机制，体现着统治阶级内部权力分配的基本原则。官吏系统是国家政体发展到一定阶段上的产物，是实现和保证国家政体的主要工具。官制则是关于官吏的选拔、任免和组织方式的制度，是政体本支的主要对应物。中国古代国家政体的基本特征就是大一统。从我国古代政体思想和政体组织发展的阶段性出发，可以把我国古代社会的国家政体大致划分为“早期大一统”和“集权大一统”两种形态，官制也经历了相应的发展阶段。

1. 早期大一统及其官制

早期大一统的出现，首先是由当时生产方式的基本特点所决定的，也与当时的社会生产力和科学技术不够发达、人们生活的社会化程度不高有关。我国早期灌溉农业的生产方式及其生活方式，决定了人们在现实中和观念上对社会不是独立的，从而导致了早期大一统观念和政体的出现。就其组织措施而论，大体说来，商周以前采取的是武断型的统一。盟主召集会议订立盟约，若有谁违约，就用武力去征服。商周采取的是分封型的统一，君主把国土分封给属下去治理，并设立官吏系统，从而形成分封型君主制政体。但是商、周二代又有重大不同。商代的分封制还很不成熟，它分封的还是各地方、各部族的实际统治者，各封地政治经济制度并不统一；而管理措施也主要还是武断型的。同时，官吏系统很不完备，官吏的名称也极不规范。周代的分封制则达到了相当成熟的程度，组织措施和管理方法都比较完备。它主要分封自己的王族和功臣，让他们在自己封地内推行周制，即封建领主制，这就保证了制度的统一。它虽然也分封了少数先朝君主的后裔为诸侯，但又把他们置于自己的监督之下。在政体完备的基础上，官制也完备起来，在中央设立三公（太师、太傅、太保）辅佐周王进行统治，设六卿（太宰、太宗、太祝、太史、太士、太卜）协助周王处理政务。此外，还设有司徒、司马、司空、司士、司寇五官，分管土地、军赋、工程、爵禄、刑罚等工作。地方上以被分封的诸侯为君主，也建立了一套由卿、大夫组成的官吏系统。从王到卿、大夫、士，都采取嫡长子继承的世袭制。这样，从氏族公社晚期到周代，早期大一统的发展逐渐臻于完善。

纵观早期大一统的发展历程，它始终是与宗法制度紧密结合在一起的，并随着宗法制度的发展而发展。在这一过程中，大一统观念也与宗法观念一样，日益成为根深蒂固的思想观念。《诗经·小雅·北山》所谓“溥天之下，莫非王土；率土之滨，莫非王臣”，就是这种思想观念的反映。但是，早期大一统政体及其相应官制的组织方式还是极为松弛的，所以国家不可避免地会出现分裂割据、政权林立的局面。随着生产方式矛盾运动的发展，封建地主土地所有制开始确立，而封建地主制生产关系的出现，客观上又提出了建立相应的政体和官制的要求。公元前221年，秦始皇以武力兼并六国，建立了统一的封建国家，一种新的政体，即集权大一统政体出现了，作为政体主要工具的官制也随之进入了一个新的历史发展时期。

2. 集权大一统及其官制

集权大一统更推重集权，强调权力的集中，强调服从和纪律，而相对忽视分权及对权力的制约。在中国古代大一统政体中，皇帝居于核心和无上的地位，并利用君主专制体系不断地集中权力，排除和消灭异己力量，维护国家政体的权威性。这种集权活动主要反映在国家官制体系中，尤其是中央官制，其过程又可大致分为两个阶段。

第一个阶段是由秦到南北朝。秦灭六国，确立了君主专制政体以后，随即建立了一套严格的以三公、九卿为代表的中央官吏系统和郡县两级地方机构，各级官吏的任免赏罚大权全归皇帝掌握。汉初基本沿袭秦制，在中央设三公（丞相、太尉、御史大夫）、九卿（太常、光禄勋、卫尉、太仆、廷尉、大鸿胪、宗正、大司农、少府）、列卿（执金吾、典属国、詹事等）和宫官（太子、太后的属官和太监等）。后来，“外朝”即以丞相为首的常设的正式政府机构权力渐大，到汉武帝时，皇帝开始削夺相权，通过内廷管理文书的尚书台亲自裁决政务，并设立包括各类武官、加官在内的“中朝”（即不常设的非正式性官府系统）参与决策，使“外朝”仅成为执行机构。东汉时期，又设尚书台，代表皇帝发号施令。曹丕代汉后，又感到尚书台权力太大，于是另设中书掌握机要，起草和发布政令，尚书台又变成了执行机构。西晋代魏，皇帝又感到中书省权力太大，于是又将汉代的侍中寺改为门下省，作为自己的侍从顾问机构，参与国家大政，以削夺中书之权。南北朝战乱频繁，朝代迭变，皇帝对官制虽无大的建树，但集权活动却始终没有中断。

上述集权大一统的发展阶段，集权活动虽然频繁，但是颇有疏漏，这主要反映在官吏选拔制度方面。这一阶段先后采取的征辟、察举和九品中正制等选官措施，都赋予各级大官僚以很大的权力，由于缺乏必要的检察监督体系与措施，从而削弱了国家权力体系，甚至导致政出不行或政出多门现象的发生。与此同时，官吏的设置欠科学严整，也严重制约着集权大一统的发展。

由隋至清为第二个阶段，隋唐为奠基期。隋唐开始实行科举制，朝廷通过科举考试直接从各阶层人士中选拔需要的人才做官任职。这就弥补了以往选官制度的缺陷，使集权领域大为拓展。在中央官制上，实行三省（中书省、门下省、尚书省）、六部（吏部、户部、礼部、兵部、刑部、工部）制度。三省同为国家最高政务机构，分别负责决策、审议和执行，长官分别称“中书令”、“侍中”、“尚书令”。六部为行政机构，各部长官均称“尚书”，副职称“侍郎”。三省六部组织完备，分工明确，相辅相成而又相对独立，相互联系而又相互制约。它的确立，为我国封建社会中央官制的发展树立了里程碑，标志着中央官制进入了成熟阶段。隋唐奠定的集权大一统及其官制，以后历代基本上沿袭不改，发展至清代，封建集权活动遂达顶峰。

我国集权大一统时期的社会政治结构渐趋严密和完整，前后延续了两千多年。但是，这种大一统也绝不是铁板一块，正如毛泽东在《中国革命和中国共产党》一文中指出的那样，“自秦始皇统一中国以后，就建立了专制主义的中央集权的封建国家，同时，在某种程度上仍旧保留着封建割据状态”。这种情况对社会历史发展的种种消极作用与影响，是众所周知的。

大一统政体及其相应官制是我国传统社会政治结构的核心，毫无疑问，它对我国传统文化的影响是极为深远的。概括地说，这种影响主要在于：它以统一、稳定的社会机构塑造了中华民族向心求衡的民族心理，并与之共同形成一种持续发展的动力；同时又以高度的集权和专制导致了民族性格中的封闭因素和奴化因素，从而酿成一种日益郁积的深层文化危机。这些都在各个文化层面上有较为广泛的反映，值得我们深刻反思。

三、传统社会政治结构的特征及其对中国文化的影响

春秋以后，我国社会发生了很大的变化，具有典型意义的宗法制度开始瓦解，但是宗法制度和家族制度始终构成了我国传统社会政治结构的核心。自秦代建立统一的社会政治结构以来，由于自然经济及其生活方式的持续影响，我国历朝历代的社会政治结构虽略有损益，但基本模式则始终循而未改，并在长期的继承发展中形成了一些显著特征，对中国文化产生了深刻的影响。

1. 家天下与家国同构

自夏启继承父位建立夏朝，把“禅让”的官天下变成“传子”的家天下以后，我国传统社会政治结构就自始至终保持着家天下的传统，并由此衍生出家国同构这一基本社会政治结构模式。

我国奴隶社会的国家政治，实质上是一种宗族政治。由于实行世卿世禄制，奴隶主贵族各级大、小宗宗子往往可以继承爵位和官职，他们除了统率族人之外，又有统治人民的权力。国家的各级政权机构，在一定意义上讲，正是扩大了的宗族组织。这样，“天子建国，诸侯立家，卿置侧室，大夫有贰宗，士有隶子弟，庶人、工、商，各有分亲，皆有等衰，是以民服事其上，而下无觊觎”(《左传·桓公二年》)，“自王以下，各有父兄子弟，以补察其政”(《左传·襄公十四年》)，宗法和政权合而为一，从上到下组成了一张张严密的统治网。这种社会政治结构以宗族为核心，无疑具有家天下的性

质。进入封建社会，宗法制度虽然瓦解，但是代之而起的家族制度却仍然深深地打有宗法的烙印。我国封建社会虽然建立有新的官僚制度，封建国家的中央集权得到加强，但是封建政权往往需要族权的支持，二者密切配合，互补互用，封建社会政治实质上是家族政治。北宋理学家张载就指出："今骤得富贵者，止能为三四十年之计……既死则众子分裂，未几荡尽，则家遂不存，如此则家且不能保，又安能保国家？"(《经学理窟·宗法》)说明了家族与国家的关系，并把家族(宗法)的概念扩大到国家政权："大君者，吾父母宗子；其大臣，宗子之家相也。"(《西铭》)可见家族观念在封建社会政治生活中的深刻影响。

家族政治和宗族政治一样，都带有家天下的性质。家天下的主要特点是一姓家族统治一个朝代，只要这个朝代不灭亡，这个家族就一直统治下去。一部中国史，可以说就是一部部家族统治史。历代帝王君临天下，把国家看得如同自己的家族一样，像处理家庭事务一样来决断国家大事，使自己的血缘宗亲在国家政治中也有一种如同在自己家里一样的优越感和特权，使国家臣民在观念上、情感上也乐于接受这种家族统治状况。总之，宗法制度、家族制度在社会政治中的渗透，不仅使传统社会政治带有家天下的性质，而且在民族心理上也形成了相应的定势，从而形成一种恶性循环。

家天下的观念在社会政治中的渗透，导致了中国古代社会所特有的家国同构的社会政治结构模式。家国同构是指家庭、家族和国家在组织结构方面的共通性。我国古代社会是在氏族制度解体很不充分的情况下跨入阶级社会的，不是完全以奴隶制的国家去取代由氏族血缘纽带联系起来的宗法社会，而是由家族走向国家，以血缘纽带维系奴隶制度，形成一种家国同构的格局。封建制度取代奴隶制度，虽然是在具有典型意义的宗法制度瓦解的情况下进行的，但是宗法精神并未消亡，它在封建社会中是以家族制度的面目出现的，并与社会政治紧密地结合在一起。梁启超说："吾中国社会之组织，以家族为单位，不以个人为单位，所谓家齐而后国治是也。周代宗法之制，在今日其形式虽废，其精神犹存也。"①在一定意义上可以说，中国的奴隶社会是宗法奴隶制，封建社会是宗法封建

① 梁启超：《新大陆游记节录》，见《饮冰室合集·专集之二十二》，第5册，北京：中华书局，1989年，第121页。

制。中国古代国家政治始终是父家长制政治，臣民对君王的崇敬是由对父亲的崇敬引申、借代过来的，所谓“君子之事亲孝，故忠可移于君；事兄悌，故顺可移于长；居家理，故治可移于官”(《孝经·广扬名》)，宗法家族成为国与民之间的中介，国家政治体系与家族组织原则彼此沟通，君权与父权互为表里。

总之，中国古代社会是宗法社会，随着家天下观念的形成与渗透，家国同构遂成为古代社会政治结构模式的主要特征，并对中国文化生产了广泛而深刻的影响，其积极的方面是导致了民族性格的凝聚性，消极的方面则是导致了民族性格的排外性，这些均广泛地反映在中国文化的不同方面。

2. 专制性与集权、分权模式

自秦汉以来，中国古代的政体一直是君主专制中央集权政体，专制的传统历史悠久。这种政体有其历史的必然性和合理性：一方面，占人口绝大多数的农民经营的自给自足的自然经济，为其提供了深厚的社会经济基础；另一方面，它对国家的统一、国防的巩固、社会的安定和经济文化的发展，也是必要的。这种政治制度自产生之日起，就与宗法制度、家族制度有着千丝万缕的联系，就具有专制性的特征。在其发展过程中，这种制度经常受到分裂割据倾向的威胁。为了消弭这些威胁，它的各项制度如科举制、官僚制、谏议制等也逐步发展起来，它们相互联系、相互作用，最终构成了我国古代社会政治结构的又一重要模式，即集权、分权模式。并且，由于君主专制政体的制约，这一模式也具有鲜明的专制性特征。

我国古代君主专制政体经历了两个不同的发展阶段，即早期大一统政体和集权大一统政体。在这两个阶段上，专制君主的集权活动始终未曾中断，且具有很强的专制性，已如前述。这里我们主要谈谈分权活动。

为了在君主专制中央集权制度下获得国家的长治久安，历代君王在进行集权活动的同时，还在中央政权机关和地方政权机关中实行分权制度。君主集权与各级官吏之间的分权，是一个问题的两个方面，前者是直接的集权活动，后者则通过分权的各级官吏之间的相互制约来实现君主集权的目的。秦代在中央设三公九卿，丞相掌政务，太尉掌兵权，御史大夫管监察，地方政权也设官分职，各有所司。秦代官制的要义是分权于下，集权于上。不过，当时的分权制还很不完善，掌握行政大权的丞相和掌握兵权的太尉、大将军之类，每每成为君权的威胁；地方虽设官分职，但实行的还是一长制，很容易成为分裂割据势力的孳生地。这种状况，在以后朝代通过集权与分权的辩证运动，得到了很大的改善，集权、分权模式也随之在社会政治结构中得到确立。

秦汉时期的丞相总揽行政权，统率群僚，位尊权重。汉承秦制，丞相不仅总揽行政权，还有权征辟僚属，有权封驳诏敕。为了削弱相权，汉武帝重用宫廷内的文武侍从之官，这样就形成了中朝官与外朝官对峙的局面。东汉以降，丞相成为虚衔，真正行使丞相职权的是皇帝的文武侍从之官，如东汉的尚书令、魏晋的中书令、南北朝的门下省长官侍中等。但是这种方法并未真正解决问题，皇帝不断用职卑权轻的侍从官员行使相权的结果，只是导致了宰相名称的变化，而不能改变相权过于集中所构成的对君权的威胁，但是集权、分权模式却在这一过程中逐渐得以确定。

集权于上、分权于下的模式，不仅被用来解决君权与相权的矛盾，也被用来解决君权与军权的矛盾、中央集权与地方分裂割据的矛盾。明太祖朱元璋在废丞相、废中书省的同时，还废除了总管军队的大都督府，军队分由中、左、右、前、后五都督府掌管，以分解军权，后来遂形成皇帝通过枢密院或军机处统率全国军队的体制。为了巩固君主专制中央集权政体，历代还实行了任期制、流动制和异地为官制等。如明清各级官员任期三年，任满或升或调，不让他们在同一地方、同一职位上长期供职，而且官员不得在本地任职，这些做法的实质是分权原则的具体措施。

中国古代国家政体的各项制度，如官僚制、谏议制、身份制等，都体现了集权、分权模式的客观要求。这种集权于上、分权于下的社会政治结构模式，在中国古代社会的发展中始终处于变动状态，并未最终定型。但是它的精神自君主专制中央集权制度产生伊始就已确定，就是通过集权与分权的辩证运动，达到集权的目的。其结果是把越来越多、越来越大的权力集中于君主一人，极大地加强了专制君主的独裁。集权、分权模式反映了君主专制中央集权制度的专制性，防止了分裂割据倾向的发展，对于保持国家统一、社会安定，以及中国文化的连续性是有着积极意义的。当然，专制政体及其制度对中国文化的消极影响也是不容忽视的。

3. 传统社会政治结构对中国文化的影响

以宗法色彩浓厚和君主专制制度高度发达为主要特征的传统社会政治结构，对中国文化的影响是广泛而深刻的。从社会政治的影响角度看，中国文化既是伦理型文化，又是政治型文化，其各个层面都深受社会政治的影响。

陈独秀说:“忠孝者,宗法社会封建时代之道德,半开化东洋民族一贯之精神也。”[①]他认为,以家族为本位的宗法制度,是中国文化类型形成的重要因素,并大略揭示了中国文化的道德型(即伦理型)特质。陈独秀的看法是很有见地的。中国自殷周到明清是一脉相承的农业宗法社会,具有浓厚宗法色彩的社会政治结构,使中国文化归于以“求善”为目标的伦理型。高度重视伦理道德学说,不只是某一学派的信念,而且是整个中国文化的趋向。中国文化不讲或很少讲脱离伦理学说的智慧,许多学说、观念都以伦理思想为起点、为核心,向外作波状扩散,并最终归结到伦理思想上来。中国的封建统治者主要是以伦理的训条,而不是以法律精神治理国事,臣民首先考虑的也不是遵从国家的法律,而是如何在错综复杂的人际关系中履行伦理义务。这种深受宗法性社会政治结构影响的伦理型文化范式具有双重意义:一方面,它增强了中华民族的凝聚力,大大强化了中国文化的延续力;另一方面,它导致了中国文化的盲目排外性,影响了中国文化的健康发展。

我国古代社会政治结构的专制性特征,又导致中国文化形成政治型范式。中国古代中央集权的君主专制制度高度发达,社会政治结构的专制性在一定程度上促使政治生活成为社会生活的主要内容之一,而政治生活与伦理生活又有着紧密的联系,政治原则往往是由伦理原则推导出来的,二者相辅相成,融为一体。这样,与以“求善”为目标的伦理型文化范式相联系,中国文化又可以归结为以“求治”为目标的政治型文化范式。这种政治型文化范式在中国文化的各个层面均有反映。例如,体现在教育方面,便是“为学”不离“从政”,“学干禄”、“学而优则仕”成为官办和多数民办教育的宗旨所在;体现在学术方面,是“道”、“学”、“治”的合一,即龚自珍所概括的“是道也,是学也,是治也,则一而已”;体现在文学方面,则“文以载道”思想贯穿古今,强调文学为政治服务。总之,中国古代君主专制国家政体,始终注意通过政权的力量干预文化事业,客观上使得古代文化沿着政治化的轨道滑行。这种政治型文化范式对中国文化的影响也具有双重意义:一方面,它使中国文化具有一种强烈的政治实用倾向,形

① 陈独秀:《东西民族根本思想之差异》,见《独秀文存》,合肥:安徽人民出版社,1987年,第29页。

成了生动的、富于社会责任感的“经世致用”传统；另一方面，它又有明显的弊端，主要是妨碍了各文化分支自由、独立、均衡地发展，此外还导致了服从心态、权威迷信、自信心缺乏等不良社会心理。

我国古代社会政治结构的宗法性和专制性特征相当显著，在文化上表现为伦理政治化和政治伦理化，并以农业自然经济为基础，组合成一个严密体系。传统社会政治结构对中国文化的影响是多方面的，除上面介绍的内容外，中国文化的一些具体形态也深受其影响。例如，中国文化中的所谓庙堂文化与山林文化的区分，实际上主要是以文化主体对现行政治经济制度的态度来判别的：庙堂文化持入世态度，对现行政治经济制度多做肯定；山林文化持出世态度，对现行政治经济制度多做否定。此外，中国文化中雅文化与俗文化、隐文化与显文化等的区分，也或多或少都有社会政治结构方面因素的影响。综上所述，传统社会政治结构既是中国文化不断发展的产物，又是影响中国文化发展流变的重要因素之一。分析我国传统社会政治结构，对于全面、深入地理解和掌握中国文化，具有十分重要的意义。

第二章　中国文化的儒道互补格局

在春秋战国时期的百家争鸣中，社会上产生了众多的学派和学说。其中儒、道、墨、法四家影响较大，而能够流传下来并在中国文化中起到持久的主导作用的，只有儒、道两家。墨、法思想在当时影响也很大，儒、墨一度并为“显学”。然而，至汉代独尊儒术，墨学遂告中绝。墨学中绝最重要的原因，是它与中国文化的家族本位传统不相适应。《孟子》有言：“墨子兼爱，是无父也。”法家思想在政治上也曾一度得势，秦统一六国后，就用法家思想来治理天下，虽然取得了辉煌成就，但不久就陷于崩溃。这说明法家思想不足以维持封建王朝的长治久安，因为它不懂得“逆取而顺守”的道理。所以，法家也难以作为一个独立的学派而存在。此外，名家、阴阳家的学说也都难以在社会上独立存在，而只能作为儒、道思想的补充。总之，汉代以来，在我国两千多年的历史中，先秦诸家经过社会的淘汰和历史的选择，只有儒、道两家成为传统文化的两大主流思想，并以互补的形式构成中国传统文化的两大主干。

第一节　儒家思想的发展流变

在诸子百家中，儒家是较早在政治、道德、历史等方面，提出自己理论主张的一个重要学派。儒家思想形成后，很快被统治阶级承认并利用，上升为官方意识形态，在社会上占据统治地位，成为中国传统文化主干之一，对几千年的封建文化产生了深远的影响。

中国古代儒家思想的发展大致经历了三个时期：以伦理亲情为纽带的先秦儒学是儒家思想发展的第一期，以阴阳五行为框架的两汉经学是儒家思想发展的第二期，以心性本体为核心的宋明理学是儒家思想发展的第三期。

一、先秦儒家思想的形成

儒家学派由孔子创立，孔子死后，“儒分为八”。其中最大者，为曾子、子夏两派：曾子尊德性，其后有子思及孟子；子夏治文学，其后有荀子。孔子曾以其学说遍干列国诸侯而不见用，晚年乃序《诗》、《书》，定礼乐，赞《周易》，修《春秋》，聚徒讲学，以授弟子。相传有弟子三千，身通“六艺”者有七十余人。

孔　子

1. 孔子的思想

孔子把尧舜当作理想中的圣人，一生孜孜不倦地追求圣人境界。他认为圣人之所以能成为圣人，在德性上可以归为“仁”，在行为上可以归为“孝”，在方法上可以归为“忠恕”。孔子把“仁”作为最完美的道德品质和最高的人格精神，但又认为仁是人人时时都可以达到的，关键在于加强个体的人生修养。《论语·颜渊》记载：

颜渊问仁。子曰：“克己复礼为仁，一日克己复礼，天下归仁焉。为仁由己，而由人乎哉？”颜渊曰：“请问其目？”子曰：“非礼勿视，非礼勿听，非礼勿言，非礼勿动。”颜渊曰：“回虽不敏，请事斯语矣。”

可见，“仁”的品格和“礼”的规范是分不开的。“不知礼，无以立也”(《论语·尧曰》)。礼属于外在的形式，是道德的标准；仁属于内在的精神，是道德的属性，礼仁是一体的。以礼为立身标准，便可以进入仁的境界，所谓：“道德仁义，非礼不成。”(《礼记·曲礼上》)以仁为精神主体，便可以自觉地遵守礼的规范，所谓：“人而不仁，如礼何？”(《论语·八佾》)

虞世南书《孔子庙堂之碑》

孔子说：“仁者爱人。”从宗法血缘关系看，仁之基本为爱，爱之源泉在亲子之情，所以说孝悌是为仁之本。爱亲之情尤以儿童为早，因此孔子要求青少年“入则孝，出则悌”(《论语·学而》)，即孝顺父母，敬爱兄长。在孔子看来，恢复和巩固周礼的统治秩序就是实现仁，而这又必须从家庭内部关系入手。于是，“修身”、“齐家”、“治国”、“平天下”之事，皆可统摄于孝之中。故曰：孝者，“始于事亲，中于事君，终于立身”(《孝经·开宗明义》)。

孔子曾对曾子说：“吾道一以贯之。”曾子释之曰：“夫子之道，忠恕而已矣。”(《论语·里仁》)忠恕讲的是人我关系，是孔子的为仁之道(方法)。每个人不仅要自己致力于道德修养，还要善于把一己的品德推及他人，这样，仁爱精神方可充满人间。忠恕就是人与人之间沟通的桥梁。孔子所言“忠恕”有积极和消极两个方面：“夫仁者，己欲立而立人，己欲达而达人。”(《论语·雍也》)这是从积极方面说的，即自己要站得住，同时也使别人站得住；自己要行得通，同时也使别人行得通。这就是“忠”。“己所不欲，勿施于人”(《论语·颜渊》)。这是从消极方面说的，即自己所不喜欢的事，就不要强加于别人。这就是“恕”。蔡元培认为，积极之忠恕，是“行以自由之理想者也”；消极之忠恕，是“揭以严格之命令者也”。[1]

孔子关于“礼”与“仁”的思想，标志着人类精神的自觉。儒家一整套政治哲学、道德哲学、历史哲学，都是从“礼”与“仁”的关系中推衍出来的。

① 蔡元培：《中国伦理学史》，见绿林书房辑校《蔡元培学术论著》，杭州：浙江人民出版社，1998年，第87页。

2. 孟子的思想

孟子和荀子继承孔子的思想，成为儒家学派在战国时期的代表人物。孟子在孔子仁学的基础上，继承子思的性命说，提出了著名的“仁政”说，把儒家的政治思想落到了实处。仁政学说的第一个内容是“制民之产”，即给每个农户“五亩之宅”和“百亩之田”，使他们“仰足以事父母，俯足以畜妻子，乐岁终身饱，凶年免于死亡；然后驱而之善，故民之从之也轻”（《孟子·梁惠王上》）。另一个内容是“王霸”、“义利”之辨，即要求统治者“以德服人”，用王道统一天下，不要“以力服人”，用武力征服天下；要以仁义为重，不要见利忘义。孟子仁政学说的基础是性善论，性善论的核心则是“四端”说。所谓：“恻隐之心，仁之端也；羞恶之心，义之端也；辞让之心，礼之端也；是非之心，智之端也。人之有是四端也，犹其有四体也。”（《孟子·公孙丑上》）为了充分发挥人的本然之“善端”，孟子又提出了一套修身养性的方法，如“养气”、“求放心”等，构成其伦理哲学的重要组成部分，形成了“尽心——知性——知天”的天人合一的思维模式。

亚圣孟子墓碑

3. 荀子的思想

荀子发展了儒家的崇礼传统，与孟子不同，他认为人性本恶，善者伪也。“伪”即人为。孟子持性善论，认为人性之善，如水之就下，循其性而存之、养之、扩充之，则自达于圣人之域；荀子持性恶论，认为人之为善，如木之必待隐括矫揉而后直，若不以人为矫天性，则无以达于圣人之域。他说：“性者，本始材朴也；伪者，文理隆盛也。无性，则伪之无所加；无伪，则性不能自美。性伪合，然后成圣人之名，一天下之功于是就也。”（《荀子·礼论》）荀子认为，化性起伪首先在于知礼，即用礼来约束自己的行为，做到“唯仁是守，唯义是行”。化性起伪时还必须做到礼乐相济。因为礼是以人定之法节制身心，因而是消极的；乐则是以自然之美化感性灵，因而是积极的。礼由学而得，所以荀子又强调“学

荀　子

不可以已”。

此外，荀子还主张天人相分，认为客观世界具有规律性，“天行有常，不为尧存，不为桀亡”；强调人力可以胜天，“从天而颂之，孰与制天命而用之”（《荀子·天论》）。这种把道德与开发自然、改善民生联系起来的思想，正表现了中国文化的人文主义精神。

总之，先秦儒家都主张仁义道德，重视身心修养，强调礼乐相济，把伦理亲情作为维系人际关系、巩固社会制度的纽带，着重从情感上、心理上去打动人、教化人。随着历史的发展，儒家思想也在不断深化。“在天人关系问题上，从孔子罕言天道到孟子天人合一再到荀子天人相分，人们对于人与自然的关系的认识，由朦胧而清晰，由愚昧而明智。人的主观能动性，由情绪化的‘知其不可而为之’，演变到‘尽心则知天’的内在精神的自我扩张，最后终于凝聚为‘制天命而用之’的理性决断”。[①]

二、汉代儒家思想的发展

秦朝“以法为教，以吏为师”，进而“焚书坑儒”，儒家学说在劫难逃。随着秦朝的灭亡，儒家学说在经历了一次厄运以后又重新活跃起来。由于汉初统治者的提倡，儒学以经学的形式得到了广泛的传播。到了汉武帝时代，经济高度发达，国力空前强盛。“王者功成作乐，治定制礼”（《史记·乐书》）。在这种情况下，以维系尊卑贵贱的宗法等级制度为宗旨，且长于制礼作乐的儒家学说，备受统治者的青睐，地位扶摇直上，很快就成为封建正统思想，由原来的一家之“子学”上升为“独尊”的官学。

大一统的封建专制帝国，需要大一统的封建专制文化；而大一统的封建专制文化，又需要一位能够担当大任的学术大师来领衔建构。这位领衔建构汉代大一统的学术文化思想的大儒就是董仲舒，他被认为是儒术独尊的奠基人。董仲舒少治《春秋》，学习非常刻苦，传说“三年不窥园”。景帝时被立为《公羊春秋》博士。武帝时以贤良应举，对策称旨。蒙帝召见，又上《天人三策》。其第三策请求灭绝异学，统一国民思想，为武帝采纳，遂“罢黜百家，独尊儒术”。

---

① 李宗桂：《中国文化概论》，广州：中山大学出版社，1988年，第79页。

1. 天人之学的理论建构

汉代儒学与先秦儒学的根本区别，是有了一整套以天人感应为核心、以阴阳五行为骨架的神学化的天人观念。这种神学化的天人观念就是由董仲舒建立起来的。他本上古自然宗教的思想，借助先秦道家哲学，融合阴阳五行学说，通过阐释儒家经典的形式，建立了一套“天人感应”的理论体系，全面论述了“三纲五常”的伦理规范，进而宣扬了“君权神授”的思想观念，神化了汉武帝的统治，神化了封建秩序，最终为王权统治提供了神学根据。

董仲舒像

史书说董仲舒“始推阴阳，为儒者宗”。以儒家学说为基础，融合阴阳五行理论，建立新的思想体系，确实是董仲舒哲学的主要特点。庞朴曾考证出，以仁、义、礼、智、信的“五常”配金、木、水、火、土的“五行”，就是从董仲舒开始的。仁、义、礼、智、信是人的社会属性，金、木、水、火、土是自然物的类别。董仲舒认为两者之间有一一对应的类似同构关系，这也就是建立在天人合一基础上的“天人感应”论。

在董仲舒看来，天人之间可以相通相感。因为两者不仅“类合”，而且“数偶”。“类合”是天人感应的内在根据，由于天人皆具阴阳之性，所以彼此之间就有了互相感应的依据，形成“物以类聚”的基础。他认为，天人都由一气所化育：“阴阳之气，在上天，亦在人。在人者，为好恶喜怒；在天者，为暖清寒暑。”(《春秋繁露·如天之为》)故曰：“以类合之，天人一也。”(《春秋繁露·阴阳义》)“数偶”是天人感应的外在表现，如天有四时、十二月而岁月终，人有四肢、十二节而形体立。所谓：“人有三百六十节，偶天之数也；形体骨肉，偶地之厚也；上有耳目聪明，日月之象也；体有空窍理脉，川谷之象也。”故曰：“身犹天也，数与之相参。”(《春秋繁露·人副天数》)

董仲舒认为，天地产生万物就是为了养活人，人的形体、精神、感情、道德，都是天按照自己的模型复制的。所以，天人之间从内到外都是相通的。从层次上看，董仲舒的“天人感应”理论有三层含义：一是形体上的合一，即天有四时五行，人有四肢五脏；二是情感上的合一，即天有风雨阴晴，人有喜怒哀乐；三是规律上的合一，即天有四季物候，人有春种、夏锄、秋收、冬藏。总之，天是一个大宇宙，人是一个小宇宙，天人之间是相通相感、相合相应的。天人相合，就有一定的等级秩序和感应关系。就等级秩序上讲，是天决定人，是人→君→天的递进关系。董仲舒把天说成是支配自然和社会的最高主宰，是“百神之君”、“群物之祖”。就感应关系上说，万事万物都是上天有意识、有目的安排的，社会的治乱与自然的丰灾之间有一定的信息反馈。五行相生，体现了天的恩德；五行相克，体现了天的刑罚。

为了说明事物发展的秩序，增强天人合一系统的稳定性，董仲舒以阴阳消长作为内在动力，以五行生克维持结构平衡，将天地阴阳与社会人生、四时四方与五行五常、自然物候与人类情感统统结合起来，建构了一个无所不包而又互通互感的天人感应论体系。在这个体系中，天、地、人已经结为一个整体，构成一个动态的平衡系统。由于这个系统中的各个子系统分别具有阴阳五行的性质，存在着类的相似和数的相偶，所以能够以类相动、“同类相召”，以数相合、“人副天数”，最终天人在阴阳五行的框架内得以合一。

2.天人之学的实践意义

天人秩序、天人感应是董仲舒神学目的论的一个重要内容，是他的“君权天授”、“三纲五常”思想的宇宙论基础。为了论证封建等级制度的合理性，把各种封建伦常关系固定化、绝对化，他明确提出“三纲”(君为臣纲，父为子纲，夫为妻纲)和“五常”(仁、义、礼、智、信)的伦理观念，并将人道与天道相比附，使三纲与阴阳对应、五常与五行对应，作为维护封建秩序的永恒道德规范。[①] 他认为这些都是上天的安排，所谓“王道之三纲，可求于天”、“天不变，道亦不变”等等。王道、君权都是上天所授，“王者承天意以从事”。一方面，天至高无上，所以君主也至高无上，反君就是逆天；另一方面，人君的一举一动，都要受到天的监视。如果顺从天意，就可以得到嘉祥，风调雨顺；如果违背天意，就会受到警告，发生灾害，即灾异谴告。

---

① “三纲”二字，最早见于《韩非子》；“三纲五常”连用，则是在东汉的《白虎通义》中。不过，真正对“三纲五常”做全面系统论述的，还是董仲舒。他说：“凡物必有合。阴者阳之合，妻者夫之合，子者父之合，臣者君之合。君臣父子夫妇之义，皆取诸阴阳之道。君为阳，臣为阴；父为阳，子为阴；夫为阳，妻为阴。”(《春秋繁露·基义》)在对武帝的第一次策问中，他又提出五常之道：“夫仁、义、礼、智、信，五常之道，王者所当修饰也。五者修饰，故受天之佑，而享鬼神之灵，德施于方外，延及群生也。”(《汉书·董仲舒传》)因此，学术界一般将他看作“三纲五常”的始作俑者。

董仲舒营构的以天人感应为核心的天人合一思想体系，是一个由多种因素组成的混合体。它既有迷信的一面，也有科学的一面；既有宣扬绝对君权的一面，也有抑制君权的一面；既有原则的一面，也有灵活变通的一面；既有肯定现实秩序的一面，也有变化发展的一面。①

先秦儒学经董仲舒的改造和发展，在汉代以经学的形态表现出来。两汉经学较之先秦儒学增添了新的内容，形成了一种新的天人合一观念，即目的论的“天人感应”思想。这一思想虽然适应了汉代大一统的封建政治的需要，为“儒术独尊”创造了条件，但由于它本身具有浓厚的神秘主义色彩，所以到西汉末东汉初，便与荒唐的谶纬迷信相结合，演变为谶纬神学，②形成一股反理性的思想逆流，最终使儒学面临新的危机。

三、宋明儒家思想的强化

继先秦儒学、两汉经学之后，宋明理学成为儒学演变发展的第三个重要形态。理学的产生，适应了赵宋王朝重建封建统治秩序的需要。它是一种以儒、道、佛三教合一为特征的新儒学，把人的自我完善放在最重要的位置，强调“存天理，灭人欲”，对人与人之间的相互关系做了深入的研究，提出了一系列重要的道德规范和修养方法。宋明理学不像孔孟那样停留于伦理道德的说教，也不取董仲舒那种简单粗糙的神学目的论，而是吸收佛、道两家的某些思维方式，形成一个上升到本体论高度的理欲之论，从而使自己成为具有严密思辨结构的思想体系，成为儒家思想的哲理化形态，也成为封建社会后期占统治地位的官方哲学。

1. 理学的开创者——周敦颐、邵雍

理学作为时代哲学思潮，经过长期的酝酿，终于在北宋时期形成。庆历年间为理学的开创阶段，周敦颐、邵雍利用“太极”的自我运动解释宇宙

① 参见王生平《儒学独尊的奠基人——经学大师董仲舒》，载《文史知识》，1988(6)。

② 谶纬于西汉末年开始在社会上盛行，它是一种“诡为隐语，预决吉凶”的神秘预言。据说发自上帝，符合天意，故又称“符命”。谶书常被染上绿色，又往往附有图形，因此也叫做“箓”和“图谶”。纬是方士化的儒生用神学观点对儒家经典进行解释和比附的著作，相对于经而得名。汉代儒学有五经、七经之说，而纬书也有五纬、七纬之称。由于纬书中也有谶语，所以后世统称“谶纬”。东汉章帝时，由班固奉命撰集的具有国家法典性质的《白虎通义》，把谶纬与董氏之学结合起来，正式成为官方哲学。

的起源与变化，为理学的宇宙观提供了模式，被认为是理学的开创者。

周敦颐的主要著作有《太极图说》和《通书》。他以儒家经典《易传》和《中庸》为主，融合佛、道思想，建立了一个以“太极图”为框架的简单而有序的宇宙生成论体系。这个体系把“太极”作为宇宙的本源，“太极”乃一团浑圆之气，无形无声、无始无终，故曰：“无极而太极。”太极一动一静产生阴阳，阴阳又化为五气，进而乾道成男、坤道成女，最终万物化生。圣人模仿太极“立人极”，人极即“粹纯至善”之“诚”，是“五常之本，百行之源”，是道德的最高境界、做人的最高标准。达到这一标准、进入这一境界，就会成为圣人。修圣（立人极）的内容是“中正仁义”，方法是“无欲”、“主静”。周敦颐援佛、道入儒，为理学家如何出入佛、道开辟了新路。他提出的宇宙生成论模式和“性与天道”的范畴，引起了宋明理学家的广泛兴趣，成为理学讨论的重要问题。

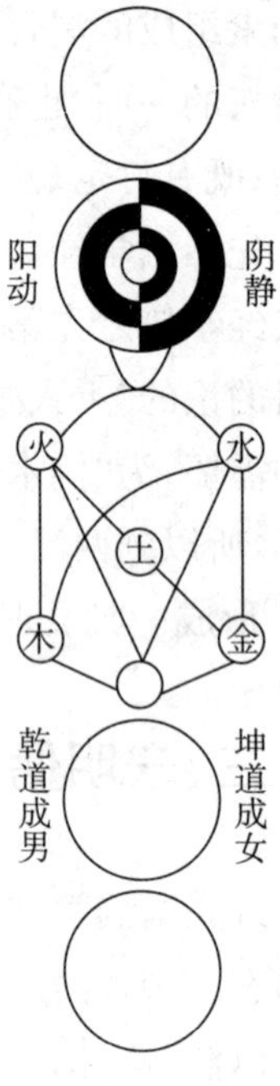

周敦颐《太极图》

邵雍的著作有《皇极经世》等。他掺杂八卦学说和道教思想，建立“先天象数学”，用象和数解释《易传》，把宇宙生成的过程归结为“象”和“数”的演化过程，力求制造一个囊括自然、社会、人生的宇宙构造图式和学说体系。他认为万物都是由一个总的本体“太极”演化出来的，太极演为两仪（动、静），两仪演为四象（阴、阳、刚、柔），四象演为八卦（乾、坤、震、巽、坎、离、艮、兑），八卦演为十六卦，十六卦演为三十二卦，三十二卦又演为六十四卦……如此推演出一个神秘的数的系统，借以说明宇宙的构成和万物的化生都是以数为基础的。

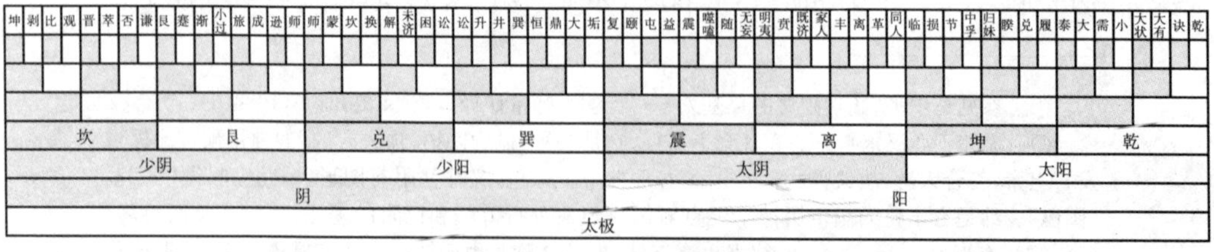

邵雍《先天六十四卦序图》

2. 理学的奠基者——张载和程颢、程颐

熙宁前后为理学的奠基阶段，张载和二程（程颢、程颐）被视为奠基人。张载以“气”为万物的本体，二程以“理”为万物的本体，并对“理”和“气”这对重要范畴各自做了论述，从而形成“气学”和“理学”两派。

张载的主要著作有《正蒙》、《西铭》等。他针对道教“有生于无”的宇宙生成论和佛教“万物唯识”的唯心世界观，以《周易》为根据，提出了“气化”的宇宙观。他认为“气”为万物之本，是唯一充塞宇宙的物质实体。所谓：“太虚无形，气之本体，其聚其散，变化之客形尔。”（《正蒙·太和篇》）“太虚”是宇宙的物质结构，太虚就是气。气聚则“有形”，有形即万物，为“出”、“有”、“显”、“化”、“命”等；气散则“无形”，无形即太虚，为“入”、“无”、“隐”、“神”、“性”。所以，知道虚空就是气，则出入、有无、隐显、神化、性命这些范畴都是“通一无二”的了。因为，“推本所从来”，这些范畴都是气之聚散而已。这个聚散的过程就叫“道”。此外，张载在《正蒙·大心篇》里还把人的认识分为“见闻之知”和“德性之知”。见闻之知限制在见闻的范围之内，相当于感性认识；德性之知不通过感觉见闻而直接与外界结合，所谓“合内外于耳目之外”，它相当于理性认识，是哲学家尽心知性知天的精神境界。在《正蒙·诚明篇》里，他又把人性分为“天地之性”和“气质之性”。天地之性是指人在气聚成形之前，所禀受的太虚本体纯一无缺之性，即先天之性，它是善的来源；气质之性是指人在气聚成形以后，由于禀受阴阳二气，各人的身体条件互不相同，结果出现了各人具体的本性，即后天之性，它是恶的来源。这些命题的提出，为宋明理学的人性学说开辟了一条新路，成为理学“天理人欲”之辨的嚆矢。

二程：程颢（左）、程颐（右）

二程是亲兄弟，著作合编为《河南程氏遗书》。二程把“理”（或“天理”）作为万物的本体（指存在于自然现象和社会现象背后或之上的根本依据），认为“天下只是一个理”，“万物皆只是一个天理”。理或天理，不生不灭，无所不在，不仅是自然界也是社会生活的最高原则。程颢说：“在天为命，在义为理，在人为性，论其所主为心，其实一也。”（《河南程氏遗书》卷十八）在二程看来，“理” 是“体”，是形而上的、抽象的；“气”是“用”，是形而下的、具体的。“理在气先”，理与气之间是体与用的关系。在伦理观上，二程继承了张载“天地之性”和“气质之性”的提法，认为“人生气禀，理有善恶，然不是性中元有此两物相对而生也。有自幼而善，有自幼而恶，是气禀有然也”（《河南程氏遗书》卷一）。就是说，人性的善恶是由于禀气的不同，得“清气”就善，禀“浊气”便恶。在修养方法上，周敦颐是持“主静说”的，二程则以儒家“正心诚意”、“浩然之气”的理论为基础，倡导“居敬说”。他们认为“静”为释老之学，一味强调静，结果是“身如枯木，心如死灰”，产生忘乎一切、不明天理的弊端。再说，人心本动，不能不交感万物，也不能不为外物所动，所以只能在动中涵养。居敬是“存天理，灭人欲”的一种方法，其要在“主一”。“主”指心不二用，不为外物所诱。专心一事，尚且他事不能入，若心主于敬，则邪自然不能入。“一”就是庄整严肃。人能端容貌，正言语，庄整严肃，则心一而无僻。若能常常如此，便是涵养，长久涵养，天理自然彰明。

张载和二程的思想充分体现了本体论与伦理学的统一，即所谓“性（伦理）即理（本体）”，或天与人的合一之学。他们提出的“天地之性”和“气质之性”、“德性之知”与“见闻之知”，以及“理”、“气”、“心”、“性”等命题，成为宋明理学的基本命题，从而将董仲舒的天人之学上升到本体论的高度。

3. 理学的集大成者——朱熹

南宋时期为理学的集大成阶段，朱熹以儒家伦理学为核心，糅合佛道及诸子之说，把自然、社会、人生诸方面结合起来，建立了一个博大繁杂的逻辑体系。

理学的集大成者——朱熹

朱熹的著作甚多，后人辑为《朱子遗书》、《朱子文集大全》、《朱子语类》等。他综合周敦颐的太极说和张载、二程的理气思想，又辅以阴阳、五行说，认为太极是宇宙的根本和大全，太极本身包含着理和气，理在先，气在后，从而克服了张载、二程思想体系中的矛盾性和两重性，建构了“理”→“气”→“物”→“理”的逻辑结构体系。他在《答黄道夫》中说：“天地之间，有理有气。理也者，形而上之道也，生物之本也。气也者，形而下之器也，生物之具也。是以人物之生，必禀此理，然后有性；必禀此气，然后有形。”（《朱子文集大全》卷八十五）就是说理是第一性的，是创造万物的根本；气是第二性的，是生成万物的材料；人和物的产生，就是理和气结合的结果。

同时，朱熹还把天理与心性及三纲五常联系起来，为儒家的伦理纲常作哲学论证。他认为理不仅是万事万物的本体，而且也是伦理道德的抽象。所谓：“气则金木水火，理则为仁义礼智”；理“不出乎君臣、父子、兄弟、夫妇、朋友之间”。那么，按朱熹“理在气先”、“理生气”的观点，实际上就是把封建伦常说成是先天就存在的了。他说：“未有这事，先有这理。如未有君臣，已先有君臣之理；未有父子，已先有父子之理。不成元无此理，直待有君臣父子，却旋将道理入在里面。”（《朱子语类》卷九十五）这就是说，三纲五常之理是先天就有的，是天理。天理即“天命之性”，是天赋予每个人的本性，而天理又是三纲五常，因此，人人遵守封建纲常就是本性。他甚至还把仁、义、礼、智之类的封建纲常附会到自然界，认为春天草木生长体现仁，夏天草木茂盛体现礼，秋天结果收藏体现义，冬天生机潜藏体现智。这种将道德伦理自然化的目的，无非要使封建纲常具有永恒性。

在人性论上，朱熹赞成张载、二程关于“天命之性”与“气质之性”的说法。他从自己的哲学体系出发，用理、气两个范畴去说明“天命之性”与“气质之性”，认为天命之性专指“理”而言，气质之性是指“理”与“气”杂而言。由于理与气相杂，使气质之性具有善与恶的两重性。他说：“天地间只有一个道理，性便是理，人之所以有善与不善，只缘气质之禀各有清浊。”（《朱子语类》卷四）人生禀气不同，遂有善恶之分。人因为受到“气质之性”的影响，容易为物欲所蔽，所以要去恶修善、变化气质，使气质之性复为天命之性，这就是“存天理，灭人欲”。朱熹认为，孟子的性善论，强调了天命之性；韩愈的性三品说，①强调了气质之性；张载、二程指出了天命之性与气质之性的区别；经过他的综合，矛盾才得以统一。

总之，朱熹在天地与我同体的范围内，既区分“常”的本体世界与“变”的现象世界（即“理”世界和“气”世界），又联结理与气（本质与现象）。于是理便是自然、社会、人生的“所以然之故”，即一切事物的内在根据，而

① 韩愈认为人性可以分上中下三品，上品之性合乎五常，是善的；中品之性有所合有所不合，可善可恶；下品之性与五常相违，是恶的。

"气"在某种意义上被赋予"当然之则"的性质。因此,"天命之性"与"气质之性"、"德性之知"与"见闻之知"、天理与人欲、道心与人心、王道与霸道,便来自理与气两个不同世界,而又不离不杂,相依相分。这样,伦理纲常既上升为理的本体世界,又表现在现象世界;天、地、人三才既为一,即极大的和谐,又有差别。① 这样说来,朱熹作为宋明理学的集大成者是名副其实的。

4. 理学的分化——陆、王心学

朱熹之时,理学内部发生分化,出现了以陆九渊为代表的"心学"。心学由陆九渊开创,经明代王阳明发展而成为理论完备的哲学体系。陆、王心学与程、朱理学,张、王(廷相)气学鼎足而三,共同构成宋明理学的三个重要流派。

陆九渊受儒家思孟学派和佛教禅宗的影响,特别重视"心"的作用,认为"心即理也",提出"宇宙便是吾心,吾心便是宇宙"的观点。为此,他与朱熹在鹅湖寺展开了长达十天的辩论,这就是中国学术史上著名的"鹅湖之会"。② "心即理"为陆九渊心学的基本命题,这是针对朱熹"格物致知"

鹅湖之会。程朱讲"性即理",而陆九渊主"心即理"。1175年夏,金华学者吕祖谦约请陆九渊与朱熹于江西信州(今上饶)铅山鹅湖寺,辩论学术异同。史称"鹅湖之会"。

① 参见张立文《中国哲学认识史上的跃进——宋明理学》,载《文史知识》,1988(6)。

② 参见李平《中国文化散论》,合肥:安徽大学出版社,2001年,第17页。

割裂心与理的弊端而提出的。程、朱理学认为客观精神的“理”是世界的本体，而且主张理在心外，因此把握天理的方法只能是“格物致知”，由具体到抽象。陆九渊则认为，心是世界的本体，否认主观之外还有什么客观存在。在他看来，一切客体都存在于主体（人）的精神之中。他说：“心外无理，心外无物”；“此心此理，不容有二”（《象山先生全集》卷二十二）。因此，宇宙等于吾心，吾心等于宇宙。所谓“宇宙内事，乃己分内事。己分内事，乃宇宙内事”（《象山年谱》）。既然认为“心即理也”，万物皆备于我，因而在认识论上，他就得出“致知不假外求”的结论，把人对外物的认识归结到“尽心”、“发明本心”上。所以，他提出“学苟知本，六经皆我注脚”（《象山先生全集》卷三十四），把一切外物都看成心的幻象，如镜中之花、水中之月，唯有“心”才是实体，这是地地道道的禅宗思想。本此精神，陆九渊本人不著书，只有其门人所辑语录。在道德修养方面，他根据“心即理”的本体论，提出了“存心”、“去欲”的说教。他认为人心本来是善的，由于物欲私念的蒙蔽而昏迷不明，所以要恢复本心，必须革除私欲。陆九渊把“心即理”的宇宙观推广到认识论和伦理学，从而奠定了心学的理论基础。

王守仁的著作有《王文成公全书》。其学说直承陆九渊，故后人称为“陆王心学”。王守仁发挥陆九渊“心即理”的观点，“心”是其哲学体系的核心范畴。他认为：“心即理也。天下又有心外之事，心外之理乎？”（《传习录》上）例如，人必须先有诚孝之心，然后才能做出行孝之事来。在他看来，“心之本体无所不该”，天地万物都是人的主观意识作用的结果，一切都是从“心”流淌出来的。他有时把“心”叫作“我的灵明”，认为“我的灵明便是天地鬼神的主宰”（《传习录》下）。因而，“心外无物”、“心外无事”、“心外无理”、“心外无学”。只要此心不被私欲蒙蔽，便是天理，便是至善，无需再到纷扰的外界去寻找什么理、物、事、学。“只在此心去人欲、存天理上用功便是”（《传习录》上）。他还把“心即理”引申为“良知”说，使“致良知”成为心学的哲学本体。所谓“良知”，就是指人人先天就具有的“不待学而有，不待虑而得”的本性。“致”即恢复，达到“良知”的极致的意思。“良知”和“私欲”是不相容的，要使“良知”显露，就必须去掉“私欲”。从“致良知”的观点出发，王阳明又提出了“知行合一”的学说。他说：“知行如何分得开？”“知之真切笃实处即

王阳明

是行,行之明觉精察处即是知”(《答顾东桥书》)。在他那里,知决定行,行体现知。“知”即“良知”,“行”是指“致良知”的道德实践功夫,即静坐和处事。人要通过静坐祛除私欲,发明本心;但是本心又不是虚无缥缈的,而必须落实到具体的事中。他认为,一个人只要不存功利之心,即使是“钱谷兵甲搬柴运水”之类的琐屑小事,或“子史诗文”一类的雕虫小技,也都是“真格物”,也都堪称“实学”。就是说,人一方面要以静坐的形式除去心中的自私念头和不正当欲望,保持善良的心地;另一方面又要在现实生活中接受磨炼,躬行践履,把心中的善意具体地表现出来,不能只是口头说说而已。郭沫若在《王阳明礼赞》一文中曾对王氏的思想体系做了这样的归纳:

一、万物一体的宇宙观:公式——“心即理”。

二、知行合一的伦理论:公式——“去人欲存天理”;

工夫(1)“静坐”,

(2)“事上磨炼”。①

理学的建立,确立了儒学发展的最终形态。而心学的出现,则引发了理学的解体。“心即理”的命题,把一切天理、道心、性命都转化成一己心中的感性欲求,即人欲、人心。天理便是人欲的思想与明代资本主义萌芽相适应,终于导致理学的分崩离析。

第二节　道家思想的发展流变

道家,是道德家的简称。“道”与“德”是道家思想的最高概括。道家思想形成于先秦,历两千年而不衰,深深地影响了我们民族的心理状态、思维方式和精神风貌,是中国传统文化的又一主干。道家学派在先秦主要表现为“老庄之学”,老、庄以后,道家学派随着历史的发展而不断演变,其中最为显赫的形态有三个:一是汉初的“黄老之学”,二是魏晋时期的

① 参见《郭沫若全集·历史编》,第3卷,北京:人民出版社,1984年,第249页。

“玄学”，三是隋唐及以后的“道教”。①

一、先秦道家思想的形成

先秦道家的主要代表人物是老子和庄子，故又称“老庄之学”。老子为道家学派的创始人，庄子继承并发展了老子的学说，建立了一个博大的思想体系。

孔子见老子，汉画像石

1. 老子的思想

老子著书五千言，论道德之要，后人称为《道德经》，即《老子》。老子在对宇宙本原的玄想探求中，抽象出一种具有生命形式的存在体——道，道是老子哲学的核心。他说：“有物混成，先天地生。寂兮寥兮，独立而不改，周行而不殆，可以为天下母，吾不知其名，强字之曰道，强为之名曰大。”(《老子》第二十五章)道是“视之不见”、“听之不闻”、“搏之不得”的抽象本体，它主宰着一切自然和社会现象。天地万物都是由道创生而来，宇宙生成的模式就是：“道生一，一生二，二生三，三生万物。”(《老子》第四十二章)②由于“道”很玄妙，不可名状，所以老子又引进另一个概念“无”来表述：“天下万物生于有，有生于无。”(《老子》第四十章)在老子看来，道不仅是世界的本原，也是事物运动变化的总规律。他说：“人法地，地法天，天法道，道法自然。”(《老子》第二十五章)所谓“道法自然”，并不是说“道”之上还

---

① 牟钟鉴将道家学说的演变大致分为七个阶段：第一阶段是老学；第二阶段是老子后学，包括杨朱、田骈、慎到、彭蒙、宋钘、尹文、关尹、列子；第三阶段是庄子及其后学；第四阶段是黄老之学，即秦汉道家；第五阶段是汉末道教；第六阶段是魏晋玄学，即新道家；第七阶段隋唐以后余绪不绝(参见牟钟鉴《道家学说与流派述要》，载《道家文化研究》，第1辑，上海古籍出版社，1992)。

② 成玄英《老子义疏》：“一，元气也；二，阴阳也；三，天地人也。”

有一个“自然”，而是说“道”纯任自然，无所法也，即自然而然。

“道法自然”的哲学命题是与“无为而治”的政治主张相联系的。老子认为，既然作为万事万物的本原的道是自然无为的，那么统治者治理国家也应顺其自然，实行“无为而治”的方针。他说：“道常无为而无不为，侯王若能守之，万物将自化。”(《老子》第三十七章)又说：“我无为而民自化，我好静而民自正，我无事而民自富，我无欲而民自朴。”(《老子》第五十七章)他的这种政治观是建立在反进化论的基础上的。在他看来，社会的进步和文明是万恶之源，“大道废，有仁义；智慧出，有大伪；六亲不和，有孝慈；国家昏乱，有忠臣”(《老子》第十八章)。相反，太古之人，不识不知，无为无欲，则能和睦相处，恬淡自乐。因此，他斥礼乐、排刑政、恶甲兵，主张“绝仁弃义”、“绝圣弃智”，回到“小国寡民”时代，实行“无为而治”。老子鉴于历史成败之因果，也曾应时势而立政策。这些政策的主要精神是以弱胜强、以柔克刚、以静制动、以退为进、以虚应实、以反取正、以小代大，具有朴素的辩证法思想，为后来兵家和政治家所重视，成为法术之渊源。老子的思想颇多偏激之说，故能冲击思想界，并开后世思想家之先导。但他的学说与进化之理相背驰，所以难以行于太平盛世，而在黑暗动乱时代则颇为盛行。

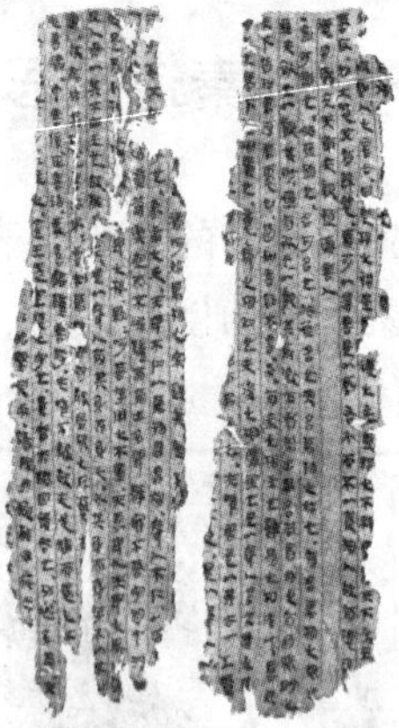
马王堆出土《老子》帛书写本

2. 庄子的思想

《庄子》三十三篇，一般认为《内篇》七篇为庄周自著，《外篇》十五篇为门人所记，《杂篇》十一篇为庄派后学所作。庄子的思想与老子一脉相承，仍然以“道”为哲学体系的最高范畴。他说：“夫道，有情有信，无为无形；可传而不可受，可得而不可见；自本自根，未有天地，自古以固存；神鬼神帝，生天生地；在太极之先而不为高，在六极之下而不为深，先天地生而不为久，长于上古而不为老。”(《庄子·大宗师》)道是庄子抽象出来的一个无所不有、无所不能、无有意志、无法感知的天地万物的本原，用道来说明主观世界，他便生造出一个绝对自由自足的“逍遥游”境界，即顺乎一己之性，不顾外界条件而一味放任自得。他还描绘出一批在现实中并不存在的

"至人"、"真人"、"神人"、"大人"、"圣人"的形象，作为其理想人格和哲学精神的外化。

庄子哲学的最高境界是逍遥自由，他希望按人的自然本性生活，从仁、义、礼、智的桎梏下解放出来，以求得精神上的自由。而现实生活却与他的理想大相径庭。于是，他只好从思想上寻求解脱的办法，在精神王国中做自由自在的逍遥游。在庄子看来，人之所以有痛苦、不自由，是因为受到现实世界是非之辨、贵贱升降、贫富变迁、生死祸福等的困扰，受到各种物质条件的限制，人们有所依赖、有所期待、有所追求而造成的。这叫"有待"。有待就不自由。人之所以有待，是因为"有己"，即有自我意识。因为"有己"会使人去分善恶、辨是非、别祸福，从而引起种种苦闷。要消灭痛苦，实现真正的自由，就必须无己、无待。无己，即从精神上超脱一切自然和社会的限制，泯灭物我对立，忘记社会和自我的分别。无待，即不依赖于任何条件，进入无待状态的具体途径就是他在《齐物论》中说的"齐物我"、"齐是非"、"齐万物"、"齐生死"。他认为客观世界的一切差别都是人为的产物，因而也可以在主观上加以齐一。《庄子·天下》有言："芴漠无形，变化无常，死与生欤，天地并欤，神明往欤。芒乎何之，忽乎何适，万物毕罗，莫足以归。"这段话的头两句是对道的特征的形象刻画，道是超时空的宇宙本根，故有"无形"之说；同时，道又是富有生命活力的，故有"变化"之迹。然而，道的生命流程乃是自本自根、自然无为而任物自化的，故曰"无常"。所谓"死与生欤，天地并欤，神明往欤"，是对万物齐一后心灵状态的描绘。这种齐生死、泯物我、合天人的心灵状态，正是回归于道的心理条件。因此，接下来庄子就说："独与天地精神往来，而不敖倪于万物"；"上与造物者游，而下与外死生无终始者为友"。进入这种天地、万物、主客齐一不分的状态，也就修养成"至人"、"神人"、"圣人"、"大人"，达到了"无己"、"无功"、"无名"的境界。

庄子把老子的朴素辩证法发展为相对主义的诡辩论，又把老子的无为论推向极端，改造成为无心于一切的逍遥游，而不再幻想通过无为的手段达到无不为的政治目的。与此同时，他从对生命内在本性(自然生活)的感悟中，提出寻找精神家园的希望，表达了对人类的终极关怀之情。孔子创建的儒家学派发扬光大于孟子，老聃始创的道家学派则得力于庄子。庄子是道家巨擘，没有庄子，道家便难以成为一个能与儒家相抗衡并共存的思想流派。

二、秦汉道家思想的发展

刘笑敢通过对《庄子》外篇和杂篇的分类考证，认为庄子后学可分为"述庄派"、"无君派"和"黄老派"。① 其中，形成于战国中期的黄老派的思想，与汉墓黄老帛书（主要是《经法》、《十大经》等四篇）的思想特点及司马谈对新道家的评述基本一致，实为秦汉之际盛行的"黄老之学"（新道家）的先声。

1. 新道家的思想特点

新道家，因多假托黄帝、老子以为言，故又称"黄老之学"，《吕氏春秋》和《淮南子》是其代表作。黄老新道家的思想倾向是以老、庄虚静恬淡为基调，以"道"为核心，包容儒、墨、名、法、阴阳各家思想。司马谈曾说："道家使人精神专一，动合无形，赡足万物。其为术也，因阴阳之大顺，采儒墨之善，撮名法之要。与时迁移，应物变化，立俗施事，无所不宜，指约而易操，事少而功多。"（《史记·太史公自序》）这段话被认为是对黄老新道家特点的概括。新道家的思想虽然源于老庄之学，但作为一个学派的酝酿和形成，当是"稷下之学"那一批"发明黄老道德学"的人物的功绩，如田骈、慎到、环渊、接子、宋钘、尹文等人。《史记·孟子荀卿列传》记载："慎到，赵人。田骈、接子，齐人。环渊，楚人。皆学黄老道德之术，因发明序其指意。故慎到著十二论，环渊著上下篇，而田骈、接子皆有所论焉。"这些人虽然有共同的思想倾向，但并不是一个学派，而且大多没有可靠的著作留下来，但黄老道德之学是经过他们"发明"、传播的，到吕不韦修《吕氏春秋》时，这种黄老道德之学就被大量吸收进去，集中了正在形成的一个新学派——黄老新道家的思想和主张。②

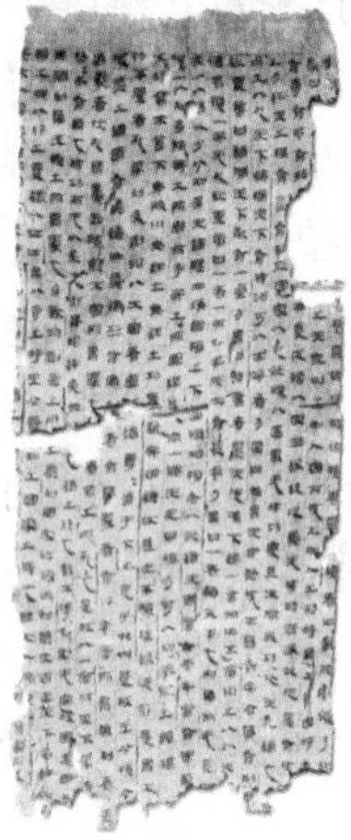

长沙马王堆汉墓出土《黄帝书》

① 参见刘笑敢《庄子哲学及其演变》第7、8、9章，北京：中国社会科学出版社，1988年。

② 参见熊铁基《从〈吕氏春秋〉到〈淮南子〉》，载《文史哲》，1981(2)。

黄老之学之所以属于道家，是因为它具有道家的基本特色，即它的指导思想和中心思想，是老庄所谓“自然无为而无不为”的道。西汉初的黄老之学，从《吕氏春秋》到《淮南子》，都以道为核心范畴。《吕氏春秋·大乐》言：“道也者，至精也。不可为形，不可为名，强为之（名），谓之太一。”《淮南子·原道训》亦曰：“夫道者，覆天载地，廓四方，柝八极，高不可际，深不可测，包裹天地，禀授无形……植之而塞于天地，横之而弥于四海，施之无穷而无所朝夕，舒之冥于六合，卷之不盈于一握。”尽管表述不同，但从本质上看，与老庄所说的道没有什么两样。

黄老之学被叫作“新”道家，这是因为它与老庄道家又有所不同。这不同之处首先表现在老庄道家辟儒墨、斥仁义，而黄老道家则“兼儒墨、合名法”，包容诸家，博采众长。从战国后期开始，黄老道家就站在道家的立场上，“采儒墨之善，撮名法之要”。高诱说《吕氏春秋》：“以道德为标的，以无为为纲纪，以忠义为品式，以公方为检格。”（《吕氏春秋·序》）《淮南子》也是以“道”来通论一切，吸收儒、墨、名、法、阴阳各家思想，“非循一迹之路，守一隅之指”（《淮南子·要略》）。其次，老庄道家愤世、避世，而黄老道家则入世、干政。为适应汉初统治者的需要，新道家以一种鲜明的政治态度，从“轻物重生”、“全性葆真”的养生之学转向研究“成败、存亡、祸福、古今之道”，以期为新的统治者提供“君人南面之术”。新道家的作品大多是政论书，《汉书·艺文志》认为《吕氏春秋》、《淮南子》等书“盖出于议官”，议官就是议政。《淮南子·要略》说：“夫作为书论者，所以纪纲道德，经纬人事，上考之天，下揆之地，中通诸理。”这就明确地道出了新道家著作的政论性质。再次，黄老道家发展了老子的自然无为思想，把它创造性地运用到人生和政治上，使原来消极的政治策略变为积极的政治主张。《吕氏春秋·君守》曰：“得道者必静，静者无知。知乃无知，可以言君道也。”《淮南子·原道训》亦曰：圣人“漠然无为而无不为也，澹然无治而无不治也。所谓无为者，不先物为也；所谓无不为者，因物之所为。所谓无治者，不易自然也；所谓无不治者，因物之相然也”。这种无为而治的政治主张首先由陆贾提到了统治者的面前，陆贾在为高祖所上《新语》中就明确提出：“君子之为治也，块然若无事，寂然若无声，官府若无吏，亭落若无民。”接着，淮南王刘安入朝时，又向文帝“献所作《内篇》，新出，上爱秘之”（《汉书·淮南衡山济北王传》）。

2. 新道家的社会作用

西汉初年，社会经济一片凋敝，统治阶级面临着如何恢复生产、发展经济、休养民生，以维护统治地位的重大问题。当时统治者从前朝灭亡的惨痛教训中认识到，要想发展社会经济，就必须与民休息、放松钳制，择定新的政治指导思想。虽然统治阶级对于怎样营造新的上层建筑、确立新的统治思想，还在摸索之中，但客观的社会形势已促使统治者对清静无为的政治主张发生兴趣。当时君臣上下都信仰黄老之学，积极推行无为而治的政治主张。因此，新道家的政治主张在汉初得到了比较充分的实践。事实表明，新道家提倡的清静无为的政治主张，适应了汉初的社会需要，因而取得了很好的效果。曹参原是汉高祖的同乡，后因作战有功当上了齐国的丞相。曹参理国，热衷黄老道家思想。他上任不久，听说当地有个叫盖公的人"善治黄老言"，就派人把他请来，向他学习黄老无为之术，以治齐国，结果"齐国大治"。后来，曹参继萧何担任了汉中央政府的丞相，又继续推行清静无为之术，效果仍然很好。老百姓歌颂他道："萧何为法，顜如画一。曹参代之，守而勿失。载其清静，民以宁一。"(《史记·曹相国世家》)但是，汉兴七十余年后，社会经济逐渐有所恢复，许多新的社会政治问题不断发生，如匈奴的骚扰、诸侯与中央政府的对抗等等。在这种情况下，如果再一味强调"清静无为"的政治主张，显然已不合时宜。所以，到汉武帝时，"绌黄老、刑名百家之言"(《史记·儒林传》)，就是必然的了。道家思想又面临着"与时迁移，应物变化"的问题。

三、魏晋道家思想的深化

汉武帝采取"罢黜百家，独尊儒术"的文化政策，黄老新道家首当其冲，从此在政治舞台上销声匿迹。继之而起的汉儒经学，在"独领风骚数百年"后，问题也逐渐暴露出来。先是今文经学的缘饰时政、"五行灾异"将文化界搞得乌烟瘴气，接着又是古文经学的名物训诂、"碎义逃难"使思想界趋于保守僵化。[①] 经学的神学化和繁琐化，引起学界的极大不满，导

① 关于古文经学的名物训诂、"碎义逃难"，班固在《汉书·艺文志》中说："后世经传，既已乖离。博学者又不思多闻阙疑之义，而务碎义逃难，便辞巧说，破坏形体。说五字之文，至于二三万言，后进弥以驰逐，故幼童守一艺，白首而后能言。安其所习，毁所不见，终以自蔽，此学者之大患也。"

致新的思想开始萌动，老庄之学重新引起士人的重视。经学的式微又带来名教的危机，“三纲五常”之类的封建礼教受到全面挑战，愤激之士甚至发出“非汤武而薄周孔”、“越名教而任自然”的呼声。他们以老庄为师，借道家的自然对抗儒家的名教，本着“礼岂为吾辈设耶”的精神，任性放诞、率意而为，开清谈玄远之一代风气。由这一代风气凝聚而成的学术形态，便是道家继汉初“黄老之学”后的又一表现形式——“魏晋玄学”。

玄学由老庄哲学发展而来，是道家思想的深化。《老子》、《庄子》、《周易》是玄学的主要经典，合称“三玄”。玄学之“玄”来自老庄。《老子》论“有”与“无”曰：“此两者同出而异名，同谓之玄。玄之又玄，众妙之门。”《庄子》也大谈“玄德”、“玄圣”，以“玄”为重要范畴。玄学本老庄之“玄”而加以发挥，形成“玄远”、“玄化”、“玄旷”、“玄言”、“玄教”、“玄悟”等一系列概念；又通过把《老》、《庄》、《易》三者结合起来阐发玄理，构造了一种新的思辨哲学体系。汤一介说：“魏晋玄学所讨论的问题就是指作为无名无形的超时空的本体和有名有形具体的天地万物的关系问题。”[①]用玄学的范畴来说，就是“无”与“有”的关系问题。玄学家对“无”与“有”的关系的不同回答，使玄学内部分为三派：一派是王弼、何晏的“贵无论”，一派是裴頠的“崇有论”，一派是郭象的“无无论”。

1. 王弼、何晏的贵无论

王弼字辅嗣，著作有《周易注》、《周易略例》、《老子注》、《老子指略》等。何晏字平叔，著作有《论语集解》、《道德论》、《无名论》等。他们二人是魏晋玄学的主要创始人，二人的观点基本一致，都主张“以无为本”，故并称“何王”。

玄学思潮形成于曹魏正始年间。当时，以何晏、王弼为代表的整个思想界，崇尚虚无，摒弃世务，他们以析理评判的方法“清谈”哲学问题，力图沟通儒、道。《晋书·王衍传》说：“魏正始中，何晏、王弼等祖述老庄，立论以为：‘天地万物皆以无为本。无也者，开物成务，无往不存者也。阴阳恃以化生，万物恃以成形，贤者恃以成德，不肖恃以免身。故无之为用，无爵而贵矣。’”“以无为本”成了何、王解释儒家名教的理论出发点。他们认为，无名无形的“无”是“道”、是“本”，是物质世界一切现象赖以存在的根据；有名有形的具体存在物是“有”、是“末”，是从“无”产生出来的。所谓：

① 汤一介：《郭象与魏晋玄学》，武汉：湖北人民出版社，1983年，第6页。

“天地虽大，富有万物，雷动风行，运化万变，寂然至无，是其本矣。”(《周易·复卦注》)这就是何、王的本体论。以此为出发点，他们以道释儒，把儒家的“名教”(即儒家“因名设教”的一套伦理规范和政治制度)看作“有”，把道家的“自然”(即道家所谓任其本然的无为原则，也就是道)看作“无”，认为名教出于自然，自然为名教之本。这样，有为的名教与无为的自然就不再有矛盾，从而将儒、道两家结合起来。

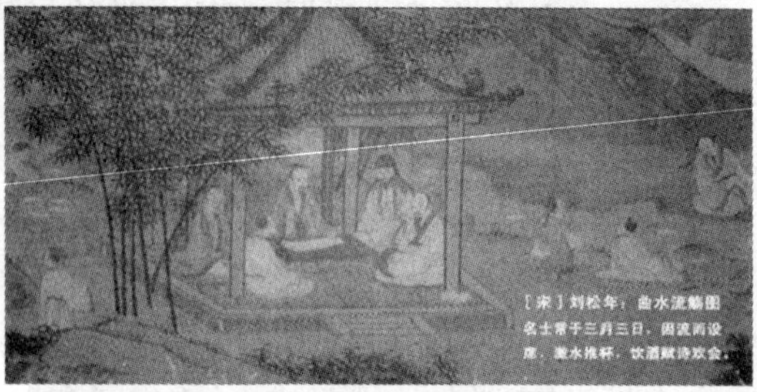

(宋)刘松年《曲水流觞图》

围绕着“以无为本”的命题，王弼还论述了“有无”、“本末”、“母子”、“体用”、“一多”、“言意”、“常变”、“动静”等范畴，这些范畴犹如“网上纽结”，把王弼的哲学思想联成体系，从而影响了整个魏晋玄学。值得注意的是，王弼认为“无”不是指实有空间的虚无，而是指超言绝象，没有任何具体属性，却能“范围天地”、“成济万物”的抽象本体。他说：“万物无形，其归一也。何由致一？由于无也。”(《老子注》第四十一章)“以无为本”的命题，确定了万物多样性统一的原则，具有很强的思辨性，进而把先秦道家的宇宙论提到本体论的高度，拓展了人们的哲学思维。

以何晏、王弼为代表的“正始玄学”是玄学发展的第一阶段。

2.裴頠的崇有论

裴頠字逸民，著作有《崇有论》和《辩才论》。“裴頠的《崇有论》是反对王弼、何晏的，是他们的‘贵无论’的对立面，但它还是玄学。他和贵无论的斗争，是玄学内部的斗争……其所以还是玄学，因为裴頠《崇有论》所用的方法是‘辩名析理’，这是玄学的方法。他所讨论的问题是有、无问题，这是玄学的主要问题”。[①] 裴頠认为，作为世界本原的“道”是“有”而不是“无”，万物都生于“有”而非生于“无”。《崇有论》曰：“夫至无者，无以能生；故始生者，自生也。”就是说绝对的“无”不可能生“有”，万物自始都是自生的，并没有一个精神本体“无”使它产生。他把“有”看作万物存在和变化的基础，世界上的“理”都是关于“有”之理，没有什么绝对虚无之理。然

① 冯友兰：《中国哲学史新编》，第4册，北京：人民出版社，1986年，第111页。

而，裴頠虽然“崇有”，却并不放弃无为之论。他说：“尧舜劳于求贤，逸于使能。分业既辨，居任得人，无为而治，岂不宜哉。”（《上疏言庶政宣委宰辅》）世事虽资于“有”，而心应虚无。老子所以谈“无”，目的是教人以虚静之心处事，而旨在全有，并不是说世界都是虚无的。诚如汤用彤所言：“盖无论讲‘有’、讲‘无’，都是从人事政治出发，贵无者向往出世，所以崇无；贵有者重生，故不能脱离现世界以逍遥，所以必资于有。”①

另外，欧阳建的《言尽意论》也是当时的一部重要哲学著作，它涉及玄学家经常讨论的一个问题——“言意之辩”，即言语是不是可以完全表达人的意思。王弼持“言不尽意论”，他说：“言者所以明象，得象而忘言；象者所以存意，得意而忘象。”（《周易略例·明象》）象的功能是存意，言的功能是明象。象对于意，言对于象，都属于从属的地位。这种观点是从《周易》“立象以尽意”和《庄子》“得意而忘言”发展而来的，主张不要执着于象和言，这和他的“修本废言”的观点一样，都是针对汉儒繁琐的章句之学而发的。欧阳建则持“言尽意论”，他强调语言对人们认识事物、沟通思想的重要性。所谓：“理得于心，非言不畅；物定于彼，非名不辩。”道理得之于内心，不借助语言就不能畅快地表达；事物的形色由于互相比较而确定，不给以名称就不能区别，所以名与言是不可废的。这种观点强调了世界的可知性以及主观认识与客观存在的统一性。

裴頠的“崇有论”和欧阳建的“言尽意论”，标志着玄学发展已进入第二阶段。

3. 郭象的无无论

郭象字子玄，是当时的一个大“名士”，很有辩才。史书记载，他清谈“如悬河泻水，注而不竭”。著作有《庄子注》。这本书不仅成为封建时代有关《庄子》的标准注解，而且是一部哲学著作。冯友兰认为，“它是代表玄学发展第三阶段的最后体系”。

自从裴頠的《崇有论》出来以后，“崇有”和“贵无”的辩论针锋相对。刘勰说：“夷甫裴頠，交辨于有无之域；并独步当时，流声后代。然滞有者，全系于形用；贵无者，专守于寂寥。徒锐偏解，莫诣正理；动极神源，其般若之绝境乎？”（《文心雕龙·论说》）老庄所谓“道生万物”的“道”，王何（包括

① 汤用彤：《崇有之学与向郭学说》，见《理学·佛学·玄学》，北京大学出版社，1991年，第335页。

王衍,字夷甫)所谓“以无为本”的“无”,本来都是用本体论的方法推论出来的无形无名之物。在推论出来以后,他们又把它用在宇宙生成论上,作为一个东西,作为一切物的根本,得出“有生于无”的结论。于是就陷入无不能生有(因为至无就是什么也没有),有又不能自生(因为万物都必须有一个本体)的矛盾境地。裴頠就抓住这个矛盾,对“贵无派”进行批判。他认为“至无”就是零,零不能生任何东西,所以万物都是“自生”的。郭象接过裴頠的“自生”说,通过为《庄子》作注,进一步明确地阐发了“万物自生”的哲学思想。他说:“无既无矣,则不能生有;有之未生,又不能为生。然则生生者谁哉?块然而自生耳。”(《庄子·齐物论注》)就是说,“无”既然是无,那就是没有,既然是没有,怎么会产生出来有呢?有还没有产生出来,它也不能产生。那么,万物究竟是谁生的呢?只能说,它是“自生”的,即“造物者无主,而物各自造”。“自生”、“自造”就是“独化”。“独化”就用不着“无”了,这就是“无无”。①

《庄子》郭象注

郭象的《庄子注》以“独化于玄冥之境”来表述宇宙观。他认为事物都是独立存在、独自发展变化而处于一个玄妙、幽冥的境界,即“自生”、“自尔”、“自化”。就来源说,万物都是自生的,不是他造的;就情态说,形貌都是自尔的,不是人为的;就发展说,事物都是自化的,不依赖于外在力量。万物独化而成,但又不是杂乱无章的,那么其中的关系又是怎样呢?郭象引进“自为”(各自独立)与“相因”(相互配合)的范畴,说明事物之间的关系。首先,事物之间有相互联系和配合,这是“相因”;然而,每个事物又各有各的表现,互不依赖,各自独立,这是“自为”;宇宙万物就是这样自然“玄合”成一个协调的整体,就像“唇”与“齿”本是两个东西,各自生长出来,各有各的样子和作用,互不依赖,然而却“唇亡齿寒”一样。郭象的这种思想是对老庄哲学的发展,也有着佛学“因缘”说的因素。

在郭象看来,“有”即天地万物,一切“有”都“独化”、“自造”于玄冥之境,不存在凌驾于“有”之上的虚无本体。因而人们不必追本溯源,只需因

① 参见冯友兰《中国哲学史新编》,第4册,北京:人民出版社,1986年,第135页。

顺自然即可。以这种宇宙观为依据，儒家的仁义道德、伦理纲常，也都是"自生自尔"、自然合理的了。何晏、王弼通过"以无为本"的命题，论证了名教本于自然；阮籍、嵇康则把自然推向极致，"越名教而任自然"；向秀、郭象又起而纠之，用"万物自化"的理论推出"名教即自然"的观点，从而对魏晋玄学的名教与自然之争作了一次总结，把"有无"之辩引向深入。郭象认为，社会人生的现实存在是一个和谐美好的秩序。所谓"物无妄然，皆天地之会"。人的命运非"妄有"，必须随遇而安，才能获得本性上的满足和精神上的消遣。他在《齐物论》和《逍遥游》注中说："物物有理，事事有宜"；"物各有性，性各有极"。明乎此，物任其性，事称其能，各当其分，则性命安矣。总之，郭象标举"自然"，将现实自然化，又将自然合理化。这使我们想起了黑格尔的名言："凡是现实的都是合理的，凡是合理的都是现实的。"

魏晋玄学是一种主体面貌与两汉儒学大不相同的学术思潮，两汉儒学着眼于实实在在的王道秩序与名教秩序的建构，魏晋玄学却以探求理想人格的本体为中心任务；两汉儒学热衷于天人感应的神学目的论，魏晋玄学却从汉代的宇宙论转向思辨深邃的本体论。

四、唐宋道家思想的宗教形态

道教脱胎于道家，以老子为教主，反映了道家思想的一个侧面，可以说是道家的一个旁支。汉初黄老新道家至汉末方术化、宗教化，为黄老崇拜行祭祀活动，并与神仙长生、民间巫术相结合，最终孕育出民间道教。道教形成于东汉，至魏晋南北朝已有了较大的发展，形成了以葛洪为代表的金丹道派和以张陵为代表的符箓道派。但是，道教的真正兴盛则在唐宋时期。

1. 唐宋的崇道风气

道教在隋唐时期开始兴盛，到宋代发展到顶峰。北朝以来，皇帝素信道教。《隋书·经籍志》记载："每帝即位，必受符箓，以为故事。"隋文帝和隋炀帝更是崇信道教，重用道士。在隋文帝起兵灭周的过程中，北周道士焦子顺、张宾曾向他密告受命之符，故隋统治者登基后，礼遇道士，亲幸道场。隋炀帝即位后，即"召天下道术之人，置坊以居之"，弘礼以待。

唐代道教盛行。一方面，李唐王朝的建立有道教一份功劳。隋朝末年，政局动荡不安，社会上广泛流传着“杨氏将灭，李氏将兴”的政治谶语。晋王李渊在起兵反隋时，就利用这些政治谶语大造舆论，这当中道士起了重要作用。另一方面，为了标榜自己身世高贵，更为了借神权以巩固皇权，李唐王朝借与老子同姓，依托附会，封老子为“太上玄元皇帝”。唐玄宗时，道教更加显赫。玄宗亲注《道德经》，以推广道教。开元二十五年(737)正式诏令“道士女冠隶宗正寺”。唐代的宗正寺是负责管理宗教陵寝和宗性亲族的机构，这意味着唐代皇帝把道士和女冠当作自己的本家。开元二十九年(741)又在全国各地建立了玄元皇帝庙，并普遍成立了崇玄馆，置“玄学博士”，令习《老子》(《道德真经》)、《庄子》(《南华真经》)、《列子》(《冲虚真经》)、《文子》(《通玄真经》)，每年准备经例考试。天宝年间置崇玄馆，改崇玄学为通道学、博士为道德博士，以宰相为大学士，总领天下道院，形成了崇奉道教的风气。

大周长安三年(703)元始天尊像石，现藏美国纽约大都会博物馆弗里尔(Fleer)美术馆。

唐开元七年(719)常阳天尊像石，现藏山西省博物馆。

赵宋王朝对道教的崇奉可与李唐王朝相媲美，特别是太宗、真宗、徽宗三朝更盛。宋太宗集天下道经七千卷，令人修治删正。宋真宗认道教神仙赵元朗为宗室，封其为“保生天尊大帝”，又封老子为“太上混元皇帝”。宋徽宗信道最笃，自称“教主道君皇帝”，说他是昊天上帝长子神霄帝君下凡。他下令焚烧佛经，改天下寺院为道观，使道士居其中。政治上，太宗和真宗父子均推行道教化的黄老之术。太宗说：“清静致治，黄老之深旨也。夫万务自有为以至无为，无为之道，朕当力行之。”(《续资治通鉴》卷三十四)真宗亦说：“希夷之旨，清静之宗，本于自然，臻于妙用。用之为政，政协于大中；用之治身，身跻于难老；施于天下，天下可以还淳；渐于生民，生民生其介福。”（《混元圣记》卷九）统治者的这些清静无为的政治思想是与崇道联系在一起的。著名道士陈抟（希夷先生）曾多次应诏入朝，向太宗建议“以清静为治”。当然，帝王崇道，道士干政，也会带来负面作用。由于徽宗对道士的宠信，致使上层道士参与朝政，把持朝纲。例如，道教神霄派创始人林灵素有恃无恐，在朝中飞扬跋扈，为所欲为。他通过徽宗先后封了八百多名朝臣和官吏为“仙伯”、“仙吏”。对于那些敢于揭露他的骗术的人，他便唆使徽宗对他们严惩不贷。

南宋绍兴年间三清像龛，
四川大足县舒成岩。

2.道教依托道家的原因

《魏书·释老志》曰：“道家之原，出于老子。其自言也，先天地生，以资万类。上处玉京，为神王之宗；下在紫微，为飞仙之主。千变万化，有德不德，随感应物，厥迹无常。”这里说的“道家”就是“道教”，其“道家（道教）起源于老子”的说法，在后世影响很大，为许多人所接受。其实，道家与道教还是有区别的。两者之所以混淆在一起，致使后人区分不清，主要是因为道教利用道家名义，依托道家思想，并神化道家人物所致。

道教对道家的利用开始于五斗米道。汉末，张陵父子创立五斗米道，奉老子为教主，封为“太上老君”，令生徒诵习《道德经》，又以《老子想尔注》为经典。北魏时，寇谦之也托称老子授意他改革天师道，并编造了一些神话，说太上老君封他为天师，企图以此说明他的教义系老君亲传，他自己是老子的代言人。到了唐代，李唐王朝认老子为宗主，遂有一系列崇拜老子的措施。天宝年间，又诏封庄子为南华真人、《庄子》为《南华真经》。一时间，老庄道学盛极朝野。随着道家人物成为道教偶像、道家著作成为道教经典，道教与道家的关系也越来越密切，以致人们将两者合二为一。

那么，道教为什么又如何能依托道家、神化老庄呢？大致说来，有内外两方面的原因。先看内在原因。老庄思想与道教教义尽管在本质上是大异其趣的，但这并不排除两者具有一些相通的因素。历史上，道教正是利用了这些相通因素，对老庄思想进行附会，使其为宗教教义服务。例如，老庄“道”论，一方面具有无神论的倾向，另一方面又充满了神秘的色彩。老子说：

道之为物，惟恍惟惚。惚兮恍兮，其中有象；恍兮惚兮，其中有物；窈兮冥兮，其中有精；其精甚真，其中有信。(《老子》第二十一章)

庄子也说：

夫道，窅然难言哉！将为汝言其崖略。夫昭昭生于冥冥，有伦生于无形，精神生于道，形本生于精，而万物以形相生。(《庄子·知北游》)

总之，道是虚无的、神秘的，它看不见、听不到、摸不着，是一种“玄之又玄”的存在。这样，道教就抓住道家之“道”的虚无性和神秘性大做文章，进一步把老庄作为精神实体的道人格化，描绘成具有无限威力、全知全能的至上神的代名词。道教认为，道是神的意志，神是道的体现。代表道的神是三清尊神，即玉清元始天尊、上清灵宝天尊、太清道德天尊，它们是道教崇奉的最高神。再如，老庄学说里有不少养生方面的内容，其中包含长生的胚胎思想和仙术的具体描绘，这又给注重养生的道教以发挥的余地。《老子》第五十章有言：“善摄生者，陆行不遇兕虎，入军不被甲兵。兕无所投其角，虎无所措其爪，兵无所容其刃。夫何故？以其无死也。”《庄子·大宗师》亦谓：得道之人“登高不慄，入水不濡，入火不热”。这些论述成了后来道教宣扬神仙方术的理论依据。

道教附会老庄，奉老子为教主，还有其外部社会原因，即汉代老子思想已受到重视，统治者开始崇拜老子。东汉时，统治者进一步神化老子，像祭祀佛祖一样祭祀老子。史载，楚王英“晚节更喜黄老学，为浮屠斋戒祭祀”(《后汉书·楚王英传》)。恒帝时，朝廷几次遣使祭祀老子，恒帝本人还亲自祭老子于濯龙泉。不但民间有老子祠，宫中也立黄老浮屠祠，老子与佛祖相并列，同受人们的膜拜。魏晋时期，玄学兴起，庄子又受到重视，庄学在社会上流行开来，“黄老”发展为“老庄”。到唐代，老庄又被统治者神化，并达到登峰造极的地步。在这样的社会风气中，道教依托老庄奉老子为教主，就是很自然的事了。

长期以来，无论在学术界还是在民间，也无论在国内还是在海外，道教和道家的关系一直混淆不清，或认为道家即是道教，或认为道家与道教无关。其实，道家与道教既有联系又有区别。道教主要是依托道家思想，神化道家人物，是道家的一种宗教形态。

第三节　儒道两家的互补共生

许抗生说："道家在哲学宇宙论上影响最大，道家的创始人老子在中国思想史上第一个建立较完整的宇宙论哲学体系，自此后的我国宇宙论思想几乎没有一个不受老子思想影响的。儒家则在伦理道德领域及其理论基础人性论学说上，占有极大的优势，影响之大可以说没有哪一个学派能与之匹敌。这是因为儒家的伦理思想集中地反映了我国古代宗法制封建社会的需要。"[①]就文化的建构而言，宇宙哲学与伦理哲学都是不可少的。所以，在中国文化史上，儒道两家总是互补共生，共同推动民族文化精神的演进。

一、儒道互补的理论依据

中国文化史上，儒道两家同源而异流，两家既双峰对峙、势如水火，又相互联系、相互呼应，犹如鸟之两翼、车之双轮，缺一不可，从而构成支撑中国传统文化的两大精神支柱。

1. 道体儒用　体用一如

道体儒用　儒家哲学以学而不厌、身体力行的阳刚风格著称，道家哲学以绝圣弃智、返本归根的柔静风格标异。一者文质彬彬，主张立德建功，以尽君子之责，以致社会之用；一者弃文就朴，致力探本究源，以达万物之本，以明宇宙之体。一在现象界，一在物自体。具体而言，道家哲学研究的对象是抽象的本体，其研究的途径是由抽象而具体、由宇宙而人生，所谓"人法地，地法天，天法道，道法自然"(《老子》第二十五章)，归属在自

① 许抗生：《简论中国传统文化的儒道思想互补》，载《北京大学百年国学文粹》(哲学卷)，北京大学出版社，1998 年。

然、本体、无为之上，而对社会、人生、物事则采取超然齐一的态度。庄子说老聃的哲学是“以本为精，以物为粗，以有积为不足，淡然独与神明居”（《庄子·天下》）。他本人也认为：“死生存亡，穷达贫富，贤与不肖毁誉，饥渴寒暑，是事之变，命之行也；日夜相代乎前，而知不能规乎其始者也。故不足以滑和，不可入于灵府。”（《庄子·德充符》）惟其如此，才能灵府自由、天君和豫，进入天人一体、物我相通的状态，从而直观事物的本质。庄周梦为蝴蝶而忘物我、庄周与惠子在濠梁辩论鱼乐即是。儒家哲学注重研究社会伦理问题，其研究的途径是由具体而抽象、由身家而天下。子贡曰：“夫子之文章可得而闻也，夫子之言性与天道不可得而闻也。”（《论语·公冶长》）重点在人文、现实、教育之上，而对道体、天命、鬼神等采取悬置不论的方法，即庄子说的“六合之外，圣人存而不论”（《庄子·齐物论》）。孔子本人也说：“君子于其所不知，盖阙如也。”（《论语·子路》）“务民之义，敬鬼神而远之”（《论语·雍也》）。只有这样，才能“博学于文，约之以礼”（《论语·颜渊》），把精力用在立德、立功、立言上，实现社会理想，完善个人人格。“兴于诗，立于礼，成于乐”（《论语·泰伯》）；“志于道，据于德，依于仁，游于艺”（《论语·述而》）等皆是。

儒道两家对自然、人生中的一些重大问题态度不同，是与他们各自的目的联系在一起的。孔子“不语怪、力、乱、神”，而主“文、行、忠、信”，是为了回到现实功用上；老庄齐死生、齐大小、齐是非、齐万物，而主“抱一”、“归根”、“无为”、“逍遥”，是为了转到抽象本体上。因而，尽管两家都讲道，但各自所说道的含义又有根本的区别。子产言：“天道远，人道迩。”（《左传·昭公十八年》）儒家尚实重用，故主“人道”，常从具体细微处入手，所说“修身、齐家、治国、平天下”中，以“修身为本”（《大学》）；道家尚虚重玄，故究“天道”，常从抽象本体处悟入，所说“道生一，一生二，二生三，三生万物”（《老子》第四十二章）中，以道为本。

体用一如　《周易·系辞》曰：“天下同归而殊途，一致而百虑。”自然、人生本为一体，客体、主体理应和谐。儒道互补的内在依据与可能就在于：两家虽然各有侧重，但最终又能同归于自然之体，一致于人生之用。具体来说，儒家尚用而不舍体，言器而不弃道；道家则言体又讲用，主道又怀器。儒家知道万物的本体（无）是不可以形诘的，故对道体问题存而不论，但圣人体无，宅心玄远，自然与道相合，无须著作多言。所以，孔子主张“述而不作，信而好古”（《论语·述而》）。所著《论语》仅为弟子辑录的不得已的答问，所答之言又多具体而微，实而可征。道家追求与道（无）同体的境界，故而著书立说，游心物初，寻道求本，无法藏其狂言。因此，庄子主张“猖狂妄行，蹈乎大方”（《庄子·山木》），所著《庄子》实为自己有意图的立说，所立之言虽隐晦曲直，却难掩其“南面之术”。

无论是儒家还是道家，都不可能完全超越时代，彻底摆脱人生。面对“人间世”，儒道两家分别本着实用和大用的态度来完善自我，追求理想。孔子认为，时可补，世可救，故曰：“郁郁乎文哉，吾从周”（《论语·八佾》）；“兴灭国，继绝世，举逸民”（《论语·尧曰》）。强调忠孝、名教、秩序，提倡“知其不可而为之”的积极向上的人生观，而一声“吾与点”的喟叹，又把儒家的人生哲学推向艺术的境界。① 老庄则认为，时不可补，世不可救，故曰：“处无为之事，行不言之教”（《老子》第二章）；“上与造物者游，而下与外死生无终始者为友”（《庄子·天下》）。追求适性、自然、逍遥，提倡清静无为的处世态度。而一部《道德经》的实质，又分明是在为帝王“南面术”做哲学论证，这就把道家的宇宙哲学推向了人生的顶峰。诚如张舜徽所说：“周秦诸子之言，起于救时之急，百家异趣，皆务为治。虽各自成一家，不相为谋；然亦有所见大合，殊途而同归者。”②

道家所探求的宇宙本体问题，正是儒家无心说明的问题；儒家所关注的社会道德问题，又是道家不屑一顾的问题。这样，道家以有心言儒家之无心，儒家以无心体道家之有心；儒家所不言的道家代言了，道家所不说的儒家代说了。儒道两家学说各有所重、各有所长，只有儒道互补，才能兼道器而明体用。吕思勉曾说：“道家之学，实为诸家之纲领。诸家皆专明一节之用，道家则总揽其全。诸家皆其用，而道家则其体。”③就儒道两家而言，实际上就是道体儒用，体用结合。先秦以后的文化学术流派，如秦汉新道家、两汉经学、魏晋玄学、宋明理学等，大多以道为体，以儒为用，兼采儒道，将本体与现象、宇宙与人生、自然与社会的两极融为一体，构筑自己的理论体系。

---

① 李泽厚说：“人们经常重视和强调儒道的差异和冲突，低估了二者在对立中的互补和交融。”他指出：庄子学说中“反束缚、超功利的审美的人生态度，早就潜藏在儒家学说之中”，并举“吾与点”为例来说明这个问题。参见李泽厚《庄子美学札记》，见《中国文化与中国哲学》（1986 年号），东方出版社，1986。

② 张舜徽：《周秦道论发微》，北京：中华书局，1982 年，第 1 页。

③ 吕思勉：《先秦学术概论》，北京：中国大百科全书出版社，1985 年，第 27 页。

2. 儒显道隐　表里相资

儒显道隐　儒道两家相比，儒显道隐。所以从表面上看，道家远不如儒家有名气。但这并不表示道家不重要，只不过它影响社会的方式与儒家不同，多是潜移默化式的，不易引起人们的注意。

儒家提倡礼乐教化，阐扬治国安邦之道，为历代官方集团大力倡导和推行，在社会政治和道德领域，成为指导性的正宗思想。又由国家教育体制提供保证，做系统传授和普及工作，奖励儒家经学的研究，读经成为知识分子走向仕途的必修课业。因而，儒家在两千多年的封建社会中，始终声势显赫，居诸家之首。

道家则不同，它重自然无为而轻礼乐教化，对现实保持着一定的距离，甚至常常对礼乐文化提出尖锐的批评，偏离人伦日用之常，具有隐士派和浪漫派的风格。因而在大部分历史时期不能成为官方哲学，未能列入国家教育的正式课程，处于在野的状态。道家人物本不求用世行道，亦无心于扬名不朽，不靠政治的权威，却能自然而然地形成一股潜流，流向社会各个角落，润物而无声。

表里相资　从表面上看，儒显道隐、儒强道弱、儒热道冷，实际上儒道对峙，难分轩轾。人们常说，传统的政治是外儒内法、阳儒阴法。我们也可以说，传统的思想是外儒内道、阳儒阴道、道中有儒、儒中有道，自为而相因。设若中国只有儒家而无道家，中国的文化就会失去一半光彩。中国人受儒家的影响，比较讲求实际，注重现实人生，尊重常识，积极进取，做事情求得通情达理，这是一个方面；但中国人又具有超越意识、丰富的想象力和浪漫的情调，胸襟开阔，不断地在常识以外开辟精神上的新天地，向往超迈脱俗、无拘无束、自由自在的生活，不计较一时一事之得失，生命富有弹性、耐受性和持续性，这些特质不能说不得力于道家。中华民族精神中的坚忍不拔、深沉从容、豁达大度等品德的形成，是吸收了道家思想营养的。[①] 就是在政治方面，道家所阐明的驾驭臣民的法术，即"君人南面之术"，也能够与儒家所推重的以德服人的王道相配合，加强帝王的权力，维护封建统治。因此，长期以来，道家总是作为一条暗流存在。儒道两家一明一暗、一显一隐，始终贯穿在中国封建社会政治、文化的各个方面。正如林语堂所说："道家及儒家是中国人灵魂的两面。"

---

① 参见牟钟鉴《道家学说与流派述要》，见《道家文化研究》，第1辑，上海古籍出版社，1992年。

显而易见，道家人生哲学与儒家人生哲学之间，形成了既相互对立、又相互补充的关系，使得中国文化很早就有了一个范围周延、层次完整、性质属于现世的人生哲学体系。在这个执着于现世的人生哲学体系中，包孕着不同的人生态度：既有积极入世、先天下之忧而忧、后天下之乐而乐的仁人；也有超然尘外、情欲沉寂、自甘寂寞的隐士。正因为如此，儒道可以互为补充，成为进退取守皆可从容对待、保持心理平衡的调节剂。而由于两者都把人生价值追求的实现，按照自己的方式，放在今生今世，而不是来世或天国，所以，生长在中国文化土壤上的人，皆以“穷则独善其身，达则兼济天下”为心理框架。①

二、儒道互补的表现形态

儒道两家有不同的思维方式、心理框架和价值系统，两家既相互颉颃、又相互吸收，形成儒道互补的格局。“这种格局大致有这样两种表现形态：一是儒道两家思想之间的互相渗透、互相吸取，以丰富完善各自的思想；一是儒道两家各自以救弊的形式出现，互相揭露和批评对方的弊端，克服对方的偏颇，在历史上形成儒道两家互相交替递补的过程，即儒家衰弱补之以道，道家衰弱补之以儒的历史进程。前者可以称作两家思想的融合，后者则是两种思想的逆向的互救”。②

1. 儒道渗透　各取所长

儒道两家思想的互相渗透、互相吸收、互相融合，在中国历史上表现得尤为突出。一般说来，道家主要吸收儒家的伦理道德学说和积极参政精神，以增强人文方面的内容；儒家主要吸收道家的宇宙生成论和宇宙本体论，以增加自然方面的内容。

援道入儒　儒道两家思想的融合，最早可追溯到孔子与老子的思想交往上。《史记·孔子世家》记载，孔子曾问礼于老子。这个传说在春秋战国时期很流行，不同学派的典籍都有记载。③ 这似乎很能说明两家在思

① 参见李宗桂《中国文化概论》，广州：中山大学出版社，1988 年，第 141～142 页。

② 许抗生：《简论中国传统文化的儒道思想互补》，载《北京大学百年国学文粹》（哲学卷），北京大学出版社，1998 年。本节以下论述多参阅该文，为行文简便，不再出注。

③ 参见陈鼓应《老子注译及评介》，北京：中华书局，1984 年，第 10～11 页。

想上具有某些相通之处。此后，孟子与荀子也吸收了道家思想。如孟子的“善养吾浩然之气”和“养心莫善于寡欲”的思想，就与稷下道家的“精气”说和老子的“少私寡欲”思想若合符契，很可能是吸收和改造道家思想而来的。荀子的思想则更多地融合了道家学说，如《天论》中就渗透着浓厚的道家自然主义的观点。

董仲舒天人之学的建立也得力于道家思想，他用阳尊阴卑的思想来论证三纲学说，又用先阳后阴的思想来论证任德不任刑和先德后刑的思想，以此建构他的政治伦理学。而这些思想主要采自先秦黄老学著作《经法》、《十大经》等四篇中的阴阳刑德学说。古佚书《称》篇说：“凡论必以阴阳明大义。天阳地阴，春阳秋阴，夏阳冬阴……主阳臣阴，上阳下阴，男阳女阴，父阳子阴，兄阳弟阴……”这是用阴阳学说论证人类社会的君臣、父子、男女贵贱尊卑的等级制度。董仲舒据此立论，提出三纲说：“君臣父子夫妇之义，皆取诸阴阳之道。君为阳，臣为阴；父为阳，子为阴；夫为阳，妻为阴。”(《春秋繁露·基义》)《十大经》又用阴阳解释刑德的关系：“春夏为德，秋冬为刑，先德后刑以养之。”“刑晦而德明，刑阴而德阳。”这是用阴阳学说论证治理国家应先德教后刑杀的政治主张。董仲舒吸收其观点，认为“圣人副天之所行以为政，故以庆副暖而当春，以赏副暑而当夏，以罚副凉而当秋，以刑副寒而当冬。庆赏罚刑，事异而同功，皆王者之所以成德也”(《春秋繁露·四时之副》)。庆赏罚刑实际是“德教”与“刑杀”的软硬两手，德刑并用，软硬兼施，又要法天道而行，即以德为主，先德后刑。从某种意义上说，如果没有黄老道家所积累的思想资料，也就不可能有庞大的董仲舒哲学体系的产生。

宋明理学是儒家思想发展的顶峰，是我国古代最精致的文化思想体系。理学之所以能取得如此辉煌的成就，其中一个重要的原因就是它大量地吸取了道家、道教和佛教的思想。理学的开山周敦颐就曾借道教内丹修炼图式来建构宇宙论体系，为宋明理学的发展奠定了基础。《宋史·道学传》曰：“千有余载，至宋中叶，周敦颐出于舂陵，乃得圣贤不传之学，作《太极图说》、《通书》，推明阴阳五行之理。”《太极图说》有“图”和“说”两部分，“图”表示的是宇宙万物的发生过程，“说”是对图的解释。黄宗炎《太极图说辨》认为，周敦颐的“太极图”来源于陈抟的“无极图”。据说，陈抟曾刻无极图于华山石壁，后传于穆修，穆修又以无极图授周敦颐。无极图原是道教方术之士用以指导内丹修炼的图式，它形象地再现了内丹修炼的全过程。当此图传到周敦颐手中时，他将其顺序颠倒，即由原来自下而上、逆则成丹的内丹修炼理论，变为自上而下、顺则生人的宇宙生成理论。这样一来，原来道教表示内丹修炼的图式，就成为理学阐明宇宙发生的图式了。而“说”的思想，又分明来自老子“天下万物生于有，有生于无”的宇宙生成论思想。后来，周敦颐的思想又影响了二程和朱熹。朱熹十分推崇周氏的《太极图说》，为它做了注解以发挥其思想。总之，道家和道教学说为宋明理学的宇宙论体系提供了基本框架，是宋明理学的思想渊源之一。

可以说，儒家之所以取得两千多年封建社会中的统治地位，为整个封建社会统治者所接受，是它借助了道家的思想方法，作为自己的哲学基础，使自己的纲常名教不断趋于丰富和完善，并更加系统化、哲理化。

援儒入道　道家吸收儒家的思想也是由来已久。春秋战国时期，老庄虽然对儒家的伦理道德思想进行了猛烈的批判，但老庄并没有完全否定礼义教化的作用。《老子》中十分重丧礼，讲孝慈仁爱；《庄子·天下》篇也有“以仁为恩，以义为理，以礼为行，以乐为和，熏然慈仁，谓之君子”的说法。其实，老庄所反对的只是那些虚伪欺诈的仁义道德说教。

老庄以后的稷下黄老道家不仅停止了对儒家的批评，而且直接吸收了儒家的礼义仁爱思想。其“先德后刑”的思想实际上是孟子“王霸之辨”的改造和发展。汉代的黄老新道家，在伦理方面则更多地引进了儒家的学说。《淮南子》在伦理政治方面就把儒家的仁义道德提到了十分重要的地位，《泰族训》曰：“治之所以为本者，仁义也。”仁义被说成是治国的根本，这比先秦黄老学派的“先德后刑”说又进了一步。

魏晋玄学是魏晋时期勃兴的一种新道家，它以调和儒道为己任，从名教与自然的关系入手，用本末体用的有无关系来论证儒道结合的可能性与必然性。何晏、王弼以老庄解《易》，认为儒家的名教出于道家的自然。在他们看来，宇宙万物的根本是超言绝象的“无”，而一切有形有名的具体存在是“有”；“无”为有之本，“有”恃无以生。儒家的名教属于“有”，道家的自然属于“无”，“有”依赖于“无”而存在，所以说“名教本于自然”。圣人只有本“自然”之精神，采用无为而治的原则，才能使真正的礼义仁爱得以实现，这就叫“崇本举末”。何、王的玄学是一个很严密的思想体系，他们把道家的宇宙论与儒家的伦理学有机地融合在一起，构筑了一个有无统一、本末一致、体用一如的哲学体系。郭象不同意何、王的“以无为本”的思想，也不赞成老庄的“道生万物”的观点，而是认为宇宙万物“块然自生”。在他看来，“无”为至虚，不能生物；“道”为一有，也不能生有。所以，“造物者无主，而物各自造”。既然“物各自造”，那么就不存在自然与名教的本末关系问题。因此，郭象提出了“名教即自然”的观点，从而纠正了玄学激进派“越名教而任自然”的偏颇，使玄学重新走上了融合儒道的道路。

魏晋以降，道家思想不再成为一种独立的学派或思潮，而道家思想的宗教形态道教则发展兴盛起来。道教在处理儒道两家的关系上继承了黄老之学的传统，一方面，它直接继承和发挥道家“道生万物”的哲学思想；另一方面，又大量地吸取了儒家忠孝仁义的伦理思想，走的仍然是一条儒道互补的路子。道教经典《太平经》就把养性与积德并重作为修道成仙的原则，书中认为：“父母者，生之根也；君者，授荣尊之门也；师者，智之所出，不穷之业也。此三者，道德之门户也。”无论是修炼“守一之法”，还是“食气服药”，都必须以道德为先。因为长寿增年、气力康强，均是行善所致。另一部道教经典《老子想尔注》也说：“积善成功，积精成神，神成仙寿，以此为身宝也。”这就把“积精”和“积善”都看作成神成仙的“身之宝”。道教理论家葛洪更是集神仙方术与伦理纲常于一体，详细论述了修德与成仙的关系。《抱朴子·内篇·对俗》曰：“欲求仙者，要当以忠孝、和顺、仁信为本。若德行不修，而但务方术，皆不得长生也。”所以，《抱朴子·内篇》言道教方术，《外篇》说儒家伦理，内外篇合为一书，正是儒道互补的见证。唐代道士杜光庭认为，儒家的仁义礼智信与道家的自然无为之道并不相悖，他在《道德真经玄德纂疏序》中说：“至仁合天地之德，至义合天地之宜，至乐合天地之和，至礼合天地之节，至智合天地之辨，至信合天地之时。”就是说，仁义之道与自然之道是互相吻合的，并无矛盾冲突，其用意在于调和儒道，其手法则是援儒入道。

2. 儒道颉颃　交替递补

儒道互补的格局除了表现为互相吸收、互相渗透、互相融合的形态外，还表现为互相对抗、互相冲突、互相排斥的另一种形态，即通过批评，克服对方的偏颇，用救弊的方式，形成儒道两家的交替递补。

儒家蔽于人而不知天，道家蔽于天而不知人。儒道两家思想各有自己的不足，一旦两家各自在社会上赢得统治地位或成为统治思潮时，它们的弊端与不足就会充分暴露出来。这时，处于非统治地位的一方，就会起来猛烈地批评占统治地位的一方，以克服对方的弊端与不足，而使自己成为社会上的统治思想，从而在历史上形成了儒道两家交替递补的局面。魏晋玄学（新道家）替代两汉儒家经学的地位，宋明理学（新儒家）替代玄学和道教（包括佛教）的地位，这两次时代思潮的大交替就充分说明了这一点。

魏晋玄学取代两汉经学 两汉儒家经学发展到极盛以后，走上了神学化和庸俗化的道路。董仲舒提出一套天人感应的神学目的论，这种思想又演化为粗俗的谶纬迷信思想。这一粗糙的神学为一些有识之士所不齿，从而遭到了道家学者或深受道家思想影响的学者的猛烈批评。儒家的这一弊端充分说明了自先秦以来，儒家一直缺乏自己的哲学理论基础（特别是缺乏宇宙论哲学思想体系）。另外，儒家崇尚名教，由于过分强调名节、名位、名声，导致了东汉末年的以名相尚，把名教、名节当作沽名钓誉、争名逐利的工具，刮起了形式主义的浮华之风，使名教失去了原有的维系社会秩序的作用。这股浮华之风遭到了求实之士的批评，尤其是受到了道家学者主张朴素敦厚、无名无誉思想的抨击。

汉代儒家所表现出来的这些毛病，皆是与儒家学派轻自然、重人事的思想联系在一起的。轻视对自然哲学的探讨，从而使自己的思想流为肤浅的神学迷信思想；过分强调人为的名教作用，又使人失去了对自然朴素的本性的保持。针对儒家的这两大弊端，魏晋玄学发挥了先秦道家的天道自然无为的哲学思想和朴素的无为而治的政治主张，以此克服汉代儒家所产生出来的弊端，从而使魏晋玄学替代了两汉儒学而成为魏晋时期思想界的统治思潮。这是一个时代的进步，也是道家战胜儒家的结果。

宋明理学取代魏晋玄学 玄学的兴起标志着道家的兴盛，然而道家的兴盛也不能持久，因为道家也有其自身的致命弱点。道家重自然无为，忽视了人为的礼义教化的作用，未能建立起一套符合中国古代宗法制封建社会所需要的伦理道德学说，虽说魏晋玄学也从不同程度上吸取了儒家在这方面的思想，但这方面的思想毕竟不是魏晋玄学的主要内容，它与儒家这方面的思想相比较则大为逊色。此后的道教（包括佛教）也是如此。因此，在以后的历史发展过程中，道家要重新让位于儒家也是必然的。

宋明理学以排斥佛老为己任，斥佛老为异端邪说，猛烈抨击佛老的说“无”谈“空”，攻击佛老有损于儒家的“三纲五常”。确实，从佛老的空无观点出发，必然导致贬低乃至否定儒家的纲常名教。这一点晋人裴頠早就指出:“崇贵无之议,而建贱有之论。贱有则必外形,外形则必遗制,遗制则必忽防,忽防则必忘礼,礼制弗存,则无以为政矣。”(《晋书·裴頠传》)总之,崇无必贱有,贱有必忽防,疏忽了礼义之大防,则“无以为政矣”。因此,儒家必然要起来奋争,维护“三纲五常”的礼教,以克服玄、道、佛在这方面的思想缺陷。由此看来,宋明理学起来批评道家和佛教,在社会上重新夺回自己的统治地位,也是历史的必然。当然,宋明理学作为新儒学已不再是旧儒学的翻版,而是在吸收了佛道两教思想基础上建立起来的,是三教合流的产物。

综上所述,中国文化是以儒、道两家思想互补为其总格局的。在这互补格局中,儒道两家既互相吸收、互相补充,又互相批评、互相攻讦。儒道两家由此在政治地位上此起彼伏,不仅成为中国封建社会盛衰治乱的晴雨表,而且推动了中国传统文化不断向前发展。

下编

第三章 中国古代哲学与史学

哲学是文化的核心，是一个民族文化形成的思想基础。中国哲学在中国文化系统中起着主导的作用，中国古代的政治经济、文学艺术、科学技术、民情风俗等等，莫不受哲学思想的引导和影响。中国哲学凝聚了传统文化的基本精神，是传统文化精神反思的结果，是中华文明长期发展的结晶。要想了解中国文化，就必须首先了解中国哲学。

中华民族具有深厚的历史意识，中国古代史官文化特别发达，历史记载绵延不绝，有着丰富的历史典籍和完备的修史制度，形成了一套优良的史学传统。现实是历史的延续，历史与现实的关系是“源与流”的关系。中国古代优良的史学传统，是今天社会主义精神文明建设的重要思想资源，值得我们借鉴和继承。

第一节 中国古代哲学

中国古代哲学是独立发展而未中断的，其中以儒、道、佛为主，在两汉、魏晋、隋唐、宋明时期，形成了四次哲学思想的大融合。[①] 到了近代，

① 关于中国古代哲学思想的四次大融合，借鉴了吴荣政等《简明中国文化史》的观点。

随着西方思想的传入，中国哲学又出现了融合中西的特征，开始进入一个新的阶段。中国哲学在几千年的发展过程中形成了自己的鲜明特色，如一天人、合知行、同真善等等，这些特色使得中国哲学既不同于西方哲学，又不同于印度哲学。独立发展而从未中断且又具有自己鲜明特色的中国古代哲学，是中国文化的灵魂和核心，对传统文化的方方面面都产生了深远的影响。

一、中国古代哲学的发展

中国古代哲学萌芽于殷周之际，至春秋战国时期已形成较为系统的哲学思想，即诸子之学。先秦诸子之学是中国古代哲学思想的源头，后来中国哲学的世界观、人生观和方法论大多来源于此。秦汉以后，随着历史的发展，传统哲学思想分别以经学、玄学、佛学、理学等形式表现出来，形成了以儒、道、佛轮流作主而融合各家的局面。明清之际，一些有识之士对宋明理学进行批判和总结，使传统哲学思想达到新的高度。

1. 中国古代哲学的萌芽与形成

殷周之际哲学思想的萌芽　殷周之际除了“天命神权”和“敬德保民”的政治思想外，还出现了对中国文化影响深远的阴阳五行思想和八卦学说。阴阳、五行、八卦说，注重的是对动力因与质料因的探索，这些思想和学说就是原始的哲学思想，也是中国古代哲学的萌芽。

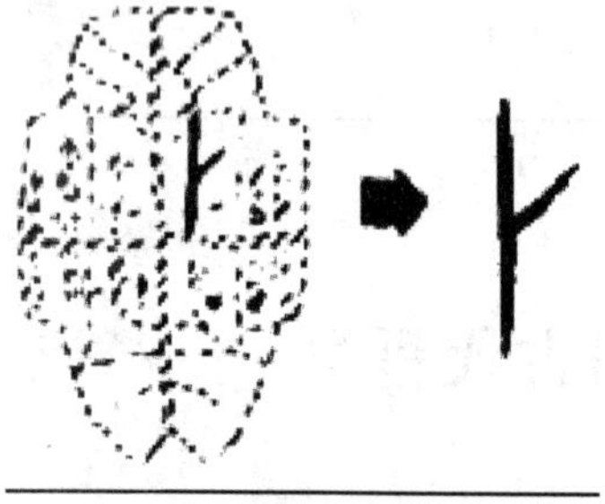

《广韵》：“龟曰卜，蓍曰筮。”

八卦图

作于西周初年的《周易》，原是一部卜筮之书。书中所列八卦就是由阴阳二爻构成，所谓“一阴一阳之谓道”。阴阳之道是中国人的基本指导思想，《周易》用阴阳二爻代表两种相反相成性质的符号，将宇宙万物归为阴阳两大类，再通过阴阳二爻的排列组合，形成八卦，即乾、坤、震、巽、坎、离、艮、兑，用以表示天、地、雷、风、水、火、山、泽八种最基本的自然现象。这是试图用理论思维的方式来掌握世界，概括自然界和人类社会的复杂现象，是古人哲学思维的开始。因此，黑格尔说："中国人也曾注意到抽象的思想和纯粹的范畴。古代的《易话》（论原则的书）是这类思想的基础。"①

五行说最早见于西周时期的《尚书》，书中《洪范》篇曰："五行：一曰水，二曰火，三曰木，四曰金，五曰土。水曰润下，火曰炎上，木曰曲直，金曰从革，土爰稼穑。"这里讲的水、火、木、金、土所具有的性状和功能，都是从日常生活中概括出来的。但五行已不是单纯的五种具体物质，而是五个范畴或类概念，成为人们认识自然现象之网的纽结。这正是理论思维的开始。

总之，以《周易》为代表的阴阳思想，试图将阴阳两种对立统一的力量作为事物运动的原动力；以《尚书》为代表的五行思想，则试图以五行的生克循环揭示事物存在的关系。这种抽象思维正是哲学思想的萌芽。诚如杨国荣所说："自原始的阴阳说（《易经》）与五行说（《尚书·洪范》）开始，先秦的哲人便已试图对世界的统一原理和发展原理作出哲学的解释。"②

春秋战国时期哲学思想的形成　春秋战国时期出现了诸子蜂起、百家争鸣的学术盛况，儒、墨、名、法、道、阴阳各家的学说，在社会上影响都很大。儒、道两家思想我们在第二章中已做了较为全面的分析，这里仅就墨、名、法、阴阳诸家的思想做一简单介绍。

墨家的创始人墨子，名翟，是一个宗教家。他反对儒家的繁缛礼节，最恨儒家一面不信鬼神，一面却讲究祭礼丧礼。墨子的思想核心是"兼爱"，认为"视人之家若其家，谁乱？视人之国若其国，谁攻？……故天下兼相爱则治，交相恶则乱"（《墨子·兼爱上》）。儒家的仁爱是推己及人、由近及远的有差等的爱，墨子兼爱则是不分远近、不别亲疏的无差等的爱。以兼爱为核心，墨子又提出"非攻"、"尚贤"、"尚同"、"非乐"、"非命"、"节用"、"节葬"等观点。在方法上，儒墨两家也有所不同。儒家最爱提出一个理想标准作为人生的目的，如"圣贤"的理想人格。墨子的方法则与之

---

① ［德］黑格尔：《哲学史讲演录》，第一卷，北京：商务印书馆，1983年，第120页。

② 杨国荣：《理性与价值》，北京：三联书店，1998年，第103页。

相反，处处要问一个“为什么”。所以，墨子重视“谈辩”，他提出了判断言论是非的标准问题，认为“言必有三表”，即三个标准。何谓三表？“有本之者，有原之者，有用之者。于何本之？上本之于古者圣王之事。于何原之？下原察百姓耳目之实。于何用之？发以为刑政，观其中国家百姓人民之利。”（《墨子·非命上》）“三表法”意在确立真理的标准，这是墨家在认识论上的主要贡献。

墨子死后，墨离为三：“有相里氏之墨，有相夫氏之墨，有邓陵氏之墨。”（《韩非子·显学》）墨子后学专门研究名实关系和方法论问题，“以坚白同异之辩相訾，以奇偶不仵之辞相应”（《庄子·天下》），号称“别墨”，汉代学者又将其归为“名家”，主要代表人物有惠施、公孙龙等。惠施强调“同异”的相对性，认为事物之间的差别都是相对的，对立面都是相互转化的。所谓“至大无外，谓之大一；至小无内，谓之小一”（《庄子·天下》）。“大一”指无穷的宇宙，“小一”指最小的单位，大与小并没有本质的不同。公孙龙注重研究概念与实物之间的关系问题，他提出的著名论题是“白马非马”和“离坚白”。前者是说“白马”的概念不同于“马”的概念，后者是说“坚”的概念与“白”的概念没有必然联系。名家的坚白之辩、同异之论，既有辩证的因素，又有诡辩的成分。但是，这种“谈辩”在中国古代逻辑史上却有着重要的贡献。

法家思想导源于齐国的管仲，战国初期魏国的李悝、吴起都是法家的先驱。后来，商鞅在秦国主持变法，提出一套变法的理论。同时的申不害强调“术”（即君主驾驭臣民的方法）的重要，慎到则强调“势”（即君主的权力）的重要。到了战国末年，韩非综合了“法”、“术”、“势”三个方面，建立了一套比较完整的法家政治学说，成为秦国治理天下的指导思想。

另外，战国末年，齐国邹衍根据阴阳五行说，提出了“五德终始”的循环往复的历史观。他把人与天和神沟通起来，把历史的演变、帝王的更替、朝代的兴衰，都看作天意的安排，是一个循环往复的过程。按照邹衍的说法，自然界和人类社会都是阴阳消长、五行生克的必然结果。汉代学者称之为“阴阳家”。顾颉刚认为，邹衍创立的“五德终始说”给人们两个暗示：第一个暗示是不可妄冀非分，凡无五德之运的绝做不成天子。第二个暗示是天命不永存，此德衰而彼德兴，则易姓受命之事便立即显现。第一个暗示是对一般人说法，第二个暗示是对君主说法。他希望没有人争为天子，天子亦不以“时日曷丧”而暴虐天下。[1]

儒、道、墨、名、法、阴阳各家学说竞相争鸣，涉及天道、人伦、政治、历史，以及思维方法等许多理论问题，形成了中国学术文化的第一个高潮，标志着中国古代哲学思想已正式形成，并为以后哲学的发展提供了思想渊源。

2. 中国古代哲学的会通与发展

秦汉以来，随着封建帝国大一统局面的形成，百家争鸣的思想活跃气象不复存在，中国古代哲学进入了融会贯通的发展阶段。在这一阶段里，经学、玄学、佛学、理学相继出现，儒家、道家、佛家思想融会贯通、轮流做主，从而推动了中国古代哲学思想向纵深方向的发展。

以儒为主的哲学思想第一次大融合　由先秦到两汉，中国学术思想发生了巨大的变化，即由子学到经学、由百家争鸣到“独尊儒术”的变化。两汉哲学思想通过训释和阐述儒家经典的经学形式表现出来，[2]以董仲舒为代表的汉代儒生，融合先秦各家的思想材料，补充、改造儒学而形成经学。经学是一种占统治地位的经院哲学，是两汉哲学的最高形态。两汉经学的形成，标志着中国古代哲学思想出现了以儒家为主的第一次大融合。

董仲舒“推天道以明人事”，吸收墨、道、法、名诸家思想，对先秦儒学进行改造和发展，建立了以天人感应为基础的、庞大的、天人合一的目的论哲学体系，从而完成了“罢黜百家，独尊儒术”的经学建构。两汉经学分今文经学与古文经学。今文经指汉代学者所传的儒家经典，用当时通行的文字（隶书）记录，大多没有先秦的古文旧本，而由战国以来学者师徒父子传授，写成定本。[3] 古文经指秦以前用古文书写，由汉代学者加以训释的儒家经典，相传出于孔子住宅壁中和民间。[4] 汉武帝时，为了表彰儒家经典，将今文经籍立于官学，设立经学博士，而古文经籍只在民间流传。所以，古文经在西汉还不能称“经学”。西汉末年，刘歆要求将《左传》、《毛

① 参见杨向奎《论“古史辨派”》，载《中华学术论文集》，北京：中华书局，1981年。

② 儒家的经，通常指六本经书，称为“六经”，即《诗》、《书》、《礼》、《乐》、《易》、《春秋》。《乐》有名无书，故亦称“五经”。

③ 如《尚书》出于伏生，《礼》出于高堂生，《春秋公羊传》出自公羊氏和胡毋生。

④ 如武帝末，鲁共王刘馀扩建宫殿坏孔子宅，得《古文尚书》、《礼》、《论语》和《孝经》等。固为景帝之子的河间献王刘德征得的先秦旧籍，也是古文。

诗》等古文经立为官学，虽然遭到反对，却第一次挑起了今古文之争。平帝时，王莽利用政治上的权势，把《周礼》等古文经立为博士，古文经学也逐渐成为官学。至东汉，古文经日益得势。

(唐)王维《伏生授经图》

山东曲阜孔庙的鲁壁，始建于宋代，以纪念鲁壁藏书的发现。

古文经学出现后，在文字、师说、思想各方面，同今文经学展开了激烈的斗争。大体说来，古文学家以为“六经”都是前代的史料，孔子是“述而不作，信而好古”的圣人，他不过将前代的史料加以整理，传授后人而已。所以，他们认为孔子是一位史学家，是古代文化的保存者。今文学家则认为“五经”虽然是古代的史料，但经过孔子的整理，就有了新的含义，有的还是孔子所作，则更具深意。前代的史料是孔子“托古改制”的手段，经过孔子的“制作”，经书就有了“微言大义”。因此，今文学家视孔子为政治家、哲学家。古文学家以孔子为史学家，所以尊他为先师；今文学家以孔子为政治家，所以尊他为“素王”。古文学家注意经书的文字校勘，所以治经强调名物训诂，和社会的关系相对远一些；今文学家注意经书的义理发挥，因此治经强调微言大义，和政治的关系比较密切。

今、古文的争论，从西汉末年到东汉末年，时间长达二百多年。在东汉末年的混乱年代里，经学界最大的权威郑玄融今文、古文为一体，使今、古文学派逐渐融合。随着今、古文学派的融合，两汉经学开始走向衰微。这种衰微表面看来是由于黄巾起义和政治腐败造成的，实际上与经学自身的内在因素分不开。今文经学的缘饰政治终于使它走向神学谶纬，古文经学的烦琐支离又必然流于“碎义逃难”。当经学权威达到顶点时，其弊端也随之充分暴露出来。于是王充引黄老于儒学，认为元气是天地万物的根本,对谶纬迷信进行了尖锐的批判。郑玄又引道家自然思想来解《易》,突破了汉《易》的繁琐支离,为魏晋玄风大畅开辟了道路。

东汉讲经画像砖

以道为主的哲学思想第二次大融合 魏晋时期,玄学风靡一时。玄学杂采儒、名、法各家,接受佛学,是以道家为主的各种哲学思想的第二次大融合。围绕着道家的"自然"与儒家的"名教",玄学家争论的焦点转向本体论的"有无"之辩和认识论的"言意"之辩,创造了"有无"、"本末"、"一多"、"体用"、"才性"、"言意"、"内圣外王"等一系列概念范畴,把人们的抽象思维引向哲学深层。

基于对"名教"与"自然"关系的不同回答,玄学内部也出现了不同的派别:何晏、王弼以老庄解《易》,力图沟通儒道。他们提出"以无为本"的哲学思想,认为自然是名教之本,名教出于自然,圣人无为而治。何、王玄学,目的在于融合儒道。然而,"以无为本",实际上是扬道贬儒。按这一内在矛盾的逻辑发展,必然出现否定名教的异端。阮籍、嵇康正是这种异端的代表。阮籍认为:"天地生于自然,万物生于天地。"(《达庄论》)嵇康则说:"元气陶铄,众生禀焉。"(《明胆论》)他们以道家自然元气说对抗儒家的礼仪名教,"非汤武而薄周孔","越名教而任自然",自称"老子、庄周,吾之师也"。他们因看不惯司马氏集团借名教残杀异己的现实,愤而抨击整个名教,行为不拘礼法,怪癖放荡,甘为名教的"罪人"。阮籍、嵇康等人的言行,离开了儒道调和的玄学主流,走上了以道排儒的异端。于是,向秀、郭象起而纠之,以"名教即自然"论,对魏晋玄学的名教与自然之争做了一次总结,完成了名教与自然关系的统一,从而把"有无"之辩引向深入。他们通过为《庄子》作注,阐发自己的哲学思想,认为宇宙万物都是"块然自生"、自然而然的,不存在凌驾于"有"之上的虚无本体。因此,儒家的名教也就是自然。

嵇　康

以佛为主的哲学思想第三次大融合　隋唐时期，玄学衰落，佛教大盛。佛教哲学以其深邃的智慧，在概念分析、逻辑推理以及洞察宇宙人生、反省人类理性等方面表现出深刻的创见。以致“儒门淡泊，收拾不住人才，皆归释氏”（张方平《扪虱新语》）。儒、道、佛相互吸收交汇，出现了以佛教为主的各种哲学思想第三次大融合。

佛教自东汉传入中国，经过魏晋南北朝的发展，至隋唐已进入鼎盛时期。在这段时间里，佛教与中国传统文化相融合，进一步演变成中国化佛教，并相继形成了许多宗派。其中影响最大的有天台宗、唯识宗、华严宗和禅宗。

天台宗创立于隋初，创始人智顗长住天台山，人称“天台大师”，称他创立的宗派为“天台宗”。他的主要理论是“一心三观”和“三谛圆融”，认为事物现象都是由因缘凑合而生的，所以都是空无的，都是假名，以此为假名，就是中道。所谓：“众因缘生法，我说即是无，亦为是假名，亦是中道义。”（《中论·观四谛品偈》）天台宗认为心可以从空、假、中三方面来看待事物现象，即“一心三观”；又认为空、假、中三层道理是相即相通的，互不妨碍，谓之“三谛圆融”。总之，天台宗把事物现象都看成虚假的，但不否认假相的存在。

玄　奘

玄奘法师像

陕西榆村石窟第三窟西行求法壁画

唯识宗的创始人是玄奘，他介绍并宣传印度佛教的唯识学说，认为一切唯“识”所变，不能离开“识”而独立存在，强调“唯识无境”。唯识宗讲所谓“三性三无性”。三性是：一“遍计所执性”，即人们普遍执着现象世界为实有；二依他起性，即现象都是依靠条件而产生的；三圆成实性，即从一切现象依条件产生而体悟到主体客体都空，从而达到对于最高实体的认识。三无性是：一相无自性，二生无自性，三胜义无性。总之，否认事物现象的实在。

华严宗的代表是法藏，其理论宗旨是“理事无碍”和“事事无碍”。“事”指万事万物，“理”指统摄一切事物的本体。理是事的本体，事是理的显现，两者是统一的，谓之“理事无碍”。千差万别的事都是理的体现，所以事与事也就相互交融，谓之“事事无碍”。任何一个事物都包括一切事物，一切事物都包容于每一事物之中。一即一切，一切即一。华严宗虽然提出了一些辩证观点，但也不乏诡辩色彩。[①]

禅宗是唐朝中叶建立起来的，实际创始人是神秀和慧能。所谓“禅”，是印度“禅那”的音译简称，意即“思维修”或“静虑”，指佛教心注一境的修炼方法。禅宗传至五祖弘忍门下，分为南北二宗。北宗神秀一派重视坐禅积修，主张由定发慧，被称作“渐法”；南宗慧能一派提倡定慧一体，强调豁然悟道，被称为“顿法”。渐修与顿悟的特点，大致可以从神秀与慧能所作的两偈中看出来。神秀偈曰：“身是菩提树，心如明镜台。时时勤拂拭，莫使惹尘埃。”慧能偈曰：“菩提本无树，明镜亦非台。本来无一物，何处惹尘埃？”慧能禅简便易学，大受欢迎，很快便取代北宗，在唐朝后期广泛流传开来。

(明)戴进《达摩至慧能六代祖师图》

以儒为主的哲学思想第四次大融合　宋明时期，理学成为时代思潮的主流。宋明理学以孔、孟思想为核心，吸收佛、道哲理而剔除其悲观、无

① 参见张岱年《中国古代哲学源流》，载《文化与哲学》，北京：教育科学出版社，1988 年。

为的消极因素，是儒、佛、道合流的结果。与先秦两汉儒学相比，理学的思想体系显得更加精致、系统，因而理学又被称为“新儒学”。理学的形成，标志着中国古代哲学完成了以儒家思想为主的第四次大融合，并发展到了更高、更新的阶段。

理学的基本内涵，根据朱熹和吕祖谦共同编辑的《近思录》，可以概括为：以“道体”和“性命”为核心，以“穷理”为精髓，以“主静”、“居敬”的存养为功夫，以齐家、治国、平天下为实质，以“为圣”为目的的学说。

理学也称为“性命义理之学”，它从理论上回答了自然与社会现象统一性的问题。理学以探讨道体和性命为核心，道体是指自然、社会现象背后的根本本体，它是事物存在的依据，是理学家所追求的“所以然之故”。程、朱讲“性即理”，陆、王讲“心即理”，无论本体是外在的还是内在的，都与人的本性相联系。

理学以穷理为精髓，穷理是“欲知事物之所以然与其所然者而已”，亦是“尽性至命”，“寻个是处”，追求人性的根源。不能穷理，便不能尽性、尽心。因此，穷理是贯通道体、理、性、命、心的中介，是“明明德”的功夫。它联结天人，最终达到万物与我同体的其乐无穷的“道通为一”的境界。

理学以“存天理，去人欲”为存养工夫，强调主静、居敬。无欲故静，居敬则不蔽于外。理学家认为，真、善、美都是天理，假、恶、丑都是人欲。他们重义理轻功利，立公去私，存理去欲。以此为社会重要教条，人人必须遵守躬行。

理学以齐家、治国、平天下为实质，以“为天地立心，为生民立命，为往圣继绝学，为万世开太平”为己任，以“民吾同胞，物吾与也”的泛爱精神待人接物。理学家通过将“尽性至命”与“孝悌”统一，“穷神知化”与“礼乐”统一，从而把“理”这个普遍原则与人的道德伦理、行为规范沟通起来，把现实的制度理想化，以求长治久安。

理学又以“为圣”为目的，辟佛老、辨异端。虽然理学家出入佛老，却构筑了与佛老不同的新儒家哲学。理学不是宗教，不能与佛教、道教等同。它本质上是理性思维，是哲学的思辨。它从本体论和政治论、道德观上批判佛老，为往圣继绝学，以发挥孔孟学说为职志，通过“为学”、“修德”，达到圣贤气象的境界。[1]

---

① 参见张立文《中国哲学认识史上的跃进——宋明理学》，载《文史知识》，1988(6)。

3. 中国古代哲学的批判与总结

中国古代哲学产生于先秦，经过两千多年的发展，至宋明理学已充分成熟，完全能够对自我进行批判和总结了。明末清初的一些思想家、哲学家担负起这一历史任务，他们通过对宋明理学的批判，总结了传统哲学思想，在“崇实黜虚”的旗帜下，提倡经世思想和科学精神，掀起了一代个性解放和人文主义的启蒙思潮。

黄宗羲

清初三先生 明清之际，阶级矛盾与民族矛盾错综复杂、异常尖锐。政权交替之时，统治者对思想文化的控制也不甚严苛。于是，出现了思想活跃的局面，一些进步思想家开始抨击封建专制主义和蒙昧主义。其中，黄宗羲、顾炎武、王夫之三位最著名，被称为“清初学界三先生”。

黄宗羲，人称“梨洲先生”，浙江余姚人。他对明代哲学思想进行了一次比较全面的总结，编撰了具有开创性的学术史著作《明儒学案》，又草创《宋元学案》，著作有《明夷待访录》等。在哲学上，关于理气关系问题，他赞成罗钦顺、王廷相的观点，认为“盈天地间皆气也”，强调理在气中，反对“理在气先”。他说：“天地之间，只有气，更无理。所谓理者，以气自有条理，故立此名耳。”（《明儒学案》）但是，关于心物关系问题，他又强调心是最根本的，认为“盈天地间皆心也”，“心即气也”，主张心物合一。这就形成了以气统理，又以心统气的哲学观，最终仍没有完全超越心学。

黄宗羲手迹

顾炎武

顾炎武，人称“亭林先生”，江苏昆山人。他提倡“经世致用”之学，反对抽象的心性空谈，着重研究实际问题，开创了清代考据之学的实证之风。著作有《日知录》、《天下郡国利病书》等。哲学上，他赞成张载“太虚即气”的观点，把“气”

看作宇宙的实体，所谓“盈天地之间者气也”。他认为，佛家说有散而不死的灵魂，仙家说有聚而不死的肉体，都是荒谬的，因为他们不懂得气之聚散的道理。“聚而有体谓之物，散而无形谓之变……是故聚以气聚，散以气散。昧于散者，其说也佛；荒于聚者，其说也仙”（《日知录·游魂为变》）。他强调务实致用，所以在道器问题上，主张道寓于器之中。他说：“形而上者谓之道，形而下者谓之器，非器则道无所寓。”（《日知录·形而下者谓之器》）

王夫之手迹

王夫之，号“船山先生”，学问广博，无所不精，是明清之际最重要的哲学家，后人将其著作辑为《船山遗书》，有一百余卷。他批判了道家和程朱的客观唯心主义以及佛教和陆王的主观唯心主义，发展了张载唯物主义的气化学说，把中国哲学推向新的高度。在宇宙观上，他认为一切事物的形成都离不开气和理，气是基本，理依凭于气，不能脱离气而存在。所谓“气者理之依也”（《思问录》），“气外更无虚托孤立之理也”（《读四书大全说》）。在气一元论的基础上，他还正确地解决了道与器的关系问题。他说：“天下唯器而已，道者器之道，而器者不可谓道之器也。”（《周易外传》）他对此进行了论证：“洪荒无揖让之道，唐虞无吊伐之道，汉唐无今日之道，则今日无他年之道者多矣。”这就说明了存在和意识、事物和规律之间的先后关系问题，有力地批判了“天不变道亦不变”和“悬道于器外”的思想。在知行问题上，王夫之还提出行先知后的学说，认为知必“以行为功”，强调认识依赖于行动，是在实际活动中获得的。此外，他还讨论了许多别的理论问题，建立了一个庞大的哲学体系。

王夫之著作集

叔世二大儒 康熙年间，社会基本稳定，程朱理学被尊为官方哲学，继续成为占统治地位的思想意识。在这种情况下，颜元、戴震又高举反理学的大旗，对程朱理学进行了猛烈的批判。章太炎说：“叔世有大儒二人，一曰颜元，再曰戴震。”（《文录·说林上》）

颜元，号习斋，河北博野人。他为学力排宋明诸儒，兼斥佛老，强调学务实用，亲身行习，与学生李塨共同倡导注重“实学”反对“虚学”的学风，世称“颜李学派”。著作主要有《四存编》。颜元认为，“理”不是永恒存在的先天道德，而是具体事物的道理、条理。所以理在事中，不能离开事物去求理。因此，为学一要务实，二要行习。所谓“务实”，就是不要空谈天道、性命、鬼神，而要学习正身、利用、厚生的具体知识，即礼、乐、射、御、书、数、兵、农、钱、谷、水、火、工、矿的科技知识。他认为，从具体知识学起，来领会天道性命的道理，才叫“下学而上达”。所谓“行习”，就是对所学的东西要亲身去做，不仅能记诵讲解，而且能做得纯熟。他说：“格物之格，王门训‘正’，朱门训‘至’，汉儒训‘来’，似皆未稳。”他把“格物致知”解释为“手格其物而其后知至”，认为“格”应训“手格猛兽之格，手格杀之之格，乃犯手捶打搓弄之义”(《习斋记余》)。就是说，格物是通过亲身实做来掌握、改造、变革事物。他认为，只有按照这两条主张去做，才能培养出真正的治国安邦的人才。

戴震，字东原，安徽休宁人。他是清乾嘉学派的大师，清代中期反理学思潮的主要代表，在天文、地理、数学、文字、音韵等方面都有重大成就。哲学著作有《孟子字义疏证》、《原善》等。戴震坚决反对程、朱、陆、王的思想，对张载学说则既有批判又有继承。他肯定道即是气化，所谓“气化流行，生生不息，是故谓之道”。而道的实际内容就是阴阳五行，所谓“阴阳五行，道之实体也”。气的变化有一定的规律，这就是理。理也就是事物之间的区别，“是故明理者，明其区分也”(《孟子字义疏证》)。戴震还指出，人与自然界的区别在于人有“神明”，神明是心知的发展，心知又以血气为基础。人的意识依赖于肉体，感官是沟通主观与客观的门户，“外内相通，其开窍也，是为耳目口鼻”，“耳目口鼻之官接于物，而心通其则”(《原善》)。“则”就是规律，把握事物的规律要靠理性分析。他把“格物致知”解释为审察事物而得其条理。在社会伦理方面，戴震把情感、欲望、理智看成人的“自然”本性，道德的作用在于使人的情感、欲望得到正常合理的发展。所谓“理”是用来“通天下之情，遂天下之欲”，使天下都能满足求生存的欲望。他特别指出，衣食住行之欲与自私自利之欲有区别，前者是正当的欲望，后者才是不正当的欲望。正当的欲望就是理，“理者，存于欲者也”。据此，他痛斥宋儒“存天理灭人欲”是“以理杀人”。他说：“其所谓理者，同于酷吏所谓之法；酷吏以法杀人，后儒以理杀人。”(《与某书》)这是对封建礼教

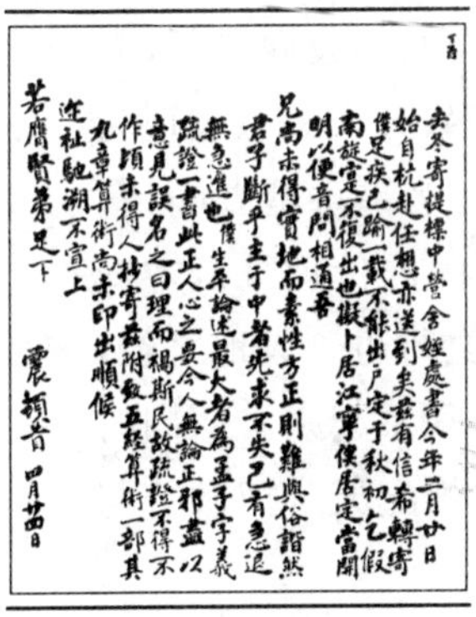

戴震墨迹

最强烈的抗议，具有近代启蒙的色彩。

二、中国古代哲学的特点

中国古代哲学的特点是与西方哲学、印度哲学相比较而言的。金岳霖曾说：“现在这世界底大文化区只有三个：一是印度，一是希腊，一是中国。”[①]中、西、印属于不同的文化区，有着不同的文化背景，因而哲学思想也有着不同的特点。大致说来，中国传统哲学以人与社会为中心，表现出浓厚的人文色彩，其主流是实用的人本主义；西方传统哲学偏重于讨论客体，表现出理性主义，其主流倾向于科学实证；印度哲学则专注于自我的内在精神，表现出重逻辑思辨的特色，对人的理性和社会构成不感兴趣。所以，中国古代哲学在认识宇宙、看待人生和行为方式上，都形成了自己的特点。这些特点突出表现在天人合一的思想观念、真善合一的价值标准和知行合一的行为方式上。简单地说，就是一天人、同真善、合知行。

1. 一天人

“中国传统哲学，从先秦时代至明清时期，大多数（不是全部）哲学家都宣扬一个基本观点，即‘天人合一’”。[②] 天人合一的思想起源于先秦，但“天人合一”这个成语则出现较晚，由北宋理学家张载最先提出来。

天人合一的思想最初是建立在原始宗教的基础上的。殷周之际，人们认为天是有意志的人格神，是自然和社会的最高主宰，天人关系表现为神人关系。《尚书·洪范》曰：“惟天阴骘下民……天乃赐禹洪范九畴，彝伦攸叙。”就是说，天保佑民众，把九类大法赐给禹，人间的伦理规范才安排就绪。《左传》亦曰：“夫礼，天之经也，地之义也，民之行也。天地之经，而民实则之。”认为礼是天经地义，从而把天地与人事联系起来。西周时期又用“敬德”、“明德”的观点来说明“天人合德”、“以德配天”，把敬德与保民结合起来，主张尽人事以待天。

春秋战国时期，儒家的孟子把天道与人性联系起来，认为“尽其心者，知其性也，知其性则知天矣”（《孟子·尽心上》）。人受性于天，性天相通，因

① 金岳霖：《论道》，北京：商务印书馆，1985年，第15页。

② 张岱年：《中国哲学中“天人合一”思想的剖析》，载《文化与哲学》，北京：教育科学出版社，1988年。

而人的理想即在于尽性。性(即道德原则)为根本,人欲知性知天,必由养气尽心入手。道家的庄子则认为,人与天地万物都由气构成,人是自然的一部分,天人是统一的。但他强调人不能破坏自然本性,主张“无以人灭天”,“无以故灭命”(《庄子·秋水》),追求“天地与我并生,而万物与我为一”(《庄子·齐物论》)的天人合一的精神境界。儒道两家虽然都主天人合一,但细究起来又有区别,即两家在强调天道与人道的合一时各有侧重。儒家从伦理道德的角度来讲天人关系,将天道与人道统一于人道,而天道的内涵也偏重于道义本性;道家从宇宙本原的角度来讲天人关系,将天道与人道统一于天道,而人道的内涵则主要指自然本性。真正将天道与人道不偏不倚地结合为一个整体的是兼具儒道两家思想特色的《周易》,其《文言》曰:“夫大人者,与天地合其德,与日月合其明,与四时合其序,与鬼神合其吉凶。先天而天弗违,后天而奉天时,天且弗违,而况于人乎?”所谓“与天地合其德”,是指人与自然界要相互适应、相互协调;“先天”即为天之前导,在自然变化未发生以前加以引导;“后天”即遵循天的变化,尊重自然规律。

天人合一的思想发展到汉代,演变为董仲舒的天人感应论。这种以天人感应为基础的天人合一思想,牵强附会之处颇多,宗教迷信色彩亦较浓。但是,若从哲学思辨的发展来考察,它比原始宗教那种建立在忧患、敬畏基础上的对神的崇拜,以及西周的敬德保民理论要高得多。再说,孟子和庄子尽管也提出了天人合一的思想,然而庄子认为,人只有脱离社会,摆脱道德仁义的羁绊,才能进入与自然为一的境界。因此,在他那里,天人合一只是一种理想。孟子要求人不受外界的影响,扩充自我德性,达到“万物皆备于我”的境界。这样,天人合一也只是一种虚境。而且,无论是孟子还是庄子,都没有能从哲学的高度把这种思想概括表达出来。董仲舒融合了先秦各家思想,互补各家的理论不足,将天人关系从自然的、伦理的、个人的和群体的结合上,概括提出了“天人感应”的命题。由于他的这套理论是将封建社会秩序直接影射到天道上,因此天人合一的境界不再是理想了。天人合一的思想在先秦强调的只是个人内在自觉本性的实现和完成,立足于自我修养;到了董仲舒这里,已经由个人扩大到社会,甚至于宇宙,达到人我交融的境界,立足于外我的实现。因此,儒家的修身、齐家、治国、平天下的内圣外王之道,才得以充分的肯定,从而奠定了中国哲学以“知天达命”为内在精神的独特风格之基础。[1]

到了宋代，天人合一思想又有进一步的发展，理学家几乎都讲天人合一。张载首先明确提出“天人合一”的命题，他说：“儒者则因明致诚，因诚致明，故天人合一，致学而可以成圣，得天而未始遗人，《易》所谓不遗、不流、不过者也。”(《正蒙·乾称篇》)在他看来，世界的本原是太虚之气，人与天地万物都由气构成，气是天人合一的基础。他在其名著《西铭》中又说：“乾称父，坤称母；予兹藐焉，乃混然中处。故天地之塞，吾其体；天地之帅，吾其性。民，吾同胞；物，吾与也。”天地之塞，指充满于天地之间的气；天地之帅，指气之本性。这就是说，天地犹如父母，人与万物都是天地所生，都由气所构成，气的本性也就是人与万物的本性。人民都是我的同胞兄弟，万物都是我的朋友。这种观点肯定人是自然的一部分，把人与天地万物的关系看成家庭关系，充满了人文主义色彩。二程也强调天人合一的观点，程颢说：“须是合内外之道，一天人，齐上下。”(《程氏遗书》卷三)他强调“天人本无二”，认为心便是天，把“以天地万物为一体”作为最高的精神境界。程颐则强调天道与人道的同一性，他说：“道未始有天人之别，但在天则为天道，在地则为地道，在人则为人道。”(《程氏遗书》卷二十二)张载和二程的天人合一观点，虽然立论的角度不同，但有一点则是相同的，即都认为“天人合一”是最高觉悟，是人的自觉。

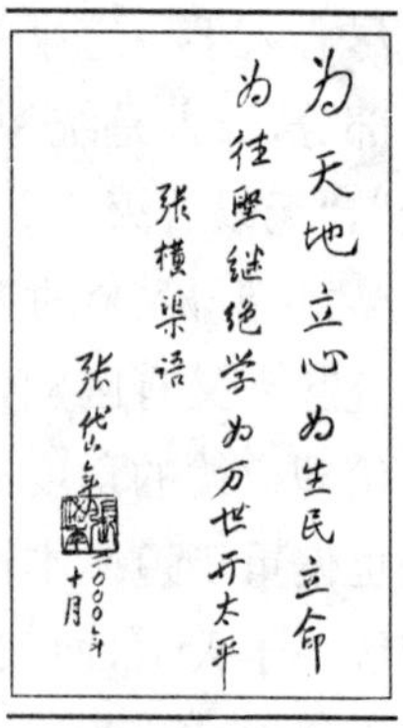

张岱年题写张载名言

恩格斯认为，随着我们对自然规律认识的不断加深，“人们愈会重新地不仅感觉到，而且也认识到自身和自然界的一致，而那种把精神和物质、人类和自然、灵魂和肉体对立起来的荒谬的、反自然的观点，也就愈不可能存在了”。[2] 中国古代哲学中的天人合一思想，强调人与自然的统一、人的行为与自然的协调，充分体现了中国古代哲学家对于主体与客体之间、主观能动性与客观规律性之间关系的辩证思考。这种思考对于解决当今世界由于工业化和无限制地征服自然而带来的环境污染、生态平衡

① 参见陶月华《从荀子的“天人相分”到董仲舒的“天人合一”》，载《中国文化与中国哲学》(1989年号)，北京：三联书店，1991年。

② [德]恩格斯：《自然辩证法》，北京：人民出版社，1971年，第159页。

遭到破坏等问题，无疑具有重要的启迪意义。

2. 同真善

西方哲学本旨是爱智，以求真为目的，对真（科学、认识）和善（道德、修养）有严格的区分。“中国哲人认为真理即是至善，求真乃即求善。真善非二，至真的道理即是至善的准则。即真即善，即善即真。从不离开善而求真，并认为离开求善而专求真，结果只能得妄，不能得真。为求知而求知的态度，在中国哲学家甚为少有。中国思想家总认为致知与修养乃不可分，宇宙真际的探求，与人生至善之达到，是一事之两面。穷理即是尽性，崇德亦即致知”。[①]

由于中国古代哲学具有同真善的特点，以真善合一为价值标准，所以中国古代哲人对“真知”的理解也与西方哲人不同。中国古代哲学强调致知与修养不可分，因而极其重视个人的实践经验，相对忽视普遍的理论原则；注重在个人的亲身实践中求知，不重视一般的理论分析和逻辑推导。在这种思想的影响下，中国人不喜欢提出科学假说，更不喜欢推理求证。所以，在中国古代科学著作中，没有形成形式化、公理化的理论系统，却积累了丰富的实践经验，在天文学、医学和农学中表现得非常突出。中国古代哲人认为“真知”是切身体会得来的知识，因而是真正有用的知识。但是这种“真知”不是指逻辑上的“真”，也不是被科学实验所证实了的理论知识，即不是关于客观事物“是什么”的知识，而是有关身心性命的知识，也就是“应当”如何做人的知识。这种自觉的道德性命之知被看作真正能够“受用”的知识，是最高的知识。至于科学技术，则被看成“奇技淫巧”，一直不受重视。

以儒家为主体的中国古代哲学，强调伦理学和认识论的统一。孔子提出的仁智统一学说，就是要在社会伦理关系中来培养理想人格。仁智统一，也就是真善合一，仁爱原则与理性原则统一。后来孟子讲的仁义礼智“四端”，也是强调真善统一。伦理学和认识论统一。董仲舒讲天有善善恶恶之心，“天生五谷以养人”，是将自然和社会伦理化。宋儒主张“立人极”，以圣贤人格为向度，以个体的道德自觉，卓然挺立于天地间，不断地追求自我实现。这些都是对孔子仁智统一学说的继承和发挥。诚如金岳霖所说：“中国哲学家都是不同程度的苏格拉底。其所以如此，因为道

① 张岱年：《中国哲学大纲》，北京：中国社会科学出版社，1982 年，第 7 页。

德、政治、反思的思想、知识都统一于一个哲学家之身；知识和德性在他身上统一而不可分。”①

孔子在总结他一生的为学过程时说：“吾十有五而志于学，三十而立，四十而不惑，五十而知天命，六十而耳顺，七十而从心所欲，不逾矩。”（《论语·为政》）这是一个不断自我超越的过程，也是一个求真与求善合一的过程。“学”是学为圣人君子，不是学与己无关的客观知识。孔子的“下学而上达”就是这种自我超越的具体体现，“下学”是学习礼乐制度、历史知识，“上达”则是自我超越，实现仁德，最终进入“从心所欲，不逾矩”的人生最高境界。凡规矩都具有客观性、普遍性的特点，但是“从心所欲”而不越出规矩，则是内在的超越。因为这个规矩不是外在的约束，而是内在的自律。这是真正的自由境界，但这种自由境界绝不是建立在对逻辑必然性的认识之上，而是一种意志自由，即对人生价值和意义的自觉意识。

3. 合知行

张岱年曾说：“中国哲学在本质上是知行合一的。思想学说与生活实践，融成一片。中国哲人研究宇宙人生的大问题，常从生活实践出发，以反省自己的身心实践为入手处；最后又归于实践，将理论在实践上加以验证。即是，先在身心经验上切己体察，而得到一种了悟；了悟所至，又验之以实践。要之，学说乃以生活行动为依归。”②中国古代哲学家的兴趣不在于建构理论体系，不是只把思想与观念表达出来就完事，而在于言行一致、知行统一，自己所讲的理论知识必须与自己的身心修养相契合。

儒家从孔子开始，就很重视个人的笃行，并把它提到第一位。他教导人们要“讷于言而敏于行”（《论语·里仁》），践行之余，才能学习一些文化知识，即“行有余力，则以学文”（《论语·学而》）。孔子虽然罕言“性与天道”，但这并不是说他不知性与天道。在他看来，性与天道从根本上说是一个如何实践的问题，不是一个如何认识的问题，所以他说“予欲无言”。冯友兰认为，孔子具有以天地胸怀来处理人间事务、以道家精神来从事儒家业绩的“天地境界”。③ 孟子提出“心之官则思”，但思是为了立，即“先立乎其大者”，思和立是合二为一的。因此，他在提出“尽心→知性→知天”的认

---

① 此话为金岳霖在一篇未刊手稿中所说，转引自冯友兰《中国哲学简史》，北京大学出版社，1996年，第9页。

② 张岱年：《中国哲学大纲》，北京：中国社会科学出版社，1982年，第5页。

③ 参见冯友兰《新原人》，见《贞元六书》（下），上海：华东师范大学出版社，1996年。

识路径时，又提出“存心、养性、事天”的实践功夫，使认识→知→实践（行）统一起来。“尽心”之学与“存心”之学，并无本质的区别，都是以“内证”为特征的修养功夫，也就是“安身立命”的实践哲学。荀子在儒家中是比较重视“知”的，但同时又是重“行”主义者。他认为，为学之道，不闻不如闻之，闻之不如见之，见之不如知之，知之不如行之，“学至于行之而止矣”（《荀子·儒效》）。闻、见和知都是重要的，但不如行重要，只有行才能达到圣人的境地，才算是学问的完成。因为，学并不是为了获得知识，也不是为了进行辩论，而是为了成为圣人。圣人之所以为圣，“无它道焉，已乎行之矣”，即完成于实践。

儒家哲学的最高成就是“内圣外王”之学，即内以成圣，外以治天下，由“内圣”开出“外王”。内圣是道德实践之学，外王则是个人道德实践在社会政治领域的实际运用，即以“仁心”行“仁政”。《中庸》曾提出“博学之、审问之、慎思之、明辨之、笃行之”五种为学的方法，但“学”是学为圣人之道，“问”是问圣人之学，“思”是思圣人之所以为圣，“辨”是辨圣与非圣之别，这一切都要落实到实践上。因此，最根本的方法是“笃行”，这是真正的内圣之学。《大学》有所谓“三纲八目”之说，三纲为“明明德、亲民、止于至善”，八目是“格物、致知、正心、诚意、修身、齐家、治国、平天下”。其核心是“壹是皆以修身为本”，即把主体自身的修养作为根本。“格物致知”、“正心诚意”之学，就是修身之学，也就是“内圣”之学；“治国平天下”则是其结果，亦即“外王”之学。从内证圣智到外治天下，由内向外，一以贯之，以实践为根本：①

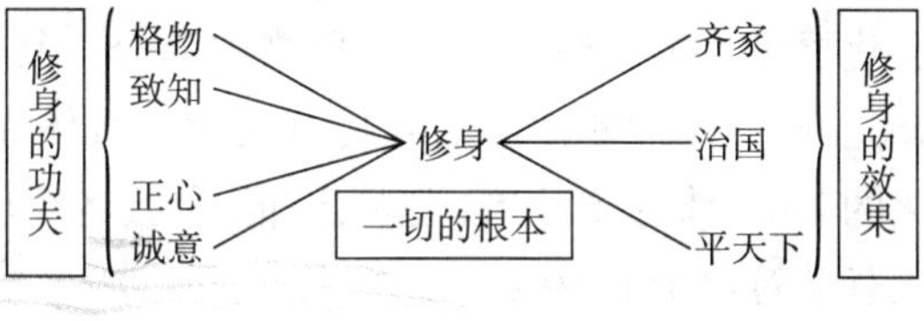

知行合一的哲学特点在理学中表现得更加突出，理学广泛地讨论了知行的先后、难易、轻重、分合等一系列问题。程、朱强调“以知为本”、“知先行后”，但两者又是不可分的。朱熹说：“知行常相须，如目无足不行，足无目不见。论先后，知为先；论轻重，行为重。”（《朱子语类》卷九）从时间上讲，知先行后；从价值上讲，知轻行重。这里所说的知行，主要属于道德范

① 参见蒙培元《中国哲学主体思维》，北京：人民出版社，1993年，第112～117页。

畴。王守仁又提出："知是行的主意，行是知的工夫；知是行之始，行是知之成。"(《传习录》上)然而，知与行又是密不可分，可以相互转化的。所谓："知之真切笃实处便是行，行之明觉精察处便是知。"(《王文成公全书》卷六)他所说的见父自知孝、见兄自知悌、见孺子入井自知往救等，即是自动的、率直的、不假造作的、自会如此的知行合一，既非高远的理想，亦非自然的冲动，更非盲目的本能。

明清之际的哲学家王夫之批判了朱、王学说，把知行合一建立在"行"的基础上，反对"离行以为知"，提出了"行先知后"说。他强调的是知行的分而后合，肯定知与行各有功效。在此基础上，认为"知行终始不相离"、"相资以互用"、"并进而有功"。这样，王夫之较为辩证地解决了知与行的关系问题。

由上可知，中国古代哲学家的行为方式是知与行的统一，即理想与理性的统一、价值与事实的统一、理论理性与实践理性的统一。他们各自强调的侧面虽有所不同，但把价值理想现实化、实践化，而且从自我修养做起，落实在自己的行为上，完全出自于一种自觉、自愿、自由、自律。

三、中国古代哲学对文化的影响

中国古代哲学居于传统文化的核心地位，其主要思想构成了中华民族的基本精神，给数千年传统文化以总的导向。以孔孟为代表的儒家思想为传统文化提供了伦理道德和人文主义的素材，以老庄为代表的道家思想又为传统文化提供了艺术精神和哲学思维的养分。其他各家思想作为儒道两家的补充，则从不同侧面影响着传统文化。具体而言，中国古代哲学对传统文化的影响，渗透到政治、文学、民俗、科技各个层面。

1. 中国古代哲学对政治的影响

缪钺认为：道与势的矛盾是经常困扰中国古代士人心灵的两个"情结"之一。他说："士人有道(文化学术)，而统治者(君主)有势(政治权力)。士人的理想是以道指导势，或辅助势，所谓为王者师，为王者佐；而君主则要以势制道，使士人为臣、为奴。在战国之时，群雄并立，争取人才以图富强，而才智之士亦可以周游列国，寻求知遇。"[①]先秦儒、道、墨、法各

① 缪钺：《二千多年来中国士人的两个情结》，载《中国文化》，1981(4)。

家，都想以自己的哲学思想作为君主治国安邦的政治指导思想，以“道”抗“势”；统治者也尽量利用士人，吸取各家的哲学思想来维护自己的统治，以“势”制“道”。

秦汉以后，诸子百家汇集为儒道两家。儒家的仁义道德观始终是封建政治的指导思想，仁义道德的核心内容“三纲五常”则成为封建社会的政治原则和立国之本，被普遍化为强制的统治力量。儒家的政治理想是“内圣外王”，即通过修身、齐家达到治国、平天下，政治目的性非常鲜明，无论是倾向于“外王”路线的荀子、董仲舒、王安石、张居正、黄宗羲，还是侧重于“内圣”路线的孟子、二程、朱熹、陆九渊、王守仁，都是企图通过心性修养实现王道仁政。这种宗法伦理与封建专制的结合，在政治上表现为儒法合流，在文化上则体现为伦理的政治化、道德的法律化。儒家的忠、孝、节、义、廉、耻等伦理道德规范，成为社会生活和国家组织的“纲常”，道德代替了法律。所以，中国两千多年的法律史基本上是一部刑法史，是一部扬善惩恶的历史。《孝经·五刑》曰：“五刑之属三千，罪莫大于不孝。”善恶的道德判断吞噬了一切，成为政治的核心。其积极意义是推动人们自觉维护正义，忠于国家民族，保持高风亮节；其消极意义则是将伦理关系绝对化，以致在某种程度上又成为人身压迫、精神虐杀的理论根源。因此，戴震说封建礼教是“以理杀人”，鲁迅说仁义道德是“吃人”之物。

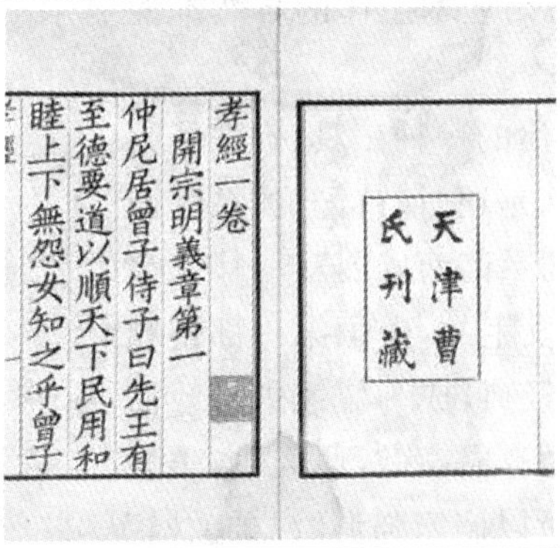
孝經一卷
開宗明義章第一
仲尼居曾子侍子曰先王有
至德要道以順天下民用和
睦上下無怨女知之乎曾子

天津曹氏刊藏

《孝经》集中阐述了儒家的伦理思想，明确将“孝”与“忠”相联系。

道家把清静无为的哲学思想推广到政治领域，提出修身治国要在静，“治人事天莫若啬”的观点，对封建政治的影响也很大。汉代的《老子想尔注》一书指出，统治者应该“以无为养神，无事安民”，由“内无思虑”而“外无政事”。本此精神，萧何、曹参均以清静无为作为治国之道。曹参以后，文帝、景帝、陈平、汲黯等，特别是窦太后，都自觉地坚持清静无为的政治主张，把道家思想作为巩固封建政权的指导理论。唐朝前期睿宗和玄宗执政时，也都把清静无为当作治理国家的政治方针。玄宗还亲注《道德经》，并颁之全国。在他看来，“妙本清静，故常无为，时物以生，而无不为也。侯王若能守道无为，则万物自化，君之无为，而纯朴矣”（《唐玄宗御注道德真经》)。宋初，太宗和真宗父子也都在政治上推行道家清静无为之术。

总之，在中国历史上，当封建王朝统一初期，统治者往往借用道家清静无为的思想来恢复生产，发展经济；当封建王朝处于鼎盛时期，统治者则常常借助儒家伦理规范来维持统治，点缀升平。儒道两家哲学思想相互配合，为封建政治提供了理论依据。

2. 中国古代哲学对文学的影响

儒道两家哲学赋予传统文学以道德精神和自然主义的基本性格。道家哲学可谓艺术哲学，其理论深契艺术精神和创作心态，如自然、虚静、神思等；儒家哲学属于伦理哲学，其思想甚重主体修养和文学作用，如情采、文德、载道等。受儒道两家思想的影响，中国传统文学既有为人生而艺术，强调内容与形式的统一，注重发挥文学作品的社会作用的一面；又有为艺术而艺术，强调自然天成、不事雕琢，注重高扬艺术主体的自然本性的一面。

儒家从政治教化的角度出发，把文学当作政治的一种工具，确立了为人生而艺术的基本精神。这种基本精神，“唐以前是通过《诗经》的系统而发展；自唐起，更通过韩愈们所奠基的古文运动的系谱而发展”。[①] 儒家与文学的关系最初是通过儒生对文学作品的阐释发生的，中国第一部诗歌总集《诗经》经过汉儒的阐释而成为儒家的一部经典，成为儒家进行政治教化的工具。《诗大序》曰：“先王以是(诗)经夫妇，成孝敬，厚人伦，美教化，移风俗。”正因为把诗看作政治教化的工具，所以儒家强调“温柔敦厚”的诗教、“主文谲谏”的方法、“发乎情止乎礼义”的原则。以《诗大序》为代表的儒家文学观实际上成为中国文学的根本大法，其基本思想原则后来被概括为“文以载道”，影响了整个封建时代的文学创作。齐梁时期的文论家刘勰主张为文要“征圣”、“宗经”，唐代古文运动的倡导者韩愈强调“为文志乎古道”，宋代古文运动的领导人欧阳修认为“道胜文至”，理学家周敦颐标举“文以载道”，文学家苏轼提出“文与道俱”，清代桐城派则是把“义理、考据、词章”统一起来。“道”始终是文学的核心和主宰。为了“道”，文学家要“修辞立其诚”，加强主体道德修养；文学作品要“载道以设教”，发挥社会政治作用。

道家思想对文学的影响主要表现在文学本体论和文学创作论上。文

① 徐复观：《中国艺术精神》，沈阳：春风文艺出版社，1987 年，第 35 页。

学本体论涉及文学的本原问题，受道家“自然之道”和“道生万物”思想的影响，古代一些文论家在追溯文学本原时，提出了“文原于道”、“兴于自然”的观点。《文心雕龙》第一篇就是《原道》，篇中刘勰认为人类一切文化现象包括文学都源于道，天文、地文和人文都是“道之文”。《文镜秘府论》南卷《论文意》亦曰：“自古文章，起于无作，兴于自然。”文学创作论方面，道家和道教的虚静、玄想说对文学的影响很大。在道家哲学里，虚静本是用来说明帝王治术的无为特征，古代文论家则借虚静来说明艺术构思的自然品格。《文心雕龙·神思》曰：“陶钧文思，贵在虚静，疏瀹五藏，澡雪精神。”虚静是作家通过收视返听、澄怀静虑所达到的一种特殊的心理状态，它是艺术构思活动得以顺利进行的前提条件。在创作活动中，虚静的重要意义在于使作家从实用态度和知性分析中超越出来，宅心玄远，灵府自由，以便进行审美观照。另外，《庄子》书中的“谬悠之说，荒唐之言，无端崖之辞”；道教的神仙思想和创造神仙体系的思维方式，以及内丹修炼中的存思意想方法等，都极大地推动了古代文学家创造性想象的丰富和发展。

3. 中国古代哲学对民俗的影响

民俗即民情风俗，属于社会学范畴，是指人们心理和精神的共同表现，广泛存在于传统文化之中。它无形地约束了个人的行为、支配着实际生活。中国民情风俗受古代哲学思想影响甚深，具有很强的民族性。《周易》曰：“天行健，君子以自强不息”；“地势坤，君子以厚德载物”。这两句话概括了中国人积极有为、自尊自立的人生哲学态度，它培育了中华民族“自强不息”、“兼容并包”的精神风貌。

刚健有为、自强不息的精神支撑着中华民族历尽磨难而延续至今，这种精神积淀成民族心理素质，潜移默化为坚韧弘毅、劳作不休的民族特有性格。每当民族危机、国难当头时，这种精神就转化为中华民族不向困难屈服、勇敢同命运抗争的勇气。所以，在中国历史上，民族英雄、改革志士层出不穷。中国的知识分子，大多具有强烈的历史使命感和社会责任感，归根到底都与这种精神有关。另一方面，兼容并包、厚德载物的精神又培育了中华民族博大的胸怀和宽厚的德性，使中国人在处理人与自然、人与社会的关系时，都能表现出强烈的人文精神和浓厚的乡土情谊。中华民族不仅善于融合协调各民族之间的优良传统，而且常以开放的胸襟吸收容纳外来文化以丰富调整自己。在此基础上，中华民族热爱和平，不尚暴力，以“为万世开太平”为最高理想。

中国古代哲学中的阴阳、五行、八卦学说，不仅为古代医学、化学、天文、音乐等学科提供了理论框架，而且也广泛影响着民情风俗，是古代占问吉凶、祈福禳灾、气功炼养、变化飞升等各种道术的理论基础。“道无术不行”，古代宗教强调寓道于术。《云笈七籤》曰：“道者，虚无之至真也；术者，变化之玄伎也。道无形，因术以济人；人有灵，因修而会道。”这就把哲学与方术紧密结合在一起。例如，奇门遁甲一术，就是在八卦的基础上，综合星象历法、天文地理、干支四柱、阴阳五行、四时五方、六壬七曜、八门九星等等而形成，可谓古代术数的集大成者。古代一些政治家、军事家，如汉初张良、三国诸葛亮、北宋吴用、明初刘伯温等，都精通此术，常用此术推测事物，判断吉凶。当然，民间方术，内容庞杂，既有合理可取的一面，又有迷信妖妄的一面，我们必须以科学的态度，辨别其伪，识得其真，才能不迷方向。

4.中国古代哲学对科技的影响

中国古代哲学对科学技术也有很大的影响，特别是天道自然的哲学思想促进了人们对天地万物的广泛讨论，推动了科学技术的发展。在中国古代，支配人们社会行为的外在力量是天，中国哲学思想的萌芽也是从天开始，最初表现为天神、天命观，后来发展为天道、天理观。中国古代哲学中所谓的“天”，大致有三种含义：一是指最高主宰，二是指广大自然，三是指最高原理。但最基本的意义则是指自然，天道自然是中国古代哲学长期讨论的问题，天道自然观是中国古代哲学最基本的观点之一。这一观点具有十分重要的科学意义，它既涉及天地万物的起源和事物运动的原因，也涉及宇宙的结构和时间、空间等问题。可以说，天道自然观是中国古代科学发展的哲学基础。

《老子》曰：“道生一，一生二，二生三，三生万物。”《周易》亦曰：“易有太极，是生两仪，两仪生四象，四象生八卦。”这是先秦哲学的宇宙生成论。这种宇宙生成论发展到汉代，形成了比较完整的天体演化理论。《淮南子·天文训》有言：“道始于虚廓，虚廓生宇宙，宇宙生气，气有涯垠，清阳者薄靡而为天，重浊者凝滞而为地。”天体演化理论又发展为天地结构理论，从而推动了天文学的发展。先秦哲学中的阴阳五行观念，则为中医提供了理论基础，成为中医学中最高的、总体性的理论。如果说阴阳是古代哲学中的一种对立统一学说，那么五行则是一种原始的系统论。从《黄帝内经》开始，阴阳五行就成了中医学的主要理论。“整体观念是中医学的一个基本特点，这是大家公认的。五行学说的应用，加强了中医学关于人体是一个统一整体的论证。中医学所采用的整体系统方法，在五行学说的帮助下也得到进一步强化和系统化”。① 在化学方面，被称为“万世丹鼎之王”的《周易参同契》是中国古代化学的经典之作。这部书是用《周易》的原理来贯通“易”、“老”、“丹”三学，诚如书中所言：“大易情性，各如其度；黄老用究，较而可御；炉火之事，真有所据。三道由一，俱出径路。”该书的作者是东汉末年的魏伯阳，其中心思想就是运用《周易》所揭示的阴阳之道，参合黄老自然之理，讲述炉火炼丹之事。1932 年，《周易参同契》被译成英文，刊登在《Isis》杂志上，国外一致公认，魏伯阳是留有著作的最早的一位炼丹家。

第二节　中国古代史学

梁启超在《中国历史研究法》一书中说：“中国于各种学问中，惟史学为最发达；史学在世界各国中，惟中国为最发达。”②中国不仅是世界上著名的文明古国之一，而且是世界上最重视历史的国度，史学的高度发达成为中国传统文化的特征之一。中国古代史学发达的一个重要原因，就是史官建置早、地位高。传说中的黄帝史官仓颉、沮诵虽不必深信，但最迟在商朝已有史官，这从现存的金文、甲骨文的遗迹中可以得到证明。而据《尚书》、《国语》、《左传》等古籍，则可知周代史职已有分科，有大小史、内外史、左右史等名目。不惟王朝有史官，诸侯之国乃至卿大夫之家莫不皆有。同时，古代史官地位崇高，其职责不只在作史而已，还兼为王侯公卿的高等顾问，王侯公卿每遇疑难则就史官“咨以决焉”。

① 刘长林：《内经的哲学和中医学方法》，北京：科学出版社，1982 年，第 97 页。
② 梁启超：《饮冰室合集·专集之七十三》，第 10 册，北京：中华书局，1989 年，第 9 页。

一、中国古代史学的发展

有了人类就有了人类社会的历史，有了人类社会的历史和人类创造出来的文字以后，就有了关于人类社会历史的认识、记载和撰述的综合活动，这便是史学。文字是历史记载的工具，根据考古发现，卜辞和金文是中国历史上目前所知最早的历史记载。殷周时期，官史、私史相继出现，中国史学进入童年期。秦汉时期，出现了《史记》、《汉书》这样的史学名著，开通史和断代史之先河，标志着中国史学正式确立，并进入成长期。魏晋南北朝时期，史书丰富，门类广泛，史学摆脱经学的附庸地位而蔚为大国，呈现出蓬勃发展的势头。隋唐五代至宋元时期，统治阶级重视修史，官修史书取得了显著的成绩，中国史学进入繁盛期。明清时期，史学虽然有新的发展，也取得了很大的成绩，但是从整体上说，封建史学毕竟走到了尽头，进入终结阶段。一些思想敏锐的知识分子，吸取西方史学的营养，提出“史学革命”的要求。梁启超就是第一个比较系统地揭露和批判封建旧史学，要求建立资产阶级新史学的近代学者。

1. 中国古代史学的萌芽与确立

中国古代史学的萌芽 中国史学，源远流长。在文字出现以前，先民对历史的记忆和传播，是靠口耳相传、结绳刻木的方法来完成的，这种远古的传说成为史学的源头。殷周时期，中国史学处于萌芽阶段。

《说文解字》曰：“史，记事者也。从又持中。中，正也。”

我国最早的文字甲骨文，就是史官用以记录殷商统治者问天求神之事的文字符号，所以又叫“卜辞”。据史书记载，殷周时期的史官在王的左、右，分为左史、右史之职，担任记事、记言的任务。[①] “言经则《尚书》，事经则《春秋》”（《文心雕龙·史传》）。《尚书》被看作我国最早的史书，书中保存了周代史官收集整理的殷周两代重要的政治文件，即典、谟、训、诰之类的政典之书。《春秋》

① 左、右史的不同，古代有两种说法：《周礼·玉藻》：“动则左史书之，言则右史书之。”《汉书·艺文志》：“左史记言，右史记事。”

是孔子根据鲁国的国史编撰的一部史书，记载了从鲁隐公元年（公元前722）至哀公十四年（前481）共242年鲁国重要的历史事件，写出了“政自天子出”、“政自诸侯出”、“政自大夫出”各个阶段，展示出一幅“世衰道微”的历史画卷。从史学的角度说，《春秋》的出现具有划时代的意义。首先，它创立了一种史学体例——编年体，对后世史书的编撰影响深远；其次，它形成了一种写史法则——事、文、义结合，使《春秋》成为我国历史记载走向新阶段的标志；第三，它有明确的写作目的——“寓褒贬，别善恶”，这种《春秋》“笔法”也为后世史家所继承。总之，《春秋》是我国史学的开山之作，是历史意识和历史作品逐渐融合的产物，标志着史学已经萌芽。

孔子的《春秋》开私人撰史之风，春秋至战国，私人历史撰述有了较大的发展，其中最具代表性的历史著作有《左传》、《国语》、《战国策》等。

中国古代史学的确立 秦汉时期，规模宏富的纪传体通史和断代史相继出现，这标志着我国史学已进入正式确立阶段。司马迁的《史记》是一部百科全书式的通史，开创了中国史学纪传体体例。全书由十二本纪、十表、八书、三十世家、七十列传五种体裁组成，以宏大的通史规模概括了3000年政治、经济、军事、典章制度、学术文化、民族关系、人物活动、天文地理诸多内容，奠定了中国古代史学发展的基础。《史记》以“究天人之际，通古今之变，成一家之言”为宗旨，在融汇百家之学的基础上，终于形成具有特色的“一家之言”，使古代史学在各种学科中独立而出，卓然成为一家。

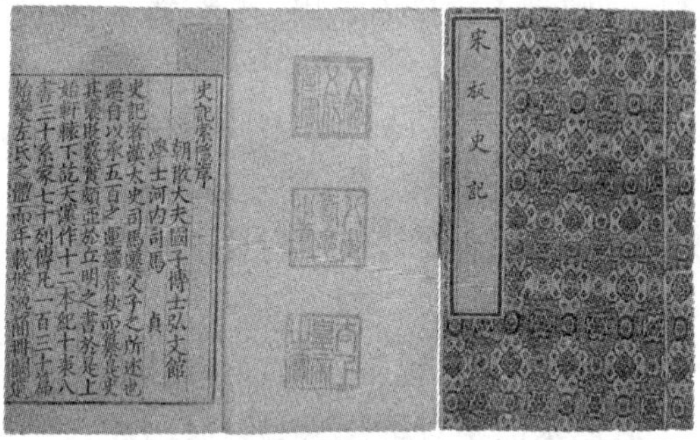

《史记》三家注，明嘉靖十三年秦藩覆宋刊本。

东汉班固循《史记》体例而著《汉书》，全书由十二本纪、八表、十志、七十列传构成，记载了自汉高祖元年（公元前206）至王莽地皇四年（23）共230年的历史，开创了纪传体断代史新体例。班固在《汉书》中编织了一个汉绍尧运的世系，宣扬皇权神授，以达到“宣汉”的目的。但从总体上看，《汉书》还是继承了《史记》的传统，是一部具有“实录”精神的史书。《史记》为通史开山，《汉书》为断代初祖。纪传一体，后世奉为圭臬，其发凡起例之功，自不可没。

《史记》、《汉书》之外，还有班固、刘珍等人的《东观汉记》(辑本)，这三部史书在魏晋南北朝时被称为“三史”。另外，荀悦取材于《汉书》，将其改编为《汉记》，又创编年体断代史先例。此后，以《汉书》为代表的纪传体和以《汉记》为代表的编年体，便成为中国史学主要的表述形式。

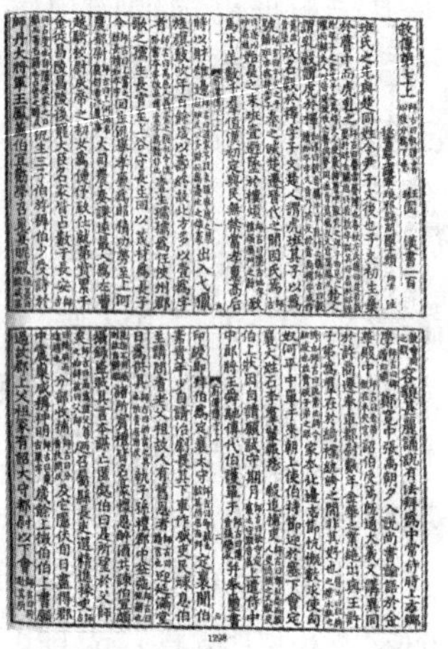

《汉书》宋景祐刊本

2. 中国古代史学的发展与兴盛

中国古代史学的发展　魏晋南北朝时期，随着中国封建社会的发展，史学也有了长足的进步，私家修史之风盛行，史书极其繁富，门类十分广泛，除纪传、编年外，又有民族史、地方史、家史、谱牒、别传、史论、史注等，显示出史学多途发展的盎然生机。《隋书·经籍志》“史部”著录 13 类、874 种，其中大部分为本期所作。

纪传体断代史方面有《三国志》、《后汉书》、《宋书》、《南齐书》、《魏书》五部正史。陈寿的《三国志》有纪传而无表志，分记魏、蜀、吴三国之事。该书以曹魏入《纪》，而把蜀汉、孙吴之主入《传》，这对传统的两汉正统观念是一个突破。范晔的《后汉书》是一部“删众家《后汉书》为一家之作”，在中国史学上占有重要地位。特别是他在论赞中评历史人物、论兴衰成败，显示出一种儒道贯通的思想特点。唐以来的学者把《史记》、《汉书》、《后汉书》、《三国志》并称为“前四史”。沈约的《宋书》是奉敕而撰，记南朝宋一代历史，有纪、传、志。萧子显的《南齐书》记南朝齐一代历史，也有纪、传、志。魏收的《魏书》是记鲜卑族拓跋氏建立魏的历史，作者始终把北魏吸收中原文化作为社会繁荣的重要因素。

编年体断代史方面有袁宏的《后汉纪》，该书博采诸家东汉史，重新排比而成，可与荀悦《汉纪》媲美。崔宏的《十六国春秋》将十六国放在平等的地位上，分卷记录，互不统属，奠定了少数民族史学。另外，这一时期门阀世族在社会上占支配地位，表现在史学上便是谱牒学的兴起和发达。《隋书·经籍志》著录的家谱世系史书(连同亡佚的在内)53 种、1280 卷，大多为本期所修。其中贾弼的《姓氏谱状》、王俭的《百姓集谱》，就是这方面的代表性作品。地方史志方面有常璩的《华阳国志》，记陕西汉中、四川、云南等地的地理物产、人物事件；杨炫之的《洛阳伽蓝记》，为研究北魏宗教风俗、地理苑囿的重要资料。史注方面，裴松之的《三国志注》、郦道元的《水经注》、刘孝标的《世说新语注》最为著名。

中国古代史学的兴盛 隋唐至宋元，中国史学进入兴盛期。这一时期史学兴盛主要表现在官修史书成绩斐然，史学范围进一步扩大，产生了一大批优秀的史学著作。

从隋唐五代开始，中国史学出现了重要的转折。统治阶级重视修史，设馆修史完善了史官制度。隋文帝时下令禁止私人修史，设史馆撰修历史。唐太宗时又于禁中设史馆，由宰相、大臣监修本朝国史和前代正史。由于朝廷的重视，官修史书取得了显著成绩，二十四部正史就有八部成书于唐初。这八部正史是：房玄龄的《晋书》，姚思廉的《梁书》、《陈书》，李百药的《北齐书》，令狐德棻的《周书》，魏征的《隋书》，李延寿的《南史》、《北史》。后晋刘昫的《旧唐书》也属正史。正史之外，还出现了一些总结性的史学著作。刘知幾著《史通》，对中国史学做了一次全面的理论性总结。书中讨论了史书体例和编撰方法，论及史官沿革、史籍流传等问题，还提出史家“三长”之说，即才、学、识。杜佑的《通典》分食货、选举、职官、礼、乐、兵、刑、州郡、边防九门，博取五经群史及文集奏疏，每事以类相从，形成一种专载典章制度的通史著作，开典志体史书之先河。

宋元时期，史学发达，堪称盛世。正史方面，宋薛居正修《旧五代史》，欧阳修、宋祁重修《新唐书》，元脱脱修《宋史》、《辽史》、《金史》，欧阳修因不满《旧五代史》而私撰《新五代史》。另外，司马光的《资治通鉴》为编年体通史，它打破了荀悦、袁宏断代编年史的格局，与《史记》的纪传体通史前后辉映。该书在当时和后世都受到高度重视，在史书修撰方面也产生了重大影响。有仿效《通鉴》编年叙事的形式以续纂史书，如南宋李焘的《续资治通鉴长编》，清毕沅的《续资治通鉴》；有仅取编年的原则而别创为纲目体的形式，如南宋朱熹的《资治通鉴纲目》；有打破编年叙事的原则而创立纪事本末体的形式，如南宋袁枢的《通鉴纪事本末》；有为之作注者，如宋元之际胡三省的《资治通鉴音注》；有依其事而发议论者，如明清之际王夫之的《读通鉴论》。形成了名副其实的“通鉴学”。此外，民族史、域外史、学术史也都取得了重要成果。官修实录、会要等书，皆较前代为详。

3. 中国古代史学的终结与转型

中国古代史学的终结 明清之际，中国封建社会从发展走向衰落，封建史学也随之进入终结阶段。正史方面，明初宋濂、王祎等修《元史》，因时间仓促，内容杂乱重复，详略不均，书成之时，批评之声便随之而起。清修《明史》，前后历时60年，全书材料丰富，编撰得法，在官修史书中，被视为上品。明代学风空疏，所谓“束书不观，游谈无根”。国史失修而稗史兴起，凡野史、杂记、小录、郡书、家史千余家，形成一大特色。清代学风以考据为主，表现在史学上，就是史籍的校勘考证兴盛发达。王鸣盛的《十七史商榷》、钱大昕的《廿二史考异》、赵翼的《廿二史札记》，历来被看作乾嘉时代的三大考史名著。

明清之际，社会历史进入转折时期，一些大的思想家、历史学家开始对历史的盛衰兴亡进行总结，并把这种总结提高到历史哲学的高度，这标志着中国古代史学进入了终结阶段。王夫之从“理”与“势”上论述历史的盛衰变化是一个必然，以通变观把古今联系起来。他说：“治有治之理，乱有乱之理，存有存之理，亡有亡之理……夫国家之治乱存亡，亦如此而已矣。”(《读通鉴论·德宗》)“理”支配着一切事物的运动变化。同时，历史运动的必然又表现为一种“势”，所谓“迨已得理，则自然成势，又只在势之必然处见理”(《读四书大全说》)。历史的盛衰变化是一个必然，因此“善取资者，变通以成乎可久”。顾炎武也是把历史的盛衰变化看作一种必然，他说：“天地之化，过中则变，日中则昃，月盈则食。”(《日知录·已日》)他以经世的眼光反思历史，倡导实学，主张把解决当世之务作为学术研究的着眼点。他的《天下郡国利病书》就是以历史地理研究为中心，把历史和现实问题紧紧结合在一起。黄宗羲也以新的观点对历史进行了总结，“盖天下之治乱，不在一姓之兴亡，而在万民之忧乐”。这种平等的观点已经具有启蒙思想的性质和意义，成为后来资产阶级新史学的先声。另外，他编著的《明儒学案》是我国最早最完备的一部学术史专著，为史学开辟了新领域。从史学的角度说，真正对中国古代史学做系统的理论性总结的是章学诚的《文史通义》。他在书中以通变的思想思考中国古代史学的出路，在“六经皆史”的命题下，阐释了古代史学的经世致用的精神，对史学的史义、史识、史德、史书编纂做了总结。章学诚虽然在艰难地寻找突破旧史学的缺口，但是受时代的局限，他还未能彻底

章学诚像

摆脱旧史学的影响，在他以后的一个时期内，中国史学基本上还沿着原来的模式，唱着原来的调子。

中国古代史学的转型 进入近代，由于社会的发展，民族危机加深，阶级矛盾加剧，加之西方学术思想传入的影响，中国古代史学进入转型期，产生了所谓的"新史学"。新史学的内涵应当包括这样一些方面："一是以新的历史哲学认识传统的史学，重新解释历史的过程和历史现象，扩大历史的反映面，同时对旧史学展开批判；二是采用新的史书编纂形式写出各种通史、文化史及各种专史、断代史，出版各种近代的学术期刊等，以传播学术研究的成果，促进学术流派的形成和发展；三是借鉴西方的学术研究方法，结合中国传统的史法，推动历史研究的发展，这里包括引进自然科学方面的成果。"①

梁启超是新史学的杰出代表，他是第一个比较系统地揭露和批判封建旧史学，要求建立资产阶级新史学的近代学者，是中国资产阶级史学理论的开路先锋。早在20世纪初，梁启超就发表了《中国史叙论》(1901)和《新史学》(1902)两部史学论著。在这两部被看作"中国资产阶级史学理论的最早的两座纪念碑"的论著里，梁启超对封建旧史学进行了猛烈的批判，他历数了旧史学的四弊二病三恶果，呼吁"史界革命"，初步提出了资产阶级新史学的观点。晚年，梁启超又将自己在南开大学和清华研究院讲授"史法研究"的讲义进行整理，先后出版了《中国历史研究法》(1922)和《中国历史研究法补编》(1926)。这两部书被视为"梁启超史学理论的代表作，也是中国资产阶级的史学理论宝典"。前两部论著，重在批判封建旧史学的种种弊端，呼吁进行"史界革命"，因此破坏有余而建设不足；后两部著作，重在建立资产阶级新史学的理论体系，着力探讨史学方法，所以比前期的史学理论显得更加成熟、深刻和系统。

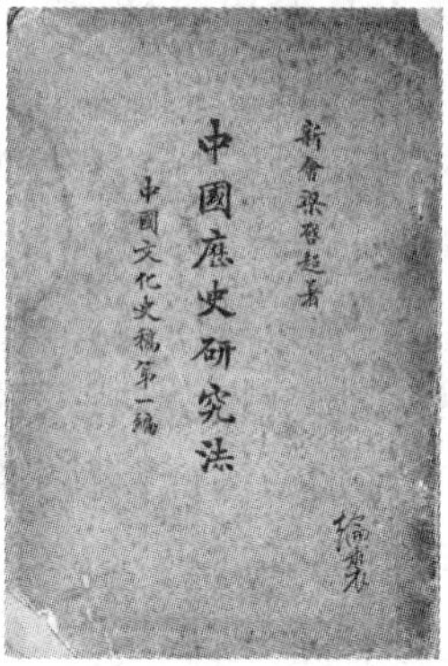

梁启超《中国历史研究法》书影

① 吴怀祺：《中国史学思想史》，合肥：安徽人民出版社，1996年，第333～334页。

二、中国古代史学的特点

中国古代史学在漫长的发展过程中，逐渐形成了自己的特点，即人们所说的优良传统。例如：主张秉笔直书，不避强御；强调经世致用，以古为镜；重视史家修养，德才兼备等等。这些优良传统是古代史家留给我们的一笔丰厚的遗产，值得我们珍视。

1. 秉笔直书

秉笔直书就是据实书写。它有两层意思：一是史家修史要保持独立性，摆脱权贵的干扰，在“直道”和“气节”的指导下，以独立的人格做保证去修史。刘知幾在《史通·直书》中说：“烈士徇名，壮夫重气，宁为兰摧玉折，不作瓦砾长存。”二是史家修史应具有客观性，摆脱个人情绪的干扰，根据历史的真实情况进行书写。刘知幾在《史通·感经》中，要求史家做到不虚美、不掩恶，像“明镜之照物”那样，“妍媸必露”，“爱而知其丑，憎而知其善，善恶必书，斯为实录”。概括地说，就是史家在修史时，既要克服来自权贵的干扰，又要克服来自自身的好恶爱憎的干扰。

中国古代史家主张秉笔直书，以直书为荣、曲笔为耻。“南、董之仗气直书，不避强御；韦、崔之肆情奋笔，无所阿容”（《史通·直书》），被视为史家直书的典范，深受人们的尊敬。《左传·襄公二十五年》记载了齐国太史、南史氏不惜以死直书的故事：当时齐国的大夫崔杼杀了齐庄公，齐国的太史便直书“崔杼弑其君”。“弑”意即以下杀上，大逆不道。因此，崔杼杀掉了这位史官。这位史官的弟弟继承哥哥的事业，继续直书此事，结果又被杀了。另一位弟弟仍然直书此事，崔杼没有办法，只好将他放了。“南史氏闻太史尽死，执简以往，闻既书矣，乃还”。董狐是晋国的史官，晋卿赵盾的部下赵穿杀掉了晋灵公，赵盾不办弑君的凶手，董狐直书其事：“赵盾弑其君。”孔子对此大加赞赏：“董狐，古之良史焉，书法不隐。”（《左传·宣公二年》）南史冒死以往、董狐书法不隐的精神，成为后世直书的楷模。文天祥在《正气歌》中就说：“在齐太史简，在晋董狐笔。”认为这种直书精神正是“天地有正气”的表现。三国时吴国史家韦昭主修《吴书》，吴末帝孙皓即位后，想给自己的父亲孙和作本纪，韦昭坚持认为孙和未登帝位，宜名为传。“皓积嫌愤，遂诛昭”（《三国志·韦曜传》）。北魏崔浩主修魏史，无所阿容，因遭杀害。这些史家高举秉笔直书的旗帜，不惜以自己的生命来捍卫史实，保持了史家的独立意识和自主精神，“虽周身之防有所不足，而遗芳余烈，人到于今称之”（《史通·直书》）。

2.经世致用

经世致用的特点是从史学的借鉴思想中引申出来的，它强调史家的笔端要贴近时代的脉搏，关注国计民生，讲求富国强兵之术，为民族振兴服务。中国古代史家素来关注国家的治乱兴衰，表现出强烈的政治情怀。孟子论孔子作《春秋》说：“世道衰微，邪说暴行有作，臣弑其君者有之，子弑其父者有之。孔子惧，作《春秋》。”（《孟子·滕文公下》）这说明孔子作《春秋》有着明确的社会政治目的和强烈的经世致用精神。司马迁在《史记》中用大量的篇幅，通过歌颂“明主贤君，忠臣义士”的形式，显示西汉王朝的盛世局面，渗透着经世致用的思想。司马光的《资治通鉴》，“专取关国家盛衰，系生民休戚，善可为法，恶可为戒者，为编年一书”，经世致用的思想跃然纸上并贯穿全书。

中国古代史学经世致用的特点，还表现在重视典章制度的意义，通过制度、法规、措施的设立或变革，达到致用的要求。唐朝杜佑的《通典》就是一部完整意义上的经世史书。他在《食货典·序》中说：“所纂《通典》，实采群言，征诸人事，将施有政。”所谓“将施有政”，也就是经世。为了达到这个目的，《通典》把经济放在首位，即在九大门类中，“以食货为之首”。他认为：“夫理道之先，在乎行教化；教化之本，在乎足衣食。”正是从经世的目的出发，杜佑将“足衣食”放在“行教化”之先。时人李翰在该书序中写道：“今《通典》之作，以为君子致用在乎经邦，经邦在乎立事，立事在乎师古，师古在乎随时，必参古今之宜，穷始终之要，始可以度其古，终可以行于今。”清朝乾隆皇帝在重刻《通典》的序言中也说道：“观其分门起例，由食货以迄边防，先养而后教，先礼而后刑，设官以治民，安内以驭外，本末次第，具有条理，亦恢恢乎经国之良模矣。”

从明中叶以后，史学经世致用的呼声日高，经世史学的著作迭相问世。“喜谈经世之务”的顾炎武，把文献记载与实地考察结合起来。“事关民生国命者，必穷源溯本，讨论其所以然。足迹半天下，所至交其贤豪长者，考其山川、风俗、疾苦、利病，如指诸掌”（《日知录·潘耒原序》）。他的《日知录》、《天下郡国利病书》就是这样产生的经世致用之作。经世史学的一个显著特点，是取鉴于历史而着眼于现实。从现实出发研究历史，取鉴于史结合现实，重点在“经世”，即找出解决现实社会问题的办法。诚如王夫

之所说："为史者记载徒繁，而经世之大略不著，后人欲得其得失之枢机以效法之无由也，则恶用史为？"（《读通鉴论》卷六）

3. 注重修养

中国史学十分重视史家的修养，唐代刘知幾提出史家要具有"史才"、"史学"、"史识"三长，清代章学诚又在三长之后添一"史德"，并为四长。近代梁启超在《中国历史研究法补编》里也提出史家修养问题，并列专章论"史家的四长"，要求史家具备史德、史学、史识、史才。

唐代史学家刘知幾

在"四长"中，梁启超突出了"史德"的重要性。在他看来，"史家第一件道德，莫过于忠实"，即"对于所叙述的史迹，纯采客观的态度，不丝毫参以自己意见"。[①] 这一要求说起来容易，做起来却很难。因为人都有自己的思想观点，史家也不例外。虽然主观上知道忠于史实的重要，但是心之所趋、笔之所动，很容易把"忠实"二字忘掉。史家最常犯的毛病是"夸大"、"附会"、"武断"，要忠于史迹，养成完美的史德，就应当时时注意铲除这些毛病，"把自己性格养成像镜子和天平一样"。

有了"史德"，其次才是"史学"。梁启超认为过去人类一切活动的记载都是历史，因而史料范围极广。所以他劝史家要有一种觉悟："贵专精不贵杂博。"能专精一门就是有"史学"，不要以为"一物不知，儒者之耻"。他告诫道："想要无所不知，必定一无所知。真是一无所知，那才可耻。"专精之法有三：一是"勤于抄录"，二是"练习注意"，三是"逐类搜求"。有了专门学问，还要讲点普通常识，做到博与约结合、专精与涉猎并进。

梁启超

"史识"指的是史家的观察力。史家要善于观察，做到旁人所不能观察的，我能观察得出来。这就要求史家无论对任何事物，都要注意去观

① 梁启超：《中国历史研究法补编》，见《饮冰室合集·专集之九十九》，第12册，北京：中华书局，1989年，第14页。以下引文未注出处者，均见此书。

察。观察的程序可以分为“由全部到局部”和“由局部到全部”。另外还要注意两点：一是“不要为因袭传统的思想所蔽”，二是“不要为自己的成见所蔽”。这样才能形成敏锐的观察力，才能培养卓越的史识。

“史才”讲的是作史的技术。有了“史德”，可以忠实地去寻找史料；有了“史学”，研究起来才不费力；有了“史识”，观察方可敏锐。但是，仅此仍然不能写出精美的史学著作来。要使史学论著让人看了明白、读了感动，非有特殊技术不可。这种技术就是写文章的技能。这种技能又分为“组织”和“文采”两个部分，组织方面要在史料的剪裁与排列上下功夫，文采方面要求简洁、求飞动。如何养成史才，梁启超提出“多读、少作、多改”。“少作”意思是作文要谨慎，要用心去作，有一篇算一篇，不要贪多。平时练习作文则不厌其多，天天作最好。

三、中国古代史学的文化意义

中国古代史学是传统文化的重要组成部分，是过去几千年中所积累下来的文化成果，其中不可避免地沾染上旧时代的尘埃，梁启超曾一针见血地指出旧史学的四弊二病三恶果。四弊者：一曰知有朝廷而不知有国家，二曰知有个人而不知有群体，三曰知有陈迹而不知有今务，四曰知有冲突而不知有理想。缘此四弊，复生二病：其一，能铺叙而不能别裁；其二，能因袭而不能创作。合此四弊二病，则所贻读者之恶果又有三端：一曰难读，二曰难别择，三曰无感触。但这并不是说古代史学就一无是处，它作为历史的见证，其主体还是反映了民族文化精华的一面，即使在今天仍然有其积极的文化意义。

1. 激发爱国热情

梁启超在《新史学》中说：史学者，“爱国心之源泉也”。① 中国古代史学素有爱国的传统，中国历史就是一部极好的爱国主义教科书。章太炎说过，人“不读史书，则无从爱其国家”。② 换句话说，中国古代史学可以激发我们的爱国热情。

首先，中国古代史学贯穿着维护统一的“大一统”思想。孔子作《春

① 梁启超：《饮冰室合集・文集之九》，第1册，北京：中华书局，1989年，第1页。

② 参见汤志钧《从章太炎的治史谈起》，载《光明日报》，1995年12月11日。

秋》，提出“尊王”的口号。尊王就是维护大一统，所谓“溥天之下，莫非王土；率土之滨，莫非王臣”（《诗经·小雅·北山》）。《春秋》大一统思想对中国古代史学产生了深远的影响，为中华民族大团结形成一个统一的国家奠定了思想基础。司马迁作《史记》，着意维护“海内一统”的政治局面，并克服《春秋》“尊周攘夷”、“内诸夏而外夷狄”的观点，把“夷人”作为统一王朝中的少数民族来处理，为他们专门列传。司马光在《资治通鉴》里，把中华民族各族历史融为一体，成功地勾画出一个幅员辽阔、民族众多的大一统的中国。这种大一统思想是中国史学中爱国主义精神的集中体现，也是中华民族团结奋斗的力量源泉。

其次，中国古代史学记人记事都以传统道德为标准，具有爱憎分明的精神。在这种精神指导下，古代史家崇尚为国为民的爱国主义思想，鄙视变节忘义的懦夫行为。他们热情歌颂那些“杀身成仁”、“舍生取义”的仁人志士，对其不惜以热血和生命维护国家和民族利益的英雄事迹详加记载，使其流芳百世。相反，对于那些贪生怕死、出卖国家、背叛民族的小人，他们又给以无情的鞭挞。例如，后晋史官修《唐书》，对藩镇多有指斥，抨击李宝臣“流毒中原”、王武俊“见利忘义”。南宋洪皓出使金国，被扣留15年，历尽磨难而不辱使命，《宋史·洪皓传》赞之曰：“虽苏武不能过。”几千年来，流溢于史书中的爱国主义已成为精神文明的支柱，不断地激发人们的爱国热情。

再次，中国古代史学全面详细地记载了中华五千年文明史。从这光辉的历史、灿烂的文化中，我们可以汲取无穷无尽的精神力量。中国古代文化曾长期居于世界前列，为人类文化做出过重要贡献。无论是文学艺术，还是科学技术，都曾有过耀眼的光辉。披览史迹，不仅可以了解古代辉煌灿烂的文化历史，还会激起我们对勤劳勇敢的祖先的崇敬之情，从而更加热爱我们伟大的民族，更加热爱我们古老而文明的祖国。

2. 提供资鉴思想

研究历史的目的在于“资鉴”。梁启超说：“史者何？记述人类社会赓续活动之体相，校其总成绩，求得其因果关系，以为现代一般人活动之资鉴者也。”[①]世界上几乎每一个国家和民族，都重视从历史中寻求值得资鉴

① 梁启超：《中国历史研究法》，见《饮冰室合集·专集之七十三》，第10册，北京：中华书局，1989年，第1页。

的经验教训。中国古代史学的资鉴思想十分丰富，可以为我们提供多方面的经验教训。

首先，历史资鉴是必要的。现实是历史的延续，史学研究的是历史，但其出发点应该是现实，绝不能离开现实去研究历史。历史与现实的关系是“源与流”的关系，谁也无法将它们割断。人们正是为了认识现实而去追寻历史，为了满足现实的某种需要而去研究历史。所谓“鉴往知来”、“古为今用”即是。例如，强大的秦国之所以在很短的时间内崩溃，根本的原因是暴政、苛敛。这就为后世君主敲响了警钟，历代史家说兴亡盛衰，都关注到这一点。梁启超也是在这个意义上强调了史学为现实服务，主张用历史来教育国民、指导国民。他说，史家的任务就是通过总结人类历史活动的因果联系，“使国民察知现代之生活与过去未来之生活息息相关，而因以增加生活之兴味……夫如此，然后能将历史纳入现在生活界使生密切之联锁”。

其次，历史资鉴也是可能的。历史事实是客观存在，不可改变的；但人们对历史的认识，却是一代比一代更深刻、更全面。历史研究之所以具有永恒的价值，是因为它能将过去的真实事实赋予“新意义”或“新价值”，以供现代人参考。中国史学中的资鉴思想有一个发展过程。以《尚书》为代表的“殷鉴”思想，着重从前朝衰亡的事实中总结相应的具体的经验教训；从《周易》到两汉的贾谊、司马迁等人的历史资鉴思想，发展了通变的历史兴衰论；从两汉到《资治通鉴》、《稽古录》，注意到以“类”的观点，进一步讨论历史兴亡的问题；随着宋明理学的兴起与发展，历史资鉴思想向着哲理的高度发展；到了近代，历史资鉴着重从中西对比的角度进行，史家注意到科学技术对国家兴衰的影响。

历史资鉴思想发展到近代终于有了质的飞跃，梁启超要求把历史从封建时代的“皇帝教科书”的狭隘目的中解放出来。他指出，过去中国的史学不是把研究的重心放在多数国民身上，而是放在少数帝王将相身上。因此，他呼吁将历史由帝王的资治通鉴变为“国民资治通鉴”或“人类资治通鉴”。

3. *启迪思维方法*

中国古代史学洋溢着整体通变精神，司马迁的“究天人之际，通古今之变”，成为中国古代史学的最高理想。秉此理想，史家总是从整体综合的角度，本着穷变通久的原则，研究自然与社会人事的相通与不同，揭示古今的联系与变化，说明历朝历代盛衰得失的根本原因。《史记》以恢宏的气度，贯通古今、范围千古、牢笼百家、网罗丰富，充分展示了作者学究天人、会通古今的史学宗旨。《汉书》虽为断代史，也能“究西都之首末，穷刘氏之废兴，包举一代，撰成一书”(《史通·六家》)。这种着眼整体、追求通变的史学精神，不仅影响了后世史家，而且对今人的思维方法也有很大的启迪，为我们把握事物的整体全貌，认识事物的发展变化，提供了一把钥匙。

另外，中国古代史学在创新与守成、叙事与论理的结合与统一上，也为我们提供了借鉴参照的素材。古代史家极富创新精神，司马迁要求史家的著述“成一家之言”，就是指史学理论的独立发展与不断创新。在史书编纂上，史家也致力于创新。孔子的《春秋》首创编年体，司马迁的《史记》开纪传体之先河，袁枢的《通鉴纪事本末》为纪事本末体之始，杜佑的《通典》又新创典制体。创新的同时，史家又十分注意守成，充分吸收前人的成果，发扬前人的成就。例如，编年、纪传二体在我国史学史上就沿用了两千多年。

史家修史以叙事写实为主，善叙事者多被誉为“良史”。班固评论司马迁的《史记》曰：“自刘向、扬雄，博极群书，皆称迁有良史之才，服其善序事理，辨而不华，质而不俚。其文直，其事核，不虚美，不隐恶，故谓之实录。”(《汉书·司马迁传》)史家叙事要在求实、求真，符合历史原貌。但这并不是说史家没有思想，在忠实史迹的基础上，史家又十分重视论理与文采，力求做到叙事、义理和辞章的统一。章学诚在《文史通义》中说：“史所贵者，义也；而所具者，事也；所凭者，文也。”“义”即义理，体现了史家的理论观点；“事”即史实；“文”即文采。事为基础，文以表事，义从事出，三者有机统一，“譬之人身，事者其骨，文者其肤，义者其精神也”(《文史通义·方志立三书议》)。这些史学观点和方法，对于我们今天治学著述仍不乏借鉴参考价值。

第四章　中国古代文学与艺术

中国古代文学是根深叶茂的中国文化之树上的一根重要枝杈，它不断地从母体中汲取养分，同时又以自己的丰硕成果不断丰富母体的内涵。中国古代文学在漫长的演变发展过程中，形成了自己独特的品格风貌。透过这扇窗户，我们可以更好地把握传统文化的整体精神，也可以增强民族自信心和自豪感。

与文学堪称姐妹的中国古代艺术也是丰富多彩、灿烂辉煌的，它既是我们民族文化的骄子，又是世界文化艺术大花园中的奇葩。中国古代艺术具有磁铁一般的吸引力，曾令一代又一代炎黄子孙痴迷陶醉，也使一个又一个国外艺术大师惊羡赞叹。要索解中国艺术的奥秘，必须了解其背后更为深刻的文化背景。同样，要想很好地理解中国传统文化，则必须把握其中精粹的艺术内涵。

第一节　中国古代文学

中国古代文学卷帙浩繁、汗牛充栋，几千年来从没有出现过大段起落的中断局面，恰如奔腾的江河，源远流长。中国古代文学在传统文化的浸润下，形成了自己鲜明的特色，并形象地反映出时代的风云际会，折射出文人的心灵历程。传统文化的基本精神、文人士子的审美情趣、中华民族的思维方式等,无不于此略见一斑。

一、中国古代文学的发展历程

中国古代文学产生于遥远的上古时代,由神话启其端绪,至春秋战国,《诗经》、《楚辞》的出现而奠定其雄伟的基座。接着,汉赋、唐诗、宋词、元曲、明清小说,一代有一代之文学,此起彼伏,高峰迭现,各领风骚,争奇斗艳。

1. 先秦文学

先秦文学是我国文学史上光辉灿烂的第一页,它的文学样式主要有神话、散文、诗歌等。神话以其丰富、美丽、奇特的幻想,在题材和创作方法上为后世的文学创作提供了丰富的养料。先秦散文可以分为诸子散文和历史散文,处于我国散文史上的黄金时代。此期的诗歌创作成果最为丰硕,《诗经》和《楚辞》构成后世诗歌创作的两大源头,犹如黄河、长江,源远流长、泽被万代。

《诗经》 《诗经》是我国第一部诗歌总集,共收入西周初年至春秋中叶 500 余年的诗歌 305 篇。依音乐的不同,《诗经》分风、雅、颂三个部分。风是各国土乐,十五国风共 160 篇;雅是周王畿乐歌,有大雅、小雅之分,共 105 篇;颂是宗庙祭祀乐歌,有周颂、鲁颂、商颂,共 40 篇。《诗经》的作者大多不能确定,国风和小雅的部分诗歌是周王朝在诸侯各国的协助下采集,然后命乐工整理、编纂而成的;雅诗和颂诗的大部分可能是公卿列士所献的诗。“国风”是《诗经》中的精华,它充分体现了“饥者歌其食,劳者歌其事”的现实主义精神。有的诗篇反映劳动人民的生活处境,表达他们对剥削、压迫的不平,如《七月》、《硕鼠》等;有的诗篇反映兵役、徭役带给人民的痛苦,如《式微》、《击鼓》等;有的诗篇反映统治阶级的荒淫无耻,如《新台》、《相鼠》等;还有的诗篇以婚姻、恋爱为主题,如《溱洧》、《木瓜》等。

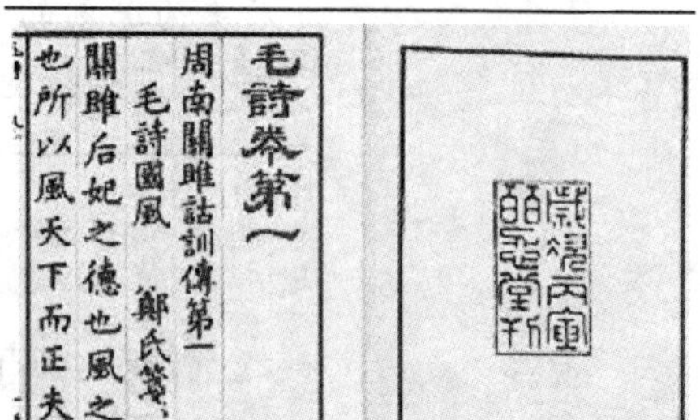
毛詩卷第一
周南關雎詁訓傳第一
毛詩國風 鄭氏箋
關雎后妃之德也風之始
也所以風天下而正夫婦

《毛诗》

这些诗篇奠定了我国古典诗歌现实主义的基础，对后世文学产生了深远影响。

关于《诗经》，中国古代有“六义”之说，即风、雅、颂、赋、比、兴。其中，风、雅、颂是“三体”，赋、比、兴是“三用”。赋、比、兴也就是《诗经》创作的三种艺术手法。“赋者，敷陈其事而直言之也”。赋的特点是“直书其事”、“体物写志”，雅诗、颂诗中多用此法。比是“以彼物比此物”，即譬喻，如《氓》用桑叶由繁茂到凋落比喻夫妇爱情的变化。“兴者，先言他物以引起所咏之词”。如《关雎》以“关关雎鸠，在河之洲”的吟咏发端，引起对爱情的渴望和赞美。比、兴二法是《诗经》中最重要的创作方法，也是中国诗学民族特色的重要体现。

《楚辞》 春秋以来，楚国在长期的发展过程中形成了自己独特的地方文化，同时又不断吸收中原文化，这种南北合流的文化传统为楚辞的产生提供了肥沃的土壤。形式上，楚辞打破了《诗经》的四言形式，而代之以从三言到七八言的参差不齐的形式；创作方法上，楚辞大胆挹取神话的浪漫主义精神；内容上，楚辞大量采用民间的素材，具有“书楚语、作楚声、纪楚地、名楚物”的浓郁的地方特色。屈原是楚辞的主创者，他生活在楚国由盛到衰的急剧变化时期，面对江河日下的国势，他与腐朽的统治集团进行了不妥协的斗争，遭到排斥、放逐，在长期的流放生活中写下了许多光辉的诗篇，最后投汨罗江自沉。屈原的作品主要有《离骚》、《九歌》、《九章》、《天问》等。除屈原外，楚辞的作家还有宋玉、景差等。西汉时，刘向辑录屈原、宋玉、景差以及汉代东方朔、淮南小山等人的作品为《楚辞》。从此，“楚辞”又成为一部诗歌总集的名称。

《离骚》是屈原的代表作品，也是楚辞中最典型的诗篇，它是诗人流放江南时写的一篇抒情长诗。全诗可分为两部分：前一部分是诗人对以往历史的回溯，并反复倾诉了对楚国命运的关怀以及同腐朽贵族集团斗争的强烈情感；后一部分是诗人对未来道路的探索，“路漫漫其修远兮，吾将上下而求索”，反映了诗人对理想的追求和对楚国的热爱。全诗感情炽烈，词采华丽，以大胆丰富的想象，驱使各种神话传说、历史人物、日月山川、风云雷电、芰荷芙蓉、鸾凤虬龙，构成一个五彩缤纷、雄奇瑰丽的意象世界。屈原光辉峻洁的人格、执着的人生追求，以及璀璨的华章，对后世产生了很大影响。人们常把以《离骚》为代表的《楚辞》和以《国风》为代表的《诗经》相提并论，合称“风骚”。

2. 汉魏六朝文学

汉帝国政治、经济空前隆盛，思想界独尊儒术、经学一统，于是楚辞披上了高贵的华装，由乡间草野步入宫廷殿堂，担起“润色鸿业”的使命，从而演变成一种新的文学形式——赋。至东汉末年，朝政日非、战争频仍，儒家的独尊地位被打破，思想界呈现出自由解放的趋势，文人开始从群体中找回自我，沉思个体的价值，文学也随之踏上自觉的阶梯。在此背景下，曹操横槊赋诗，擂响了建安文学的战鼓。汉魏六朝时期的乐府民歌，以其刚健清新的风格，焕发出迷人的光彩，《陌上桑》、《孔雀东南飞》、《木兰诗》等，脍炙人口，经久不衰。

汉赋 赋的主要特点是“不歌而诵”和“铺采摛文”，前者指赋不要求合乐而要押韵，后者强调铺张扬厉、辞采华美。赋滥觞于汉初枚乘的《七发》，它通过对话的形式，规劝太子改变腐化堕落的生活方式。作品中对钱塘潮的描绘极为生动，使读者如临其境，精神为之震荡。此赋对后世影响很大，引起后代许多作者的模仿，形成一种定型的主客问答形式的文体——“七体”。

武帝时代是辞赋最兴盛的时代，司马相如是此期最著名的辞赋家，他的代表作品是《子虚赋》和《上林赋》。这两篇赋夸张帝王的物质享受，渲染贵族宫廷生活的骄奢淫逸，迎合了武帝的好大喜功，赋末虽委婉致讽——奢侈“非所以为继嗣创业垂统”，但劝百讽一，收效甚微。难怪司马相如的《大人赋》本欲讽谏武帝喜好神仙，却令他读后“缥缥有凌云之气”。西汉末年最著名的辞赋家当数扬雄，他与司马相如并称“扬马”，其赋主要有《甘泉赋》、《长杨赋》、《羽猎赋》等。东汉辞赋又获得新的发展，此时描写京都繁华景象和市井情况的赋增多了，较著名的有班固的《两都赋》和张衡的《二京赋》。

《史记·司马相如列传》载，临邛富家女卓文君因爱慕司马相如才华，与其私奔至成都，因家徒四壁，卓家又不予资助，二人遂返临邛，文君当垆卖酒，司马相如也与保庸杂作，涤器于市中。

汉赋从不同方面蕴涵了中国文化的特质。它的恢宏气度体现了自强不息的民族性格和积极乐观的时代精神；它对客观世界的整体性和审美对象的对称性的重视，体现了中华民族思维方式的整体性特征；它那“苞括宇宙，总览人物”的“赋家之心”，与孟子的“万物皆备于我”和庄子的“独与天地精神往来”相契合，体现了天人合一的文化精神。

建安文学 建安文学以“三曹”、“七子”为代表，他们继承汉乐府民歌的现实主义传统，一方面反映社会的动乱和民生的疾苦，一方面表现统一天下的理想和壮志，悲凉慷慨，有着鲜明的时代特色。诚如刘勰所云：“观其时文，雅好慷慨，良由世积乱离，风衰俗怨，并志深而笔长，故梗概而多气也。”（《文心雕龙·时序》）建安文学的这些特征，被后人称为“建安风骨”。

三　曹

在建安诗坛上开风气之先的是曹操。这位卓越的军事家、政治家，在戎马生涯中创作了不少优秀诗篇，一扫两汉作家雕琢铺陈的气息，直叙汉末时事，如《蒿里行》、《苦寒行》等，在这些乐府古题里表现了当时多灾多难的社会现实。凋残破败、扰攘不宁的现实没有使诗人感到窒息，反而更加激起他建功立业的雄心。《观沧海》中那涵裹日月星汉的大海，寄托了诗人气吞宇宙、囊括九州的胸怀；《短歌行》中虽掺杂些许忧思难忘、人生朝露的消极情绪，终掩不住那深深的现世热忱；至于《龟虽寿》中的“老骥伏枥，志在千里；烈士暮年，壮心不已”，积极乐观的思想感情更是跃然纸上。从总体上看，曹诗慷慨激昂，凄凉悲壮，“如幽燕老将，气韵沉雄”。

曹植的诗以曹丕称帝为界，分为前后两期：前期以《白马篇》为代表，表达渴望建功立业的豪壮之情；后期以《杂诗》为代表，表达壮志不得实现的愤激之情。“骨气奇高，词采华茂”（钟嵘《诗品》），准确地道出了曹植诗歌的艺术风格。曹丕的诗歌，成就虽不及父亲和弟弟，但也别具风味，其代表作《燕歌行》，风格独特，韵味盎然，是我国现存最早的完整的七言诗。“建安七子”首见于曹丕的《典论·论文》，他们分别是：孔融、陈琳、王粲、徐幹、阮瑀、应玚、刘桢。其中，王粲文学成就最高，被称为“七子之冠冕”，其代表作《七哀诗》展现了一幅“出门无所见，白骨蔽平原”的汉末社会悲惨图景。

3.唐宋文学

唐朝是诗的国度，在不到三百年的时间里，留下了近五万首诗歌，独具风格的著名诗人有五六十个，体裁赅备，流派众多，云蒸霞蔚，气象万千。唐民歌与西域民歌交融产下的混血儿——词，经晚唐五代的发展，到两宋走向成熟。花前月下的浅吟低唱，江山塞漠的狂歌劲舞，犹如阴阳两极相摩相荡，衍生出一片璀璨炜烨的词的世界。

唐诗 唐诗的发展可分为初唐、盛唐、中唐、晚唐四个时期。初唐承六朝之余绪，沈佺期、宋之问在六朝诗歌格律理论的基础上，通过创作实践，使诗的律体更加定型化、精密化，从而为唐诗的发展在形式上奠定了基础。“初唐四杰”（王勃、杨炯、卢照邻、骆宾王）在题材上突破齐梁宫体诗的窠臼，把诗歌由宫廷引向市井、由台阁引向塞外。陈子昂更以开创者的高蹈胸怀，横掣颓波，把“道弊五百年”的诗歌从“彩丽竞繁”的泥潭中解救出来，代之以“兴寄”、“风骨”，拉开了唐代诗文革新的序幕。

盛唐是唐诗发展的高峰期，具有“气盛势飞”、“浑厚氤氲”的雄浑气象。以王维、孟浩然为代表的山水田园诗派，以高适、岑参为代表的边塞诗派，再加上李白、杜甫双峰并峙，真是群星璀璨，流派纷呈。王维山水田园诗的最大特色是富有禅意。例如，《辛夷坞》：“木末芙蓉花，山中发红萼。涧户寂无人，纷纷开且落。”诗人淡泊宁静的情怀与纯净通透的自然浑融契合，形成一个自在自足、素朴逍遥的纯美境界。李白的思想极为复杂，儒、仙、侠集于一身，但最令他心往神驰的还是道家的放怀高蹈、自由洒脱。他笑傲王侯、蔑视世俗、指斥人生、纵情欢乐。“人世得意须尽欢，莫使金樽空对月”；“安能摧眉折腰事权贵，使我不得开心颜”。这些充满道家情调的诗句，读之使人高蹈八荒，心游万仞。杜甫蒿目时艰，忧国忧民，“三吏”、“三别”就是对当时社会现实的真实写照。“穷年忧黎元，叹息肠内热”，虽身处窘迫之境仍怀济世之心，充分体现了儒家所汲汲追求的理想人格精神。王维、李白、杜甫——“诗佛”、“诗仙”、“诗圣”，分别代表了三种人格精神。

中唐，“安史之乱”的阴影笼罩着诗人的心灵，他们再也唱不出恢廓明朗、充满朝气的盛唐之音，代之而来的是忧愤、阴郁、滞重的格调。此期主要有两个诗歌流派。以白居易、元稹为代表的一派，沿着杜甫开启的路径，倡导“文章合为时而著，歌诗合为事而作”，以“惟歌生民病”为诗的终极目标。白居易张扬“美刺比兴”的传统，创作了大量的讽谕诗，而他的感伤诗《长恨歌》、《琵琶行》尤为出名。另一派以韩愈、孟郊、贾岛、李贺等为代表，他们着意于自我情感的呈现，带有强烈的主观色彩，意象雄奇险怪，语言瘦硬奇警。

晚唐诗歌犹如西边天际的一抹晚霞，纤巧华艳，凄幽动人。此期最可称道者当数李商隐和杜牧，号称“小李杜”。李商隐的《无题》组诗风格华丽，造语精工，堪称一代佳品；杜牧的《山行》、《泊秦淮》等也是境界警奇，韵味悠长，令人玩味不尽。

宋词 词是宋代文学的代表样式。北宋初年，词坛代表人物晏殊、晏几道，虽有“无可奈何花落去，似曾相识燕归来”、“落花人独立，微雨燕双飞”等名句，但风格仍依晚唐五代之旧，徘徊于“艳科”的小径上。柳永从都市生活摄取题材，表现市民的内心体验，同时他又创造慢词，发展了词的形式，完成了对词的第一次改造。柳永的作品大部分收在《乐章集》中，其中《望海潮》、《雨霖铃》尤为后人传诵。词坛巨擘苏轼完成了对词的彻底革命。首先，他突破“词为艳科”的藩篱，把词从花间樽前引入广阔的社会人生。《水调歌头·明月几时有》、《念奴娇·大江东去》最能代表这种革新的成果。其次，他“以诗为词”，吸收诗的表现方法，丰富了词的表现空间。再次，开创“豪放”一宗。人谓柳永词“只合十八七女郎，执红牙板，歌‘杨柳岸晓风残月’”；苏轼词“须关西大汉，铜琵琶，铁绰板，唱‘大江东去’”(俞文豹《吹剑录》)。此语生动地说明了豪放派与婉约派的不同。

李清照的词独树一帜，在两宋词坛上占有重要的地位。以南渡为界，她的词分前后两期。前期多描写少女、少妇时期的生活，表现对大自然的热爱和对爱情生活的向往，风格明快、柔婉，如《一剪梅》、《醉花阴》等。后者中的“莫道不销魂，帘卷西风，人比黄花瘦”，堪称千古绝唱。后期由于国破家亡，流离颠沛，词的风格为之一变，寂寞、空虚、凄凉成为基调。“征鸿过尽，万千心事难寄”；“寻寻觅觅，冷冷清清，凄凄惨惨戚戚”，句句含泪，字字泣血。南宋另一位词人辛弃疾，承苏轼之流响，把豪放词推向新的高峰。他“以文为词”，无论是诗、散文、群经以至佛典，都能随手拈来，毫无拼凑之嫌。辛弃疾以强烈的政治热情投入词章，喷薄出欲挽狂澜于既倒的爱国主义豪情，“道男儿到死心如铁，看试手，补天裂”；“要挽银河仙浪，西北洗胡沙”。辛词雄奇阔大，豪迈奔放，笔力沉厚，慷慨悲壮，读来足以警顽起懦，激励人心，在思想和艺术上都达到了两宋词家的最高水平。

4. 元明清文学

元明清时期，文学在戏曲、小说方面有了新的开拓和发展。元初，民族矛盾和阶级矛盾尖锐，科举制度一度废除，断绝了中下层文人的仕进之路，他们流连于勾栏瓦舍，与民间艺人结合在一起，极大地推进了元杂剧的兴盛。明清之际，资本主义开始萌芽，市民阶层壮大且有了自己的审美趣味。于是，形式自由活泼、语言通俗浅近的文学样式——小说，蓬勃发展起来。

元杂剧　元杂剧是在金院本和诸宫调的直接影响下，融合各种表演艺术形式而形成的一种完整的戏剧形式。它的剧本由曲词、宾白、科范组成，一般是一本四折演一完整的故事，每折用一宫调的若干曲牌组成套曲，必要时另加"楔子"。有人把元杂剧称为"元曲"，也有人把它和散曲一起称为"元曲"。

元代从事戏曲创作的作家仅姓名可考的就有八十多位，作品有五百多种，今存一百多种。最重要的杂剧作家当数"元曲四大家"（关汉卿、白朴、马致远、郑光祖）和王实甫。关汉卿是元戏曲作家中最杰出的一位，他的杂剧共有六十余种，现传世的只有《窦娥冤》、《救风尘》、《望江亭》、《拜月亭》和《单刀会》等十多种。白朴的《梧桐雨》、马致远的《汉宫秋》、郑光祖的《倩女离魂》、王实甫的《西厢记》也都是久为传诵的佳构。

元杂剧作为中国文学的一个新品种，具有这样一些特征：首先，在元杂剧中，美丑善恶泾渭分明，扬善惩恶，抗暴锄奸，鲜明地体现了中国传统文化的道德观念。其次，元杂剧的大部分作品往往以"大团圆"收场，如窦娥的冤仇得以申雪、崔张的爱情终成眷属等。这也体现出中国人世俗、乐天的精神特点。再次，元杂剧主要以歌词文采和音乐曲调取得戏剧效果，其形式是叙事的而基调则是抒情的，充分体现出中国文学重抒情的特点。

明清小说　中国小说酝酿于先秦，中经六朝的志怪小说、唐传奇、宋元话本，至明清蔚为大观，形成一股文学巨流。罗贯中的《三国演义》，施耐庵的《水浒传》，吴承恩的《西游记》，兰陵笑笑生的《金瓶梅》，冯梦龙的"三言"（《喻世明言》、《警世通言》、《醒世恒言》），凌濛初的"二拍"（《初刻拍案惊奇》、《二刻拍案惊奇》），曹雪芹的《红楼梦》，蒲松龄的《聊斋志异》，吴敬梓的《儒林外史》等等，琳琅满目，辉光熠熠。

《三国演义》是中国最早的一部长篇小说。它以一百二十回、七十余万字的巨制，生动地描写了三国时期大规模的政治斗争、军事斗争和外交斗争。小说在人物塑造方面取得了辉煌成就，共写了四百多个人物，其中主要人物都成为鲜明生动而又富有个性的典型形象。在战争场面的描绘上，构思宏伟，复杂多变，尤其是赤壁之战，更是波澜壮阔，激动人心。小说做到了历史真实与艺术真实的统一，为后人在处理历史事实和想象虚构之间的关系上提供了宝贵的经验。

《水浒传》是我国第一部以农民起义为题材的长篇章回小说，是在民间长期的口头流传与话本、杂剧的基础上整理提高而成。作品塑造了众多英雄形象，李逵的天真率直、林冲的忠厚纯朴、武松的仗义刚烈等等，无不血肉丰满，鲜明生动。特别是宋江，既具有强烈的反抗意识，又始终表现出动摇和妥协，折射出他在追求忠义两全道路上苦苦挣扎的心路历程，也是传统文化精神两面性的体现。

《西游记》具有强烈的浪漫色彩，它以丰富的想象把整个自然和社会都幻想化了，创造了奇特的环境和人物性格。各色神魔身上，既有社会化的个性，又有超自然的神性，甚至被赋予某些动物的特性，惟妙惟肖，妙趣横生，全书洋溢着一种狰狞美和人性美相结合的艺术魅力。

《红楼梦》是中国古典小说的顶峰。它的版本比较复杂，大致可分为两个系统：一是八十回的抄本系统，原题《石头记》，大都附有脂砚斋评语；二是一百二十回本系统，一般认为后四十回是高鹗所续。全书规模宏大，百面贯通，被誉为“百科全书式的巨著”。小说塑造了众多不朽的艺术形象，除宝、黛外，薛宝钗、王熙凤、晴雯、刘姥姥等人，也都是令人难忘的艺术典型。

二、中国古代文学的主要特点

中国古代文学是中华五千年文明史的精神结晶，是民族生态环境、民族文化选择、民族思维方式、民族价值观念所构成的文化系统的产儿。其主要特点可以概括为：重于理性、长于抒情、以和为美三个方面。

1. 重于理性

中国文学发展中有两条扭结在一起的线索，一条以儒家思想为基石，强调文学的政治功用和理性控制；一条以道、佛思想为基石，强调文学的审美特征和无意识规律。两条线索对立互补，表里相资。但儒家的“文以载道”观始终处于正统地位，成为整个古代文学的基本精神。

儒家正统思想，即以“修身、齐家、治国、平天下”为核心的入世思想，以“仁、义、礼、智、信”为标准的道德观念，以“天、地、君、亲、师”为次序的伦理观念，长期支配着古代文坛，从而形成以诗文教化为核心的文学功用观。由此，中国古代文学在内容上也就偏向政治主题和伦理道德主题。君臣的遇合、民生的苦乐、宦海的沉浮、战争的胜败、国家的兴亡、纲常的序乱、伦理的向背等，一直是中国文学的主旋律，无论是诗歌、散文、小说，还是戏曲，概莫能外。诗词方面，曹操的雄视八荒、杜甫的忧国忧民、白居易的“惟歌生民病”、辛弃疾的“试手补天裂”等等，火热的政治热情、顽强的进取精神、神圣的使命感，均溢于言表。散文方面，唐代韩愈、柳宗元掀起的古文运动，提出“文以载道”的口号，彪炳散文的政治工具性；北宋欧阳修等人再扬波澜，直至清代“桐城派”，“道统”之说，一以贯之。小说、戏曲虽长期被排斥于正统文学之外，也摆脱不了儒家正统思想的影响，而同样追求纯正的政治目的和普遍的教化作用。如小说、戏曲中“大团圆”式的结局几成定式，结尾突出扬善惩恶的思想性，行文中时常要对读者来一番耳提面命的伦理道德教育等。

然而，文学的理性化并不能完全泯灭在原始文化中就存在的神秘的、非理性的冲动。在道、佛思想的影响下，中国文学又形成了非理性意识的多层次表现。在艺术构思上，讲求非理性的直觉体验，静观默察；在艺术表达上，追求行云流水般的自然天成，倡导“不著一字，尽得风流”的艺术效果；在艺术欣赏上，反对囿于原意的“滞涩”，提倡主观随意性很强的“参活句”和非理性分析的“顿悟”。

儒家所倡导的理性精神给中国文学注入了政治热情、进取精神和社会使命感，但狭隘实用的功利主张，经常造成对艺术和审美的束缚。道、佛思想的非理性和超功利性特点，契合了文学的无目的而合目的的精神，从而开启了自然艺术论的新天地，在艺术和审美上部分消解了儒家思想带来的负面影响。

2. 长于抒情

中国古代文学具有强烈的抒情性，这从体裁和创作方法上明显地表现出来。在体裁上，抒情性文学成熟较早而叙事性文学成熟较晚。就《诗经》而言，抒情诗占了绝大部分，而叙事诗只占一小部分，且叙事诗中除了个别优秀篇章外，大部分比较拙直、稚嫩，而抒情诗则显得比较成熟、老练。在整个诗歌史上，抒情诗郁郁葱葱，叙事诗则相对冷落寂寞。中国古代小说、戏曲虽然产生较晚，但也充满浓厚的抒情气息。小说中经常穿插抒情性的诗词，而戏剧更近于抒情诗的连缀。在创作方法上，中国文学不重写实而重写意。它不以作品和作品所描绘的客观事物间的相似为衡量尺度，而以主体感受的真实为准绳，强调表现对象的内在精神，追求不拘泥于形似的神似和气韵生动。例如，山水田园诗本来可以处理成叙事性或描述性的作品，但在王维和孟浩然的诗中，却往往以抒情手段虚化了即目所见的景象，他们诗中的山水田园其实就是他们宁静心境和淡泊志趣的外化。

中国文学重抒情不重叙事的特点是由中国文化的大背景决定的。西方文明源于海洋，西方人在与大海狂风怒涛的长期搏斗中，形成探索、控制、进取的精神意向和民族性格，他们对自然的态度是对立的、探索的。这种态度反映到科学上，便形成西方人重理性、重逻辑分析的科学主义传统；反映到文学艺术上，则形成他们重模仿、重再现的艺术表达方式。中国文化肇源黄河、长江流域，气候温和、土地肥沃、物产丰足、嘉生繁祉。这就使得中国人在长期的文化发展中形成自己独特的对于外部世界的态度。在中国人看来，自然本身就具有盎然不息的生命，自然的演进过程就是一个生生不息的创造过程，人是这一过程中参赞化育的共同创造者，人与外部自然交融互摄，合二为一。所以，面对外部宇宙的时候，中国人追求的是一种天人合一、物我相通的交融与和谐。加之农耕经济是以家庭为单位进行的，人伦情感成为维系社会基本单位的和谐乃至社会结构的稳固的主要因素。这些因素形成了中国文学注重对于特定生存空间生生不息的生命形式的体验和感悟，由此形成中国文学重表现轻再现、长于抒情而疏于写实的特征。而儒家“诗言志”的文学观、道家对直觉体验的推崇，再加上士大夫的审美情趣的推波助澜，使中国文学的抒情性特征日益明显和巩固。

3. 以和为美

远古的农耕经济和血缘宗法观念，滋生了华夏民族天人合一、人人相和的宇宙观、人生观。后来，儒道两家总结前说，从各自的角度加以发挥。儒家重视人的行为规范之和，将“中庸”作为最高的德行；道家则倡导自然之和，主张以虚静空明的心态契合天道，“神与物游”，达到超功利、泯物我的天人一体境界。

受儒家“中和”思想的影响，中国作家在处理个体情感欲求与社会理性规范的矛盾时，大都持“以礼节情”的态度。他们总是自觉地将个体情感欲求控制在社会理性规范的阈限内，反对过分地放纵情感。所以“乐而不淫，哀而不伤”(《论语·八佾》)、“发乎情，止乎礼义”(《毛诗序》)等观念，成为他们在创作中恪守的信条。如抒发“怨臣情结”的作品，或如孟浩然之“不才明主弃，多病故人疏”，将“被弃”的境况归诸自身的“不才”；或如李白之“长风破浪会有时，直挂云帆济沧海”，将挫折归诸“时”而托之于命；或如刘长卿既为“得罪风霜苦”而抑郁不平，又念“全身天地仁”而感激皇恩。他们可以为不遇而怨，但怨通常不会导致怒，而是消融于以中庸精神为内核的自我平衡之中。由于中和美的审美理想强调主体情感的“无邪”、“温柔敦厚”，因而在表现手法上便提倡“主文而谲谏”，从而形成我国古代文学含蓄蕴藉、言不尽意的美学特征。正如钱钟书所说：“在中国诗里算是‘浪漫’的，和西洋诗相形之下，仍然是‘古典’的；在中国诗里算得痛快的，比起西洋诗，仍然不失为含蓄的。”①

道家的“以和为美”，要在视天、地、人为一体，主张人与自然相融相通，摈弃自我，纵浪大化之中。中国古代受道家思想影响的作家，如陶渊明、王维、苏轼等，大都追求这种“无我”境界。王国维《人间词话》云：“无我之境，以物观物，故不知何者为我，何者为物。”李白的《独坐敬亭山》一诗就很好地体现了这种境界：“众鸟高飞尽，孤云独去闲。相看两不厌，只有敬亭山。”众鸟飞尽，四野静寂，孤云悠闲，来去自由，物我两忘，暝然归一。

总之，儒家“中庸”思想对中国古代文学的影响，主要表现在内容上的情理结合和手法上的含蓄蕴藉；道家“天道自然”的思想对中国古代文学的影响，主要表现在创作构思中的“神与物游”和艺术境界上的无我之境。

三、中国古代文学与文化的关系

中国古代文学是当时社会生活的形象画卷，它不但真实地反映了当时的社会状况、思想潮流、风俗习尚，而且折射出当时人们的文化心理、审美情趣和思维方式。

---

① 钱钟书：《中国诗与中国画》，见《七缀集》，上海古籍出版社，1985年，第14页。

1. 中国古代文学与其他文化形态的互涵互动

中国古代文学与哲学、历史有密不可分的关系。文史哲互渗的特点，在综合形态的先秦文学中得到充分的显示。文哲结合可以庄骚互映为代表：庄子是哲学家，其哲学又充满诗意的光辉，可称“哲诗”；屈原是文学家，其诗篇又蕴涵深邃的哲思，可称“诗哲”。文史结合的典型是以《左传》、《战国策》为代表的史传文学。从历史的角度看，它们是文学的历史；从文学的角度看，它们又是历史的文学。两汉魏晋南北朝期间，文学逐渐从先秦的综合形态中分化出来，与哲、史的渗透由表及里，使后世的文学作品充满了哲学的沉思和历史的反省。例如：“欲穷千里目，更上一层楼”（王之涣）；“江畔何人初见月？江月何年初照人”（张若虚）；“旧时王谢堂前燕，飞入寻常百姓家”（刘禹锡）。而“诗圣”杜甫、“诗仙”李白、“诗佛”王维的作品更是鲜明地体现出儒、道、释思想对文学的渗透。

中国古代文学与艺术更是一对孪生姐妹，它们有共同的内在精神和相近的创作准则，可以相互借鉴、相互补充。绘画讲“气韵生动”，书法要“常有生气”，音乐也讲求“泠泠然满弦皆生气氤氲”，文学则同样追求“文以气为主”。中国古代绘画重虚实相生，书法重计白当黑，建筑重透风漏目，文学也同样重韵外之致。闻一多说：“诗，不但支配了整个文学领域，还影响到了造型艺术，它同化了绘画，又装饰了建筑（如楹联、春帖等）和许多工艺美术品。”[①]诗歌在影响其他艺术种类的同时，也吸收了绘画的生动性、音乐的流动性等。

2. 中国古代文学与传统心理及思维方式

中国文学的抒情特性与写意手法，使它不仅成为中国古代社会的文学图卷，同时也使它成为古人心灵的真实记录。透过文学这扇窗户，我们可以了解传统心理活动和民族思维方式的特点。

中国封建士人大都抱着“修齐治平”的宏伟抱负跻身社会生活，但他们最初的抱负和以后的遭遇，常常是对立的而不是统一的。于是，积极入世与消极遁世、“兼济天下”与“独善其身”交织在他们身上，从而泛化为一种带有普遍意义的文化心态——穷独达兼。诚如范仲淹所说：“不以物喜，不以己悲。居庙堂之高，则忧其民；处江湖之远，则忧其君。是进亦忧，退亦忧。然则何时而乐耶？其必曰：先天下之忧而忧，后天下之乐而

① 闻一多：《文学的历史动向》，见《闻一多全集》，第1卷，北京：三联书店，1982年，第202页。

乐。”(《岳阳楼记》)中国古代知识分子的这种文化心态，充分体现在他们的作品之中，透过其作品，我们便不难把握其心态。另外，从某些文学意象上，我们也可以了解传统文化心理。文学意象往往是民族文化心理的积淀，中国古代文学作品中有很多意象，如柳、雁、雨、桃花等等，由于在外形和内质上与民族心理契合而不断被文人吸收内化，从而成为稳固的文化心理载体。例如，在华夏农耕社会中，安土重迁是人们的普遍心理，他们把这一心理赋予“雁”这一富有特征的候鸟身上，于是在文学作品中，雁便成为古人寄托桑梓之怀的空中使者。“孤雁飞南游，过庭长哀吟。翘思慕远人，愿欲托遗音”(曹植)；“见雁思乡信，闻猿积泪痕”(岑参)；“为问寒沙新到雁，来时还下杜陵无”(杜牧)。凡此种种，俯拾皆是。透过这些诗句，我们可以了解古人恋乡、怀乡之情。

中国文学不但折射出华夏民族心理，而且体现着传统思维方式。象征思维是传统思维方式的一种，它以具体物象或直观表象为工具，认识事物、表达思想。中国文学中的“意境”就是这种思维方式的运用和体现。审美主体在审美观照中，将自己的情感倾注于审美对象之中，使物象转化为意象，读者可以从有限的意象中体悟出无限的意蕴，司空图所谓“超以象外，得其环中”(《诗品》)即是。从中国文学的某些形式特征上也同样可以看到传统思维的印记。“一阴一阳谓之道”，这是中国人的根本思想观念。受这种思想观念的影响，中国人常以阴阳对立统一的思维方式去把握自然、认识事物。这种阴阳对立统一的思维方式表现在民族心理上的一个重要特征，就是对以“两”、“对”的形式出现的事物的执着和迷恋。晏婴曾说：“声亦如味……清浊、大小、短长、疾徐、哀乐、刚柔、迟速、高下、出入、周旋，以相济也。”(《左传·昭公二十年》)中国文学中的声律、偶对形式，就是根源于阴阳二元对立统一的思维方式。骈文、律诗乃至八股文的产生与流行，应该说与这种思维方式不无关系。这些文体在句法上讲究排比对偶，字数上趋于骈四俪六，声律上要求四声平仄，如此等等，都与深藏于民族文化肌理之中的传统思维方式有关。

3. 中国古代文学与文化的基本精神

作为中国文化发展的内在动力和思想基础的文化基本精神，同样也涵摄着中国古代文学，它决定着文学的基本趋向和整体风貌，并通过文学展现出来。

天人合一思想是中国文化的基本精神之一。儒家的《周易》曰“与天地合其德”;《孟子》亦曰“万物皆备于我”。道家的《老子》曰“人法地,地法天,天法道,道法自然”;《庄子》亦曰:“天地与我并生,而万物与我为一”。儒道两家虽然都主张人与自然在生命本体上的合一,但又有所不同:儒家提倡“天行健,君子以自强不息”,是以人合天;道家追求“逍遥自由”、“万物自化”,是以天合人。中国古代文学鲜明地体现出上述精神。如“采菊东篱下,悠然见南山。山气日夕佳,飞鸟相与还”。陶渊明从“樊笼”返回自然,抛开世俗,纵身大化流衍之中,与自然万物同一生趣、同一自由,这就是此中无言的真意。再如杜甫的《江汉》:“江汉思归客,乾坤一腐儒。片云天共远,永夜月同孤。落日心犹壮,秋风病欲苏。古来存老马,不必取长途。”暮年而漂泊无依,却并无穷途末路之惫。长天舒展开他的胸怀,明月慰藉了他的孤独,庄严的落日感发起他的壮心,爽朗的秋风祛除了他的疾病。在精神上,这位倔强的“腐儒”与乾坤合为一体,获得了新生。陶渊明摆脱了世俗,全身心地融入自然;而杜甫则一面始终不脱离苦难的时世,一面从大自然中汲取生机,以温暖悲凉的心灵。两人分别代表了儒道两家的天人合一观。

人本主义是中国文化的又一基本精神,它主张人是宇宙万物的中心,人可以“赞天地之化育”,与天地“相参”。这一点在中国文学中也得到了深刻的体现。中国古代神话中的英雄神都经过充分的祖先化、历史化,以至于英雄神话与祖先传说难解难分。女娲、神农、大禹等等,他们都不是纯粹的神,而是祖先化的神或神话了的祖先。他们的尊严,其实就是崇高、伟大的人格的升华。在整个中国古代文学中,作家总是把目光对准人间而不是天国,他们关注的是现实世界中的悲欢离合而不是彼岸世界的天堂地狱。诚如王国维《红楼梦评论》所说:“吾国人之精神,世间的也,乐天的也。故代表其精神之戏曲小说,无往而不着此乐天之色彩。始于悲者终于欢,始于离者终于合,始于困者终于亨。非是而欲厌阅者之心,难矣!”

第二节　中国古代艺术

中国古代艺术门类众多,成就辉煌。其中,音乐、舞蹈、书法、绘画、建筑、园林等艺术门类，有着既相互联系又各自独立的发展历程。它们充分体现了我们民族文化的诸多方面的精神特点，其存在与发展同传统文化之间也是相互渗透、相互影响的双向关系。

一、中国古代艺术的发展历程

艺术的起源几乎与人类一样久远。中国先民在劳动生产活动中创造了光辉灿烂的古代艺术，音乐与舞蹈、书法与绘画、建筑与园林是众多艺术门类中最富有文化意蕴的三对孪生姐妹。它们有着既相互联系又各自独立的发展历程。

1. 先秦艺术

先秦时期，人们在长期的生产、生活实践中，在不断创造物质财富的同时，也在不断创造精神财富。此期，音乐、舞蹈、书法、绘画、建筑等艺术形式全面萌芽，兼具审美与实用二重功能。

西周晋侯苏编钟

中国古代音乐有着悠久的历史。据文献记载，传说中的远古帝王和夏、商、周三代，都有自己的乐舞。黄帝的《云门》、尧的《大咸》、舜的《大韶》、夏的《大夏》、商的《大濩》、周的《大武》，合称“六乐”或“六舞”，分别用以崇拜图腾，祭祀祖先，歌功颂德。“六乐”声调平淡，旋律和缓，给人以庄严肃穆之感。周朝建立以后，相传周公“制礼作乐”，音乐成了同政合礼的中介，而且成为教育的首要内容。周朝音乐大体可以分为雅乐、颂乐、俗乐三大类。雅有大雅、小雅之分。前者为贵族乐歌；后者多半为贵族乐歌，也有一部分民歌。颂是祭祀祖先的乐歌。俗乐是从郑、卫等地发展起来的民歌，亦称“郑卫之音”或“郑声”。民间俗乐内容丰富，节奏活泼，与宫廷雅乐的“和平静穆”形成鲜明对比。

舞纹彩陶盆，甘肃武成磨嘴子出土。

舞纹彩陶盆，青海大通县出土。

云南沧源岩画

乐舞同源，舞的历史与乐的历史一样久远。青海大通县出土的舞蹈纹彩陶盆证明至少五千年以前，中国古代舞蹈已相当成熟。据文献记载，中国远古帝王直至夏、商、周三代，均有各自的舞蹈。这些原始舞蹈多模拟狩猎等劳动场景或攻守等战争场面，表达对图腾的崇拜、神灵的敬仰、祖先的怀念、胜利（丰收）的喜悦、灾祸的恐惧、异性的爱恋等复杂的感情，大多具有浓厚的宗教巫术色彩。周代舞蹈一方面集前代舞蹈之大成，整理了前代遗存的六大乐舞，或称“六代大舞”，主要用于祭祀；另一方面，周代又制定了六代小舞：《帗舞》、《羽舞》、《皇舞》、《旄舞》、《干舞》、《人舞》，也用于祭祀。周代舞蹈与礼乐交织在一起，担负着严肃的政治教化任务。但是，随着周王室的衰落，礼崩乐坏，民间俗舞也发展起来了。

商周甲骨文、金文、石鼓文，规整美观，或雄伟或劲峭，精神爽朗，古趣横生。书画同源，汉字最初就起源于图画，后来文字与绘画分别朝着抽象化和形象化的方向发展，两者的距离才逐渐拉大。近世发现的距今约七千年的陶绘，兼具绘事象形和记事符号的双重性质。这些陶绘色彩丰富，纹样有鱼、鹿、蛙、蛇等，也有人物及歌舞等活动场景。据文献记载，商周时代，殿堂庙宇中绘有尧、舜、禹以及山川神灵等壁画，有浓郁的政治教化及图腾崇拜色彩。令人遗憾的是实物已湮没无存。近世出土的战国帛画，如《人物御龙图》、《人物龙凤图》等，内容与巫术祭祀有关，充满神话色彩；从艺术上看，形象生动，以线条作为主要造型手段，奠定了我国绘画重线的基础。

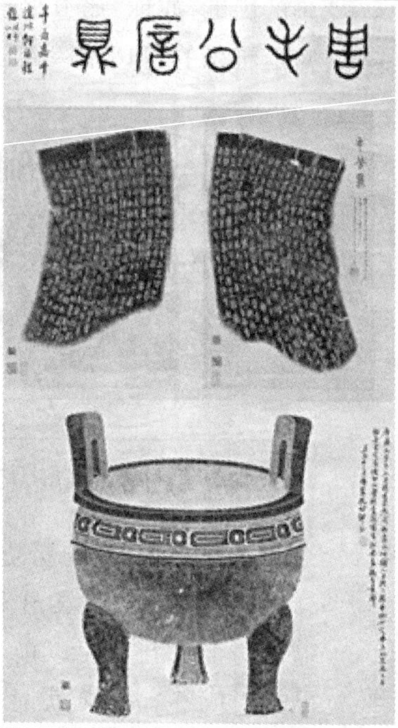

毛公鼎，西周晚期青铜器，现藏台北故宫博物院。

根据考古资料和有关文献记载，我们祖先的原始建筑发展有两个途径：一是从“构木为巢”到地面建筑；一是从利用天然洞穴到“穴居”、“半穴居”，再到地面建筑。这些地面建筑或方或圆，由基础、墙面、屋顶三部分组成，这一发展历程经过了数十万年的漫长岁月。夏、商、周时期，建筑成就主要表现在城市和宫殿之上。城市分内城外郭，墙高池深，封闭严密，具有良好的防御性能。这一时期城市建筑有不断扩大的趋势，并且对各种城市建设规模有严格的规定。宫殿多建在土筑高台之上，采用木立柱构架，院落式封闭组织布局，殿顶是展翼之态，宫内“前朝后寝”，装饰华美，体现了绝对的威严、权势。当时城池、宫殿建筑已形成一定的格局与规模，是中国建筑的成型期。

2. 秦汉艺术

秦汉四百余年，新兴地主阶级如日东升、生机勃勃，包括宇宙的胸怀、昂扬进取的心态急切地呼唤有容乃大、气势恢宏、错彩镂金、雕缋满眼艺术风格的诞生。

秦统一中国后，收集天下乐舞，网罗各国宫女女乐逾万人，为各地舞蹈的交流、渗透、融合创造了条件。汉代是舞蹈的昌盛时期，汉武帝时乐府的乐工舞人达八百余人，规模宏大。他们遍采民间乐舞，民间舞蹈因得到官方的扶持而迅速发展，《袖舞》、《巾舞》、《盘鼓舞》等盛极一时。在《袖舞》、《巾舞》中，长袖、彩巾随人体飘飞激荡，舞姿十分潇洒美妙；《盘鼓舞》又称《七盘舞》，七个大盘分两行排列，一只大鼓置于盘前，舞者于盘鼓之上腾跃。这种舞蹈不但技巧高超，而且讲求以外在舞姿表现内在诗意，追

人物龙凤图

求舞蹈的意境美。至此，我国古代舞蹈艺术已臻佳境。

秦汉时期，书法绘画取得了辉煌的成就。秦时创制篆文，丞相李斯书写的《泰山刻石》、《琅琊刻石》，字体谨严浑厚，疏密匀停，稳重之中透露出飘逸的风采。汉代书坛以隶为主，由篆而隶是书法史上划时代的变革。汉隶或笔力遒劲、法度森严；或舒展峭拔、宛若游龙。秦宫遗址中发现的壁画，技法虽较粗率，但画面人物逼真，形神兼备，人物车马等都以线条勾勒而成。汉代绘画艺术有了很大的发展，题材广泛、手法多样，出现了大量的画像石、画像砖，以刀代笔，线条挺拔俊逸，画面虎虎有生气。其他如帛画、漆画、壁画等，也都表现出深沉宏大的气魄。

建筑是时代文化精神的物化立体表现形式。秦代建筑以雄奇壮丽的阿房宫、规模庞大的骊山陵墓、气势恢宏的万里长城著称。陵墓包括高大的陵冢、开阔的陵园、华丽的地宫，是皇帝生前宫殿的翻版与继续。长城是一个既体现了封建权威又表现出人民智慧的防御性军事工程，她已成为中华民族的象征之一。汉代已初步形成我国以木结构为主的建筑结构体系，斗拱广泛使用，屋顶出现多种形式，装饰手段也更加丰富多样。秦汉两代，既有宏大之宫室，又有精巧之楼阁，建筑已步入成熟期。

(清)袁耀《阿房宫图》

我国古代的园林建筑，可以上溯到三代时的造园游猎活动，但真正意义上的园林，还是形成于秦汉时期，此期园林的功能也开始由狩猎转向游乐。秦始皇的上林苑，宫殿、园池、台榭绵延三百里，阿房宫仅是其中一处建筑。梁孝王刘武（景帝幼弟，武帝少叔）建兔园，以灵山巧石、奇花珍兽而著名。汉武帝时扩建上林苑，建离宫七十余所，珍禽异兽、奇花异草靡不俱有。汉武帝还经营了规模更加宏大的甘泉苑，方圆五百多里，又于建章宫内挖太液池，堆造三山，象征海上三神山——蓬莱、方丈、瀛洲，这一布局一直影响到明清。

3. 魏晋南北朝艺术

魏晋南北朝是“精神上极自由、极解放，最富于智慧、最浓于热情的一个时代”。① 定型于西汉中期的以经学为主干、以儒学独尊为内核的文化模式全面崩溃，代之以文化的多元激荡、思想的极大自由，再加上异族异域文化的影响，传统艺术的各个方面在当时都有了长足发展。

魏晋南北朝乐府音乐蔚为大观，主要有相和歌、清商乐、鼓吹乐三大类。相和歌源于街陌谣讴，形式比较单调，后来发展成比较复杂的“相和大曲”。清商乐是北方相和歌南移之后发展而成的，风格柔婉，曲调谐趣，富有创造精神。鼓吹乐吸收了北方少数民族音乐营养，节奏明朗，用于朝廷宴乐、郊庙祭祀、军队仪仗等。此期也是各民族乐舞交流融合的重要时期，除中原固有的清商乐舞之外，还有西北的龟兹、西凉乐舞，江南的《白苎舞》都流入中原。这一时期的宫廷乐舞中，《春江花月夜》、《玉树后庭花》比较有名。

魏晋是书法艺术的辉煌时期，书圣王羲之堪称最杰出的代表，其《兰亭序》等法帖气韵生动、顾盼多姿、蕴藉风流、纯任自然，渗透着行云流水般的流动感和抒情音乐般的韵律感，潇洒出尘，千古独步。其子王献之亦有乃父之风，世称“二王”。由于佛教流行，表现佛教内容的宗教画大量涌现。这些作品大量地保

顾恺之《女史箴图》

① 宗白华：《论〈世说新语〉和晋人的美》，见《美学散步》，上海人民出版社，1981 年，第 177 页。

存在甘肃敦煌莫高窟、山西大同云冈石窟、河南洛阳龙门石窟和甘肃天水麦积山石窟之中，这就是所谓的“四大石窟”。这一时期因社会战乱频仍，文人士大夫崇尚玄学清谈，大多远离官场、归隐自然，文人山水画因之初兴，代表画家有宗炳、王微等。在大批画家之中，以“六朝三大家”——顾恺之、陆探微、张僧繇最为著名。顾有《女史箴图》、《洛神赋图》等，其画尤重神似，线条如青蚕吐丝，极富表现力和韵律感；陆用笔如刀刻，得对象之骨；张以“没骨法”渲染，得对象之肉。

魏晋南北朝因佛教广泛传播，佛教建筑也随之大量涌现，中国原有的建筑样式大量吸收佛教建筑特点，形成丰富的寺、塔、石窟等建筑。著名的石窟有云冈、龙门等，塔有嵩岳寺砖塔、佛光寺塔等。建筑中的雕饰受西域影响尤甚，莲花饰纹成为最常用的装饰纹样之一。本期建筑的特点主要是对西域建筑艺术的移植、摄取。在园林方面的一大特色是私家园林的出现，石崇曾造金谷园，依山傍水，楼阁勾连，绿树成荫。

4. 隋唐艺术

规模空前的统一和强盛、气派空前的宽容和摄取，为隋唐艺术的繁荣提供了肥沃的土壤。音乐、舞蹈、书法、绘画、建筑等艺术都相继到达高峰，园林艺术也渐入佳境。

隋唐时期，中国古代音乐艺术进入繁盛期。这突出表现在对外族音乐的吸收，以及对周边国家音乐的影响上。燕乐、曲子和变文，代表了这一时期的音乐的成就。燕乐，即宫廷宴饮之乐。唐初沿袭隋制，奏九部乐，后增为十部，实为各民族音乐的大会合。曲子，即配词演唱的歌曲，所配的歌词称为“曲子词”，为宋词之滥觞。变文，取民间说唱形式宣扬佛教，内容为佛经故事，演唱时讲究音律节拍，后发展为宋元时的诸宫调。

隋唐也是舞蹈艺术的鼎盛时期。大唐王朝极其重视乐舞，设有太常寺、教坊、梨园等机构，集中了大量的乐舞艺人，并且不断培养新秀。唐初有吸收四方乐舞的十部乐舞，到了中叶，乐舞又分坐部伎、立部伎。立部于室外表演，规模宏大；坐部在厅堂内演出，技艺超群。阵容庞大，舞者逾百人的有《破阵乐》、《大定乐》、《上元乐》等。其中《破阵乐》表现战争场面，舞盾挥枪、腾跃搏击、雄壮威武。小型娱乐性舞蹈分健舞、软舞两大类。软舞以《绿腰》、《凉州》、《乌夜啼》为代表；健舞以《剑器》、《胡旋》、《胡腾》为代表。唐朝歌舞大曲有四十多种，其中《霓裳羽衣舞》最为著名，被誉为唐朝舞蹈之冠。初为杨玉环独舞，后发展为几百宫女共舞。此舞优美典雅、千古独步、罕有其匹。唐朝还有规模更为宏大的歌舞——踏歌。元宵节前后，上千盛装歌女于长安城边歌边舞，日夜不辍。

展子虔《游春图卷》

张萱《捣练图》

周昉《挥扇仕女图》

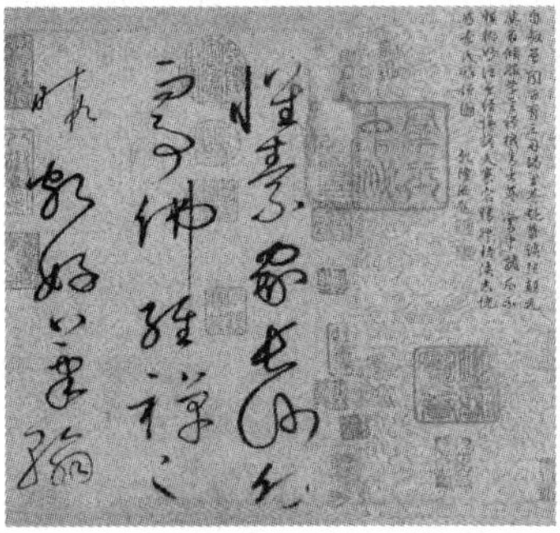

怀素《自叙帖》

张旭《肚痛帖》

“书体之美，魏晋以后，始以为名矣；唐以后，始以为学矣”（龚自珍《说刻石》）。中国书法在魏晋六朝开始走向美的自觉，而在唐代则达到了无可再现的高峰。唐人书法尚法，虞世南、欧阳询、颜真卿、柳公权的楷书最能体现这一特点。虞书笔圆体方，外柔内刚；欧书结体端肃，笔力遒劲；颜书神态端庄，气势磅礴；柳书清秀劲挺，开朗洒脱。唐代书法在谨严法度之外，另有张旭、怀素突破楷法，始创狂草之法，自成一派，人称“颠张醉素”。他们的书法具有诗的激情、乐的旋律、舞的酣畅、画的情趣，显示出博大、清新、纵逸、豪放的特点，与楷书一道，以另一种法——无法之法，共同构建着唐代书法的博大昂扬的气象。

李思训《江帆楼阁图》

隋代展子虔《游春图卷》是今存最早的一幅青绿山水画，它以新艳繁富的色彩表现苍茫的山水烟景，技法相当成熟。唐代绘画艺术空前繁荣，人物画一科，有擅画帝王贵族的阎立本，有一生创作了三百余堵壁画的“画圣”吴道子，有以画仕女闻名的张萱、周昉。山水一科，李思训、李昭道父子的青绿山水，金碧辉煌；王维另辟蹊径，不施色彩，以墨描绘山水，淡泊宁静，诗意盎然。此外，尚有擅画马的曹霸、韩干；擅画牛的韩滉等。

隋唐两朝的都城建设，规模空前、布局严整、区划分明、气魄雄浑、格调高迈、装饰精美，取得了辉煌的成就。寺、塔、石窟的建筑艺术进一步提高，数量也非常可观，五台山佛光寺的大雄宝殿、玄奘塔、大雁塔等都很有名。唐建筑艺术在吸收外来艺术的基础上，形成了自己的特色，具有宏伟谨严、浑厚大方的风格特点，并达到中国古代建筑艺术的高峰。

隋唐是古代园林建筑的发展期。隋炀帝时有西苑；唐长安有东苑、内苑、禁苑，三苑之中皆有大量的园林建筑。唐朝还出现了诗人画家经营的“诗画园林”，王维的“辋川别业”、白居易的“庐山草堂”，都是具有诗画意境的园林。它虽然不是画，但有着画一般的直感风景；不是诗，却有着诗一般的节奏意境，从而以无言之美传递出沉静幽思的生命情调。

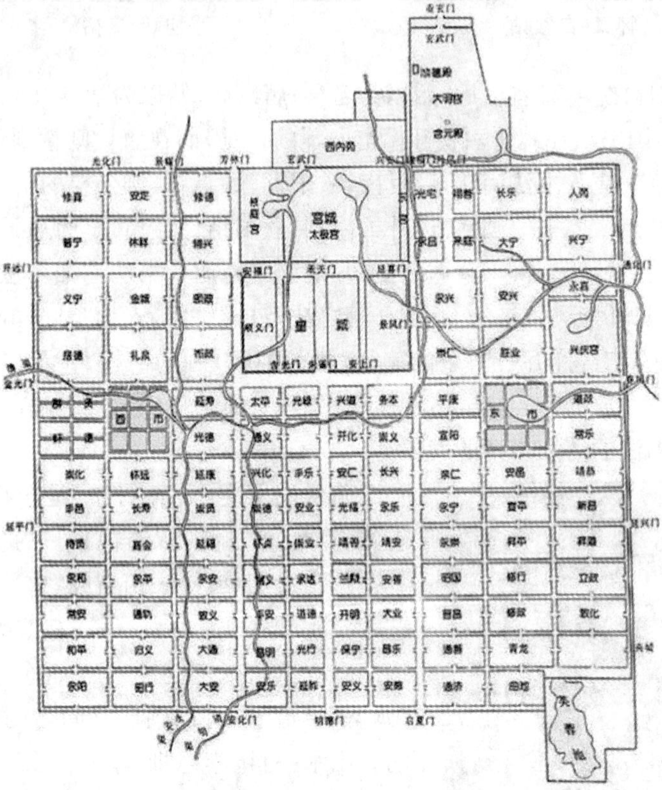

唐长安城

5. 宋元艺术

宋元时期，城市商业经济进一步发展，市民阶层不断壮大，与之相适应的音乐艺术也随之产生。唐朝的曲子词这时已发展为词。由于教坊乐工和民间艺人都喜欢演唱这种长短句歌曲，文人们也竞相创作，词体歌曲

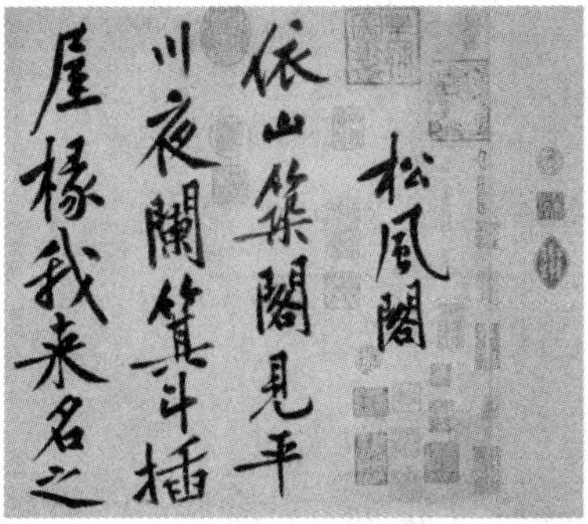

黄庭坚《松风阁诗》

盛极一时。曲子发展到元代，被散曲所代替。散曲分小令与套数两类。这时还产生了一种大型说唱形式——诸宫调，它包含不同宫调的只曲和套数，组合严密，演唱起来波澜起伏，表现力很强，颇受欢迎。

宋人书法脱略繁丽丰腴，尚朴澹、重意态。苏轼、黄庭坚、米芾、蔡襄，号称“四大家”。苏豪放飘逸，黄奇崛峭拔，米雄劲清新，蔡浑厚温雅。他们都以内在的意趣为皈依，于魏晋风范、盛唐法度之余，再创新风。元代书法家越两宋而直承晋唐，出现了赵孟頫这样的大书法家。赵与唐代的颜真卿、柳公权、欧阳询并称“楷书四大家”，其书雅媚秀润、清丽流畅。

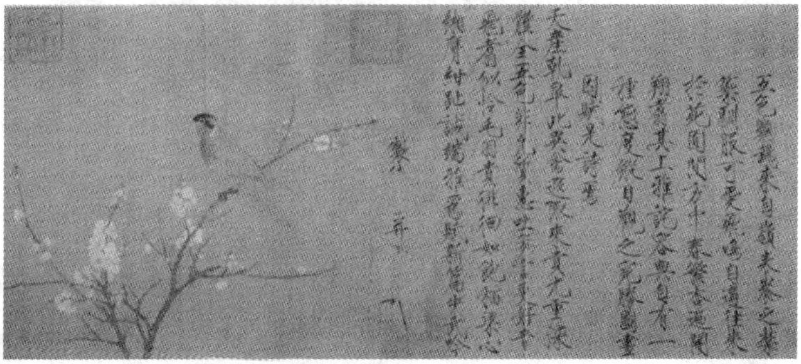

赵佶《五色鹦鹉图》

苏轼《枯木怪石图》

宋代绘画可分院体画和文人画两脉。朝廷设立画院，以科举考试吸收画家，院体画因此而隆盛。其特点是严密精细，注重法度，题材多为山水、花鸟、市井。宋徽宗赵佶擅长花鸟，同期张择端的《清明上河图》、王希孟的《千里江山图》，都是珍稀的鸿篇巨制。此外还有李唐、刘松年、马远、

黄公望《富春山居图》(局部)

夏圭，并称“南宋画院四大家”。宋代，文人士大夫以一种自觉的群体意识投入绘画，从而促进了文人画的诞生。文人画重要的画家有李公麟、苏轼、文同、米芾等，他们的创作及理论为文人画成为元以后中国绘画主流奠定了基础。元代文人画占据了画坛统治地位，水墨山水尤为突出。文人画将书法融入绘画，以诗点醒画意，注重性灵，风格各异。赵孟頫和“元四家”黄公望、倪瓒、王蒙、吴镇贡献最大。

6. 明清艺术

明清两代，音乐艺术的重要特点之一是民歌异常活跃，尤以情歌为多，表现出要求自由与个性解放的时代风尚。另外，鼓词和弹词相当流行，前者流行于北方，后者流行于南方。

明人书法尚态，影响较大的书家有文徵明、祝枝山、董其昌等，他们的书法以姿态横生、婉丽秀妍为特色。清人书法尚变，有清一代书法凡四变：康熙、雍正两朝，专学董书；乾隆时期，专学子昂；嘉庆、道光时代，又习欧书；咸丰、同治年间，喜习北碑。大书家有郑燮、金农、邓石如、伊秉绶、何绍基、吴昌硕等。

明代画坛仍以文人画为主流，前期以宫廷画和浙派绘画为主导，中期以吴门画派为旗帜，晚期以董其昌为领袖。吴门一派有沈周、文徵明、唐寅、仇英四大家，以水墨写意见长。徐渭是水墨写意派的中坚，擅长花鸟。后来，董其昌为代表的华亭派取代了吴门派。清代画坛弥漫着两股风气：仿古与怪诞。前者以“四王”（王时敏、王鉴、王翚、王原祁）、吴历、恽格为代表，合称“清初六大家”；后者以遗民画家“四僧”——弘仁、髡残、朱耷、原济为代表。他们借山水花鸟抒发内心幽愤，手法夸张，形象怪异。“扬州八怪”继承了他们的精神，之后又有“海派”的一些画家，如任伯年、吴昌硕继承了“八怪”之风。

苏州拙政园一角

明清两代是古代园林建筑的鼎盛期。当时皇家园林有颐和园、北海、中南海、圆明园、承德避暑山庄等。这些园林多集全国各地名园胜景，圆明园中还再现了西洋园林建筑，被称为“万园之园”。承德避暑山庄集朝会、居住、玩赏、狩猎于一体。这些都体现出当时皇家总结性、集大成性的特点。江南私宅园林集中于苏州、扬州、杭州等地，其中以苏州为最。苏州的拙政园、沧浪亭、狮子林、留园最负盛名，合称“苏州四大名园”。此外，无锡的寄畅园、上海的豫园、浙江的安澜园等，也都很有名。北方私宅园林以书画家、造园家米万钟的勺园（故址在今北京大学校园内）声名最著。这些私家园林对自然山水进行精心的模仿与再造，构成诗情画意的境界，可居可玩，可游可赏。至此，园林建筑方成为一门真正的艺术。

二、中国古代艺术精神

中国古代艺术充分体现了传统文化的精神，它以代表宇宙生命的道为本根，以虚静澄明的体道之心为中介，以寓无限（道）于有限的意境为极致。在艺术创作方面，以虚静养气为基础，以玄想神思为核心，以坐忘物化为终结。在艺术特点上，无论是创作实践还是艺术理论，都充溢着辩证精神。

1.原道于心的本体精神

金岳霖说：“每一文化区有它底中坚思想，每一中坚思想有它底最崇高的概念，最基本的原动力。小文化区我们不必谈到。现在这世界底大文化区只有三个：一是印度，一是希腊，一是中国。它们各有它们底中坚思想，而在他们底中坚思想中有他们底最崇高的概念与最基本的原动力。”他认为：“中国底中坚思想似乎儒道墨兼而有之……中国思想中最崇高的概念似乎是道。所谓行道、修道、得道，都是以道为最终的目标。思想与情感两方面的最基本的原动力似乎也是道。”①

从宇宙生成论的角度说，道是宇宙万物的本原，宇宙间的万事万物都是从道化生而来，艺术也是道的创化物。《老子》有言：“道生一，一生二，二生三，三生万物。”《韩非子·解老》曰：“道者，万物之所然也，万理之所稽也……圣人得之以成章。”受这种思想的影响，“原道”成了中国艺术论中的本原问题。刘勰说：“道沿圣以垂文，圣因文而明道”（《文心雕龙·原道》）；朱熹说：“道者文之根本，文者道之枝叶”（《朱子语类》卷一三九）；刘熙载

① 金岳霖：《论道》，北京：商务印书馆，1985年，第15页。

也说："艺者，道之形也"（《艺概·叙》）。今人宗白华综合古人思想，对道与艺的关系做了更明确的说明："'道'具象于生活、礼乐制度。道尤表象于'艺'。灿烂的'艺'赋予'道'以形象和生命，'道'给予'艺'以深度和灵魂。"①

"一阴一阳之谓道"（《周易·系辞上》）。这一阴一阳的交替与统一便产生了天地万有的节奏与和谐，表现为昼夜的来复、四时的更迭、生长老死的绵延、兴衰成败的推衍……而且，这种宇宙生命的大和谐、大节奏，深刻地影响着中国古代艺术。"中国人感到宇宙全体是大生命的流行，其本身就是节奏与和谐。人类社会生活里的礼和乐，是反射着天地的节奏与和谐。一切艺术境界都根基于此"。② 由于这种深层的哲学观念的浸染，中国古代乐舞、书画、建筑、园林都具有鲜明的节奏感与和谐感，而由这种节奏感与和谐感体现出来的宇宙生命精神，又深深地契合了艺术的本原——道。

徐复观认为：中国文化是"心的文化"，③中国艺术也可以看作"心的艺术"。所谓："乐者，音之所由生也，其本在人心之感于物也。"（《礼记·乐记》）"气之动物，物之感人，故摇荡性情，形诸舞咏"（钟嵘《诗品序》）。"外师造化，中得心源"（唐张璪语）。这些命题都阐述了一个道理：作为宇宙本原的道要成为艺术的内核，必须经过艺术家心灵的中介作用，即首先必须将道内化落实在人的心灵之上，然后以体道、悟道的虚静澄明的心灵状态进行艺术创作，并且将这种体道之心外化在艺术作品之中。中国古代艺术以心来贯通道和艺，所以在艺术创作上特别强调心的作用，主张通过"收视返听"、"释其竞心"的养气入静功夫，荡涤创作主体胸中的尘俗之气、庸鄙之情、物欲之志，进而弥节安怀、虚中受外，养成一个注而不满、酌而不竭的审美心理空间。

中国艺术以传达"超以象外，得其环中"的意境为极致。美学史上对意境的解释颇为纷繁，叶朗认为："所谓'意境'，就是超越具体的有限的物象、事件、场景，进入无限的时间和空间，即所谓'胸罗宇宙，思接千古'，从

① 宗白华：《中国艺术意境之诞生》，见《美学散步》，上海人民出版社，1981年，第68页。

② 宗白华：《艺术与中国社会》，见《宗白华全集》，第2卷，合肥：安徽教育出版社，1994年，第416页。

③ 徐复观：《徐复观集》，北京：群言出版社，1993年，第211页。

而对整个人生、历史、宇宙获得一种哲理性的感受和领悟。”[①]意境要义在于突破有限的象，趋向无限的道。艺术以意境为极致，实际上就是艺术向道的复归。道化生了艺，艺蕴涵着道。成功的艺术作品能够借助具体的形、有限的象，传达无限苍茫的人生感、历史感和宇宙感。在这种意境中，人们通过对艺的观照，进入对道的观照，达到合天人、同物我的自由永恒之境。正如宗白华所说：“艺术的境界，既使心灵和宇宙净化，又使心灵和宇宙深化，使人在超脱的胸襟里体味到宇宙的深境。”[②]

2. 运思于神的创作精神

“外师造化，中得心源”是中国古代艺术创作论的总纲。这一创作精神既重视艺术主体对宇宙自然的体察，更强调艺术主体发挥心灵的创造作用。因为艺术生命虽然来源于宇宙生命，但毕竟胜于宇宙间的万物生命。艺术不仅得自然之道，更是主体生命精神的升华。所以，艺术创作在师法造化、体察自然、表现宇宙生命精神的同时，还要内求于心、运思于神，高扬艺术主体的精神生命，此即所谓“中得心源”。“中得心源”的过程，也就是创作心态展开的过程。这一过程以虚静养气为开端，以迁想妙得为核心，以坐忘物化为终结。中国古代艺术论将这一过程概括为“神思”。萧子显在《南齐书·文学论》中说：“属文之道，事出神思，感召无象，变化无穷。”

虚静养气是创作主体用以蓄积心理张力的功夫。《文心雕龙·神思》曰：“陶钧文思，贵在虚静，疏瀹五藏，澡雪精神。”虚静养气就是要调养艺术心态，使创作主体在意念集中、神志清醒的基础上，进入安静恬淡、轻松舒适的创作心理状态。因此，艺术家在创作活动正式开始前虚静养气，可以蓄积心理张力，为艺术构思活动作准备。具体而言，虚静养气对艺术家心理张力的形成有三方面的作用：①虚心接纳万境。在虚心静气的心理状态中，创作主体方可宅心玄远，灵府自由，从而使想象活动无边无际，艺术思维起伏跳跃，自然万象也就随之尽收眼底，任艺术家博采广收，凝成意蕴，聚为意象。②凝神观照本质。虚静养气还可以培育艺术家凝神静虑、观照本质的认识能力。艺术思维最忌抽象的概念判断活动，艺术家是以艺术地掌握世界的方式来把握事物的整体、直观事物的本质的。创作

① 叶朗：《说意境》，载《文艺研究》，1998(1)。

② 宗白华：《中国艺术意境之诞生》，见《美学散步》，上海人民出版社，1981年，第72页。

前，面对纷纭复杂的外物内念，艺术主体唯有内守精神、秉心凝神，才能对事物进行本质的、整体的观照。③静气以求文思。虚静养气关乎艺术构思活动，能虚静养气，则“思风发于胸臆，言泉流于唇齿”(陆机《文赋》)，文思也就处于利通状态；反之，不能虚静养气，甚至“精气内销”，即使勉强进入创作状态，文思也会处于钝塞之中。

迁想妙得是艺术思维活动的展开。《文心雕龙·神思》曰：“文之思也，其神远矣！”这种迁想妙得的艺术思维活动包含想象、物象、情感三个要素，而三要素又是融为一体的。在构思活动中，情感鼓动想象，想象伴随物象，物象体现情感。就如《神思》赞词所云：“神用象通，情变所孕。物以貌求，心以理应。”情感随着想象的深入而强烈，想象随着情感的激化而丰富，物象则随着强烈的情感和丰富的想象而纷呈。抽象无形的情感强烈地活动于主体的心中，要借助物象表达出来，形成具体可感的东西。想象就是为激荡的情感寻找合适的依附物，使情感对象化的手段。想象以情感为动力，情感向想象借物象，最终物象就成了情感的物质承担者。三要素相互作用，形成了一个心物交融的活动过程，也就是以“虚静养气”为前提，以“理趣”和“志气”来统辖的，伴随物象、凭借想象、充溢情感的构思活动。

坐忘物化是创作心理的最高理想境界。“坐忘”语出《庄子·大宗师》，指由高度专注而产生的“彼我两忘，了无所照”的心理状态。进入这种状态，主体便会感到四肢皆无，通体透明，外物与我、我与外物直接合而为一。此时，一切感官活动和思维活动都暂告结束，仿佛自身并不存在。在创作活动中，坐忘心态常常伴随物化之境而诞生。自庄子首倡“物化”说，物化便成为中国艺术论中主客体交融的最高境界，历代文人莫不将之奉为圭臬。为后人称道的文与可画竹“身与竹化”、戴嵩画牛“如有神助”、韩干画马“身作马形”、曾无疑画草虫“不知我之为草虫耶，草虫之为我耶”，皆是“以物观物”的“无我之境”，也就是物化境界。物化境界是审美体验的高峰阶段，代表了一种形而上的艺术精神。在坐忘物化中，艺术主体将一己的有限生命融入无限的自然大化之中，使物我贯通、天人合一，进入扑朔迷离、惟恍惟惚的艺术境界，体验自然的生命，探求宇宙的真谛。

3. 对立统一的辩证精神

中国古代艺术充满着对立统一的辩证精神。从单个的艺术门类来看，音乐中有雅乐与俗乐的对立统一，舞蹈中有健舞与软舞的对立统一，书法中有古朴与妍丽的对立统一，绘画中有写实与写意的对立统一，宫殿建筑中的规整与园林建筑中的自由也是一种对立统一的关系。从各个艺术门类的关系来看，中国古代的音乐、舞蹈、诗歌最初是三位一体的综合艺术，三者统一的基础是节奏与和谐，然而三者又各有特点，“诗言其志也，歌咏其音也，舞动其容也”(《礼记·乐记》)；后来虽然三者逐渐分离，但是各自仍然保持着节奏与和谐的要素。这种对立统一关系在戏曲、绘画艺术中，表现得也很明显。在戏曲中，唱、念、舞、曲、诗、乐等融为一体，缺一不可；在文人画中，诗、书、画、印交相辉映，融为一体。此外，作为艺术主体的艺术家，也普遍表现出兼擅众艺的特点，琴、棋、书、画、诗、词、歌、赋兼通的艺术家，在中国历史上不胜枚举。中国艺术的这种既对立又互通的辩证精神与西方艺术各自独立发展的特点，形成了鲜明的对照。

中国古代艺术理论也表现出强烈的辩证精神，这种精神具体体现在一些基本的艺术范畴上，如虚与实、文与质、刚与柔、美与善等等。①虚与实。实是具体可感的艺术形象，虚是形象所表现出来的内在精神和所蕴涵的深层意蕴。实和虚的关系，在某种程度上也就是形与神的关系，两者统一就构成了艺术的意境。中国艺术重实之外更重虚，重形之外更重神。例如，音乐注重以音传情，舞蹈追求以形达意，书法讲究计白当黑，绘画有“无画处皆成妙境”之说，宫殿则要以恢宏的气势体现皇帝的权威，园林也要以精巧的设计寄托主人的情趣。②文与质。文与质有两种内涵，一是指内容与形式，一是指文华与质朴，这里取第二种含义进行讨论。属于文的有华美、绚丽、浓艳等错彩镂金之美，属于质的有淳朴、质实、淡雅等芙蓉出水之美。魏晋以后，中国艺术更崇尚质的美，如陶渊明的诗、顾恺之的画、王羲之的字都是这种美的典范。“绚烂之极归于平淡”，所以文与质最终又是统一的。③刚与柔。刚，指阳刚，包括雄浑、壮丽、豪放、劲健等壮美风格；柔，指阴柔，包括冲淡、幽雅、婉约、飘逸等优美风格。鼓吹乐与清商乐，健舞与软舞，颜体与赵体，范宽山水与米芾云山，北京故宫与苏州园林等，分属阳刚与阴柔之美。阳刚、阴柔之外，还有中和之美，表现为“乐而不淫，哀而不伤”的“温柔敦厚”之美，这是中国艺术独特的风格美。④美与善。美指艺术的形式价值，善指艺术的伦理价值。中国艺术受儒家思想的影响，非常重视美与善的统一，追求尽善尽美，以美彰善，强调艺术的伦理教化作用。中国古代礼乐相济，乐舞被直接用于社会的政治教化方面。从广泛的意义上说，一切艺术都具有陶冶性情、净化社会的功能，所以古代儒家突出艺术的社会作用也是有依据的。

三、中国古代艺术与文化的关系

中国古代艺术与文化的关系十分密切，文化大系统中的物质、制度、精神层面对艺术子系统都有深刻的影响，这种影响具体表现在艺术的内容、形式、风格等方面。同时，中国古代艺术也具有多方面的文化功能，如审美功能、认识功能、交流功能等。

1. 中国古代文化对艺术的影响

文化对艺术的内容、形式、风格等诸多方面都有广泛而深刻的影响。首先，文化影响艺术题材的选择和意蕴的表现。中西绘画都很发达，但两者在题材选择方面却有很大的差别。西方审美文化认为，现实世界中人体美是最高的美、最理想的美。所以，西方绘画对人体美的描绘情有独钟。中国画主要题材不仅有人物，还有山水、花鸟。这与中国古代主张天、地、人同源同根、平等和谐的文化观念，以及把以形写神、达道畅神作为绘画理想的美学思想密不可分。在意蕴表现上，中西绘画也有很大不同。西方文化重主客两分，所以注重对客观外在美的描摹，其风景画表现的多是对大自然蓬勃生机的歌颂。中国文化追求天人合一的境界，注重主观内在精神的抒写，因此中国文人山水画多展示清灵超脱、物我浑融的意境。

其次，文化对艺术结构形式以及表现技巧也有重要影响。中国古代建筑采用的是横向平面铺列为主的庭院式结构，稳重对称、独立自足、主次分明，体现了儒家执着于现实人生、重礼尚和、眷恋土地的文化思想。西方古代建筑采用的是直立高耸的尖顶式的哥特式结构，直指苍穹，开放超脱，显现出西方基督教文化浓厚的宗教情怀和强烈的皈依上帝的意识。中国古代舞蹈在技法上广泛汲取了气功、杂技、武术、戏法的营养，重视彩巾、长袖等道具的使用。而西方舞蹈更多注意的是身体语言本身。

再次，文化对艺术风格的影响。朱光潜认为："中国诗自身已有刚柔的分别，但是如果拿它来比较西方诗，则又西诗偏于刚，而中诗偏于柔。"①这种风格差异在其他艺术门类中也同样存在。比如音乐，中国就较少贝

① 朱光潜：《诗论》，北京：三联书店，1984年，第74页。

多芬《英雄交响曲》、《命运》那样雄壮、博大的作品，而更多的是《春江花月夜》、《二泉映月》那样轻灵、优柔的作品。中国古典舞蹈在动作上表现出拧、倾、曲、圆的内敛性格，而西方芭蕾则具有开、绷、立、直的外射特征。这种阳刚与阴柔、外射与内敛的风格差异，恰好体现了中西文化的不同性格。

2. 中国古代艺术的文化功能

中国古代艺术不仅是中国文化中的瑰宝，也是世界艺术宝库中的奇珍。毕加索曾对张大千说："我最不懂的，你们中国人为什么跑到巴黎来学艺术。在这个世界上，谈艺术，第一是你们中国人有艺术；其次为日本。日本的艺术又源自你们中国。"[①]中国古代艺术植根于古代文化，同时又具有多方面的文化功能。

第一，中国古代艺术的审美教育功能。优秀的艺术作品可以净化社会风气，陶冶人的灵魂，给人以美的享受，并唤起人的美感。中国古代艺术历史悠久、门类齐全，有许多堪称世界一流的艺术杰作，欣赏这些艺术杰作，不仅可以提高我们艺术鉴赏水平，而且有助于提高我们的人文素养，健全我们的人格。所以，近现代美学大师，如梁启超、王国维、蔡元培、朱光潜、宗白华等，都极力倡导艺术的审美教育功能。宗白华说："建筑形体的抽象结构，音乐的节奏与和谐，舞蹈的线纹姿势，最能表现吾人深心的情调与律动。吾人借此返于'失去了的和谐，埋没了的节奏'，重新获得生命的核心，乃得真自由，真解脱，真生命。"[②]这就是说，艺术精神与人类精神有相通之处，通过艺术鉴赏，中国古代优秀的艺术文化会融入我们的心灵，化为我们人格的一部分。

第二，中国古代艺术的认识功能。艺术是通过形象再现社会生活、表现人类情感的，优秀的艺术作品能反映出时代的生活和人们的精神面貌。欣赏者往往可以从艺术作品中认识到它们所描写的时代和国家的具体生动的生活情景，以及生活在那个时代中的性格鲜明多样的人物和这些人物的思想感情、精神面貌等，从而扩大我们的生活视野。中国古代艺术是反映古代社会的一面镜子，是我们了解中国古代社会和文化的一扇窗户。

---

① 转引自陈传席《中国画在世界艺术中实际地位》，载《新华文摘》，1999(3)。

② 宗白华：《略谈艺术的"价值结构"》，见《宗白华全集》，第2卷，合肥：安徽教育出版社，1994年，第71页。

从阎立本的《步辇图》、张萱的《虢国夫人游春图》、顾闳中的《韩熙载夜宴图》、张择端的《清明上河图》等作品的形象传神、生动细致的描绘中，我们就不难了解当时社会的生活面貌和时代精神。

第三，中国古代艺术的交流功能。不同民族间的文化交流常常以艺术交流为先导。通过艺术，我们可以更形象、更快捷地了解异族文化的独特风貌与内在精神。比如，西方首先通过中国精美绝伦的瓷器、色彩绚烂的丝绸了解到神秘的中国文化。在18世纪欧洲人的心目中，“瓷器”(china)和“中国”是同一个概念。印度和欧洲的艺术作品也先后大量传入中国，中国人通过异族的艺术了解到他们的文化，并从中汲取有益的营养，促进本国文化的发展。中国古代艺术与其他民族艺术的交流早已开始，这种双向的交流还将伴随着时代的前进而不断深化。这种艺术的交流牵动的文化交流，为“世界文明”时代的到来奠定了基础。

第五章　中国古代文字与典籍

文字是表达语言的工具,它因适应人类生活的需要而产生。在人类历史文化的开创上,文字的发明具有划时代的意义。因为人们掌握了文字,就可以隔千里之遥而互通信息,距千载之后而传授经验,从而把人类的智慧累积为历史。世界上最古老的文字有三种:一是苏美尔人和巴比伦人的楔形文字;二是埃及的图画文字;三是中国的象形文字。这三种文字都是由图画演进而来的,其中有许多相似之处。如今前两种文字早已成为历史陈迹,世界上目前正在使用的各种文字以汉字为最古老,它是值得中华民族骄傲的人类文化瑰宝。

书籍是通过文字记载来传播文化知识,供人们学习或查阅的工具。中国古代的书籍,无论是质量还是数量,都有辉煌的成就。中国古典文学有很多世界上第一流的作品,中国历史文献的丰富和详细堪称世界之最,中国丛书、类书卷帙之繁亦少有其他文字的著作可以比拟。至于中国书籍的数量,直到 15 世纪末,比世界上各国书籍的总数还要多。[①] 这些书籍是中华民族悠久历史的见证,是前人留给我们的一笔无比丰厚的文化遗产。

① 参见钱存训《印刷发明前的中国书和文字记录》,北京:印刷工业出版社,1988 年,第 3 页。

第一节　中国古代文字

这里讲的文字是指汉字。汉字有几千年的历史，对中国文化产生了深远的影响。从文化学的角度看，每一个汉字似乎都蕴涵着一个故事，活泼泼地袒呈着中国人的文化心态，昭示着中国历史演进的轨迹。汉字作为一种象征符号，除了表现一般的概念意义外，还积淀着深沉的文化意蕴。在这深层的文化积淀中，既有来自政治、道德、宗教、艺术等多种外在文化形态的影响，又受到人们的行为方式、价值取向、思维模式、认识方式等深层文化心理的制约。所以，帕默尔说："汉字是中国文化的脊梁。"

一、汉字的起源及发展演变

汉字是世界上历史最悠久的文字之一，具有顽强的生命力，至今仍然被广泛地使用着。关于汉字的起源问题，目前还没有公认的科学解释。众所周知，文字的职能是记事。但是用来记事的文字出现得很晚，而早在文字出现之前，人类就有了记事的需要，正是这种需要刺激了文字的产生。从根本上说，文字起源于人类生活的需要。

1. 汉字的起源

汉字产生以前，传统的记事方法主要有结绳、刻契、画卦等。这些记事方法是汉字产生以前的准备，它们训练了先民符号化的思维能力。我国古代结绳记事的方法，其详情已不可知。郑玄在《易·系辞注》中说："结绳为约，事大，大结其绳；事小，小结其绳。"这差不多是一切原始民族普遍运用的一种记事方法，直到今天，还在中国西南个别少数民族以及他国个别地区流行。我国古代刻契，大抵是在木片或竹片上刻齿，以作计数、记事或凭信之用。结绳与刻契只能记物数，而八卦则能记物类，显然，八卦较之结绳、刻契又进了一步。① 综上所述，结绳、刻契、八卦等等，都只

① 但是，汉人把八卦当作古代文字，《易纬·乾凿度》用卦象比附卦形，明确地把八卦作为天、地、雷、山、火、水、泽、风八个字，实是无稽之谈。

是在一定程度上帮助人们记事的方法，它们都不能与语言中的词发生对应关系，都不能读出来，它们与作为记录语言的书写符号系统的文字，都没有直接的渊源关系。

关于文字发明的神话传说很多，其中影响最大的要数仓颉造字说。这一传说虽不可信，但在汉字起源问题上，却能给我们一些有益的启示。汉字不可能是哪一个人创造的，不过在汉字形成的过程中，尤其在最后阶段，很可能有个别人曾起过重要作用。仓颉也许就是这样的人。《荀子·解蔽》曰："好书者众矣，而仓颉独传者，壹也。"就是说，参与文字创造的人很多，而仓颉能够专心整理这些文字符号，所以流传下来的就只有仓颉创造的汉字。

近几十年来，随着考古发掘所得的原始文字或记事符号的增多，人们对文字的起源又提出了一些设想，而支撑这些观点的基本理论大抵可分为两类。一类认为文字是通过漫长时间的数量积累逐渐发展起来的，广大人民群众是文字的创造者，这种观点称为"渐变论"，包括"仰韶说"、"大汶口说"两种；另一类认为文字是在社会发展至迫切需要文字的时候，在相对较短的时期内迅速创造出来的，人类最早的知识分子群体——巫师、祭司、僧侣是文字的创造者，这种观点称为"突变论"，包括"夏初说"、"夏商之际说"和"晚商说"三种。

仰韶文化是我国新石器时期的一种文化，因首次发现于河南省渑池县仰韶村而得名，距今5000～6000年。到目前为止，已经发现的仰韶文化符号共297个，剔除重复后，合计78种，这些符号一般出现在陶钵的口沿上，全是单独使用。郭沫若首先提出："汉字究竟起源于何时呢？我认为，这可以以西安半坡村遗址距今的年代为指标。"[①]把仰韶文化遗址出土的原始刻画符号视为汉字源头的观点简称"仰韶说"。大汶口文化首先发现于山东宁阳县堡头村，因为遗址分布在堡头村以西和泰安县大汶口一带而得名，距今大约5000年。大汶口文化的符号也是单独出现在陶器之上的，目前发现的符号共有十来个，除去重复，共有6种。认为大汶口文化的符号是原始汉字的观点简称"大汶口说"。唐兰说："西安半坡陶器上的简单刻画，我们还不能断定它是符号还是文字，就由于看不到它与后世文字的联系，而大汶口陶器文字则是灼然无疑的。"他认为大汶口陶文与

① 郭沫若：《奴隶制时代》，北京：人民出版社，1973年，第244页。

后世文字有联系，因而断定它“是很进步的文字，是商周时代文字的远祖”。[1] “仰韶说”和“大汶口说”都属“渐变论”。

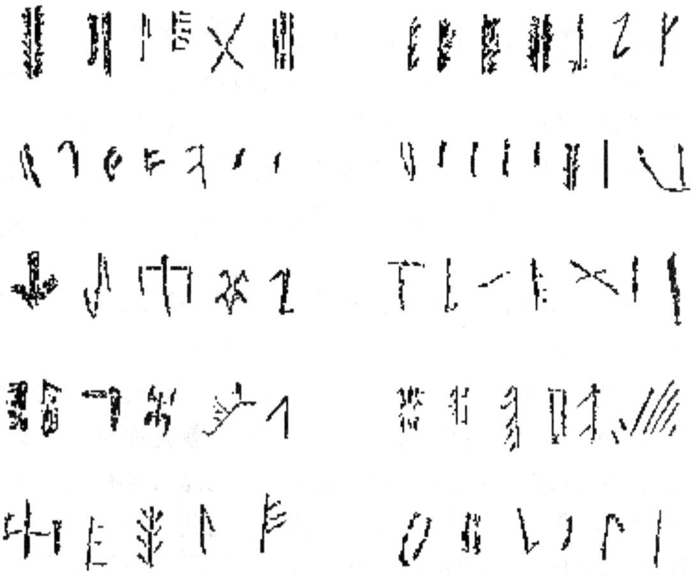

仰韶文化半坡类型刻画符号

“突变论”中的第一种说法为“夏初说”。河南登封王城岗、长安县花园村和偃师二里头等地出土的符号，距今4000年左右，大约相当于夏朝初年。把这种原始符号视为汉字源头的观点简称“夏初说”。持此观点者认为，仰韶文化的陶符和大汶口文化的陶文都是文字的前身，是创造汉字时的借鉴材料，而不是文字。“文字必须经过专门学习才能掌握，文字必须有专门的阶层掌握、记录与世代教授、流传。文字的创制、学习与运用都需要时间与条件，这一切并不是天天从事体力劳动的人所能办得到的，在古代是必须脱离繁重的体力劳动才能办得到。亦即创制文字是由当时社会上脱离体力劳动的少数人专门从现有的大量符号中去粗取精，归纳整理，改制创制，整齐划一，逐步取得大范围的社会公认才能成功的。根

① 唐兰:《再论大汶口文化的社会性质和大汶口陶器文字》，载《光明日报》，1978年2月23日。

据文献记载，这批人可能就是古代的巫史”。[1]“夏初说”者还说：“在目前所确认的夏代文化及夏代遗址中，目前已经发现了不少文字资料”：王城岗出土的陶器符号中“可以辨识的陶文有‘五’、‘共’等字，其字体结构与商代甲骨文和西周金文基本相同，因而无疑可以肯定为文字”；花园村一带发掘的甲骨文，不少笔画清晰，其中部分可以释读的文字有“万”、“退”、“人”、“羊”、“太基”等；二里头遗址发掘出土了二十多种不同形体的陶文，有些字体结构与殷墟甲骨文相同或相近，因而可以直接释读，如有“一”、“二”、“三”、“四”、“五”、“羌”、“臼”、“矢”等字。因此，“夏代时期无疑已经有了文字”。[2]

认为汉字体系成熟于夏商之际的观点，简称“夏商之际说”。裘锡圭说：“在夏代，我国大概已经正式进入阶级社会，统治阶级为了有效地进行统治，必然迫切需要比较完美的文字，因此原始文字改进的速度一定会大大加快。夏王朝有完整的世系流传下来这件事，就是原始文字有了巨大改进的反映。这种改进为汉字在夏商之际基本形成完整的文字体系打下了基础……汉字基本上形成完整的文字体系的时代，可能是夏商之际。”[3]

武丁时期卜骨刻辞，河南安阳出土。

甲骨文出现于商代晚期，认为甲骨文是最早汉字的观点称为“晚商说”。从社会条件来看，“殷代已经形成了一个很庞大的巫师集团……巫师们为殷王占卜的事和以后的验辞，都要用文字记录下来，刻在龟甲兽骨的卜兆旁，既备殷王查考，也藉以作为取得各种象数的记录，传给下一代贞人，我国的文字就是在这样的条件下发展起来的”。从甲骨文的内部结构看，每一个字都有若干种形体，而且都局限在感觉和个别上，没有普遍性与统一性，文句也很短，由此可断定，甲骨文离它产生之时不会太远，“我们能确定的我国最早的系

① 李先登：《试论中国文字之起源》，载《天津大学学报》，1985(4)。
② 杨亚长：《关于汉字起源的几个问题》，载《社会科学战线》，1987(8)。
③ 裘锡圭：《汉字形成问题的初步探索》，载《中国语文》，1978(3)。

统文字就只能是殷代的甲骨文”。[①]

以上诸观点都是以考古发现为依据的，分歧则在于对文字的界定。一些“渐变论”者把文字划分为“原始文字”和“文字体系”两个阶段，认为“原始文字”是广大群众创造的，“文字体系”则是巫师在“原始文字”基础上整理而成的。这些“渐变论”者所谓的“原始文字”则被“突变论”者视为“前文字”而并非文字，他们所谓的“文字体系”就是“突变论”者认定的最早的文字。所以，有关汉字起源的“渐变论”和“突变论”仍是相互渗透、相互补充的。总之，关于汉字的起源问题，目前学界还没有公认的科学解释。

2. 汉字字体的演变

汉字字体的发展演变，可以以隶书为界分为两个阶段，隶书以前为古文字阶段，包括甲骨文、金文、大篆和小篆，字形不脱图画象形的意味；隶书以后为今文字阶段，包括草书、楷书和行书，字形已变成纯由笔画组成的符号。隶书中的秦隶接近于小篆，是古文字的尾声；汉隶接近于楷书，是今文字的开端。

甲骨文是刻在龟甲和兽骨上的文字。大宗甲骨文是在殷墟出土的，是商代后期字体的代表。甲骨文所载的内容非常丰富，主要是商王朝关于祭祀、天时、年成、征伐、王事等方面的占卜记录，所以甲骨文又被称为“卜辞”、“甲骨卜辞”、“殷墟卜辞”等。甲骨文已有比较严密规律的文字体系，已具备了后代汉字记录汉语的各种方法，“六书”俱全，而以象形、会意为主，形声字只占20%左右，假借现象普遍。甲骨文形体结构还没有定型化，同一个字可以有多种写法，笔画多少不定，同时存在相当多的“合文”，没有完全形成一个符号一个音节的形式。

古代称铜为金，“金文”就是各种青铜器上或铸或刻的文字，而成篇的文辞则叫“青铜铭文”，它是西周和春秋时代通用字体的代表。西周金文较之甲骨文，形声字明显增加，记录虚词的字渐多，而异体字、合文相对减少。金文的笔画逐渐线条化、简单化，更便于书写；行款渐趋固定，已基本固定为从右到左直行书写，字形渐渐趋向于大小一致，初步奠定了后代汉字书写的典型款式和汉字的方块形式。

春秋战国时期，封建割据打破了汉字的统一规范，各种地方势力和地

① 卢丁：《汉字的起源及早期发展》，载《四川大学学报》，1991(3)。

方文化对汉字做了种种改造，或分化，或繁化，或简化，出现了“言语异声，文字异形”(《说文解字·叙》)的局面。而作为汉字发展主流的秦系文字——大篆更趋直线化、笔画化。秦统一天下后整理、推行的小篆比前代任何一种字体都整齐而匀称、简单而定型。从商代到秦统一以前，文字多是参差不齐而且异体繁多，小篆则以它平匀的曲线和直线所构成的规整字形代替了过去大小粗细不一致的形体，更重要的是它废除众多繁复的异体，一般一个字只规定了一种比较简易的写法，偏旁部首固定，从而使小篆成为古文字的最后也是最进步的一个阶段。

隶书可分为秦隶和汉隶两个发展阶段，前者称为“古隶”，后者称为“今隶”。《说文解字·叙》说：“是时秦烧灭经书，涤除旧典，大发隶卒，兴役戍，官狱职务繁，初有隶书，以趣约易，而古文绝矣。”认为隶书产生于秦是为了适应官狱事务多而创造的，因主要“施之于徒隶”，故而称为“隶书”。《晋书·卫恒传》引《四体书势》说：“隶书者篆之捷也。”篆书快写即成隶书，这不但道出了隶书与篆书的关系，同时也指出了隶书的特点。隶书彻底的线条化、符号化使其象形性几乎全部丧失，如小篆中“鱼”、“燕”的尾巴，“马”的腿和尾巴，“鸟”的爪和尾巴，在隶书中都变成了四点。隶书结构更简化，有的字省略了一些偏旁、笔画，或用笔画少的偏旁去代替笔画多的偏旁。篆书的一些圆转不断的线条大多被改为方折的断笔，书写速度大大加快，并形成了点、横、竖、撇、捺、钩、折等几种笔画。隶书的横画常常写成蚕头雁尾，一波三折，撇、捺也要上挑出锋，从而形成了一种独特的字体风格。

西汉时，随着社会的发展，文字的使用日益频繁，人们为了趋速就简，将笔画相连，而又保留波挑，隶书演变为草书。刘宋王愔说草书的特点：“解散隶体粗书之，存字之梗概，损隶之规矩，纵任奔逸，赴速急就。”(张怀瓘《书断》)草书最初流于民间，建武以后，经文人、书法家的加工，形成了规整的形体，后人曾另称之为“章草”。草书以其简省易写的特点受到人们的欢迎，对后来汉字的简化也产生了一定的积极作用。楷书萌芽于东汉，成熟于魏晋，本名为“正书”或“真书”，唐以后改称现名。楷书由汉隶直接变来，结构与汉隶基本相同，只是稍有简省，主要的区别在用笔与体势上。楷书的横笔改为收锋，不再上挑，撇改为尖斜向下，钩是硬钩，不用慢弯，同时还将隶书的扁形和方形，改为稍窄长的长方形。行书盛行于魏晋，是介乎楷书和草书之间的一种字体，它比楷书便捷，比草书易识，直到今天仍是最广泛使用的一种手写字体。

3. 汉字发展的规律

文字是记录语言的符号体系，它的发展总是和语言的发展相适应的。文字又是交际和交流思想的辅助工具，书写时要求简便快捷，而阅读时又要求明晰而易于区别，因而文字总是朝着既简便又明晰地去记录语言、及时反映语言发展变化的方向发展。

音化 文字是记录语言的符号体系，而语音又是语言的物质外壳，因而文字的发展有一种逐步和语音相结合的趋势。甲骨文虽已具备了记录汉语的各种方法，但以不带表音成分的象形、指事和会意为主，其数量占总字数的80%，而带表音成分的形声字只占20%。由于形声造字法具有表音的优越性，它能够记录象形、指事、会意所无法记录的词语，比之假借，又有表意明确的特点，因此，随着社会的发展和词汇的丰富，它的数量不断地增加。据《说文解字》记载，秦小篆中的形声字已占80%以上，可见以形声字为主体的汉字体系，是在古文字的最后阶段完成的。此后，新形声字不断增加，旧形声字又不断被淘汰，到近代，形声字仍占通用汉字的80%以上。从甲骨文到现在，从不带表音成分的字占优势到以带表音成分的字占优势，这说明汉字有一种逐步音化的趋势。但汉字是表意体系的文字，音化的趋势还是受到一定程度的局限和制约的。在汉字不断音化的同时，也伴随有不断意化的现象。如“芙蓉”原作“夫容”，形旁是后加的。汉赋中许多草木鸟兽虫鱼的名称，在《史记》、《汉书》中多没有形旁，后收入《昭明文选》时，才加上形旁。另外，有的形声字转换为会意字，如“淚”（从水戾声）变为“泪”，“筆”（从竹从聿声）变为“笔”等。假借字加形旁是为了表意明确，避免不必要的混淆；而形声字向会意转化，则是为了简化结构，便于书写。音化与意化都是由文字的本质所决定的，当然，音化的趋势始终是占主导地位的。

分化 由同一个字或同一偏旁分解为不同的字或不同偏旁，叫“分化”。如甲骨卜辞中“王事”的“事”、“西吏”的“吏”、“使人”的“使”，写法一样；卜辞的“小雨”或作“少雨”、“少臣”即“小臣”，“小”与“少”虽然笔画不完全相同，但用法全同，可见只是同一字的异体。后来，随着词的分化，同一字才分化为不同的字。分化的方法，有时利用原有异体字分化；有时用改变字形或增添偏旁来分化，如古代“买”与“卖”、“受”与“授”施受同词，分化为两词后，用增加偏旁以区分；有时用拆字办法分化，如拆“行”为

“亻”、“亍”，拆“兵”为“乒”、“乓”等。在汉字不断分化的同时，也存在一定的同化现象。同化是由不同的字或不同偏旁混合为同一字节或同一偏旁，如“期”从“月”、“胡”本从“肉”、“服”本从“舟”，今已混同为“月”。同化还表现为一种加偏旁的类化，如“昏姻”变为“婚姻”、“巴蕉”变为“芭蕉”等。

简化 文字是书写的符号，它在明晰而易于区别的前提下，趋向于简省易写，因此从甲骨文到现在，字形几经变化，总的趋势是简化。简化的方法包括图形符号化，删简多余和重复的偏旁，截取原字的一部分代替本字，用形体简单的偏旁去替代形体复杂的偏旁等。与简化相反，古人有时为了明确读音，有时为了表意，有时为了美化字形，要增加偏旁或笔画，如“莫”加“日”为“暮”，表意就明确了。

二、汉字的特点

1. 表意性

中国古代汉字最大的特点是表意性。所谓“表意”，实际指的是汉字在表词方式上的一种特性，即以文字的构形与文字所记词（语素）的意义发生特定联系。关于汉字的表意特性，我们有必要做几点说明。

首先，所谓“表意”，是就造字的主观动机而言的，而并非就字形与词或词素发生联系后的客观结果而言的。因为如果着眼于字、词产生联系后的客观结果，则任何文字都是表示词义的，在这个意义上它们都可以认为是表意的；而只有着眼于造字的主观动机，才可以在字形的设计上产生以表意为目的或以表音为目的的分别。与此相应，人们在认知文字时，对于表意字往往可以不依赖字音而光凭字形的“目治”而对字意产生某种程度的领悟。汉字显然是具备这种特性的，传统训诂中的“形训”，汉字认知中的“望形生义”，都是由此种特性引发的。而这种认知方式对于表音字则是完全不适用的。

其次，汉字的表意特性，是从体系的角度提出的，并不意味着每个汉字的字形都一定要有表达词意的功能。因此，汉字中存在部分假借字、记号字，不应影响其总体的表意特性。

再次，所谓“表意”，并不意味着字形必须相当完整、明确地表达字义，更不意味着在字形和字义之间可以画上等号，而只是说字形对于它所表示的意义常有程度不同的相符性，所以字形也常常只是可以为人们认识它所表达的意义提供某种提示。

汉字的这种表意特点反映了汉民族，特别是汉先民思维方式的形象性，即具有注重经验的综合、直观感性顿悟特征的思维方式。正是由于这种思维方式的驱动，汉民族在造字时要尽可能地做到以形表意；而在认字时，又总是习惯于由形及义。

2. 方块形

汉字构形上的最大特征，是其方块形态。迄今所发现的最早的成体系的汉字——殷墟甲骨文，其中虽有合文以及字形大小不均的现象，但大体上字形均略呈长方形。西周金文方块特征更明显，如《宗妇鼎》、《宗妇盘》铭文，都是先画好方格再铸的。小篆以后，方块形体已成汉字定格，一直延续至今。

汉字的方块特征，正是先民方形嗜尚的表征。在中国文化观念的系统中，“方”是一个极重要也极具理想色彩的范畴。先民空间概念的特质，即可用一个“方”字来概括：“方”可谓“天下大地”（如《淮南子・本经训》中“戴圆履方”之“方”），亦可谓“邦国”（如诸侯可称“方伯”，中国可称“方夏”），又可为“乡”之异名（如“乡土”犹称“方土”）。与此相应，人们营构自己的生存空间，如房屋、院落、城市无不取方形结构。甚至连时间上的四时，听觉、色觉、味觉上的五音、五色、五味也分别与“四方”（东南西北）或“五方”（东南西北中）相配，呈方形结构。作为事物存在形式的常规，“方”又毫不费力地在价值观念、审美意识的层面上取得了“标准”的地位，于是乎，“方”可以表示“道理”、“准则”、“楷模”、“礼法规矩”、“正直贤良”等等。由此可见，汉字形成方块体态的特征，是受汉民族古代文化宏观背景制约的，在这种特征中，自然也蕴涵了先民的方形嗜尚。

三、中国古代文字与文化的关系

中国古代文字以其生动而形象的造字心理机制传载着中国历史文化的丰富信息，从不同侧面展示着上古初民的观念心态和悠远的记忆，透过表层呈静态的这一古代思想文化信息的载体，进入深层的先民那动态的文化哲学意识圈，就会发现一个无与伦比的生动而奇妙的古代文化宝库，许多文化现象在此都可以得到诠释。

1. 中国古代文字的人本精神

汉字的建构，从根本上说，体现了一种以人为立足点的人本精神。姜亮夫说："整个汉字的精神，是从人（更确切一点说，是人的身体全部）出发的，一切物质的存在，是从人的眼所见、耳所闻、手所触、鼻所嗅、舌所尝出发的（而尤以'见'为重要）。"①因而文字的结构必然赋予经验以主体意识的特征，使之带有人的需要、人的态度、人的评价的色彩。汉字构形的人本精神最直观地表现在汉字所描绘的事物类别上。在甲骨文中，有关动物类的字占17%，有关植物类的字占15%，有关天象类的字占9%，有关地理类的字占7%，而有关人类自身的字占20%以上。这种以人为字形描绘中心的现象，正反映了先民对人的主体的高度关注及其认识世界的主体性致思途径。

汉字的人本精神也典型地反映在字的部首上。例如，保护、保全的"保"，甲骨文（）字形像一个人身后背着一个孩子，本义为"背（幼儿）"，取人抱幼子之形，后来引申为"养育"。《说文解字·人部》："，养也。从人，从孚省。孚，古文孚。"企求、企望的"企"，本义为"踮起脚跟"，取人踮脚直立的渴求姿态。《说文解字·人部》："，举踵也。从人止声。"求仙、升仙的"仙"（仚），本义为"人在山上"，后来用于指神仙。《说文解字·人部》："，人在山上。从人从山。"以上这些字，或表动作，或表状态，或表方位，其构形都以人为出发点，其所概括的范畴带有很强的人本特征。汉字的构形不仅直接以"人"形入字贯彻主体的认识，而且还更多地以人体的部分入字勾勒具有主体性的范畴，其中最常见的是以眼、口、头、手、足之形作为主体符号构形的。如正直之"直"取目光直射之形，"直"的本义为"从正面看；直视"。《说文解字·乚部》："，正见也。从乚，从十，从目。"竞争之"竞"（競）取二人争论之形，"競（竞）"的本义是"角逐；比赛"。甲骨文的"競"（）像两个奴隶竞技的形状，左右的上部各一个"辛"，是奴隶的标志。《说文解字·誩部》："，競，强语也。一曰逐也。从誩，从二人。"颜色之"颜"取人的脸部富于文采之形，"颜"的本义指"两个眉毛之间的印堂"。《说文解字·頁部》"，眉目之间也。从页，彦声。"及格之"及"取人之右手抓住一人之形，"及"的本义是"追上"（像一人伸手抓住了前面人的脚）。

① 姜亮夫：《古文字学》，杭州：浙江人民出版社，1984年，第69页。

《说文解字·又部》："及，逮也。从又，从人。"杰(傑)出之"傑"取正面人双脚站于树上之形，"杰"的本义为"超出一般"。《说文解字·人部》："傑，傲也。从人，桀声。"古人将世界的结构关系视为人自身的结构关系的延伸，以人的认知图式和行为模式去理解和建立世界的图式，这是一种浓郁的人本精神。

汉字构形的人本精神还表现在汉字结构所体现的人文观念上。宗教神事的人文化、人伦化是汉字构形和意义演变中一个十分引人注目的现象。从汉字的构形中我们可以看到，在商代，许多自然现象都被神灵化了，如"神"字附形于空中的闪电，"帝"字附形于草木花萼。殷后期风雨不验、祸福不灵、丰歉不时、吉凶不预等现实，使人们对神灵产生了怀疑。卜辞中出现的"天"字正说明了这一点。"天"字的构形，下方的"大"是一个正面舒展双臂的人形，上方的"一"指示人的头顶。由此可见，天的概念是和人的概念联系在一起的。《说文》在解释"大"的字形时说："大，天大地大人亦大。"在解释"天"的字形时更认为"天，颠也，至高无上"。而这个"至高无上"，不是神学意义上的，而是人伦意义上的。段玉裁对这一点有很好的阐释："颠者，人之顶也，认为凡高之称。始者，女之初也，以为凡起之称，然则天亦可为凡颠之称。臣于君，子于父，妻于夫，民于食者皆曰天是也。"天的人伦意义显示出人对神的超越，人对主体自身价值的反思与肯定。在古汉字中，像"天"这样具有人本观念的字还有"大"、"太"、"夫"、"元"等，其构形都以人为基本框架，其含义都以人为万事万物之中心。

2. 中国古代文字的审美特质

姜澄清说："中国人的审美情趣，中国人对形式美的赏鉴力，与汉字有密切关系……数千年来始终使用这种文字的中国人，不知不觉中陶养起了对形式美的赏鉴力，真可谓润物细无声。"①汉字的象形性、表意性、结构特点、字体风格等铸就了汉字的审美特质——形美、意美、力美和韵味美。

汉字在其产生的初始形态上即反映着中国人对自然美法则的认识及其非凡的表现能力。我们的先人在造字的时候也是"按美的规律建造"的，或"因物构思"、"灿焉成章"(成公绥《隶书体》)，或"纪纲万事"(卫恒《四体书势》)、"博采众美"(张怀瓘《书断》)，造出丰富多彩、生动优美的形象。汉字

① 姜澄清：《五七自述》，载《书法》，1993(2)。

的形象是宇宙万物与人的生理、心理图式同形、同构的，是“天人合一”的生命形象。人们从这些形象中，观照自己的力量、智慧、才能，体验了“人的本质力量”而引起的精神愉悦。这时候的自然成了“人化的自然”，这一个个形体各异的记事符号便成了审美对象。形美是汉字重要的审美特质。

汉字“虽是需用自然的材料，借以表现，或且取自然的现象做象征，取自然的形体做描写的对象，但他绝不是一味地模仿自然，他自体是一种自由的创造”。[①] 汉字是以象形为基础的表意文字，是一个以形达意，与思维直接联系的表意系统，《易传》所谓“立象尽意”。它显示了中国古人对自然美的高度理解和对其形式规律的把握能力。汉字形态中，不仅包括形态感知，更有情感体验和理论界说，使之带有人的需要、人的态度、人的评价的色彩。“故其所函，遂具三美：意美以感心，一也；音美以感耳，二也；形美以感目，三也”。[②] 它凭借变换无穷的线条组合，把人带进自由想象的王国，产生一种快感，给人以美的享受。汉字因其表意性而具“意美”是其又一审美特质。

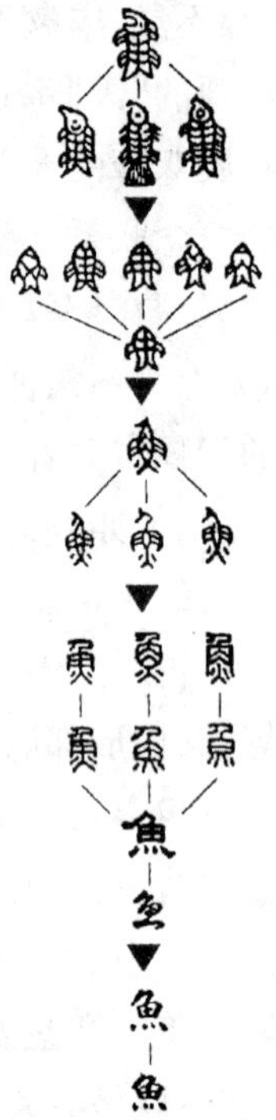

文字演变图例

汉字的发展和其他各民族的文字一样，从依附对自然物象直观感知的图像向独立呈示的图案转换，由具象到抽象、由繁复趋向简约。汉字意识追求的是一种形式美，其结构特点是线条的笔画化和方块框架图形结构。汉字的笔画不是单纯的“线”，而是粗细不同、形态各异、有方向性的“面”。笔画的形态是书写作用力大小、强弱、方向运动的轨迹，是力的表现形式，给人以运动的力感。汉字的方块框架图形结构，由于其空间上的定位及相对封闭性，每一个图形都充满着视

① 宗白华：《美学与艺术略谈》，见《宗白华全集》，第1卷，合肥：安徽教育出版社，1994年，第204页。

② 鲁迅：《汉文学史纲要》，见《鲁迅全集》，第4卷，乌鲁木齐：新疆人民出版社，1995年，第494页。

觉刺激力。各种具有方向线性运动力感的笔“线”(笔画)在这种独立自足的形态结构中交错组合,其自身造形的扩张、延伸、充实、宽松……富于空间效应,便产生出重力、张力、引力、斥力、向心力、离心力、升腾力、下潜力……因此,汉字这种抽象化的形象,是一种力的概括形象,是生命和力的运动形象。另外,从形式美的法则来考察汉字,均衡、对称、比例、节奏、宾主、参差、多样统一等要素,都体现在它的形体构造之中。但是,汉字结构与图案装饰的形式美又不完全相同。主要表现在,汉字的结构是一种动态结构,有如谢赫“六法”之“经营位置”,是布置万象于一个个方块之中。加上框架内部笔画勾勒、组合、变化的无规则性,具有“八面之势”,使图形充满张力和运动感。这种“形”与“势”的结合,使汉字的框架形式由封闭走向开放,表现出空间、时间中极复杂繁富的美,一种“力的美”。

汉字在长期的历史发展中,形成了甲骨文、金文、篆书、隶书、楷书、行书、草书等多种字体。它们之间有不可分割的联系,其空间构筑形式又有各自不可混淆的特点。甲骨文、金文一部分形体还保留了图画的痕迹,多数虽已简化为纯然的文字,重心安稳,已具形式美的要素,但笔画的形态部位还没有完全定形,呈现出一种天真烂漫的情趣。篆书的笔画圆转,笔势向内层空间延伸,形成一个个环抱的圆面,给人以和谐对称、整齐划一的美感。隶书形体的重要特征是波磔笔法和扁方横势。这种由中间向两边扩展的外向型空间图像,是文字的解放,给人以开阔疏朗、自由放纵的美感。楷体的笔画变弧形为直线,形体变椭圆、扁方框架为长方形框架。这种尖锐挺拔的线条和向四方扩展的图像,有较强的视觉刺激力,给人以端庄严谨、稳健雅正的美感。行书、草书的笔画、结体都较随意、无拘无束,给人以潇洒飘逸、活泼奔放的美感。汉字的这种不同字体的形体结构,形成不同的风格韵味,给人不同的“韵味美”。

3. 中国古代文字与文学

中国文学,可以说是与汉字联系最为密切的一个文化门类,因为各种题材、各种样式的文学作品的创作、传布、欣赏,通常都需要借助汉字这一信息传递符号来进行。然而这种密切的联系,自然又很容易启动汉字在文学领域中的文化塑造功能,即促使汉字不仅仅局限于语言信息的记录传递,而又能动地引发某种文学现象,进而铸就中国文学的民族性格。

汉字形音义的独立统一与文学语言和体裁形式的工整倾向。汉字在具体语言交际场合形音义的独立,造成不同汉字之间内容与形式的均衡统一。汉字作为一种语言信息的书面符号，其内容自是指字义，不同文字在具体交际场合只有单一的同时又是独立的意义，便构成了其内容的均衡统一。与字义相对，字形和字音则是汉字意义内容的传载形式，而这形式的两个方面在具体交际环境中也总是均衡统一的。不同汉字尽管可有笔画繁简的不同，而其所占面积则总是无差异的；而不同汉字的语音单位则毫无例外都是单一音节。作为文学创作的基本表达传载符号系统，汉字个体的各个要素之间既然具有统一均衡的特点，自然很容易引致文学形式的工整对称趋势。最初，这种趋势表现为一种并无特定程式的自然追求。如《诗经》、《楚辞》虽然都没有统一的句法标准，但却均有明显的趋同倾向。《诗经》以四字句为主，《楚辞》则以七字句为主。在这种自然追求的驱动下，中国文学中便出现了更为注重形式、内容工整对称的体裁。起源于汉代、盛行于魏晋南北朝的骈文，又称“四六文”，其句法特征就是两两相应，表现出基本均衡统一的格局。至于唐宋格律诗词，则显然是汉字在文学领域中的这种文化塑造功能发展到极致的表现。相形之下，拼音文字没有汉字那样的内容形式的独立统一均衡特点，组成单词的字母多寡不一、长短各异，音节数量参差，故以其书写的文学作品便也无可避免地会呈现某种杂乱无序状态，即便格律极严的西方十四行诗也是如此。这可明显地反衬出汉字在中国文学体裁形成中的能动作用。

字义蕴涵的丰富与文学创作、欣赏的“蕴藉”、“曲奥”标准。“蕴藉”、“曲奥”、“简约”、“微言大义”，是中国古代文学最显著的特征之一，这与中国古代文字的多义性是分不开的，正如刘师培《论文杂记》所说：“凡说一事，以一字代数字之用，以俟后人注释。”在文学这个特定的领域里，汉字的多义蕴涵特点获得了更为充分的发展。有许多文字一旦被应用于文学作品，特别是古代诗词中，往往就具备了其他场合所不具备的意义，这反过来又增加了古典诗词的蕴藉、曲奥。如刘禹锡的《竹枝词》：“杨柳青青江水平，闻郎江上唱歌声。东边日出西边雨，道是无晴却有晴。”这里，“晴”兼“情”义，字面意义照应“东边日出西边雨”，而蕴含意义则照应“闻郎江上唱歌声”。古诗词中类似的还有“丝”与“思”、“莲”与“怜”、“藕”与“偶”等等。从现象上看，似乎文学赋予了汉字以新的意义，但若追溯到根源，则仍然不外乎是汉字的多义蕴涵给予人们以心理启迪，从而使他们在文学创作中更充分地发展汉字的这一特征，进而形成了中国文学的一大特色。

4. 中国古代文字与思维

汉字的象形性与传统思维的具象性是互涵互动的。汉字在起源、衍生、使用上都受制于传统的具象思维，并在使用过程中不断强化、巩固这一致思理路。列维·布留尔说："所有社会集体的思维愈接近原逻辑的形式，'心像——概念'在它里面的统治地位就愈强。"这里的"原逻辑"是指人类早期那种门类、因果关系并不很清晰，常常由联想和譬喻来表述现象与事物的思维方式，而"心像——概念"可能就是布留尔自己所说的"作为一种画面的仅仅容许有限的概括和初步的抽象的"，丰富而具体的语词。① 早期文明时代的文字符号表明，汉字是古代中国人具象思维的产物，反过来以象形为基础的汉字更强化和巩固了这种思维的特征。语言文字是把面前这个世界呈现给我们看的一套话语系统，每一种语言和文字都以一种既定的方式来描述和划分宇宙，使生活在这套话语中的人在学会语言文字时就自然地接受了它所呈现的世界。与世界其他文字系统相比，汉字的书写方式是唯一没有发生过质的改变的，如果我们同意思想是以语言和文字进行的，而且文化依靠语言和文字传递，因而文明在相当大的程度上是一种言语系统，那么，我们就会同意，以象形为基础的汉字长期的延续使用，使中国人的思想世界始终不曾与事实世界的具体形象分离，思维中的运算、推理、判断始终不是一套纯粹而抽象的符号，中国文明的连续意味恰好就在这里。

汉字的句法也反映出中国人思维的逻辑特征。在中国古汉语尤其是书面文字中，语法关系常常不那么严格和细密，表达者常常省略或颠倒，而阅读者也总能"以意逆志"，这也反映了传统思维的感觉主义倾向。因为汉字象形性的长期延续，它的独立呈意性使它在任何场合，均无需严密的句法即可表现意义，故而句法的规定性、约束性相对比较松散，这就使得传统思维似乎不那么注意"逻辑"、"次序"和"规则"。语言本身是思维的产物，也是思维运算的符号，如何表达与如何理解，本来需要有一种共同认可的规则。但是，当文字的图像意味依然比较浓厚、文字的独立表意功能依然比较明显时，就可以省略一些句法的规定和补充，凭着话语发出者和接受者的共同文化习惯，就能够表述和理解很复杂的意义。

---

① [法]列维·布留尔：《原始思维》，北京：商务印书馆，1985年，第163、168页。

第二节　中国古代典籍

“典籍”一词最早出现于战国时期。《孟子·告子下》说:“诸侯之地方百里,不百里,不足以守宗庙之典籍。”这里的“典籍”,是指先祖法度或国家法则。“典籍”用作书籍的统称是汉代以后的事。《后汉书·崔寔传》称崔寔“少沈静,好典籍”。这里所说的“典籍”,便与现在泛指一切图书的意义相同了。

典籍的本质特征是双重的,既有物质属性的一面,又有精神属性的一面,前者来自于记录知识内容的物质载体,后者来自于典籍的内容本身。典籍是人类思想认识与物质载体的统一,是人们将系统的思想和认识用文字附着于一定形式材料的产品。

一、中国古代典籍的生产

作为物质产品,中国古代典籍的生产是随着古代社会生产力的发展而发展的。典籍的载体材料由最初的龟甲兽骨发展到竹木材料、缣帛材料,纸的发明大大丰富了典籍的生产;典籍的记录方式由锲刻到书写,印刷术的发明促使典籍生产有了新的飞跃;典籍的装帧方式也经历了由简单编连到卷轴装、经折装、旋风装、蝴蝶装、包背装、线装等方式的相递演变。

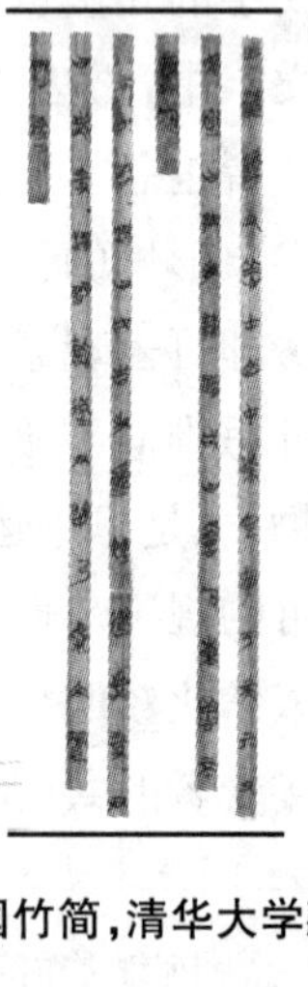

战国竹简,清华大学藏。

1. 生产材料

中国古代典籍生产材料的发展,我们可以以纸的出现为界,分两个阶段。纸书出现以前,典籍的生产材料经历了漫长的演进过程。我国最初的文字记录,是从甲骨文、青铜器铭文、早期石刻文字算起的,所以初期书籍的制作材料就是龟甲、兽骨、青铜器、玉石等材料。随着文字记载或阐述内容的不断增加，这些材料就难以承受或容纳了，于是又出现了竹木简书。西汉后期刘向在其《别录》中说："新竹有汁，善朽蠹。凡作简者，皆于火上炙干之……以火炙简，令汗，去其青，易书复不蠹，谓之杀青，亦曰汗简。""杀青"后的简就可用来写字了，所以后人常用"汗青"作书籍的代称。后来人们写定书稿，也称为"杀青"。在没有竹子或不便于用竹简的情况下，人们常常以木牍代替，现在"简牍"已成为一专有名词，竹木简也常相提并论。

在竹木简书盛行的同时，丝织品中的缣帛也用来作为制作典籍的材料。《论语·卫灵公》云："子张书诸绅。""绅"就是丝织品。用来制作典籍的缣帛，一般都要在上面画出或织出行格，称为"界行"或"栏线"，墨色的叫"乌丝栏"，红色的叫"朱丝栏"。两道栏线之间形成的条状行格，完全是条条竹木简形象的模仿和再现。帛书出现后并没有能取代竹木简书，而是与其同时作为典籍的制作材料一并流行，最后为纸书所取代。

《后汉书·蔡伦传》："自古书契多编以竹简，其用缣帛者谓之纸。缣贵而简重，并不便于人，伦乃造意用树肤、麻头及敝布、渔网为纸，元兴元年奏上之。帝善其能，自是天下莫不从用焉，故天下咸称蔡侯纸。"蔡伦改进造纸技术后，用纸书写典籍日渐频繁。进入晋代，纸已逐渐成为占支配地位的书写材料。北宋以后，随着雕版印刷术的出现，纸张成了制作典籍的唯一材料。

2. 生产方法

中国古代典籍生产方法的发展，可以以印刷典籍的出现为界，分两个阶段。唐以前，我国典籍的制作方法大抵是依典籍制作材料的不同，而采用刀刻、铸造、笔写等不同的方法。甲骨文书上的文字是用刀刻的，这是因为刀刻的字迹既能保持久远，又能笔道匀整，并且适应甲骨的有限平面和一定硬度。青铜器铭文，以及后世的铜铁器物文字有两种形式，一种是凹进去的阴纹文字，一种是凸出来的阳纹文字。前者是直接在制作好的青铜器上，以刀镌刻而成；后者较复杂，可能是先用一个个事先做好的阳文正字在青铜器铸模内壁上挤压出阴文反字，然后再浇铸出凸起的阳纹正字。石质文书的制作方法有书写和刀刻两种。1965 年在山西省侯马春秋晚期晋国遗址出土的盟书（侯马盟书），都是以朱色或墨色书写在玉片或石片上的。除侯马盟书外，传世的所有石质文书，包括摩崖刻石、碑、碣、历代儒家石经、释家石经、道家石经等，全都是用刀刻的。这样能经得住风吹日晒，便于长期保存。竹木简书，从历来出土的大量竹木简来看，都是用笔写成的，过去有人将“刀笔”连读释为“刀子笔”，进而说竹木简书是用刀子刻的，是完全没有根据的。刀子可能是用来刮去错字的。以缣帛、纸张作材料制作典籍，只能用笔书写。由于纸张柔软和具有特殊的吸墨能力，不但宜于书写，也适于印刷，所以又承担起自唐代开始的印刷典籍的任务。

我国用雕版印刷的方法来印制典籍，大概在唐朝已经开始，这无论从文献记载或实物留存都能得到证实。雕版印刷的方法，是将墨色涂在雕好文字或图像的木板上，然后将纸覆盖上去，再用软毛刷刷按纸张，使敷墨的文字或图像着附显现在纸上。现在陈列于大英博物馆的《金刚经》，雕印于唐懿宗咸通九年(868)，是世界上现存最早最完整而又相当成熟的印刷品。五代后，雕版印刷术被政府正式采纳，并用来印制儒家经典。从后唐长兴三年(932)起，到后周广顺三年(953)止，22 年的时间里，国子监连续不断地完成了“九经”的校勘和雕印工作，这是儒家经典的第一代版本，“监本”之称也就肇始于此。进入宋代以后，典籍的生产方法便以雕版为主流了。南北两宋刻书之多、雕镂之广、规模之大、流通之宽、版印之精，都堪称前所未有、后世楷模。两宋以后，迭经元、明、清，旁及辽、金、夏，典籍的生产多采用雕版印刷。

雕　版

雕版印制典籍较之手抄，有无可比拟的优越性，但由于它每一套板只能印一种书，只能在部数上增加，不能在种数上生新，因而劳师费时，工本

唐咸通年间雕版印刷的《金刚经》

极大。北宋庆历年间，平民毕昇发明的泥活字印书法，解决了这个问题。“其法用胶泥刻字，薄如钱唇。每字为一印，火烧令坚。先设一铁板，其上以松脂蜡和纸灰之类冒之。欲印，则以一铁范置铁板上，乃密布字印，满铁范为一板。持就火炀之，药稍熔，则以一平板按其面，则字平如砥”(沈括《梦溪笔谈》)。这种泥活字印书法比德国人谷腾堡用活字排印书籍要早400年。可惜的是，这种泥活字排印过什么书，不见记载，更无实物流传。但按照毕昇泥活字排版印书的方法，仿制泥活字，并用来印书，却代有其人。事隔二百五十余年，即元朝元贞元年(1295)至大德四年(1300)，王桢试制木活字印书成功。进入明、清两代，木活字印刷技术普遍使用，江南各省的祠堂就常用木活字排家谱、宗谱。特别是清乾隆年间，内府大规模采用木活字大批量地印制典籍，其中《武英殿聚珍版丛书》，收书134种，可谓我国典籍出版史上最大的木活字印刷工程。明代弘治、正德年间，江苏苏州、常州、无锡一带有人开始用铜活字排版印书。清代用铜活字排印的书种数不多，但规模较大，其中陈梦雷的《古今图书集成》，总计525函、5020册，堪称活字印刷史上最大的工程。

3.装帧形制

正规典籍产生以后，其制作材料先后经过木简、缣帛和纸张的变化；其制作方法先后经过刀刻、手写和印刷的不同。受这两大因素的制约，中国古代典籍的装帧形制也呈现出不同的特点，先后流行过简策、帛书卷子装、纸书卷轴装、经折装、旋风装、梵夹装、蝴蝶装、包背装、线装、毛装等十种形式，概括而言，可分为简策形制、卷轴形制和册页(叶)形制三大类。

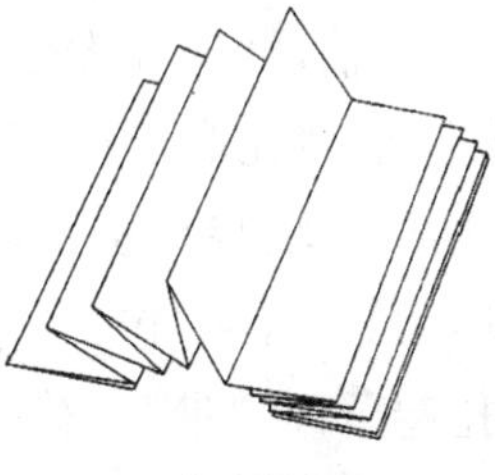

经折装

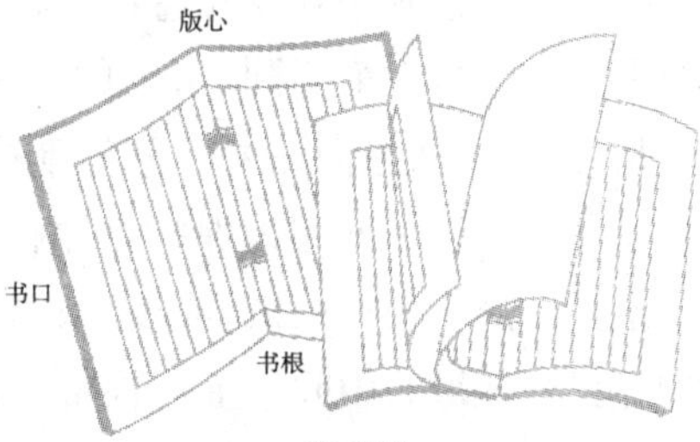

蝴蝶装

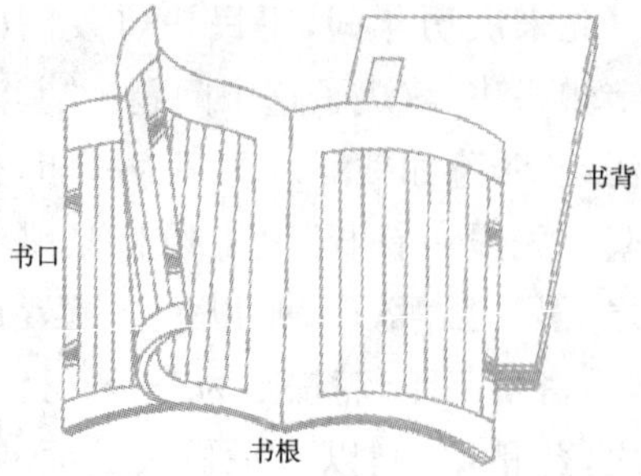

包背装

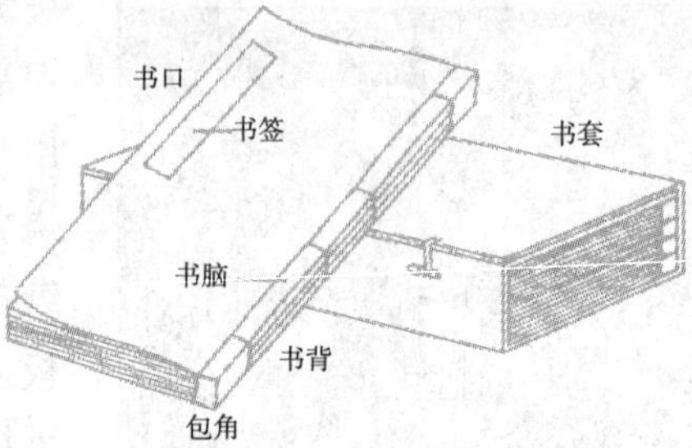

线　装

简策，即编简成策。唐代孔颖达谓："单执一札之为简，连编诸简乃名为策。"(《春秋左传正义·序》)一根根写了字的竹木片称为"简"，将若干根简依文字内容的顺序编连起来就成了"策"，"策"是"册"的假借字。编连简册，有时用韦(熟皮条)，如《史记·孔子世家》说："孔子晚而喜《易》……读《易》，韦编三绝。"有时则用麻绳或丝线绳。编连的方式有两种：一种是在竹木简上端钻孔而后单绳串连；一种是视竹木简的长短，用两道或三道、四道绳，像编竹帘子一样地编连竹木简。先写后编，先编后写，两种情况都有。为保护正文不致磨损，古人编简时常在正文简前边再加编一根不写文字的空简，称"赘简"。赘简的背面上端常常书写典籍的篇名，以示醒目；下端书写典籍的书名，以示篇名的归属。这种格局虽然是仅适应简策典籍而出现的特定形式，但对后世典籍形式的影响却极其深远，直到雕版印书盛行的宋代，卷端题名还常常小题在上，大题在下，这显然是简策典籍格局的流风余韵。

卷轴形制书籍包括帛书和纸卷书两种形式。缣帛的质地柔韧，可以随意折叠或卷舒，所以早期的收藏方式是折叠与卷束并用。折叠收藏的帛书，天长日久折叠处难免破损断裂，所以后来的帛书，大多采用卷轴装。一部书可以卷成一卷或几卷，所以"卷"就成为计算书籍篇幅的单位，一直沿用至今。与简策不同，帛书的卷束需要有一个轴，粘连在卷子的末端，以此为中心，从左向右卷。卷轴制书籍所用的轴，要比卷子的宽幅稍长，卷起之后两头在外。为保护典籍内容不受污损，卷轴装在正文第一纸前边还要粘接一张空白纸，或绫、绢等丝织品，称为"褾"，或"包头"、"包首"、"玉池"等。褾的中间系上一根带子，用来捆扎卷子，叫"带"。有些大部头的书籍有许多卷，为避免与他书混淆，并保护卷子不受磨擦损伤，还要用

“书衣”包裹，叫“帙”。帙一般是以麻布为里、丝织品为表，通常以 10 卷或 5 卷为一帙。用帙包书，只包裹卷身，卷子两边轴头仍露在外。有时为了便于寻找，要在轴头挂一个小牌子，上写书名和卷次，叫“签”。这样，褾、带、帙、签连同卷、轴，就构成了卷轴形制书籍的各个组成部分，这种卷轴形式一直沿用到唐代末年，才演化为折叠形制。

折叠形制是卷轴形制向册叶形制转变过程中的过渡形态，主要包括经折装和旋风装。经折装，也称“折子装”，其做法是：将一长卷从头至尾依一定行数或一定宽度连续左右折叠，使之成为长方形的一叠，再在前后各粘裱一张厚纸作封皮，这就是所谓“经折装”。五代以后，雕印的佛、道两家的单经、大藏，大多采用经折装。在这种装帧形式的影响下，朝廷大臣的奏书也用此形式，故称“奏折”，这种奏折在清代尤其流行。旋风装的做法是，用一比书叶略宽的长条厚纸作底，然后将每张散叶的右边无字空条处逐叶向左鳞次相错地粘裱于底纸上，上页盖住下页纸的大半。这种装帧形式既保留了卷轴装的形制，又解决了翻检必须方便的矛盾。

唐代发明雕版印刷之时，书籍形制渐由卷轴向册叶过渡，大约从五代时期开始，人们开始采用册叶装订形式。首先是蝴蝶装，后来是包背装，最后是线装。蝴蝶装，也称“蝶装”，是将每张印好的书叶以版心为中缝将有文字的两个半页对折，背面空白处在外，集数叶为一叠，以折边居右整齐成为书脊，在书脊处用糨糊逐页彼此粘连，再用一张硬厚整纸粘在抹好糨糊的书脊上，作为前后封面。这种装帧形式，打开时版心好像蝴蝶身躯居中，书叶恰似展开的双翼，故称“蝴蝶装”。蝴蝶装适应了印刷书籍一版一页的特点，并且文字朝里，版心集于书脊，有利于保护版框以内的文字。但也有一个缺点，就是由于每页有字的一面对折在内，空白的背面在外，打开书，往往尽碰上空白的背面，而且读完一页，必须连翻两页才能继续下去，很不方便。包背装弥补了这一不足。其做法是：将印好的书叶正折，使两个半叶的文字相背朝外，版心所在的折边朝左向外，然后在右边框外余幅上打眼，用纸捻穿订、压平，再用一张硬厚纸从前到后包裹起来，就成了包背装。包背装的书籍版心转到了书口一侧，解决了蝴蝶装开卷就是无字反面及装订不牢的弊病。但这种装帧是以纸捻装订，经不起反复翻阅，于是，线装应运而生。

线装起源于唐末，盛行于明代中叶，是在包背装的基础上发展而来的。在装订时，线装不先用纸捻固定书叶，也不用整纸包裹书背作封面，而是将封皮纸裁成与书叶大小相一致的两张，前后各一张，然后打眼穿线装订。线装打孔穿线有一定规格，一般使用“四针眼法”，即打四个孔，书背厚大的，也有用六针眼甚至更多的。线装书籍既便于翻阅，又不易破散，而且外形庄重大方，古朴典雅，故而流行了几百年。

二、中国古代典籍的收藏

典籍收藏是人类社会管理、国家统治、物质生产和文化建设的一种需要。典籍的生产为古代典籍收藏制度的出现提供了基本的物质条件，官史制度的分工为典籍的收藏提供了必要的政治条件。我国古代典籍的收藏有四大体系，即公家收藏体系、寺观收藏体系、书院收藏体系及私家收藏体系。

1. 公家收藏体系

中国古代典籍的收藏体系中，最早出现的是公家收藏体系。殷商时期，官府将甲骨卜辞分门别类地收藏在宗庙中，可以说是我国典籍公家收藏的滥觞。[①] 西周的政府藏书处除宗庙之外，还有太史、内史、司会及六官等十多个官署。春秋战国时期，各诸侯国为了提高其政治地位，也为了强化国内统治，都积极收藏典籍，从而打破了此前由中央朝廷一统天下的单一官府藏书形式，初步构成了从中央到地方多形式的公家典籍收藏体系。

先秦时期，虽然从中央到地方公家藏书处不少，但一直没有专门的藏书机构，管理人员也是由史官兼任。西汉有了兰台、延阁、秘室、太常、太史等藏书机构，但仍无专职官员管理。东汉明帝时，兴建了专门的典籍收藏处所——东观，被当时的学者称为“老氏藏室道家蓬莱山”。桓帝延熹二年(159)，创置了我国封建社会中央政府中第一个专门管理典籍的机构——秘书监。秘书监的设立，结束了临时选派官员到各藏书处兼职管理典籍收藏的局面，使典籍收藏得到了统一领导，各处藏书得以随时调整和补充。这种始于东汉后期、确立于魏晋之际、终结于明初的秘书监制，是我国历史上历时最久、影响最大的公藏典籍管理制度。

两汉以后，中国历史经历了三百多年的分裂，公藏典籍时聚时散。隋朝建立后，经过三次大规模收集，公藏典籍达 37 万卷之多，达到我国封建

① 刘渝生:《商代藏书——我国最早的图书馆》，载《图书馆学研究》，1986(4)。

社会中期的顶峰。可惜经隋末战火的破坏，几乎损失殆尽。

唐朝是我国封建文化发展的鼎盛期。此时雕版印刷已开始出现，民间私人也可以写书、抄书出售。所以，唐朝的求书具有与以往不同的特色：其一，除大规模地、集中地搜求以外，唐朝还很注意平时的典籍搜求。很多皇帝大臣喜文，尤其是太宗李世民，经常不惜千金购书一卷。其二，借抄典籍。为了做好这项工作，政府提供雄厚的人力、物力、财力。其三，注意收集当代的私人或集体著作。唐代的藏书机构，除沿袭前代的秘书监制外，还初步形成了中国历史上又一极具影响的典籍收藏制度——馆阁制度。弘文馆、集贤院、史馆，是收藏国家图书最重要的机构，称为"三馆"。

宋朝政府十分重视典籍的民间访求，在以前各代不惜钱财重赏献书人之外，还加上了封官之举，大大激发了献书人的积极性。经百余年的努力，北宋公藏典籍增长迅速，至宋徽宗时已达 73877 卷。靖康之难，这些丰富的秘阁藏书荡然靡遗。南宋的求书方法除循北宋旧制外，还着力求诸著名藏书家，同时搜索旧藏书机关的遗留文献，积极编写出缺书目录镂板分布，下发各地，使边远之地也知政府缺藏之书，从而前来献书或由官方照单搜访。另外，宋代的刻书业已较发达，中央、地方都设有刻书机构。这些措施大大丰富了两宋的公藏典籍。元统治者也很重视典籍的收藏，进行了多次收集活动，使宋末被破坏的公藏典籍基本得以恢复。

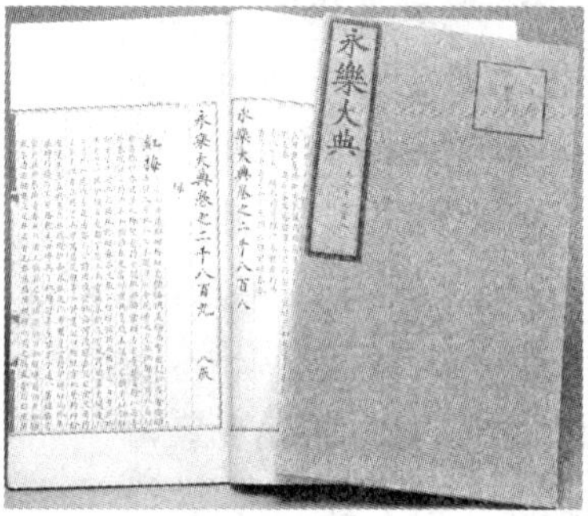

《永乐大典》

明代的公家典籍收藏以内府为主，主要机构有：文渊阁、大本堂、武英殿、东阁等。文渊阁有北京、南京两处。南京的文渊阁建于太祖定都南京之后，《永乐大典》就在此开局编纂，书成之后又藏于此。北京文渊阁于永乐十九年（1421）建于皇宫午门内，藏书万余部、近百万卷，其后又经数次访求遗书，成为我国有史以来藏书最丰富的机构。

清代典籍的收藏，乾隆年间达到高潮，尤其是乾隆中期，为编《四库全书》而下诏求书，取得了极大的成功。乾隆四十年（1775）至四十九年（1784），为贮藏《四库全书》，清廷先后建成了著名的七大藏书阁，即内庭的文渊、文源、文溯、文津四阁，江南的文宗、文汇、文澜三阁。此外，清廷还建造"天禄琳琅"，专收藏保存版本价值较高、刻印精良的宋、元、明三代善本。

2. 书院和寺观收藏体系

我国典籍的书院收藏是伴随着书院的产生而出现的，并且随着书院的发展而形成一种独特的半公藏性质的收藏体系。唐代官立的丽正、集贤书院是国家的典籍收藏中心。除此之外，还有一些民办的书院也收藏典籍。这是我国书院收藏典籍的滥觞，但还未形成一种体系。宋代，书院发展成为一种较完整的教育制度，成为重要的教育和学术中心，然而典籍收藏仍是其重要活动之一。白鹿洞书院、岳麓书院、应天府书院、嵩阳书院等著名书院都藏有不少典籍，南宋鹤山书院的藏书数量甚至超过了当时国家馆阁所藏，成为藏书最多的书院。两宋的书院多以官助形式建成，政府为了控制书院的教学和学术研究，不断向各书院颁赐官书，但创办人的家藏典籍仍是书院藏书的基础。由于雕版印刷的普及，宋代的书院有很多都从事典籍刻印活动，开辟了书院典籍收藏的新途径。书院藏书的管理，特别是借阅方面的管理已颇有章法。如白鹿洞书院详细拟定了典籍禁止借阅的范围，并且规定了典籍借阅的手续及方法。宋以后，书院藏书的发展几度沉浮，进入清代已形成了一种比较完备的藏书体系。清代书院藏书的主要来源有三：朝廷赐予；官吏乡绅捐赠；书院自行购买。书院对典籍的收集、入藏、借阅等，都有专门的、较完善的管理条例，十分接近现代各典籍收藏机构的管理方法。

佛寺道观为从事教义的宣传而进行的典籍收藏，形成了我国古代独特的典籍收藏体系。汉明帝永平十一年(68)，我国第一座佛教寺庙白马寺建成，成为佛典的翻译和收藏场所。最早收藏典籍的道观，是南朝宋明帝于太始三年(467)在建康北郭所建的崇虚馆。六朝至隋唐时期，佛道两教发展迅速，与儒构成三足鼎立之势。佛道两教的典籍也越来越丰富，历代政府和各寺观为了更好地收藏和传播，都对佛道典籍进行集中编写，逐渐形成“大藏经”和“道藏经”两大典籍体系，并且成为这一时期寺观典籍收藏的重点。为了保存寺藏佛经，不少寺院将所藏佛经刻于石上，如敦煌莫高窟、云冈石窟、龙门石窟等。最著名的为房山石经，由隋末静云寺僧静琬始刻，历时千余年，共刻静云寺所藏佛经千余部、3500卷。宋代以后，佛教典籍进一步增加，佛藏的编辑更普遍，有条件的寺院大多编撰刻印佛藏入藏，著名的有福州东祥寺住持冲真及善明等人根据本寺所藏编印大藏经《崇宁万寿藏》，共收该寺所藏佛典1450部、6434卷，并雕印入藏，成为当时佛寺收藏典籍的典范。两宋君主都十分推崇道教，所以全国著名道观都收藏有政府刻印的道藏，各地道观的典籍收藏也达到一个高峰。明清以后，一方面政府加强了对佛道两教的控制和对寺观的管理，另一面佛藏和道藏都已基本成型，所以这一时期各寺观所藏多为官修经藏，内容趋于统一，故而各寺观所注意的是所藏典籍的管理。

3. 私家收藏体系

纵观整个私人典籍收藏的发展历史，可以看出，形成我国典籍私家收藏的原因主要有四：或是出于政治需要，或是为了典籍整理，或是为了学术研究，或是出于对书的爱好。孔子是我国第一个典籍的收藏家，其后墨子也有很多藏书，而名家的代表惠施“有书五车”，为后人留下“学富五车”的典故。这些人的典籍收藏实践，成为我国典籍私家收藏的滥觞。

两汉之际，我国典籍私家收藏获得了很大发展。两汉藏书家有伏生、刘德、刘安、孔安国、刘向、郑玄、王充、蔡邕等，其中最著名的当数蔡邕。东汉蔡邕是我国私人藏书史上第一个有明确文献记载的藏书达到万卷的藏书家。这些藏书后来部分转赠给了当时只有 16 岁、后来成为“七子之冠冕”的王粲，开创了以书赠人的先河。南北朝时期，藏书达数千卷至万卷的藏书家多达数十人，著名的有沈约、孔休源、沈骥士、崔慰祖等。隋唐时期，由于经济的发展、科举制度的促进，藏书之家在东都洛阳和西都长安形成了两大中心，并进而遍布全国，魏征、颜师古、韦述、李泌、柳公绰等都是名噪其时的著名藏书家。宋元之际，由于雕版印刷的出现，典籍的生产量更大，加上五代之乱，使许多公藏典籍流落民间，故而典籍的私家收藏成为一种时尚。著名的藏书家，北宋有宋敏求、王若钦、司马光；南宋有叶梦得、晁公武、陈振孙、尤袤；金元有庄肃、段直、元好问等。叶梦得藏书达 10 万册之巨，不但数量多，还对典籍的各个方面进行广泛的研究，是我国藏书史上集收集与研究于一身的重要藏书家。尤袤是南宋非常著名的藏书家，他共收集典籍 5000 多种、数万卷，在无锡九龙山下建楼贮之，名之曰“遂初堂”。

浙江宁波天一阁

明清两代是我国典籍私家收藏的鼎盛期，著名的藏书家都有四五百家。明代有:朱棣、朱权、范钦、叶盛、祁承爜等;清代有:黄虞稷、黄宗羲、黄丕烈、孙星衍等。明清以后,江浙一带成为私家典籍收藏的主要区域,全国最著名的藏书楼都集中在这里。如明代范氏的天一阁、祁氏的澹生堂等;清代四大私家藏书楼——杨以增的海源阁、瞿镛的铁琴铜剑楼、陆心源的皕宋楼、丁丙的八千卷楼,除杨氏的海源阁以外,其他三家都在此处。

天一阁现位于浙江宁波市,是我国保存最古的私人藏书楼,被誉为“江南书城”,清人姚元之赞曰:“人间庋阁足千古,天下藏书只一家。”其创始人是明代著名藏书家范钦。“天一阁”三字取《易经》中“天一生水”之义,希望“以水制火”,不罹火灾。天一阁藏书达 7 万余卷,其中主要为宋元以后的刊本、稿本、抄本,以明刻本为主,并且有不少海内孤本。就内容而言,不但经史子集俱备,而且收有许多明代方志、登科录、政书、诗文集等。范钦不但以藏书著称于世,还刻印了不少所藏典籍,如《范氏奇书》21种,包括仅存于世的纬书郑注《乾坤凿度》2 卷、《穆天子传》6 卷、《论语笔解》2 卷等名著。

三、中国古代典籍的分类

典籍分类是典籍数量发展和类型增加的一种必然趋势,是人类进行典籍收藏和使用的必要手段。西汉刘向、刘歆父子校定群书而形成的《七略》,把典籍分为六艺略、诸子略、诗赋略、兵书略、数术略、方技略六大类,构成了我国古代典籍分类的基本体系,是我国最早的图书分类目录。东汉班固的《汉书·艺文志》完全采用刘氏《七略》,完整地保留了其分类体系,弥补其佚失之憾。《隋书·经籍志》,把典籍分为经、史、子、集四部,部下又细分为 40 大类,把典籍的分类向前推了一大步。经唐、宋、元、明几百年的发展和演变,至清代典籍的分类达到空前的成熟阶段,其标志是《四库全书总目》的出现。《四库全书总目》共分四部 44 类,对于流别繁碎者,又各析出若干子目,共计 67 个子目,这种三级类目体系,具有巨大的涵盖面和更高的专指度,能最大限度地概括我国传统文化发展到清代的成就,条晰其历史脉络。下面我们就按经、史、子、集四部及类书、丛书的标准来简介我国古代典籍的分类。

1. 经

在漫长的中国封建社会里，统治阶级把儒家学说奉为正统思想，视儒家学说的一批代表性著作为指导一切政治思想、文化学术和社会意识的经典，因而把这些重要的儒学典籍称为“经”。把研究和阐发儒学经典的学问称作“经学”。

形成儒家学说的《易》、《书》、《诗》、《礼》、《乐》、《春秋》等六部典籍，由孔子整理编定，作为其私学教材流行于春秋战国之际，后人称为“六经”。历秦代焚书之劫，“六经”中的《乐经》亡佚，西汉只有“五经”。东汉，由于统治者尊孔以及标榜“以孝治天下”，在“五经”之外，又加入《论语》、《孝经》，于是经书系统便由“五经”扩大为“七经”。唐代，开始设“九经”，它是西汉“五经”的延伸，即《诗》、《书》、《易》、“三礼”(《仪礼》、《周礼》、《礼记》)、“三传”(《左传》、《公羊传》、《穀梁传》)。唐文宗太和年间，又在“九经”之外加上《论语》、《孝经》和《尔雅》，成为“十二经”；宋代，理学家重义理，抬高孟子，北宋仁宗时，于十二经之外又加上《孟子》，从此儒学经典形成“十三经”。“十三经”是经部典籍的核心，是垄断两千年封建社会意识形态的纲领，是封建文化的主体。

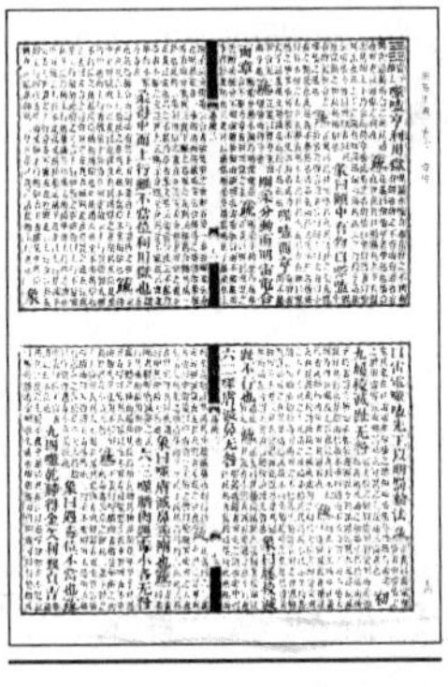

十三经注疏(1)

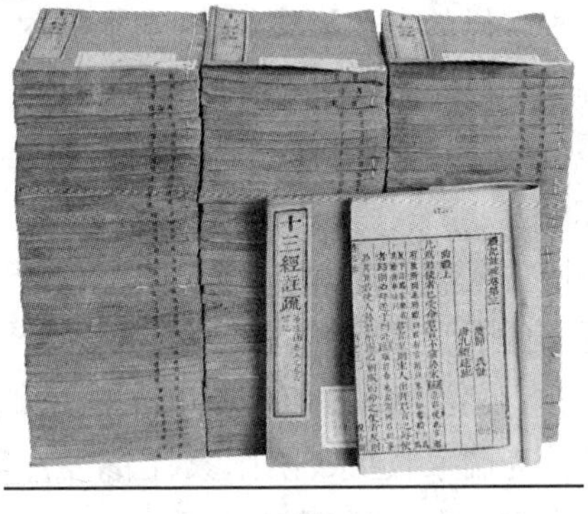

十三经注疏(2)

经学中的正经仅十三部，总计字数不过65万字，一部《十三经注疏》才416卷，而历代解经典籍的数量则要超出数百倍，尤以清代为最。清儒的解经典籍几乎遍注群经，“十三经”中除《礼记》和《穀梁传》外，每部经书皆有数种新注新疏。清人还对经书注释典籍作了大量的整理工作，康熙年间由纳兰性德刊刻的《通志堂经解》1860卷，收集了唐、宋、元、明人关于

《易》、《书》、《诗》、《春秋》、“三礼”、《孝经》、《论语》、《孟子》等解经典籍 146 种，收罗宏富，颇多罕见之本。《四库全书总目》中，经部之书共 1773 部、20427 卷，包括易、书、诗、礼、春秋、孝经、五经总义、四书、乐、小学十大类。此外，清儒还对当代的解经著作进行总结，如阮元主编《皇清经解》汇集清初至乾嘉时期经学著作 74 家，约 180 种、1400 卷。王先谦主编《皇清经解续编》续收经学著作 110 家、209 种、1430 卷。

2. 史

在中国史学的童年时期，史官的记载多为文献档案，形成的撰著不多，撰著的形式也较简单，主要有记言、记事两种。因此，史书从属于经书，在《七略》和《汉书·艺文志》中，史籍没有形成独立部类。西晋荀勖在他的《中经新簿》中设丙部收“史记”、“旧事”、“皇览簿”、“杂事”书，其中除“皇览簿”为类书外，其余皆为史书。继荀勖之后，南朝梁人阮孝绪又在《七录》中根据史书的体裁内容进行了分类，《隋书·经籍志》在《七录》的基础上将史部典籍分为正史、古史、杂史、霸史、起居注、旧事、职官、仪注、刑法、杂传、地理、谱系、簿录等 13 类。刘知幾以《史通》确定了史评体的形式。此后，在中晚唐又有典制体、会要体史籍的崛起；在宋代，又有纪事本末体和纲目体史书的创立；在明清，又有学案体史籍的发明。古代史书以其多种多样的表达形式，蕴含丰富的内容，全方位地反映了中国社会历史的各个侧面。鉴于本书第三章第二节已较详细地介绍了史部著作，这里不再赘述。

3. 子

中国古代典籍中的“诸子”，指我国周、秦、汉、魏，特别是周秦之际、秦汉之际不同的学术流派、思想家、社会活动家、教育家、学者及其著作。以“诸子”作为某类古书的称谓，开始于《七略》。据《汉书·艺文志》，《七略》将诸子分为儒家、道家、阴阳家、法家、名家、墨家、纵横家、杂家、农家、小说家十大类。在《四库全书总目》中，子部书包括儒家、兵家、法家、农家、医家、天文算法、术数、艺术、谱录、杂家、类书、小学家、释家、道家等 14 大类。先秦诸子的代表性著作有《论语》、《老子》、《墨子》、《孟子》、《庄子》、《荀子》、《列子》、《晏子》、《管子》、《商君书》、《慎子》、《韩非子》、《孙子》、《吕氏春秋》等。汉魏六朝诸子有代表性的著作有《新语》、《淮南子》、《法言》、《论衡》、《申监》、《潜夫论》、《抱朴子》、《世说新语》、《颜氏家训》等。诸子典籍是我们研究古代政治、经济、思想文化的极为珍贵的材料。

4. 集

中国古代典籍中的集部是指诗、文、词、曲等书的总称。《隋书·经籍志》的集部分为楚辞、别集、总集三类，《四库全书总目》又增加诗文评、词曲而成五类。集部大都带有汇集、综合性质，个人作品的综合集称为“别集”，诸家作品的综合集称为“总集”。总集中，有的以文学体裁归类结集，如诗总集、散文总集等，有的则是诗文合编；别集中大都是诗文合编，如蔡邕的《蔡中郎集》、曹操的《魏武帝集》、李白的《李太白集》、欧阳修的《欧阳文忠集》、汤显祖的《玉茗堂全集》等。有人认为，《诗经》，《楚辞》应为最早的两部诗歌总集，但按目录学的传统，《诗经》属经部，《楚辞》属集部中的楚辞类。所以，通常人们讲总集，都从梁萧统所编《昭明文选》开始。该书收录先秦至齐梁各体诗文 130 余家，分 38 类，共 30 卷。南朝陈的徐陵编《玉台新咏》，辑录汉至梁五言诗、歌行、五言二韵诗 769 首，共 10 卷。唐代许敬宗编《文馆词林》1000 卷，是《文选》以后最古的诗文总集。五代后蜀赵崇祚的《花间集》，是我国现存最早的词总集。宋代的诗文总集有吕祖谦编《宋文鉴》150 卷、李昉等编《文苑英华》1000 卷、郭茂倩《乐府诗集》100 卷等。清代编辑诗文总集尤其丰富，如王士祯的《古诗选》，沈德潜的《古诗源》，吴楚材、吴调侯的《古文观止》，姚鼐的《古文辞类纂》等等。清代还出现了一些断代诗文集，如彭定求等编的《全唐诗》、董浩等编《全唐文》、王士祯编《唐贤三昧集》、姚鼐编《五七言今体诗钞》等。

5. 类书

类书是采摭群书中的各种资料，将它们排比编次、以类相从，为人们提供检阅方便的一种百科全书式的工具书。三国魏文帝曹丕时期，编成我国历史上第一部类书——《皇览》。该书共 40 部、800 余万字，被后来学者推为类书之祖，可惜原书佚失。《隋书·经籍志》因类书兼采群籍，既非经史，也非子集，只好归入以庞杂而称的子部杂家类。《旧唐书·经籍志》编撰时，类书数量渐增，因此将类书从杂家中独立出来，另立“类事”一项。北宋《崇文总目》又将“类事”改为“类书”。从此，类事之书称为“类书”，为人们习用，而目录书由子部统辖“类书”的传统也沿袭下来。唐、宋两代，是我国类书发展的重要时期，产生了一批至今还为人们所利用的重要类书。现存唐代类书有欧阳询等人编的《艺文类聚》、徐坚等人编的《初学记》、白居易编的《白氏六帖》、刘赓编的《稽瑞》，其中《艺文类聚》、《初学记》比较有名。宋代较著名的类书有《太平御览》、《册府元龟》、《太平广记》、《文苑英华》，并称宋初“四大书”。

明清是类书典籍发展最为繁荣的阶段。明代类书中规模最大的是《永乐大典》，采集古今典籍七八千种，全书正文22877卷，凡例与目录60卷，装成11095册，共计37000万字。光绪二十六年(1900)八国联军入侵北京，该书损失殆尽。清代官职修类书数量较多，其中以《古今图书集成》成就最为突出。该书由康熙、雍正时陈梦雷、蒋廷锡等编，全书分为历象、方舆、明伦、博物、理学、经济6编，编下分32典，典下属6119部，全书1万卷，16000万字，完整地保存了许多古代文献资料，是现存类书中规模最大、用处最广、体例最完备的一种。

6. 丛书

丛书与类书不同，类书是在搜集大量文献资料的情况下，再重新分门别类整理成百科全书式的工具书；丛书则是将原来单本流行的典籍汇编成一部大书，用一个总名概括起来刻印出版，以成套保存典籍，方便人们检阅。丛书典籍的种类，可分为综合丛书与专类丛书两大类。专类丛书的细分按其汇集的专科而定，各自归于经、史、子、集四部，如《十三经注疏》属经部丛书、《二十四史》属史部丛书、《百子大全》属子部丛书、《汉魏六朝百三名家集》属集部丛书。综合丛书大致可分汇编类、地方类、氏族类、独撰类四种类型。地方类丛书是指汇集某一地区各类著作编成的丛书，如《安徽丛书》、《豫章丛书》等。

氏族类丛书指汇集某地某姓氏各类著作的丛书，如朱熹辑的《河南程氏全书》。此类丛书容易与集部中同一姓氏作者的诗文总集相混，区分两者的重要标准是家集类诗文总集所收著述同属集部，而氏族类丛书同属综合丛书，因此所收著述是跨部类的，如《河南程氏全书》中，既有属于集部的《河南程氏文集》，又有属于经部的《周易程氏传》和《河南程氏经说》。

独撰类丛书，也称“自著丛书”，指汇集某一作者各类著作的丛书，也即作者全集，有些目录书将这种个人全集收于集部别集类。

汇编类丛书是指汇集经、史、子、集四部中两类以上的单书而编成的丛书，这类丛书是综合丛书的典型代表，以其收书部类多、范围广、影响大，被视为丛书的“正统”。自南宋《儒学警悟》、《百川学海》出现以后，元明清各代均有大量产生，特别是清代，这类丛书的汇刻达到了高潮。清官修丛书自康熙年间开始，规模巨大，卷帙多达千万卷。康熙时编刻的《御纂七经》、《律历渊源》等，皆为丛书中的珍品。《四库全书》自乾隆三十八年(1773)开始编纂,历时 10 年而成。同时编纂《四库全书荟要》和抄录七部《全书》、二部《荟要》,全部工作至乾隆五十三年(1788)告竣。每部《全书》收书 3461 种、79309 卷,分装 36000 册;《荟要》每部收书 473 种、17930 卷,分装 12000 册。此外,乾隆中还编印了《武英殿聚珍版丛书》,收书 134 种,同样以经、史、子、集四部为编,校刊精审,被视为善本。

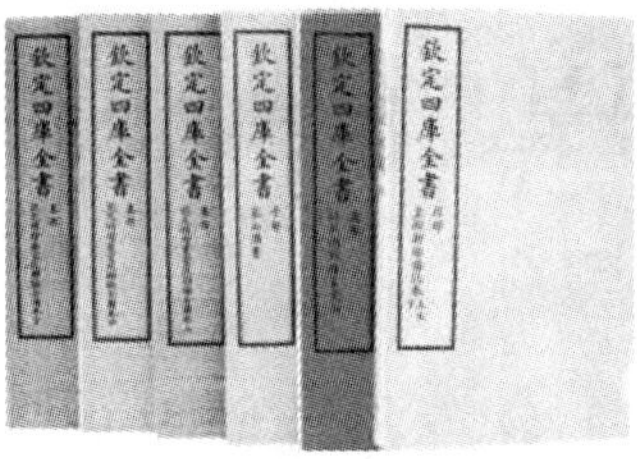

《四库全书》

中国古代典籍动态地展示了中国五千年文明史的概貌,支撑起了中华民族的文化大厦,使我国的学术文化嘉生繁祉,生生不息,巍然屹立于世界文化之林。

第六章　中国古代宗教与礼俗

宗教作为人类社会特有的一种现象，是人类社会发展至一定阶段的产物。中国文化重世俗而轻宗教，所以宗教形态并不发达。我国宗教，经历了原始宗教的多神崇拜，发展至夏、商、周时期的天神崇拜，终于在两汉时期形成有组织的较为完善成型的本土宗教——道教。东汉传入我国的佛教，经魏晋南北朝的发展，于隋唐时期在社会上广泛传播，对中国文化产生了深远的影响。

礼制习俗是文化的重要组成部分。郭沫若说："礼，大言之，便是一朝一代的典章制度；小言之，是一族一姓的良风美俗。这是从时代的积累所递传下来的人文进化的轨迹。"[1]中国素有"礼仪之邦"的美誉，礼俗在中国社会的政治文化生活中发挥着重要的作用。中国古代礼俗的范围十分广泛，从政治体制、朝廷法典，到祭祀祈禳、婚丧嫁娶，乃至衣食住行、言谈举止，无所不包。到近代，礼的范围逐渐缩小，主要指礼节和仪式。

① 郭沫若：《十批判书》，见《郭沫若全集·历史编》，第2卷，北京：人民出版社，1982年，第96页。

第一节 中国古代宗教

宗教是文化的一部分，从宗教的进化途径上，可以看出民族文化进展的痕迹。成型的宗教一般包括这样一些要素：①自身崇拜的偶像；②信奉的经典；③信徒和一定的组织形式与制度；④一定的宗教仪式。中国古代的成型宗教除了道教和佛教外，还有唐朝传入而在元以后有较大发展的伊斯兰教。另外，明清时期民间还流传过秘密宗教如白莲教、摩尼教、罗教、八卦教等。但是，真正对中国文化发生持久而深远影响的只有道教和佛教。

一、中国原始宗教

1. 宗教是一种文化现象

宗教的起源 宗教既是一种社会历史现象，也是一种文化现象。文化，广义地说，是一种人类活动，是人类活动所取得的一切成果的结晶。宗教也是一种人类活动，它的历史与人类文化史一样久远。“宗教”一词来源于拉丁文 religare，有“联系”之意。所以，“宗教”的本义，是指人与神的一种关系。所谓“神”，是某种被神秘化了的超自然力量，如“天神”、“上帝”、“真主”等等，实际上是人的本质力量的异化。因为，神是人造的，从文化学的角度看，宗教本身是没有内容的，它的根源不是在天上，而是在人间。恩格斯说：“一切宗教都不过是支配着人们日常生活的外部力量在人们头脑中的幻想的反映，在这种反映中，人间的力量采取了超人间的力量的形式。在历史的初期，首先是自然力量获得了这样的反映，而在进一步的发展中，在不同的民族那里又经历了极为不同和极为复杂的人格化。”[①]这就是说，宗教是人们对于周围世界、社会生活的错误的虚妄的见解。宗教的需要产生于原始人类的认识与实践活动，它是一种文化现象。

① [德]恩格斯：《反杜林论》，见《马克思恩格斯选集》，第 3 卷，北京：人民出版社，2012 年，第 703 页。

它的信仰与礼仪、理论与实践，涉及人类文化的方方面面，是人类文化的综合体。

当人类的抽象思维能力发展到一定程度，即有了自己的意识观念，能够用思维去理解自己的行动、用理性去认识和总结生产活动中的实践经验的时候，文化的历史便开始了。而在人类文化历史的扉页，就刻着"万物有灵"的宗教观念。人类的原始意识首先是对周围环境的一种意识，是对自然界的一种意识。可是，自然界起初是作为一种完全异己的、有无限威力的和不可制服的力量与人们对立的。原始人在同大自然的斗争中，由于生产力水平的低下而无法使周围的自然界服从自己，在他们眼里，自然界是险恶的、捉摸不透的，它一会儿阳光灿烂，一会儿电闪雷鸣；有时山洪暴发，有时火灾突起……这些都使原始人感到不可理解，使他们对自然环境产生一种恐惧心理。同时，人类自身的做梦、疾病、死亡等现象，也使原始人感到深不可测。冥冥之中，他们只觉得有一种超自然的力量在支配着自然界和人类命运。这种力量时而给人类带来光明和温暖，时而又给人类带来疾病和灾难。当原始人无法解释自然力量的作用时，就把自己的意志、愿望和感情赋予他周围的世界，觉得整个自然界都是有生命的。结果自然界的种种物体和现象都被神化或人格化了，产生了最初的"万物有灵"的宗教思想。同时，原始人利用祷告、礼拜、祭祀等方式，祈求神灵保佑他们平安无事，帮助他们战胜无法预料又无力抵御的灾难。这样，一种原始宗教——自然宗教，便在一片祷告声中诞生了。可见，人类对解释种种自然现象和人生问题的渴望，刺激了宗教的产生，而在生产力极其低下的原始时代，人们又只能用宗教的形式来解释他们周围发生的一切和存在的一切。所以说，宗教是一种文化现象，是人类对大自然认知的一种方式，它的起源正是人类文化史的开端。

宗教文化的内涵 宗教作为一种文化现象，具有巨大的包容性。它涵盖了人类文化活动的所有领域，涉及人类文化活动的各个层面。如果我们把文化看作由物质、制度、心理三个层次构成的综合体，那么宗教正是这样一种融物质、制度、心理于一体的综合文化现象。它既是奇幻的观念，又是礼制、献祭、禁忌；既是道德和法的规范，又是物质实体、造像、物神、偶像、圣像、寺庙、修道院；既是为之献身和苦心孤诣的人群，又是教权主义社团、具有宗教倾向的政党和工会、宗教学校、慈善机构等等。

当我们走进宗教的"殿堂"，深入到宗教的内部，就会发现：从政治到经济、从军事到法律、从哲学到科学、从伦理到艺术，人类物质生活和精神生活的各个方面，无不表现在宗教生活的内容中。首先，宗教与社会政治的关系十分密切，历史上许多国家的统治者都曾利用宗教为其统治服务，教会本身也积极参与社会政治活动，国王与教皇之间常常互相拉拢，明争暗斗。经济方面，教会拥有自己的田产和劳动力（僧民），有自己的生产、生活方式，形成了一种独特的寺院经济实体。宗教的军事活动也很显著，欧洲中世纪著名的十字军东征，就是一场声势浩大的宗教战争，我国古代的农民起义也多利用宗教的形式。另外，宗教本身也有法的观念和制度，所谓宗教法典、宗教审判以及种种酷刑，都是宗教法律的体现。至于哲学更是与宗教纠缠在一起，因为他们都要解释自然问题和人生问题，都要回答“宇宙的本原是什么”、“人的形神关系怎样”一类的哲学问题，只不过宗教对客观存在的反映是一种虚幻的、神化的反映，宗教神学可以说是一种唯心主义哲学。宗教与科学虽然有对立的一面，但也有统一的一面。古代僧侣道士在许多科学领域都曾做出过杰出的贡献，医学、化学、天文学等甚至是在宗教文化的土壤中发展起来的。道德作为人们行为方式的准则，从一开始就是宗教考虑的内容，宗教的教义、神谕、训诫都是一种道德说教的形式。艺术作为传达宗教思想、表现宗教情感的一种媒介，早在远古时期就得到了充分的利用和高度的发展，宗教艺术，无论是建筑雕刻，还是绘画音乐，或是诗词歌赋、小说戏曲等，都在中外艺术史上占有辉煌的一页。

总之，宗教囊括了一切文化样式。宗教在它的历史发展过程中，不仅影响了世俗文化的内容，而且也创造了它自己的文化形式，形成了一种相对独立的宗教文化。

2. 中国古代原始宗教

原始崇拜　宗教都有其崇拜的偶像，我国远古的原始宗教限于当时的生产力水平和认识水平，先后有过图腾崇拜、自然崇拜、祖先崇拜、天帝崇拜等。

“图腾”是印第安语 toten 的音译，最初是指某一氏族或部落的亲属、祖先，以后逐渐演变为该氏族或部落的保护神。原始人面对横暴肆虐的天灾人祸束手无策，只好将某种动植物、无生物视为自己的亲属、祖先，祈求庇护，这种动植物、无生物就成了图腾。他们为图腾举行各种巫术或祭祀仪式，禁杀图腾物，树立图腾信仰，遵守各种禁忌，从而形成图腾崇拜。

传说黄帝氏族以云命名，炎帝氏族以火命名，共工氏族以水命名，太皞氏族以龙命名，少皞氏族以鸟命名。云、火、水、龙、鸟就是他们崇拜的图腾。

自然崇拜就是把自然界的日月星辰、风云雪雨乃至名山大川神化，进而把它们作为一种超自然力量加以崇拜，祈求它们的保护和赐福。《礼记·祭法》曰："山林川谷丘陵，能出云，为风雨，见怪物，皆曰神。有天下者祭百神。"原始人出于对自然物的感激与恐惧，用贡献牺牲、舞蹈礼拜等方式祭祀各种自然神灵，以祈福消灾。对于日月星辰、名山大川等自然神的崇拜，到了夏、商、周三代后，逐渐发展为对至上神"天帝"的崇拜。

距今6000年的龙虎形随葬堆塑，河南濮阳西水坡。

祖先崇拜是一种在血缘亲属观念支配下进行的宗教活动，崇拜的对象是与自己有血缘关系的鬼魂。万物皆有神灵，人为万物灵长，当然更具神灵。人睡着了灵魂可以出来活动，人死了灵魂可以不灭。这种观念深深植根于原始人的脑海中，于是就有了鬼魂崇拜。"万物死皆曰折，人死曰鬼"(《礼记·祭法》)。鬼生活于地下，暗中起着伤害人或保护人的作用，而那些与自己有着血缘关系的人死后会保护自己的家人，所以在广泛的鬼魂崇拜中形成了祖先崇拜。那些造福于人类的英雄祖先，如有巢氏、燧人氏、伏羲氏、神农氏、轩辕氏等，则被中华族人当作祖宗神来祭祀。

原始社会的宗教是多神教，它还没有产生出一个主宰整个自然和社会的至高无上的统一神。夏启以后，特别是殷商，中国社会步入奴隶制时代，等级制度的确立影响到宗教世界，宗教关系随着社会关系的改变而发生相应变化。人们开始以人类社会中的等级观念整饬鬼神世界，使杂乱无章的鬼神世界有序化。殷人相信，正像人的世界中最高统治者是商王一样，神的世界也必然有一位至上神统领各神。这个至上神就是"帝"或"上帝"，亦即殷民自己的祖先——高祖夔。众神各司其职，听命于上帝的旨意。于是，原来一些费解的自然现象似乎有了可信的解释。自然和人间的一切现象和秩序都是上帝安排使之然的。这种按照人类等级社会创造的天神系统反过来又印证了人类社会等级制度的合理性，因而得到统治者的大力提倡而深入人心。史称殷人"尊神事鬼以为政"，集中反映了殷统治者利用宗教维护其统治的事实。

原始巫术 巫术是利用虚构的“超自然的力量”来实现某种愿望的法术,学术界将其称作“准宗教现象”。巫术起源于早期原始社会,其内容十分复杂。这里只简述“巫觋”和“卜筮”。

巫术由巫觋而来。巫觋是古代负责祈祷神明降福的人,是沟通人与神的中介者,能代表国家向天神求佑。巫觋在早期宗教中占重要地位。在古代官职中专门设有史与祝,祝是管祭天祀神的,而巫即祝的别称。《说文》:“巫,祝也。”男的称“觋”,女的名“巫”。巫师最初以女巫为多,这是因为女性多善舞,能更好地完成“以舞降神”的任务。女巫最早多用于天旱祈雨及郊礼的场合,男巫(觋)多用于祭神等比较正式庄重的礼仪场合。

夏、商、周三代十分重视巫觋。殷人尚鬼重巫,巫咸、巫贤皆官至相位。周朝设有巫觋之官,分大祝、小祝、太卜、龟人、卜师、占人等不同级别,都有很大权力,能影响国家的政治经济生活。在古代,医源于巫。中国医学的演进,始而巫,继而巫和医混合,再进而巫和医分离。以巫术治病,是世界各民族在文化低级时代的普遍现象。医学在脱胎于巫术之前,对疾病所采用的语言及概念都带有巫术的性质,其中某些一直沿用到后世医学中,最典型的有巫禁、巫蛊、占梦、禁方等。

玉 巫

卜筮也属于巫术,早在我国奴隶社会初期就产生了。所谓“卜筮”,古人占卜,用龟甲称“卜”,用蓍草称“筮”,合称“卜筮”。《礼记·曲礼上》:“龟为卜,策为筮。”龟卜是将龟腹骨或兽骨钻孔火烤,其周围出现的裂纹,称为“卜”,依据卜兆的形状判断人事的吉凶。占筮是用蓍草之数判断吉凶,其方法是把蓍草分组,根据分组后蓍草余数的奇偶得出爻画,然后积爻成卦,再参考卦辞爻辞预测吉凶。

龟卜和占筮是上古时代人们向天神或鬼神卜问吉凶祸福的两种主要方法。《论衡·卜筮篇》曰:“俗信卜筮,谓卜者问天,筮者问地,蓍神龟灵,兆数报应。”《史记·龟策列传》云:“自古圣王将建国受命,兴动事业,何尝不宝卜筮以助善!”夏、商、周三代是非常重视卜筮之用的。《礼记·表记》记载:“三代明王,皆事天地之神明，无非卜筮之用。无卜筮则礼乐不兴，居则观其象而玩其辞，动则观其变而玩其占。”

原始巫术，内容复杂，史籍中所列关于祭祀的明堂、合宫、封禅、祠祀，兵家的权谋、形势、阴阳、技巧，术数的天文、历谱、蓍龟、五行、杂占、形法，方技的医经、医方、房中、神仙等等，都可以包括在内。这些内容既有迷信妖妄的一面，又有合理可取的一面，我们必须以科学的态度，辨别其伪，识得其真，方能不迷路津。

二、中国古代道教

道教是唯一的中国本土宗教，具有鲜明的“中国特色”。首先，道教的思想渊源于先秦道家、儒家、墨家思想以及阴阳五行观念，它的教理教义是中华本土文化中流行的思想观念的综合反映。其次，道教的神仙世界建立在古代原始宗教、神仙传说和成仙方术的基础之上，道教的仙学体系是对中华本土文化中民间信仰和民间风俗的综合改造。道教作为中国本土文化的宗教，是我们认识中国社会、了解中国文化的一面镜子，这已成为中外学者的共识。许地山强调指出：“我们简直可以说支配中国一般人的理想与生活的乃是道教的思想，儒不过是占伦理的一小部分而已。”[①]鲁迅也认为：“中国根柢全在道教……以此读史，有多种问题可以迎刃而解。”[②]日本道教学会第四任会长酒井忠夫博士则说：“道教是理解中国人以及中国文化，特别是理解中国民众文化的关键。”[③]

1. 道教的发展历程

纵观道教1800多年的历史，其发展演变可以分为四个阶段：

形成发展期　东汉至六朝是道教的形成发展期。东汉顺帝时，张陵在西蜀鹤鸣山创立五斗米道，这是道教最早的组织。五斗米道奉老子为教主，以《老子》五千言为主要经典。东汉灵帝时，张角的太平道是早期道教的另一重要派别。太平道以《太平清领书》为主要经典。二者同属于符

① 许地山：《道家思想与道教》，见《道教、因明及其他》，北京：中国社会科学出版社，1994年，第1页。

② 鲁迅：《致许寿裳》，见《鲁迅书信集》，上卷，北京：人民文学出版社，1976年，第18页。

③ [日]酒井忠夫：《道教·序言》，第1卷，上海古籍出版社，1990年，第1页。

箓派道教，都以劳动民众为主要传道对象，以治病消灾为布道的主要手段，用劝善和救穷周急的思想教化道民，因而深受下层人民的欢迎，进而与广大农民反剥削、反压迫的政治斗争相结合。

道教在民间传播的同时，也开始向上层社会发展。为迎合统治者长生成仙的愿望，魏晋以降，神仙道教日益兴盛。葛洪的《抱朴子·内篇》阐述了一整套神仙道教的理论及其众多的神仙方术，养气服药、修炼成仙成为一种时代风尚，道士成为一种谋生的职业并受到世人尊重。北魏太平真君年间，嵩山道士寇谦之对尚存的五斗米道进行“清整”，重醮仪、倡礼法，改变了过去单以符水治病及注重炼形的教义，使五斗米道成为统治者维护其统治的精神工具。经寇谦之改革的五斗米道，被称为“新天师道”或“北天师道”。稍后，南朝刘宋道士陆修静也对道教进行了总结与改革，他广集道书，将道教经书分为三类，即洞真、洞玄、洞神三部。洞真部以《上清经》为中心，洞玄部以《灵宝经》为中心，洞神部以《三皇文》为中心。从而使众多的道教经书系统化，开始了道书的三洞分类法，奠定了后世纂修《道藏》的基础。此外，南朝齐梁道士陶弘景吸收儒、佛两家思想，充实道教内容，构建道教神仙谱系，并开创了对后世道教发展有深远影响的茅山宗。

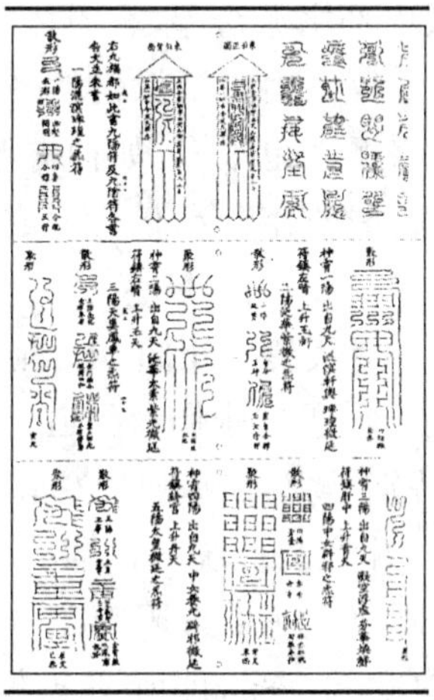

道教符文

总之，道教到南北朝时期，经过门阀世族的改造，已经有了较为完备的教义理论和经典文献，建立完善了自身的科戒仪式和相对统一的教会组织，丰富发展了修炼方术，形成了独特的神仙信仰体系，并扩大了在统治阶层和普通民众中的影响，完成了从民间宗教向完备成熟的官方正统宗教的演变过程。

兴盛发达期　隋唐至北宋为道教的兴盛发达期。道教在隋朝的最突出的发展是“内丹”的兴起。道士苏元朗发明大易丹道理论，纂《龙虎金液还丹通元论》，归神丹于心炼。自此始有“内丹”之称，而葛洪所提倡的金丹遂称为“外丹”。

唐朝由于统治者的扶持，道教在政治上、信仰上都得到了很大的发展，足以与佛教相抗衡。唐及五代道教义理的发展，主要表现在三个方面:一是用神仙信仰来阐发老庄思想及援佛入道;二是着重阐发修持之道在于“立静”、“坐忘”;三是纳儒入道,将孔孟之道融入老君之道,又文饰斋醮仪式并使之规范化。隋唐五代道教兴盛还表现在两个方面,一是钟吕丹道崛起,建立了道教内丹的系统理论与方法,对宋元内丹学产生了深远的影响;二是出现了第一部《道藏》,由于道教经书日益增多,唐玄宗时仿《佛藏》纂修《道藏》,我国第一部《道藏》便产生于开元年间,名为《开元道藏》。

北宋统治者崇奉符箓道教,宋真宗欲得神力以安人心,奉信神灵法术,屡演天书颁赐的闹剧。他还编造了一个仅次于玉皇的尊神——保生天尊大帝赵元朗,把他说成是赵氏帝王的族祖。他又召龙虎山天师道第二十四代天师张正随,赐号“真静先生”。这是天师道历代天师受“先生”封号之始。宋徽宗更是信道排佛,册己为“教主道君皇帝”,集天神、教主、皇帝于一身,把道教抬高到无以复加的地位。在北宋统治者崇奉符箓派的同时,道教内丹派也有了长足的发展,并因其义理深邃而影响日盛。先有陈抟后有张伯端等人,远承魏伯阳的《周易参同契》,近继钟离权、吕洞宾等的内丹修炼术,进一步阐发和推进道教的内丹炼养理论。

改革转折期 南宋金元是道教的改革转折时期。南宋偏安,形成与金元南北对峙的局面,民族矛盾异常尖锐,道教内部宗派纷起,教团林立。在南方,除旧有的龙虎天师、茅山上清、阁皂灵宝等三山符箓派仍然受到南宋统治者尊崇外,自称得到异传而先后别立宗派者也很多,如神霄派、清微派、天心正法派、东华派、净明派等。经过一番分化组合,最终形成全真道和正一道两大主要派系。

全真道亦称“全真教”、“全真派”,创始人为金代道士王重阳。他著《立教十五论》,其教旨与以往道教的差别主要在于:①主张儒、释、道三教一家,认为三教同源,可以修证;②吸收佛教,特别是大乘佛教的义理,视酒、色、财、气为修行的大敌,禁止杀生偷盗;③排斥道教传统的符箓、咒术以及以金丹为主的养生术,主张清修苦炼、性命兼顾。王重阳与东华帝君、钟离权、吕洞宾、刘海蟾并为“五祖”,他还有七大高足,即所谓全真七子:马从义、谭处端、刘处玄、丘处机、王处一、郝大通、孙不二。合称“五祖七真”。王重阳去世后五十余年,丘处机被元太祖成吉思汗召见,赐号“神仙”,爵“大宗师”,令其掌管天下道教。全真教因此广泛传布,盛极一时。

天师道为了与全真道相抗衡,遂与上清、灵宝、净明等符箓派合流。

元成宗大德八年(1304),三十八代天师张与材被授为“正一教主”,总领三山(龙虎山、阁皂山、茅山)符箓,符箓各派遂统一为“正一派”。因此,正一道实际上成为了符箓各派的总称。据载,元仁宗曾两次下诏,令张天师掌管江南道教教法,正一道成了江南道教盟主。正一派道教讲究斋醮祈禳、符咒印剑,以画符念咒、驱鬼降妖、祈福禳灾作为主要传教方式。与全真道不同,正一派道士可以娶妻生子,不必出家。正一道利用下层人民的迷信心理,实施它的鬼神惩戒,在民间很有影响。它与全真道同为道教后期的两大主要派别。

走向衰落期 明清时期,道教开始走向衰落。明朝开国后,明太祖朱元璋要正礼仪,以完成其君主独尊的政治体制,于是对道教采取利用与检束并用的政策,即笼络其头面人物,而控制其势力的发展。他一再下诏,清整教团,减少道观,限制出家,并立道录司以检束天下道士,道教发展势头渐趋衰微。后虽有明世宗崇尚道教,但短暂的一瞬,终不能挽救道教日复一日的颓势。值得一提的是明成祖时,张三丰在湖北武当山创立的武当道派一度兴盛,可谓道教历史上的回光返照。武当道派有如下特征:①崇祀真武大帝,以真武大帝为武当道的祖师;②注重内丹修炼,习武当内家拳技;③主张儒、释、道三教合一。此外,道教在丹道方面还出现了东派、西派,然其内容大多荒唐,影响也不大。

清代统治者重视佛教,对道教采取了抑制政策,道教更加衰落。乾隆时,曾一度禁止正一真人差遣法员传度,限制天师率领本山道众。道光时,停止天师入觐,取消“正一真人”号。至此,道教与朝廷的关系基本结束。道教在上层地位一蹶不振,但民间通俗形式的道教仍很活跃,出现了一些如八卦教、义和拳等变相道教的民间秘密组织。道教在下层人民中还有广泛的影响,天师仍在各地设醮驱害,然而势力已大不如前,道教终于进入了它风雨飘摇的惨淡晚境。

明清时期,道教在著述方面也无多大创获。值得一提的是明《正统道藏》和清《道藏辑要》的编纂刊行。明成祖朱棣即位之初(1403),曾敕令第四十三代天师张宇初重编《道藏》。永乐八年(1410),张宇初去世,又诏令第四十四代天师张宇清继续主持编修,到正统九年(1444)始行刊板。明英宗又诏令道士邵以正督校,增所未备。正统十年(1445),校刊完成,名《正统道藏》,计 480 函、5305 卷,按三洞、四辅、十二部分类,以《千字文》为函目,自“天”字至“英”字,每函各为若干卷。明神宗万历年间,又刊布《续道藏》。万历三十五年(1607),龙虎山第五十代天师张国祥奉敕续补《道藏》32 函、180 卷,名《万历续道藏》。正、续《道藏》共计 512 函、5485 卷。清康熙年间,彭定求选明正、续《道藏》中所收道书的一部分,约 204 种,新增 93 种,共 297 种,编成《道藏辑要》,按 28 宿字号,分成 28 集,共 218 册。

光绪三十二年重刊《道藏辑要》

明代所编道教经典总汇《道藏》卷首的三清及众神图

2.道教的信仰与方术

基本信仰 道教奉老子为教主,把《道德经》作为主要经典,以“道”和“德”为其信仰和行为的总原则。《道德经》有言:“道生之,德畜之,物形之,势成之。是以万物莫不尊道而贵德。”道者物之所由,德者物之所得。道是宇宙本体、自然规律,德就是得道。所以两者是一个事物的两个方面,是一个整体。《道教义枢·道德义》曰:“道德一体,而具二义,一而不二,二而不一。”道教一方面以老子之道为万物生化的原动力,另一方面又将老子之道人格化、方术化,认为老君是道的化身,所谓“太上老君,一气化三清”,于是有了道教的三清尊神。道教把老子所谓“道生一,一生二,二生三，三生万物”的宇宙生成过程，分为“洪元、混元、太初”三个不同的世纪，三清尊神就象征着这三个不同的世纪：元始天尊象征洪元，灵宝天尊象征混元，道德天尊（太上老君）象征太初。

道教认为除了“人”所居住的这个世界之外，另有神仙居住的境地，即神仙世界。道教仙境最早在名山、海中，而不在天上。早期道教仙境有两个中心：昆仑山和三神山。昆仑山在西北，是“西王母之所治也，真官仙灵之所宗”（《云笈七籤》卷二十六）。三神山在渤海之东，即蓬莱、方丈、瀛洲，“所居之人皆仙圣之种”，“诸仙人及不死之药在焉”（《史记·封禅书》）。南北朝以后，道教在继承古人“九天”之说的同时，吸收佛教“三教”说，并与“三清”联系在一起，逐渐构筑了“三十六天”说，即玉清境十二天、上清境十二天、太清境十二天。除三十六天外，道教神仙还居住在人间的“洞天福地”内。洞天福地由“十洲三岛”发展而来。十洲即巨海中的祖、瀛、玄、炎、长、元、流、生、凤麟、聚窟；三岛则是昆仑、方丈、蓬丘。以后，神仙日盛，所居之地也就扩展为十大洞天、三十六小洞天、七十二福地。

道教还训“道”为“导”、训“德”为“得”，认为人的寿命并不完全由“天”决定，人经过修炼可以延年益寿，如果修炼有恒，日久年深，则可以长生不死，登清虚之境。所以，修道就是“导执令忘，引凡入圣”，如此也就能成仙得道。根据这种信仰，道教发展了一系列道功、道术。道功是它的修养方法，道术是辅助修养道功的具体方术，如服食、导引、吐纳、内丹、外丹等等。

修道方术 道教以成仙为最高追求目标，方术乃求仙的手段，因此道教非常重视它，认为“道无术不行”，强调“寓道于术”。道教之术，杂而多端。“盖清净一说也，炼养一说也，服食又一说也，符箓又一说也，经典科教又一说也”（《文献通考·经籍考》）。由于各人学道的目的不同，行法也不一样。大致说来，利用道教宣扬灾异祥瑞者，好占问吉凶之术；专司道职从事仪范科教者，好祈福禳灾之术；偏执方术希求延年益寿者，好气功炼养之术；迷恋仙道幻想得道成真者，好变化飞升之术。

吉凶祸福乃人生大事，若能操之在手，则是生活中的大幸。于是，古人结合天文地理知识，运用生克制化原理，通过阴阳、五行、八卦、干支之间的循环配合，以推测吉凶、预言祸福，帮助人们避凶趋吉。这类方术一般称之为“术数之学”。道教的起源本与术数有密切的联系，术数在道教，特别是在民间道教中占有特殊地位，是道教方术中重要的一种。道教占问吉凶之术主要有占卜、堪舆、奇门遁甲，另外还有占星术、占梦术、扶乩术、命相术等等。

道教在形成和发展过程中，为了赢得民众的信任和帝王的支持，又在原始巫术的基础上，结合道教自身的科仪习惯，创制了一套祈福禳灾、驱邪避魔之术，以捞取政治资本，抬高道教的社会地位。祈禳之术由来已久。祈即祈祷求福，禳为攘除灾祸。民间早有通过各种方式祈求鬼神降福免灾的活动。道教利用民间这一信仰，认为通过符箓咒语、斋醮仪式，可以和天神接通，让天神保佑人们，为人们消灾存福。符箓是天神的旨令与众神的名录，可以役使鬼神，排除邪魔，为人治病。然而，对神有所请求还要配合一定的仪式和方法，于是又有了斋醮之仪。

马王堆帛书《导引图》中的禽戏

道教创立后，继承了古代气功养生之道，并将它作为修炼成仙的主要途径。葛洪在《抱朴子·内篇》中所总结的"学仙之法"，就有导引、行气、胎息、存神、守一等。这些方法实际上都是以修炼精、气、神为主的气功养生术。唐宋以后，道士更总结出一套系统完整的内丹养生术，建立了足以与印度瑜伽、佛教禅定相媲美的道教修仙气功。道教气功在隋唐以前主要是继承传统的气功养生方法，其功法主要有：调心炼神法、行气导引法、辟谷服食法、存思守窍法、男女合气法等等。隋唐以后，道教建立起独特的内丹修仙气功。内丹气功以传统医学的经络、气化学说为理论依据，以鼎炉、药物、火候为三要素。鼎炉指练功者身上的部位，药物指人体精、气、神，火候指意念对练功过程中呼吸气感的调节和控制。

道教中还普遍流传着变化飞升之术，这些方术大多围绕着神仙的特点展开。道士相信，通过道术修炼，便可以得道成真，成为神仙。而成为神仙的首要标志就是他们具备了神仙的特点，如飞升逍遥，御风而行；隐形变化，为所欲为；入水不濡，入火不热。伴随这些特点的是一系列具体可行的法术，如乘跻、变化、服药等等。

道教方术大多荒诞不经，难以验证。道士为了自神其术，从野史传说中搜求这类记载，维护本教信仰，这也是可以理解的。另外，这些方术的背后也可能蕴藏着我们今天尚不能理喻的人体特异功能。总之，道教文化中，科学与迷信包裹在一起，至于道教方术中究竟含有多少科学成分，这是今天以至于将来值得研究的一个重要课题。

3. 道教对中国文化的影响

中国古代道教长久地作用于民族心理、风俗习惯、文艺科技，以及社会政治经济的广泛领域，道教的信仰、教义和法术为许多中国人所接纳、信奉，对中国文化产生了深远的影响。可以说，中国文化曾以道教作为自身的载体，在历史的长河中绵延泛波。

道教对科技的影响 道教对中国古代科学技术的影响比较明显，中国古代的化学、医学都与道教有着密切的联系。道教炼丹术本来是为了提炼"仙丹"，寻求长生不死之药而产生发展起来的，但它客观上推动了中国古化学的发展，促进了古化学研究进入更高的水平。道教炼丹术对古化学的贡献主要有这样几点：①丰富发展了化学物质变化的原理和知识。炼丹家不仅进行了大量的分解反应、化合反应和金属置换反应的实践，而且对此做了很好的总结。魏伯阳在《周易参同契》中就记载了汞和硫的化合反应，陶弘景则总结了汞和氧的化合反应，葛洪在《抱朴子·内篇》中又总结了分解丹砂提炼汞的方法。②炼丹家对不少物质的化学性质有所认识并能加以鉴别。《周易参同契》就认识到黄金具有化学稳定性，水银具有流动性、挥发性等。从书中的论述看，道教丹家已基本掌握 60 多种物质的性能及其炼制方法。

道教对我国古代医学、药物学、养生学的发展也做出了巨大贡献，虽然其中不乏宗教迷信色彩，但渗透着中国先哲智慧的道医，在中国医学史上占有重要的地位。道教医学中最有价值的部分是本草医疗学。早期道教经典《太平经》不但很重视药物治病，而且还强调针灸治疗。道门中对本草学贡献最大的道医是东晋时的葛洪、南朝齐梁间的陶弘景和唐朝的孙思邈。葛洪的《金匮药方》、《肘后备急方》和《神仙服食药方》，在今天仍然是药物学研究的重要参考资料。陶弘景的《本草经集注》、《肘后百一方》等书，都是我国本草学中珍贵的药物学专著。他还提出新的医药分类法，奠定了药物分类的基础。孙思邈素有"道门药王"之称。他认为"古之善为医者，皆自采药"。因而，他一生坚持自种、自采、自制药材。他的《千金翼方》中的《药性纂要》专论本草，详论了 873 种药物的采收时节、地点和制作方法。

道教对文艺的影响 “艺术之发展多受宗教之影响。而宗教之传播，亦多倚艺术为资用”。[①] 道教对文学的影响表现在两个方面，一是道士用以记载传授修道悟性、炼形求仙法术的文学作品，其中既包括赞颂神仙的幽明博大、道体的高深莫测，也包括为杰出道士树碑立传，记载洞天福地、名山宫观的作品。二是受道教思想影响，为一般文人创作的仰慕仙道世界、寄托出世求仙思想，以及以道教故事为题材，富有道教意蕴的文学作品。从体裁上看，受道教影响的不仅有诗歌，而且有小说和戏曲。例如，诗歌方面，古代有游仙诗、步虚词等；小说方面，古代有志怪小说、神魔小说等；戏曲方面，古代有神仙传说剧、道化度脱剧等。这些都是典型的道教文学作品，至于受道教思想影响的文学作品则不计其数。道教文学往往以空灵奇特的想象，编织起瑰丽缤纷的意象，流淌着浪漫豪爽的激情，从而对中国文学独特风貌的形成有着深刻的影响。

道教对中国古代艺术的影响也十分显著，书画、乐舞、建筑等主要艺术形式，都渗透着道教因素。仙书丹画、啸歌大舞、宫观建筑等，更是道教与艺术直接结合的产物。道教音乐主要是道士在斋醮活动中所使用的“法事音乐”或“道场音乐”，此外还包括“道情”与“啸吟”等。书画方面，一种以仙书道经为书写对象、以修道炼丹为绘事题材的仙书丹画，虽然为数不多，但也别具一格。还有道教宫观的壁画，在艺术上也有很高的成就。体现道教精神的宫观建筑最具民族风格，从总体上看，道教建筑主要由神殿、膳堂、宿舍、园林四部分组成。它的布局吸收了我国古代的阴阳五行学说，依据乾南坤北、离东坎西、子北午南的方位安排。殿堂精巧，楼阁巍峨，配置对称，布局和谐，再衬以假山池水，浑然天成，巧夺天工，具有很高的审美价值。

道教对民俗的影响 道教对中国古代民俗的影响尤为广泛深刻，它的一部分宗教思想、它所尊奉的神仙名目，早已深入民间，家喻户晓。例如，对城隍、土地、灶君的崇拜和祭祀，几乎遍及全国各地。另外，民间的许多节日庆典也与道教有关。例如，正月初八的敬八仙节就是为了纪念道教的八位神仙，即铁拐李、汉钟离、吕洞宾、韩湘子、曹国舅、何仙姑、张

---

① 陈寅恪：《天师道与滨海地域之关系》，见《金明馆丛稿初编》，上海古籍出版社，1980 年，第 34 页。

八仙传说

果老、蓝采和。每年清明节前一二日的寒食节是为了纪念介子推的，而道教尊介子推为神，所以寒食节也是道教祭祖尊神的重要节日。

禁忌是一种古老的消灾避祸之法，也是一种民俗的反映。道教十分讲究禁忌，举凡行住坐卧、饮食起居、男女房事、斋醮仪式等方面，都有种种禁忌。这些禁忌对民风民俗的影响也很大。如时间禁忌、饮食禁忌等，在今天人们的生活中还有所反映。此外，天时禁忌、地道禁忌、人事禁忌等等，也在民间流传不息。值得注意的是，道教禁忌有些是迷信虚妄的，有些则是有科学依据的，我们要区别对待，合理利用。

三、中国古代佛教

佛教是世界三大宗教之一，它起源于公元前 6 世纪至公元前 5 世纪的印度，创始人是悉达多·乔达摩。“释迦牟尼”是佛教徒对他的尊称，他又被称作“佛”或“佛陀”，意思是“觉者”或“觉悟了真理的智者”。佛教虽然产生于印度，却兴盛于东亚和东南亚各国。早在西汉末年，佛教就传入我国，并不断与中国文化融合，对我国的民风和思想都有很大的影响。

思惟菩萨像

1. 佛教中国化的进程

佛教自传入中国之日起，就开始了不断中国化的过程。为了能在中国生根、发展和传播，佛教不断改变、调整自己以适应中国社会政治、经济和文化多方面的需要。在中国社会历史条件和传统思想文化的影响与制约下，佛教与中国原有的意识形态既相互冲突，又相互融合，经过长期的发展演变，最终形成具有新特点的中国化佛教。佛教在中国的发展历史，大致经历了汉魏晋南北朝的发展期、隋唐的兴盛期和宋以后的衰落期。

发展期 佛教于两汉之交传入时，还只是御用品，仅为宫廷、贵族所供奉，下层民众则被禁止信奉。东汉时，宫中对佛教的供奉规模日益扩大。汉桓帝时把佛看作神仙的一种，认为供佛是求仙的一种途径。这样就加速了佛教的传播。桓、灵二帝在位时，西域佛教学者相继来到中国，从事佛经翻译。

魏嘉平二年(250)正式确立佛制，建立了处理僧侣和僧团事务的制度，开始有了正式受戒的沙门。这对于佛教在中国的发展起着重要的作用。魏晋时期，来华的僧人大量翻译佛经，佛教的《般若》义理得到了广泛的传播。所谓“般若”，指的是佛教所说的最高智慧。般若学说与玄学相表里，形成玄学化的佛教，影响了当时一代学风。佛教徒所谓的“格义”，便是用老庄、玄学去比附佛教义理。这一时期，佛教在中国逐渐形成两个中心——南区和北区。北区佛教的中心在长安，代表人物是道安、鸠摩罗什，他们传播的是大乘空宗。南区佛教的中心在庐山的东林寺和建康的道场寺，代表人物是慧远、佛陀跋陀罗，他们以清谈玄理为其佛教学风。

鸠摩罗什

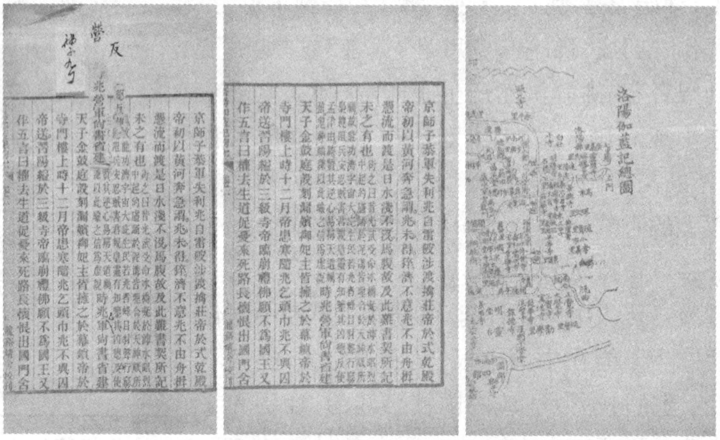

《洛阳伽蓝记》，民国年间龙溪精舍精刊朱印本。《洛阳伽蓝记》简称《伽蓝记》，北魏抚军司马杨炫之所作，书中追记洛阳昔日城郊佛寺之盛，从中可见“南朝四百八十寺，多少楼台烟雨中”的盛况。

龙门石窟中的浮雕《礼佛图》

南北朝时期，已进入中国化佛教的独立发展阶段，有了中国自己独立的佛教学派，如毗昙师、成实师、净土师、三论师、楞伽师等，为以后中国化佛教宗派形成奠定了基础。另外，这一时期，佛教在组织上也得到了巩固和发展，形成了强大的寺院经济。南朝地区拥有寺院8000余所，僧尼18万余人；北朝地区僧尼达200万人，寺院3万余所。如此庞大的僧尼集团和众多的寺庙，为中国佛教的独立发展提供了思想基础和物质基础。南北朝时佛教的迅猛发展，是与帝王的直接支持分不开的。南朝宋文帝亲自研究佛经，宋孝武帝则让僧人慧琳参与朝政，梁武帝更是四次入寺为僧。北朝统治者也大多信佛，利用佛教收揽人心。北魏文成帝礼奉高僧昙曜为师，孝文帝则热衷于塑佛像、度僧尼、立寺庙等佛事。如此等等，不一而足。统治者的大力提倡和支持，为佛教在中国的发展创造了良好的条件。

兴盛期　中国佛教经历了南北朝的发展，到隋唐时期已经兴盛发达起来。这种兴盛发达主要从三个方面表现出来：一是寺院林立，二是僧尼众多，三是宗派形成。佛教教义也普遍为当时士人所研究。

隋文帝曾三次下诏，在全国113州修建佛塔，广度僧尼。在他在位的20余年里，共修建佛寺3792所，新造佛像1.658万尊，受度的僧尼多达50万人，并写经3万余卷。隋炀帝也笃信佛教，他在位的十余年间，所度僧尼达16300人，铸刻新佛像3850尊，修补旧经和缮写新经620藏。佛教的发展比南北朝时又进了一大步。

唐朝统治者更是竭力地扶持佛教，唐太宗曾自称“皇帝菩萨戒弟子”，两次下诏普度僧尼。武则天在争夺帝位的过程中，曾利用佛教的《华严经》，预言她是一个应该做皇帝的女菩萨。所以在她统治期间，全国各地兴建了大量的寺院。佛教的势力和影响在唐朝达到顶峰，这可以从以下几个方面看出来：截止到唐武宗时，全国大中型寺院近5000所，小寺庙4万所，僧尼近30万人，拥有寺院奴隶15万人。寺院经济迅速膨胀，竟达到“十分天下之财，而佛有七八”的程度。与此相适应，僧侣的社会政治地位也得到提高。唐朝和尚被封官的就有30余人，其中最高的有司徒、司空、国公等。由于僧侣凭借其政治势力巧取豪夺，因而其经济势力也越来越大，以致唐武宗不得不采取灭佛行动。

佛教发展到南北朝已经产生了各个学派，但这些学派只是阐述各自对佛教学说的理解和修行方法。到隋唐时期，不同的学派才在组织上发展成为宗派。宗派的正式形成，是佛教兴盛发达的一个重要标志。这些宗派主要有天台宗、三论宗、法相宗、华严宗、净土宗、禅宗、律宗、密宗等。其中，天台宗、华严宗、净土宗与禅宗，在历史上影响最大。

衰落期 中国佛教的盛衰是与封建社会的盛衰相适应的。从宋代开始，中国封建社会逐渐走下坡路，佛教也随之走向衰落。由宋至清，理学在思想领域占据统治地位，封建统治者突出强调儒家的“三纲五常”，虽然也不放弃道教和佛教，但与唐朝的大力扶持有所不同，采取利用与限制相结合的政策，即政治方面利用和经济方面限制。

由于唐朝无限制地扶持道教，结果不仅直接威胁到世俗地主的经济利益，而且也减少了国家的国库收入。再者，大量的劳动力出家当僧人，势必减少国家劳役和兵役的人力资源，直接威胁到封建王朝的统治秩序。因此，唐以后的封建统治者在限制佛教方面，建立了严格的管理制度：①不准随意私建寺院；②不准私下剃度僧尼；③实行度牒（合法出家者的证明书）考试制度；④限制寺院经济的发展等等。这些有限制地保护佛教的政策，对佛教的恶性膨胀起到了抑制作用。

统治者在经济上对佛教加以限制的同时，在政治上又加以利用。宋以后，思想文化界出现了儒、释、道合流的趋势。统治者也主动利用这种趋势为其统治服务。宋朝著名宰相李刚在《三教论》中极力主张“三教归一”；元初中书令耶律楚材在《寄万老丛书》中大力主张“以儒治国，以佛治心”；清朝雍正皇帝也说：“佛以治心，道以治身，儒以治世。”宋明理学就是这种三教合流的产物，它吸收了佛教的根本观点，摈弃了佛教与儒家伦理相抵触的因素，成为维护封建统治的一种更为精致的理论工具。这样，在思想领域，佛教也只能处于次要的、从属的地位而日益衰落了。

2. 佛教的教义和神阶

基本教义 佛教的基本教义主要有“四谛”、“十二因缘”和“三法印”等，其基本精神就是空、苦两论，即世界一切皆空，人生苦海无边。

四谛即苦、集、灭、道谛，谛指真理。(1)苦谛是讲现实人生的种种苦难现象，佛教认为人生有八苦：生、老、病、死、怨憎会、爱别离、求不得、五取蕴。前四种是自然规律，是不可避免的，但人常常要抗拒这种自然规律，追求长生不老，结果只能引起种种痛苦。后三种是人与人之间的关系造成的，怨憎会苦是指由于种种原因不得不与自己意气不相投者相处的苦恼，爱别离苦是指愿意在一起而又必须分离的痛苦，求不得苦即欲望得不到满足的痛苦，这是苦的总原因。而这苦的总原因又源于五取蕴苦。佛教认为，构成人的成分不外乎五种，即五蕴：色（物质），受（感情、感觉），想（理性、概念活动），行（意志活动），识（统一前四种成分的意识）。这“五蕴”与“取”（一种固执的欲望）联结在一起的时候，就会产生种种贪欲。因此，人一旦有了五蕴，就会产生痛苦。总之，人从出生到死亡、从肉体到精神，一切皆苦。(2)集谛是讲产生上述种种痛苦的原因，也就是佛教通常所谓的“业”与“惑”。佛教认为，由于众生看不到大千世界变化无常和虚幻不实的本质，不能看破红尘而为无常所困扰，所以才有无穷无尽的烦恼痛苦。(3)灭谛指人生苦难的寂灭，就是要断灭世俗诸苦得以产生的原因，这是佛教修行所要达到的目的，即要达到最高的无苦境界——涅槃。(4)道谛讲的是达到涅槃境界的道路，即必须遵循佛教所讲的理论和规定的方法，如“八正道”、“三十七道品”等。后来，这些修行方法又被概括为戒、定、慧“三学”。其中心内容是要求人们坚定佛教信仰，严格按照有关教义戒规约束自己的言行，止恶修善。四谛的核心是苦谛，它是佛教的理论基石。

四谛所依据的根本原理是缘起论，即一切事物和现象都处于因果联系之中，都依赖于一定的条件、因缘和合而成。佛教以此来解释自然、社会、人生以及各种精神现象产生的根源，认为一切事物都是由偶然条件凑合而成的，世界上不存在什么永恒的东西，一切都是变幻无常的，没有什么可以确定，当然也就一切皆空。十二因缘就是通过这种缘起论来解释社会的人生现象。它把人生划分为彼此互为条件、互为因果的十二个环节，即无明、行、识、名色、六处、触、受、爱、取、有、生、老死。十二因缘说认为：由于人的无知（无明），才引起人们的意志（行），由意志引起精神统一体的“识”（识），由识引起构成身体的精神（名）和肉体（色），有了精神和肉体，就有了眼、耳、鼻、舌、身、意（心）六种感觉器官（六处），有了感觉器官也就引起了对外界事物的接触（触），由接触引起感受（受），由感受引起贪爱（爱），有了贪爱就有了对外界事物的追求（取），由取引起了生存的环境（有），有了生存的环境就有了生（生），有了生就必然有老死（老死）。其中，前两个是过去世二因；中间八个是现在世的果和因（前五个为现在世五果，后三个为现在世三因）；最后两个是未来世二果。在人生流转轮回的过程中，十二因缘包含了过去、现在、未来三世。其中，现在的果必有过去的因，现在的因又必然会产生未来的果。因此，十二因缘涉及“三世两重因果”。图示如下：

十二因缘

无明　行　识　名色　六处　触　受　爱　取　有　生　老死

过去二因　　现在五果　　现在三因　　未来二果

三世两重因果

佛教把十二因缘看作人类痛苦的原因，其总根源则是无明。同时，十二因缘中还包含着明显的生死轮回和因果报应思想。因此，十二因缘是佛教的基本教义之一。

敦煌藏唐代绘本《佛说十王经图》。图中所绘即通常所说“十殿阎罗”的世界，充分展现了对死后地狱世界的想象。

佛教为了进一步论证人生的“无常”、“无我”，要人们认识到包括人的自身的存在也是空的，于是提出了三个命题，即所谓“三法印”。第一是“诸行无常”，即认为一切事物都是变化无常的。这是从时间观念上证明宇宙间一切有作为的事物，都是一种瞬间的存在，而且无时无刻不在发生变化。凡是有所作为的一切事物，都不可避免地要经历“生住异灭”四个阶段。因此，世界上没有永恒存在的东西，就连构成人的精神和物质的两方面也都是变化无常的。这样，整个人生就必然离不开生老病死，从而证明人生无常，一切皆空，现实世界的人生是毫无意义的。第二是“诸法无我”，即一切现象都是因缘和合而成，不存在主宰者。这是从空间观念上证明世界万物并非实有，认为一切事物都是由于种种因素和条件(因缘)凑合起来的，若不是种种因缘的聚合，事物剩下的只是甲乙丙丁几个符号而已。人生也是由各种精神的和物质的因缘凑合而成的，因缘一散，人也就不存在了，以此进一步证明人也不是实有的。第三是“涅槃寂静”，即脱离生死轮回，进入极乐世界。佛教认为，人生活着的最终目的是要达到一种绝对安静的、无人生痛苦的精神状态，进入涅槃的神秘世界。这就是既摆脱了外在的客观世界，也摆脱了人的一切主观感受和理智活动，从而与现实世界完全对立的神秘世界。这三条教义是要鼓动人们看破红尘，熄灭一切欲望，通过出家，到神秘的、虚幻的彼岸世界去寻找人生的最后归属。

佛教诸神　佛教是多神的主神教，它所宣扬的神可以分为两类：一类是原来古印度神话中的“神”，如四大天王、韦驮、天女(如敦煌壁画中的“飞天”)等等；另一类是佛教徒自己想象创造出来的，这一类的“神”大致又可分为三等。

晚唐绢本《阿弥陀净土图》

大势至菩萨

三世佛

第一等是“佛”，也称“佛陀”或“如来”。佛是佛教修行的最高果位，因此被奉为最高境界的“神”。小乘佛教讲的“佛”，一般是用作对释迦牟尼的尊称；大乘佛教除指释迦牟尼外，还泛指一切修行而成的“佛”，他们宣称三世十方处处有佛。“佛”有“觉者”之意，同时“觉”又有“三义”，凡是做到三义圆满的都能成佛。这三义是：自觉（自身觉悟）、觉他（使众生觉悟）、觉行（把自觉体现在行为上）。因此，对于大乘佛教来说，佛是很多的，如过去的有七佛、燃灯佛，未来的有弥勒佛，东方有药师佛，西方有弥陀佛等。从佛身说，有法身佛（能显法成身之佛）、报身佛（经过修习而获得佛果之身的佛）、应身佛（超度世间众生之佛）。

第二等是“菩萨”，也称“大士”，是超脱生死的神，但还未成佛。其所以还未成佛，是因为菩萨只做到三义中的前二义（自觉和觉他），最后一义的觉行还未圆满，只能低于佛而称为“菩萨”。所以，在寺庙中，菩萨一般位于佛的左右两旁。大势至菩萨在右边，观世音菩萨在左边，与佛合起来称“西方三圣”，是所谓西方极乐世界三个地位最高的神。

第三等是“阿罗汉”，简称“罗汉”，也叫作“尊者”，是所谓“永生不灭”的神。罗汉是小乘佛教修行的最高果位，认为只要做到修学的三义，就能成为罗汉。这修学三义：一是“杀贼”，即杀尽一切烦恼之贼；二是“应供”，即应受天人的供养，而不受俗人的供养；三是“不死”，即永远进入涅槃，而不再有生死轮回之苦。[①]

3. 佛教对中国文化的影响

佛教自传入始，就对中国文化产生了深刻的影响。“如果没有佛教的传入，从汉代，或者从魏晋开始，我们的历史、哲学、文学艺术就会是另一个样子，宗教就更不一样了”。[②] 下面我们从哲学思想、语言文学和绘画建筑等方面，看看佛教对中国文化的影响。

佛教对哲学思想的影响 佛教思想博大精深，蕴藏着极深的智慧。恩格斯在《自然辩证法》中称誉佛教徒处在人类辩证思维的较高发展阶段上。佛教传入中国后，就与中国固有的哲学思潮相融合，它在改造自身的同时，也影响着中国传统的哲学思想。魏晋时期，玄风大畅。佛教徒遂以佛理附会玄学，慧远在讲经中“引庄子义为连类”，支道林为《庄子·逍遥游》注疏，玄言妙趣，“拔新理于向、郭之表”。而译经家则普遍采用“格义”之法，用老庄玄学比附佛教义理。与此同时，玄学家也吸收佛教义理来完善自己的玄学理论。晋代大名士郭象，就把老庄“自然”思想与佛教“因

① 参见陈麟书、朱森溥《世界七大宗教》，重庆出版社，1986 年，第 130～131 页。

② 季羡林：《中外文化交流与中国史料》，载《文史知识》，1999(1)。

缘”学说结合起来，阐述自己的宇宙观。他认为天地万物独化而成，但又不是杂乱无章的。因为万物既是“自为”（各自独立）的，又是“相因”（相互配合）的。事物之间的相互联系与配合就是相因，整个世界就是靠相因自然“玄合”成一个协调的整体，就像“唇”与“齿”、“形”与“影”一样。

翻开中国哲学史就会发现，两晋南北朝隋唐五代时期的哲学史基本上是佛学在中国的发展史。至于宋明理学，在很大程度上是受了华严宗、禅宗理论的刺激和影响而产生的。朱熹曾借用佛教“月印万川”的比喻来说明他的“理一分殊”的理论。他说：“释氏云，‘一月普现一切水，一切水月一月摄’，这是那释氏也窥见得这些道理。”（《朱子语类》卷十八）朱熹既继承了禅宗思想，也继承了华严宗思想。华严宗发挥“一即一切”的神秘主义思想，朱熹也说：“万个是一个，一个是万个。”（《朱子语类》卷九十四）任继愈指出：“朱熹好像在说佛教的某些观点近儒，实际上倒是朱熹的思想符合了佛教的观点。”[①]

晚清时期，佛教回光返照，中国知识界研究佛教成为一时的风气。一些民主思想启蒙者，如谭嗣同、康有为、梁启超、章太炎、蔡元培等，都采用了佛教中的一部分教理作为他们的思想武器。他们以佛经入世，旨在救世利生，实现社会的变革。这种经世佛学围绕着社会政治问题而展开，不仅实现了哲学上的革命，而且最终推动了社会的改造。

佛教对语言文学的影响　佛教教理的传入是佛教输入的根本标志，而教理的传入又取决于佛典的翻译。据唐《开元释教录》所述，汉末至中唐 700 年间，从事佛典翻译的人数有 176 位，共翻译佛典 2278 部、7046 卷。佛经的翻译不仅是佛教建设发展的大事，而且具有广泛的文化意义。

首先，佛典翻译对我国语言产生很大影响，使汉语词汇数量为之增多。从汉至唐 800 年间，译经家为翻译佛典所创新语约 3.5 万个。语言是表达观念的，随着译经事业的发展，不仅丰富了我们的语言，而且也大大地丰富了我们的思想。所谓：“增加三万五千语，即增加三万五千个观念也。由此观之，则自译业勃兴后，我国语实质之扩大，其程度为何如者！”[②]另外，

① 任继愈：《唐宋以后的三教合一思潮》，见《汉唐佛教思想论集》，北京：人民出版社，1994 年，第 293 页。

② 梁启超：《翻译文学与佛典》，见《饮冰室合集·专集之五十九》，第 9 册，北京：中华书局，1989 年，第 27 页。以下引文未注出处者，均见此文。

译经在语法文体上也很特殊，给当时国人耳目一新的感觉，促进了汉语语法及文体的变革。例如，译经一概不用“之乎者也矣焉哉”，既不用骈文家之绮词丽句，也不采古文家之绳墨格调，倒装句法极多，一句或一段中含解释语，一篇之中散文诗歌交错等等。凡此，皆在文章构造形式上开辟一片新国土。

其次，佛典翻译对我国文学的影响也很显著，推动了文章体裁的变革和文学情趣的发展。禅宗语录勃兴后，宋儒极力仿效，“实为中国文学界一大革命”，这一革命正是翻译文学的直接产物。禅宗语录大刀阔斧，无拘无束，实为一种纯粹的“语体文”。这种语体文即白话新文体，它为我国文学界开辟了一片新天地。另外，我国古典小说、歌曲等，皆与佛典翻译文学有密切关系。大乘佛教马鸣的《佛本行赞》实为一首三万余言的长歌，与《孔雀东南飞》等古乐府相仿佛；其《大庄严经论》，简直就是一部《儒林外史》式的小说。此等富于文学性的经典，经译家宗匠用优美的汉语翻译过来，使社会上人人嗜读，即使不信佛教的人，也莫不心醉于其故事辞藻。“故想象力不期而增进，诠写法不期而革新。其影响乃直接表见于一般文艺”。例如，佛教神话故事对我国古典小说就产生了很大影响，从六朝的志怪小说到明清的神魔小说，都可以找到佛教影响的痕迹，都与《大庄严经论》有因缘；而像《水浒传》、《红楼梦》这样的文学名著，其结体运笔也受《华严经》、《涅槃经》影响甚多；宋元明以降，杂剧、传奇、弹词等长篇歌曲，也都间接汲取《佛本行赞》等书的营养。

佛教对绘画建筑的影响　绘画方面，佛经中的动人故事常常成为画家的绘事题材。中国绘画史上，曹不兴、顾恺之、张僧繇、展子虔、阎立本、吴道子等绘画大师，都以擅长佛画而著名。中国画家中由王维一派的文人画而发展到宋元以后盛行的写意画，则与禅宗思想有关。另外，佛教壁画在中国绘画史上也占有重要地位，仅敦煌壁画，若把它们连接起来，就长达60华里。

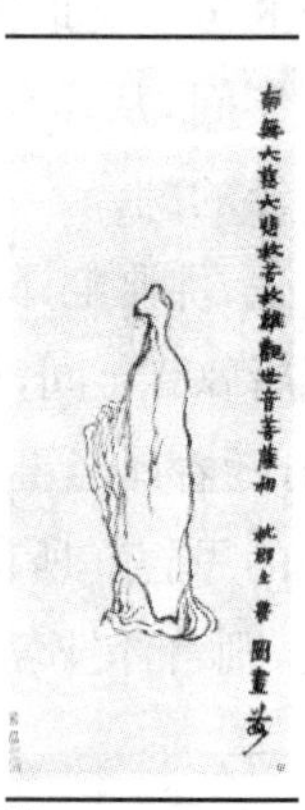

(清)金农《观世音菩萨相》

建筑方面，我国古代建筑保存最多的是佛教寺塔。现在常见的各种形式的寺塔以及塔的建筑，都是佛教传入以后的一种新的建筑形式。现存河南嵩山嵩岳寺砖塔，山西五台山南禅寺、佛光寺的唐朝木构建筑，应县大木塔，福建泉州开元寺的石造东、西塔等，都是研究我国古代建筑史的宝贵实物。敦煌、云冈、龙门为代表的三大石窟艺术，吸收了犍陀罗和印度的特点而发展为具有中国民族风格的造像艺术，是传统文化的精英，是中华民族的骄傲。

河南洛阳龙门石窟

第二节 中国古代礼俗

中国文化历史悠久而且从未中断，具有巨大的凝聚力和传承力。究其原因，“礼”起了重要作用。礼是中国文化中世代相沿的主要形态，曾被认为是中国文化的同义语。[①] 它以最强劲的意识形态，规范人们的生活方式、道德情操和是非观念。礼的特有政治功效引起了统治者的极大兴趣，历代君主都把礼作为安邦之法宝、治国之利器。

礼有多重含义，如礼貌之礼、仪节之礼、伦常制度之礼等等。一方面，历来的习俗被制度化，就形成了礼；另一方面，各种礼仪在社会上流行与

① 参见刘志琴《礼的省思》，载《中国传统文化的再估计》，上海人民出版社，1987年。

普及，也会渐渐演变为民间习俗，所以礼制与习俗总是联系在一起的。同时，中国幅员广大、民族众多。俗话说："十里不同风，百里不同俗。"这就自然而然地形成了许多不同的风尚和习俗。

一、礼的沿革及意义

1. 礼的沿革

郭沫若说："大概礼之起起于祀神，故其字后来从示，其后扩展而为对人，更其后扩展而为吉、凶、军、宾、嘉的各种仪制。这都是时代进展的成果。"[①]这段论述大体反映了古代礼的沿革变化。《荀子·礼论》认为"礼有三本"——"天地者生之本"、"先祖者类之本"、"君师者治之本"。礼仪制度正是为了处理好人与神、人与鬼、人与人之间的三大关系而制定出来的。

王国维说："奉神人之事通谓之礼。"[②]史前人类由祭神而祭鬼，是从自然崇拜转向人类自身崇拜的进步。礼的成型之初是祭祖的仪式。在原始社会里，礼表现为人类天然具有的敬祖亲子的情性。其主要形式是用礼器举行祭祀仪式，表现氏族成员对祖先的敬献和祈求，这对维系以血缘为基础的氏族社会有很大的实用价值和宗教意义。至于礼发展成为维护尊卑之别的等级制度，则是阶级社会出现以后的事。

殷人创造了最高权威上帝。他们认为，不仅王权来自上帝，而且王族的祖先也与上帝结合在一起，能沟通人间和上帝的联系。王是上帝所生，受命于天，代表上帝到人间来管理土地和人民。祭祀上帝与祭祀祖先是国家的头等大事，也是头等大礼。这样，全民性的礼仪被君主贵族垄断，原始的礼渗入尊君的内容，神权与君权合一，这是现实世界阶级观念的延伸。

殷人是崇尚上帝而灭亡的，周人从中总结了两条经验教训：其一，鉴于上帝威信受到动摇，于是改崇上帝而为敬天。实际上，天也是上帝。其二，鉴于殷代只尊崇上帝而不重视民心，周代强调必须注意治民之道。周人认为，敬天还必须修德保民，必须立德于礼。周人这种"敬天保民"思想，便构成周代的统治思想。这种思想比殷人只信奉上帝的思想显然是

---

① 郭沫若：《十批判书》，见《郭沫若全集·历史编》，第2卷，北京：人民出版社，1982年，第96页。

② 王国维：《释礼》，见《观堂集林》，第1册，北京：中华书局，1959年，第291页。

前进了一大步，同时也标志着礼由尊天而进一步扩展到保民。在礼制上，周代形成了系统的典章制度和各种繁文缛节，确立了亲亲尊尊的规制。礼和权力、财产的再分配相结合，与政治、经济、文化全面联系起来，所谓大礼三百、小礼三千，从吉、凶、军、宾、嘉礼到日常起居，莫不以礼的形态进行社会交往，一部《周礼》就是周代政治制度和社会生活的总结。

春秋时期是急剧变革的时期，劳动人民和一些进步思想家展开对天和礼的批判。当时新思想的两个特点是：反对天命，重视人事；反对礼治，重视法治。因而出现了"礼崩乐坏"和天、上帝动摇的局面。孔子站在这种新思想的对立面，强调实现德治（礼治），提倡仁学。到了战国时期，奴隶主阶级的礼制被地主阶级改革打破了。但是，地主阶级为了巩固自己的统治，也需要一套礼制，如祭神祀祖、君臣上下不同等级的区别，以及婚丧嫁娶、送往迎来等等，都必须有适当的礼制。孔子论礼说："夫礼，先王以承天之道，以治人之情，故失之者死，得之者生。"（《礼记·礼运》）正因为礼制如此重要，所以能被当时各派所接受。法家商鞅变革反对因循周礼，但又主张"因事而制礼"；道家庄子排斥礼仪，但又认为"道化之礼"不可少；儒家荀子主张以法寓礼、法为礼用。殷周神学化的礼，经过战国各家的修正、补充和发展，使国家法权与礼制融为一体，兼有德与刑二重功能，为历代王朝所继承。这样，从殷周形成的礼制思想体系，被秦汉以降的封建社会沿袭了两千多年。

2.礼的意义

礼是中国封建社会文化模式的中心，它的最大意义在于维护封建等级秩序。《荀子·王制》曰："礼者，贵轻有等，长幼有差，贫富轻重皆有称者也。"礼的中心内容和基本原则，就是充分承认社会各阶层的亲疏、尊卑、长幼分异的合理性，认为这种分异就是理想的社会秩序，为了使这种秩序长存，就必须使亲疏、尊卑、长幼各有其特殊的行为规范。所以，古代礼法对社会各阶层的成员，从生到死、从衣食住行到穿衣戴帽等方面，都有严格的等级限定。"奇服文章以等上下而差贵贱，是以高下异，则名号异，则权力异，则事势异，则旗章异，则符瑞异，则礼宠异，则秩禄异，则冠履异，则衣带异，则环佩异，则车马异，则妻妾异，则泽厚异，则宫室异，则床席异，则器皿异，则食饮异，则祭祀异，则死丧异"（《新书》卷一）。按照礼法的规定，每个人都严格地遵循由自己的社会地位决定的规范，这就是"行礼"，也就是对现存社会制度最好的维护。

礼的另一个意义在于强调等级秩序之间的整体和谐，以“和”的意识协调由等级差别造成的矛盾，故曰：“礼之用，和为贵。”(《论语·学而》)儒家伦理观的要义在于“重和尚情”，《礼记·礼运》所谓“父慈、子孝、兄良、弟悌、夫义、妇听、长惠、幼顺、君仁、臣忠，是谓十义”；《孟子·滕文公上》所谓“父子有亲，君臣有义，夫妇有别，长幼有序，朋友有信”等等，本意是使两方面调和相济，并不是要一方压迫另一方。各种名目的相见礼、慰问礼、馈赠礼，都是要促进人与人之间的情感交流，强调每个人都要有对对方的责任感，主张行为要持中，做事要讲究分寸。为了做到这一点，儒家还特别强调礼乐相济。《荀子·乐论》说：“乐合同，礼别异，礼乐之统，管乎人心矣。”《礼记·乐记》也说：“乐者为同，礼者为异，同则相亲，异则相敬，乐胜则流，礼胜则离，合情事貌者，礼乐之事也。”就是主张礼乐相辅相成，以乐的“同”补礼的“异”，以乐的“和”济礼的“分”，着重从情感上打动人，使礼的规范成为人们内在的自觉。所以说，孝、悌、礼、让之训，处处重和尚情。

二、礼的内容与礼书

1. 礼的内容

古代“礼”字有广义和狭义之分，广义的礼包括政教刑法、朝章国典，狭义的礼专指当时贵族(古代士以上的贵族才能参加礼乐活动)经常举行的祀享、丧葬、朝觐、军旅、冠婚等方面的典礼。各种门类的典礼，自古以来就在各级贵族之间举行。春秋以后，社会发生变革，古礼逐渐被废弃，礼家着手整理，阐析其意义，并加以系统的总结，编次为吉、凶、宾、军、嘉五类，总称“五礼”。《礼记·祭统》：“礼有五经。”郑玄注：“谓吉礼、凶礼、宾礼、军礼、嘉礼也。”

天坛，明清两代帝王祭天的场所。

吉礼，就是祭祀的典礼。古代认为祭祀是“国之大事”，所以把吉礼列为五礼之首。祭祀之俗起源于古人万物有灵的观念，当时的祭祀种类繁多，有对上帝、日月星辰、司中司命、风师雨师、社稷、五祀、五岳、山林川泽以及四方百物的祀典，这些都属于吉礼。吉礼把祭祀的十二个项目归属天神、地祇、人鬼三门。“吉”训为福，是事神致福之意。古代祭祀，每年冬至日在南郊祭天称作“郊”，夏至日在北郊祭地称为“社”，合称“郊社”，祭天神地神叫作“郊祭”。古代郊祭有特定的场所，祭天时筑圆形高台，称为“圜丘”；祭地时筑方形高台，称为“方丘”。这正与古人天圆地方的地理观念相符。古代帝王祭祀宗庙用牛、羊、豕三牲，叫作“太牢”；卿大夫祭祀宗庙只能用羊、豕二牲，叫作“少牢”，祭祀时用的牲畜总称“牺牲”。祭品中还有谷物、蔬果等，因有香味，故称“馨香”。

凶礼，指哀悯吊唁忧患之礼。依《周礼》所载，除丧事以外，凶礼还应该包括对天灾人祸的哀吊。如饥馑、疫疠、战败、寇乱，当时都要有哀悼的仪式，也应列入凶礼。其内容有五项，即丧、荒、吊、禬、恤五种典礼——“以丧礼哀死亡，以荒礼哀凶札，以吊礼哀祸灾，以禬礼哀围败，以恤礼哀寇乱”(《周礼·春官》)。前三礼各级贵族都可以举行，后二礼属国家事务，只有王与宰臣才能执行其礼。凶礼五项中，后代最重视丧礼。先秦丧礼，第一天是停尸、招魂、吊丧，制明旌上书“某某之柩”，替死者沐浴更衣，纳珠玉于口中，[①]用木板刻成牌位置于中庭，象征亡灵；第二天小殓，正式为死者著入棺寿衣；第三天大殓，奉尸殓于棺。宾客前来哭奠，直至下葬。通过占卜选定墓地及葬期。最后将死者牌位依辈分置于祖庙，与先辈一同受祀。

宾礼，是接待宾客之礼，主要指天子招待诸侯和诸侯对天子的朝见，以及各诸侯之间的聘问和会盟等。宾礼列八目：“春见曰朝，夏见曰宗，秋见曰觐，冬见曰遇，时见曰会，殷见曰同，时聘曰问，殷覜曰视。”(《周礼·春官》)“时见”是有事而会，“殷见”是众诸侯同聚，“时聘”是有事而派遣使者存问看望，“殷覜”是多国使者同时聘问。前六目是天子款待四方诸侯来朝的典礼，后二目是诸侯遣使向天子问安的问礼与视礼。诸侯朝见天子一般有三种形式：每年派大夫朝见天子为“小聘”，每隔三年派卿朝见天子为“大聘”，每隔五年亲自朝见天子为“朝”。

军礼，是师旅操演、征伐之礼。在古代，军礼除战事活动外，还包括若干需要动员大量人力的活动，如田猎、建造城邑等的仪式。军礼有五：“大师之礼，用众也；大均之礼，恤众也；大田之礼，简众也；大役之礼，任众也；

① 传说珠玉能生寒防暑，死者口含珠玉，尸体可鲜活如生，永不腐烂。

大封之礼，合众也。”（《周礼·春官》）“大师之礼”，指军队的征伐行动；“大均之礼”，指均土地、征赋税；“大田之礼”，指定期狩猎；[①]“大役之礼”，指营造、修建土木工程；“大封之礼”，指勘定封疆、树立界标。

嘉礼，其内容比较复杂，主要是和合人际关系、沟通联络感情的礼仪，内容有六项。《周礼·春官》曰：以饮食之礼亲宗族兄弟，以婚冠之礼亲成年男女，以宾射之礼亲故旧朋友，以飨燕之礼亲四方宾客，以脤膰之礼亲兄弟之国，以贺庆之礼亲异姓之国。六项之中，有的包含两种相近的礼仪，如冠婚之礼包含冠礼和婚礼；有的只是一种礼仪，如宾射全属射礼；有的只是杂仪，如脤（社稷祭肉）膰（宗庙祭肉）是祀典以后派人把祭肉分赐给助祭者；贺庆指一切可贺可庆之事使人持物称颂。

由上可知，古代所谓“礼”，不仅是社会生活中的规定和仪式，还包括国家政治制度在内。从种种史实考察，在当时，礼和法律、官制之间并没有明确的界限，许多政治、法律方面的规定，都见于礼的内容。章太炎说：“礼者，法度之通名，大别则官制、刑法、仪式是也。”[②]到了秦汉以后，官制、法律同礼的界限逐渐分明，礼就专指所谓“仪式”，与现代人关于礼的概念差不多了。

2.礼学经典

儒家十三经中，有三部属于礼书，称为“三礼”。这三部礼学经典就是《周礼》、《仪礼》和《礼记》。这三部书虽然产生在先秦和西汉，但“三礼”的名称是到东汉才有的。当时经学大师郑玄分别给《周礼》、《仪礼》和《礼记》作注，并写有《三礼目录》一卷，后世便称这三部经书为“三礼”。“三礼”主要记录了汉以前的制度、风俗、仪节、礼貌等。

《周礼》原名《周官》，西汉末刘歆始改其名为《周礼》。据考证，《周礼》的成书年代约在战国。《周礼》分六官：天官、地官、春官、夏官、秋官、冬官。其中，《天官冢宰》居首，职掌天下政务，辅佐君王管理国家；天官“掌邦治”，故又称“治官”。《地官司徒》次之，职掌邦教以及土地、赋税等，辅佐君王安抚天下；地官“掌邦教”，故又称“教官”。《春官宗伯》第三，职掌国家礼仪，主管宗庙祭祀，辅佐君王建立礼仪制度；春官“掌邦礼”，故又称

---

① 古代大规模的狩猎，常常是依军事组织进行的，起训练和检阅武力的作用。

② 章太炎：《检论·礼隆杀论》，见刘凌、孔繁荣编校《章太炎学术论著》，杭州：浙江人民出版社，1998年，第45页。

"礼官"。《夏官司马》第四,职掌国家军政事务,统帅军队,辅佐君王平定天下;夏官"掌邦政",故又称"政官"。《秋官司寇》第五,职掌国家狱讼刑罚等司法事务,辅佐君王建立法律秩序;秋官"掌邦禁",故又称"刑官"。以上五官中,冢宰、大司徒、大宗伯、大司马、大司寇分别为五官之长、六卿之一;五官之副为:小宰、小司徒、小宗伯、小司马、小司寇。《冬官司空》第六,因为亡佚,所以用《考工记》补之。所谓:"国有六职,百工与居一焉。"《冬官司空》便是管"工"的。《周礼》对六官中每一官职均先叙述官名、爵等、人数,再分别说明各自的职权范围。后来的六部就是从六官演变而来的,六官分职与六部的对应关系,列表如下:

六官	天官	地官	春官	夏官	秋官	冬官
长(卿)	冢宰	大司徒	大宗伯	大司马	大司寇	大司空
贰(大夫)	小宰	小司徒	小宗伯	小司马	小司寇	小司空
职掌	治典	教典	礼典	政典	刑典	事典
六部	吏部	户部	礼部	兵部	刑部	工部

《仪礼》是记载礼仪制度的专书,所记都是行礼的细节,一般认为成书于东周时代。《仪礼》十七篇的次序,戴德(大戴)本、戴圣(小戴)本和刘向《别录》本三家各有不同。下面按照戴德本的编次顺序介绍一下各篇的内容。《士冠礼》第一,讲冠礼的陈设、仪式,所致之词及其经过。《昏礼》第二,讲婚礼的一系列仪式。《士相见》第三,讲古代士初次相见及对方回拜的礼节。《士丧礼》第四、《既夕》第五,讲一般贵族对死去的父母由死至殡的礼节。《士虞礼》第六,讲葬后安魂之礼。《特牲馈食礼》第七,讲一般贵族岁时祭祀其祖庙之礼。《少牢馈食礼》第八、《有司彻》第九,讲卿大夫祭祀其祖庙之礼。《乡饮酒》第十,讲古代基层行政组织以尊贤养老为宗旨的饮酒仪式。《乡射礼》第十一,讲诸侯大夫参加射箭比赛时的程序礼节。《燕礼》第十二,讲诸侯大夫的宴饮之礼。《大射仪》第十三,讲君主主持的射箭比赛的礼节。《聘礼》第十四,讲诸侯国之间的外交礼节。《公食大夫礼》第十五,讲国君招待外国来访大臣的礼节。《觐礼》第十六,讲诸侯朝见天子之礼。《丧服》第十七,讲根据对死者的亲疏远近关系,生者在丧服及服期上的具体规定。《仪礼》所记繁琐的礼节要在今天付诸实行,是不可能而且也没有必要的。但书中所反映的古代宫室、服食、器用等等形貌、等级、亲疏、揖拜种种差别,作为社会学、民俗学的历史资料去进行整

理，还是很有意义的。

《礼记》主要阐明礼的作用和意义，所谓“记”，就是对经文的解释、说明和补充，实际上是一种关于“礼”的资料汇编。其中有关于《周礼》、《仪礼》的研究论文，关于礼乐的通论，也包括一些零散的“逸礼”。《礼记》原来没有独立成本，只是附《仪礼》而流传。现传的《礼记》有大戴本和小戴本两种，《大戴礼记》85 篇，现只存 39 篇，《小戴礼记》49 篇。由于郑玄给《小戴礼记》作了详尽的注释，使其地位逐渐提高。唐人作《正义》便采用《小戴礼记》，后来所说的“三礼”和“十三经”中的《礼记》，也都是指《小戴礼记》。梁启超将其内容分为五类：一为通论礼意及学术之属，如《礼运》、《大学》、《中庸》、《儒行》等；二为解释《仪礼》之属，如《冠义》、《昏义》、《乡饮酒义》、《射义》等；三为杂记孔子言行及弟子时人杂事之属，如《孔子闲居》、《仲尼燕居》、《檀弓》、《曾子问》等；四为记古代制度礼节带有考证性质之属，如《王制》、《曲礼》、《玉藻》、《礼器》等；五为记格言之属，如《曲礼》、《少仪》、《儒行》等篇中的部分内容。《礼记》是一部内容极其丰富的儒家思想史料，对研究儒家思想有着重要的参考价值。

禮記卷第一
曲禮上第一　禮記　鄭氏注
曲禮曰毋不敬儼若思安定
辭安民哉敖不
可長欲不可從志不可滿樂不可極
賢者狎而敬之
畏而愛之愛而知其惡憎而
知其善積而能散
安安而能遷
臨財毋苟得臨難毋苟免

《礼记》书影

三、礼俗举例

1. 跪拜礼

跪拜礼，即所谓“三叩九拜”之礼，是我国古代特有的一种向对方表示崇高敬意的礼节。古时候，跪、拜、坐是相近的动作。跪为两膝着地，腰杆伸直；跪而以手碰地即为拜；以臀抵脚跟即为坐。因此，跪是拜的基础，拜是跪的发展；跪虽先于拜，但跪后必然拜，两者密不可分。

跪拜礼根据表示敬意的不同程度以及各种不同场合的需要，可以分为级别不同的九个等级：“一曰稽首，二曰顿首，三曰空首，四曰振动，五曰吉拜，六曰凶拜，七曰奇拜，八曰褒拜，九曰肃拜。”(《周礼·春官·大祝》)郑玄注曰：“稽首，拜头至地也；顿首，拜头叩地也；空首，拜头至手，所谓拜手也。”“稽”，稽留。九拜之中，稽首最重，须头至地多时；顿首，头碰地即起；

空首，头不至地。这三拜是“正拜”，为跪拜礼的基本类型，其他几种都是由此演化出来的。如振动，是哀恸之拜，两手相击而拜；吉拜，是拜而后以额抵地；凶拜，是以额抵地而后拜；奇拜，先屈一膝，然后空首拜，为军中礼节；褒拜，持节而拜，是宫廷礼仪；肃拜，略相当于作揖与鞠躬，已不是严格意义的跪拜礼了。

跪拜礼不仅是外在的社交礼仪，其深刻含义还在于能形象地表现封建等级制度，制造出尊卑贵贱俨然不可逾越的特殊的庄严气氛。1912 年南京临时政府成立，孙中山当即宣布取消跪拜礼。

2. 冠礼

冠礼实质上是一种成年礼。男女青年到了规定年龄，必须举行一定仪式，才被承认为氏族的完全成员。冠礼正是远古这种仪式的孑遗。

根据礼书记载，古代男子 20 岁行冠礼。所以古诗有“二十曰弱冠”之说。《仪礼》第一篇就是《士冠礼》，它详细记载了士阶层冠礼的仪式过程。从开头“筮宾”到结尾“送宾归俎”一共有 15 个节目。大略说来，冠礼在宗庙举行，将要加冠的青年的父亲，先通过占筮决定行礼的日期，以及请哪一位嘉宾为青年加冠。确定后，把日期通知宾家。到行礼那一天，早晨将一切准备好，将要加冠的青年立于房中。其父请宾进门，入庙就位，将要加冠的青年出房就位，然后行礼。嘉宾把规定的服饰加于青年，共行三次，分别称为“始加”、“再加”、“三加”，于是以酒祝青年。青年由西阶下，去拜见他的母亲。见母以后，回到西阶以东，由嘉宾给他起字，于是礼成，青年之父送嘉宾出庙门。被加冠的青年内而往见他的兄弟姐妹，外而挚见于君、卿、大夫及乡先生，以取得各方面对他成年的承认。

与冠礼对应，古代女子 15 岁许嫁时要举行加笄礼仪式。笄就是簪子。行笄礼时要改变幼年的发式，把头发绾成一个髻，然后用绢把发髻包住，再用笄插定发髻。

3. 婚礼

从周代开始，由于人们对婚姻重要性的日益强调，对完婚过程就有了一套礼仪。凡经由这些公认礼仪的婚姻行为，才能获得合法的地位。古代婚礼的大致过程可分为说媒、议婚、迎娶三个阶段。

其一，说媒。古代男女成婚必须依照父母之命、媒妁之言。我国古代是宗法制社会，重家族而不重个人，婚姻的目的在于传宗接代，关系着整个家族的兴衰。所以，婚姻被认为是家族的事而非个人的事。古代成婚须说媒的风俗由来已久,《诗经·豳风·伐柯》就有"伐柯如何?匪斧不克;取妻如何?非媒不得"的诗句。

其二,议婚。古代议婚程序一是纳采,后人称为"合婚"或"说媒"。二是问名,相当于今天的订婚,或称"换庚帖"。三是纳吉,古称"卜吉",后演变为小聘,是指男方致送女方的订婚礼物。四是纳征,后称"下财"、"过大礼",就是男方把论婚时所议定的东西,在迎娶之前数日送到女家。五是请期,即由男方择定吉日,照会女家。六是亲迎,即新郎到女家迎亲。

(清)婚庆图

其三,迎娶。迎娶之日,由男方派仪仗队和花轿,至女方家迎娶。古人重视婚礼,新郎于黄昏亲至女家以礼相迎,然后随车而归。据说"婚"的本义就是"黄昏娶妇"。古代迎娶习俗还有:①传代。古人娶新妇,一进门时不让她的足履地,而是以袋相传,令新妇一步一步地踏在袋上,叫"传代",象征传宗接代。②盖头。新妇以帕蒙于头上,叫"盖巾"。③拜堂。因为从结婚之日起,男女之间就有了人伦之义,所以要拜天地神祇;结婚之后女子就成了男方家族中的一员,所以要拜列祖列宗;结婚之后男女之间合成一体,所以新婚夫妇要对拜。④牵巾。新婚夫妇行过大礼后,用彩缎绾结同心叫"牵巾"。⑤交杯。指新婚夫妇在新房内共饮合欢酒。⑥闹房。新婚之夜,亲朋围坐房中,百般戏弄。⑦回门。此俗始于春秋时代,又称"归宁"或"拜门"。回门或在婚后三日,或在七日。近代定在婚后三日,所以又叫"三朝回门"。

4. 姓名与避讳

姓名 中国人有姓,有名,还有字;姓在前面,名、字在后。在古代的人际交往中,名一般用于谦称、卑称,而尊称时须用字号,直呼其名是很不礼貌的。姓、名、字这种结构,历史悠久,但先秦时期并不如此。这也是有关礼制习俗的问题。

先说姓。先秦的姓不是后世的姓。先秦的姓与远古的母系制度有关系,是氏族或部落的标志。由于姓标志一个人由哪个氏族生出,故称为"生";由于当时知母不知父,所以加上"女"字边,写作"姓"。它起着明血缘、别婚姻的作用。当时的姓也多有一个"女"字,如姚、妫、姒、姬、姜、嬴等等。这种意义的姓到秦代便基本消亡了。

古人除了姓，还有氏。氏则是姓所衍生的分支，是家族的标志。姓由生而定，是不变的；氏因家族而分，是可变的。所谓“氏以别贵贱”。以什么为氏，常有以下几种方法：①列国公族多以“孙”为系氏，如鲁国的孟孙氏、叔孙氏、季孙氏；有的因出生公室就称公孙氏，出生王室就称王孙氏。②有些以所居职官为氏，如司马氏、司空氏；有些以所封地名为氏，如韩氏、赵氏，还有东郭氏、柳下氏等。③最多的是以祖父的字为氏，如孔子的祖父公孙嘉，字孔父，故孔子出世后便以孔为氏；秦将百里术，字西乞，其孙就以西乞为氏。氏与宗法制度密切相关，只要分立家室，就要命氏。上古姓与氏概念不同，战国以后，姓与氏逐渐合二为一，汉代则通谓之姓。

古人有名有字。上古时代，婴儿出生三月后，便由父亲命名。而后，男子 20 岁举行冠礼时取字。古人取字一般要包括排行的伯、仲、叔、季。长子称伯，次子称仲，以下称叔，幼子称季，男女都一样。取字的时候，还要注意名与字之间的关系。这种关系常见的有：①呼应关系：如孔丘，字仲尼，就是以曲阜之东有尼山取义；②同义关系：如孔子的学生宰予，字子我，予即我；③反义关系：如孔子的学生曾点，字皙，点的本义为小黑点，引申为污，而皙的本义是肤色白也。

避讳　避讳就是不直接称君主或尊长的名字，凡遇到和君主、尊长的名字相同的字，则用改字、缺笔等办法来回避。避讳始于周朝，行于秦汉，盛于唐宋，弛于元朝，复又严于明清，直到新中国成立前还有这种现象。

历代帝王之名，国人皆共避之，谓之“公讳”。如汉初的五位皇帝：高祖刘邦、惠帝刘盈、文帝刘恒、景帝刘启、武帝刘彻，为了避这些帝王名讳，汉朝史书遂改“邦”为“国”、“盈”为“满”、“恒”为“常”、“启”为“开”、“彻”为“通”。人子于其父祖之名，一家皆公避之，谓之“私讳”，亦称“家讳”。如苏轼祖父名序，苏洵在文章中改“序”为“引”，苏轼为人作序时又改“序”为“叙”。

避讳常用两种办法，一是改字，如避唐太宗李世民的名讳，“世”改为“系”或“代”、“民”改为“人”。二是缺笔，即将需要避讳的那个字，在书写时故意省掉某一笔画，使其不成其为原字。

避讳人人必须遵守，如有违反，轻则受到舆论的谴责，重则受到严厉的惩罚。科举考试中如果出现违反避讳的情况，考生就会断送前程。避讳表面看来是由尊敬之义，推而广之，登峰造极，又加以皇权的强制，才到了可怕的程度。其实，避讳有着深远的民俗文化内涵，它与原始巫术有密切联系。《封神演义》中有“呼名落马”的法术，民间也有夜晚听见别人叫自己的名字而不能答应的说法。这种说法的背后就蕴藏着民俗文化的内涵。拉法格在《思想起源论》中说：“野蛮人在占有物质的财富之前已经占有非物质的财产，自己的名字，这是当他达到成年时经过一定的仪式而授予的，基督教的洗礼就是这种仪式的遗留。这名字是他的最宝贵的财产，当他想用无可估价的礼物来表达他的友情的力量时，他就同他的朋友交换名字。”作者自注曰：“谁知道某一个名字，他对这个人就握有一种魔力，因此野蛮人总是对生人隐讳自己的名字。一直到现在中国权贵家庭成员的私名还是不为人所知。在死的恐吓之下禁止称呼皇帝的名字……”

5. 谥号、庙号与年号

谥号　我国古代的帝王后妃、文武百官，以及鸿儒耆宿，或有忠勇义烈行为的人死后，朝廷或私家会给他一个特殊的称号，即谥号。而关于给谥的规定就是谥法。皇帝的谥号由礼官议定，在嗣位皇帝的参加下，由朝廷最尊大臣在圜丘祭天仪式上称天给谥。官员的谥号，由朝廷赐予。官员死后，由其子孙或佐僚整理出反映死者一生事迹的“行状”，提出赐谥的请求，皇帝同意后，即由礼官拟出谥号，报经皇帝批准，再派专员参加丧礼，宣布朝廷的诔策(祭文、悼词)，公布谥号。这就是立谥、赐谥的过程。

谥号之事大约起于西周初年，一般认为周文王、周武王中的“文”、“武”两字即为谥号。给谥的方法是根据死者的生平事迹，评定褒贬而给予不同的称号，若死者一生为善或建有功勋，就给予文、武、昭、敬、庄、烈等美谥；若死者行为有悖礼义，就给予暴、炀、昏、厉等恶谥；若登位夭折或志向未伸，就给予怀、闵、哀、悼等平谥。另外，还有追谥、加谥、改谥、夺谥等名目。

庙号　古代帝王死后，都要根据他在皇族中的世系，奉入祖庙祭祀，并追尊为某祖某宗，以确定、显扬其在皇室宗族中的地位，这就是所谓“庙号”。庙号始于殷商，如殷王太甲称“太宗”，武丁称“高宗”。汉承其制，惠帝尊刘邦庙为太祖庙，景帝尊文帝庙为太宗庙，以后历代帝王均有庙号。

一般来说，创基开国和治平天下有殊勋的君主多称“祖”，有的称“高祖”，如汉高祖、唐高祖、晋高祖；有的称“太祖”，如宋太祖、明太祖、清太祖；还有称“世祖”的，如元世祖、清世祖等等。其余承袭皇位的直系、旁系后代均称宗，如唐代开国之君李渊，称“唐高祖”，其后有太宗、高宗、中宗等；再如赵匡胤创建宋朝，称“宋太祖”，其后有太宗、仁宗、英宗等；明朝朱元璋称“太祖”，而朱棣复称“成祖”，这是因为他“靖难”平逆，迁都北京，“再造”了明帝国的缘故。

年号　年号是我国封建帝王所立的用以纪年的名号，是某皇帝当政的时代标志，例如，唐太宗在位期间，以“贞观”作为其年号；唐玄宗在位时，则以“开元”、“天宝”作为其年号。年号名称繁多，但不外是图祥瑞、饰太平，或显示皇权的神圣性，或希望国泰民安的意思。

公元前 140 年，汉武帝即位，称“建元元年”，这是我国历史上第一个年号。以后历代新皇帝登基，第一桩大事便是建元改号，表示与民更始。改换年号叫作“改元”。有的帝王在位期间只使用一个年号，中间不再改元，如唐高祖李渊，在位 9 年，只使用“武德”一个年号；唐太宗李世民，在位 23 年，也只使用“贞观”一个年号。明、清两代帝王，一律是一帝一年号，从不改元。但是，历史上的大多数皇帝在位期间却往往多次改元，更换几个甚至十几个年号，例如汉武帝在位 54 年，使用了 11 个年号；唐高宗在位 34 年，使用了 14 个年号……到了明、清两代，改元就有了明确的规范性，不再由帝王随意为之了。朱元璋称帝后，立年号“洪武”，终其位而不再改元，并明令其子孙，在位期间只能使用一个年号，不得改元。清朝定鼎后，沿袭明制。因此，明、清两代，一位皇帝一个年号，成为定制。由于明、清两代，皇帝都是一帝一年号，所以后人对明清两代的皇帝，多习惯以年号为其称谓，如称明太祖朱元璋为“洪武帝”，称明成祖朱棣为“永乐帝”，称明思宗朱由检为“崇祯帝”，称清圣祖玄烨为“康熙帝”，[①]称清世宗胤禛为“雍正帝”等。对元以前的皇帝则多称谥号、庙号，如晋武帝、隋文帝、唐太宗、宋太祖等。

中国封建社会延续了两千多年，究竟出现过多少个帝王年号，前人曾有统计。梁启超《新史学·论纪年》说：“合正统僭伪计之，不下千余，即专以史家所谓正统者论，计自汉孝武建元，以迄今光绪，二千年间，而为年号者，三百十有六。”[②]

---

① 清先祖努尔哈赤，因统一女真诸部、建立后金政权而称“太祖”；其孙福临（顺治）则因“入关定鼎”而称“世祖”；后嗣玄烨（康熙）又称“圣祖”，因为他削平三藩之乱，“寰宇一统，虽曰守成，实同开创”。

② 梁启超：《饮冰室合集·文集之九》，第 1 册，北京：中华书局，1989 年，第 31 页。

第七章　中国古代选举与职官

选举制度就是选拔人才的制度，它是国家社会政治生活中的一项重要内容，关系到国家机器的正常运转，所以历来为统治阶级所重视。中国古代有见识的政治家，都把人才问题看作治理国家的根本，强调对人才的培养、选拔和任用是关系到国家盛衰兴亡的大事。历代统治者为了选拔人才，都建立了相应的选举制度。这些选举制度，历史悠久，内容广泛，形式多样，隋唐以后更形成了一套严密完整的科举制，对封建社会产生了重大而深远的影响。

设官分职，是人类社会从原始社会进入阶级社会的标志。当人类社会发展到一定阶段出现了阶级对立的时候，作为统治者一方就需要建立各种官吏，使之分职治事，以实现自己的统治意志，加强国家机构的统治力量。中国在夏、商时期已进入奴隶社会，其职官制度，从夏、商、周到元、明、清，经历了萌芽、发展、变革、成熟的过程。行政机构从中央到地方，层层叠叠，井然有序，组成了宝塔式的结构，形成了一套完整的制度，创建了东方大帝国模式。

第一节 中国古代选举制度

中国古代选举制度大体经历了两个阶段，一是隋唐以前各朝统治者根据自己统治职能的需要，建立一种或几种选拔官吏的制度；一是隋唐以后科举制度成为选拔官吏的主要途径，并一直延续了1300多年，成为中国历史上影响最大、持续时间最长的一种选举形式。

一、隋唐以前选举制度的沿革

隋唐以前的选举制度，形式多样，包括多种选举途径。但是，每一历史时期总有一两种选举途径居于主导地位，在实际政治生活中起着关键作用，是这一时期选举制度的代表形式。

1.原始社会的推举禅让制

原始社会初期，没有阶级，没有剥削，也没有私有财产，被选为首领或委以重任的人，都是有经验、有才能、有威望，为全体成员所信赖的人。因此，在人才的选举上，“不亲其亲”、“不子其子”，惟贤能是举。这就是《礼记·礼运》所谓的“选贤与能”。“与”通“举”。这里的所谓“选举”，是指国家产生以前的原始社会民众选举首领的情况。

据史籍记载，中国原始社会后期的部落联盟首领先后有尧、舜、禹等人。关于他们是怎样被选为最高首领的，中国历史上有所谓“尧舜禹禅让”的传说：尧，名放勋，陶唐氏，史称“唐尧”，是传说时代的部落首领。相传尧设官掌管时令，制定历法，又咨询四岳，推选舜为继承人，对舜考核三年，命其摄位行政。尧殁，舜即继位。舜，姓姚，名重华，有虞氏，史称“虞舜”。摄政期间，巡行四方，清除鲧、共工、驩兜、三苗等作乱者。执政后挑选贤人管理民政，并举荐禹为继任者。禹，姓姒，名文命，史称“夏禹”。他奉舜命治理洪水，率领百姓疏通江河，兴修水利，以治水功禅位，成为新的部落首领。

禹的儿子启，创建了我国历史上第一个奴隶制国家——夏朝。同时也打破了禅让制，开始了君主世袭制度。

2. 奴隶社会的世卿世禄制

奴隶社会选举制度的主要特点是“亲亲”。奴隶主贵族选取其亲属，按照血缘关系的亲疏远近，分封高下不同的官职。而且奴隶制王朝的执政大臣如卿、大夫，都由贵族家族分封并世代传承，国君不得随意任免。历史上称这种用亲人出任官职并且代代世袭的选官制度为“世卿世禄”制。夏、商、周（西周）三朝，大夫以上的爵位和官职都是世袭的，大夫以下的低级职务才是选士来担任的。《周礼·地官·乡大夫》记载：“三年则大比，考其德行、道艺，而兴贤者、能者。”这就是指在下层社会平民中选拔贤者、能者，但选中后一般也只能补充到下层官吏中去。

世卿世禄制虽然是奴隶社会选官的主要特点，但这并不排除一些开明的统治者能够突破“亲亲”的限制，直接从下层选拔个别突出人才并委以重任。例如，商汤重用伊尹，最终确立了商王朝的统治；武丁任用傅说为相，实现了殷商的中兴。而《史记·殷本纪》等文献记载，伊尹、傅说都是奴隶出身。生于商朝末年的姜尚，一生穷困潦倒，后来在棘津垂钓遇到周文王，于是以兴王图霸之计受到重用。周武王伐商时，以姜尚为军队的最高统帅，最后取得了完全胜利。

3. 春秋战国的选贤任能制

春秋战国时期是中国奴隶制度瓦解、封建制度确立的大变革时代。封建地主阶级作为一种新兴的政治力量，开始登上历史舞台。他们在政治上致力于改革旧的奴隶制的选举方式，以“任人惟贤，因功受禄”的选举制度取代原来陈旧的世卿世禄制，希望通过“选贤任能”的新制度，不拘一格选拔人才，壮大自己的力量。

春秋战国时期兼并战争频繁，奴隶主贵族日趋没落，一些下层士人摆脱了贵族的人身依附，得到了自由流动的社会环境。但是，他们的才能作用，在某种程度上只有依靠国君才能发挥出来，而国君也需要人才来富国强兵。在这种情况下，一些开明的诸侯国国君，往往能够大胆地起用地位低下而又才能出众的人。例如，齐桓公重用他的政治仇敌管仲为相而称霸中原，秦穆公把当过陪嫁奴隶的百里奚用为大夫而使秦国强大起来。

此外，战国时期还有“养士”和“军功”之类的选拔人才的形式。当时国君、宰相、公子常常招集一批有学问、有才能的人，供养在身边，以便随时从中选出适当的人才，委任官职。贾谊在《过秦论》中说：“齐有孟尝、赵有平原、楚有春申、魏有信陵，此四君者，皆明智而忠信，宽厚而爱人，尊贤而重士。”战国时有名的“四君子”当时都养士数千人，他们礼贤下士，争取民心。在秦国，商鞅在秦孝公的支持下实行变法。他奖励耕战，实行军功爵制，即按照军功大小赏给官爵的制度。《韩非子·定法》记曰：“商君之法曰：斩一首者爵一级，欲为官者为五十石之官。斩二首者爵二级，欲为官者为百石之官。官爵之迁与斩首之功相称也。”

4. 两汉时期的察举征辟制

察举，又叫“荐举”，是汉代选官的主要形式。察举一般先由皇帝决定察举的范围和名目，然后由公卿、列侯、州郡等长官，在各自辖区内经过考察向朝廷推荐所需人才。被荐举的人须先试用一年，如果能够胜任职守，则可转为正式官员；若不能胜任，就要被撤换，而且还要连累荐举他的人。察举的名目很多，常见的有“贤良方正”、“贤良文学”、“孝悌力田”、“秀才”、“孝廉”等。察举的对象主要是官府的属吏和地方学校的学生。汉武帝时，比较普遍地采用策问的方式考察被荐举者的才干学识。首先由皇帝提出一些关于如何治理国家的重大问题，称为“策问”；然后把这些问题按难易程度分为甲、乙等科，密封起来；最后让被荐举的人任意抽取问题回答，叫做“射策”。朝廷根据他们回答的成绩分派官职。察举制使此前那种粗糙散漫的举荐选官，进化为“科目”的形式，并形成了固定的举主身份、举人标准和规范程式，因而大为制度化了。但是，察举也产生了一些不公正的问题，正像汉民谣所说：“举秀才，不知书；举孝廉，父别居。”

征辟是朝廷和高级官员选拔任用属吏的一种制度。在汉代，由皇帝直接聘请人来做官称为“征”，由官府聘请人来任职叫“辟”。被皇帝征召到朝廷来任官的，多是一些德高望重、学识渊博、名闻遐迩的人。例如，夏侯胜以善说礼仪被征为博士，疏广因精通《春秋》被征为博士。汉武帝初即位时，著名辞赋家枚乘已经年老，但汉武帝还是征召他到长安来。被征召的人，有时可授予很高的官职。杰出的科学家张衡，由于精通天文、历算，善为机械巧作，东汉安帝先征召他任郎中，后迁为太史令。两汉时期，官府的掾史等低级官吏，可由长官自由聘请。无论是中央还是地方官府的长官自己聘人到官署内做僚属、任职办事的做法，都叫“辟”或“辟除”。

5. 魏晋南北朝的九品中正制

东汉后期，以门阀世族为代表的大地主贵族，依仗权势操纵了地方选举。这样一来，就同要求参与政治的中小地主及士人发生了矛盾。地主阶级内部的这种冲突，使得双方在采取怎样的选举制度上，展开了激烈的斗争。“九品中正制”就是在这样的形势下产生的。

在东汉末年拥兵称雄的诸军阀中，曹操是一位有远见卓识的人物。他代表以中小地主为主的庶族利益，实行开明政治。在选拔人才问题上，他大胆提拔出身微贱的士人，提出“惟才是举，以备录用”的方针，于建安十五年、十九年、二十二年，先后三次下达求才令。曹操致力于不拘一格举任贤才，是为了改变东汉以来大族名士主持乡闾评议、控制选举的局面，为建立自己的集权统治创造条件。陈寅恪曾说：

> 夫曹孟德者，旷世之枭杰也。其在汉末，欲取刘氏之皇位而代之，则必先摧破其劲敌士大夫阶级精神上之堡垒，即汉代传统之儒家思想，然后可以成功。读史者于曹孟德之使诈使贪，唯议其私人之过失，而不知此实有转移数百年世局之作用，非仅一时一事之关系也。今移录孟德求才三令，而略论释之于下……孟德三令，大旨以为有德者未必有才，有才者或负不仁不孝贪诈之污名，则是明白宣示士大夫自来所遵奉之金科玉律，已完全破产也。由此推之，则东汉士大夫儒家体用一致及周孔道德之堡垒无从坚守，而其所以安身立命者，亦全失其根据矣。故孟德三令，非仅一时求才之旨意，实标明其政策所在，而为一政治社会道德思想上之大变革。①

汉献帝延康九年(220)，曹丕继为魏王，采纳吏部尚书陈群的建议，建立九品官人法。这种选官方法是在每州置大中正，每郡置小中正，以各州郡在朝廷任职的达官充任，负责察访本地区的士人，按门第、声望分别评定为上上、上中、上下、中上、中中、中下、下上、下中、下下九等，叫作“九品”。然后按品级推荐他们做官。九品中正制初行时，尚能贯彻曹操“惟才是举”的原则，评定人物主要看才能，在当时起了较好的作用。所以沈约在《宋书·恩幸传序》中说：“盖以论人才优劣，非谓世族高卑。”晋朝以后，豪门世族操纵了“中正”的职权，评定人物逐渐以门第为主要依据，使九品中正制成为巩固门阀特权的工具，出现了“上品无寒门，下品无世族”、“世胄蹑高位，英俊沉下僚”的现象。

---

① 陈寅恪：《书世说新语文学类钟会撰四本论始毕条后》，见《金明馆丛稿初编》，上海古籍出版社，1980年，第43～45页。

二、隋唐以后科举制度的始末

科举制度是指官府通过定期举行的科目考试，根据成绩的优劣来选取人才，分别任官的一种制度。它和以前的选举制度最根本的区别，在于凡普通的读书人均有参加官府考试，从而被录取做官的机会，这就使封建王朝能在更大的范围内选拔官吏。

1. 隋朝科举制度的创设

隋朝废除九品中正制和辟举制，大小官员都由中央政府任命。选士既不需州郡的荐举，也不经中正的评定，而是由朝廷通过公开考试的方法甄别选用。《旧唐书·杨绾传》记载："近炀帝始置进士科，当时犹试策而已。"这里的进士科是考试科目，而不是荐举的科目。把进士科与试策办法联系在一起，通过考试来选拔进士科的人才，这就产生了科举取士的制度。所以，人们一般认为，我国科举制度的正式产生，以隋炀帝创设进士科为标志。

当然，隋朝的科举取士制度还只是一个雏形。经过一段时间的发展，科举作为一种比较完备的选官制度，才在唐朝最终确立下来。

2. 唐朝科举制度的完善

唐朝继承并发展了隋朝创设的科举制度，在考试科目、考试方法以及录取授官等方面都有明确的规定，从而进一步完善了科举取士制度。唐朝考试的科目，分为常科与制科两类。

常科每年举行，科目有秀才、明经、进士、明法、明字、明算等五十多种。应试者以明经、进士两科最多。常科的考生有两个来源，一是生徒，一是乡贡。由京师及州县学馆出身，而送于尚书省受试者叫"生徒"；不由学馆而先经州县考试，及第后再送尚书省应试者叫"乡贡"，由乡贡入京应试者通称"举人"。

尚书省的考试，通称"省试"，或称"礼部试"，因都在春季举行，故又称"春闱"，"闱"就是考场的意思。考试的内容、形式和录取的标准，各科不同。秀才科：试方略策五道，及第分上上、上中、上下、中上四等。明经科：先贴文，又称"贴经"，主要考经文的记忆。具体做法是"以所习之经，掩其两端，中间惟开一行，裁纸为贴"，考生要把被贴住的几个字读出来。还要考墨义，就是把经文两千字左右的段落连同注疏默写出来。有时也加考时务策。及第亦分四等。进士科:试时务策五道,帖一大经(《礼记》或《左传》)。高宗时,加试杂文,即箴、铭等文体;玄宗以后,又把诗、赋作为必考项目。明法、明字、明算等科,则分别考试律令、文字学、数学等。主持考试的本来是吏部考功员外郎,后改为礼部侍郎。有时皇帝临时委派中书舍人等清要官吏主持,称为“知贡举”。

常科考试及第以前的士人,身份是平民,有“白身”、“白衣”、“布衣”等称呼。科举考试合格叫“及第”,或称“擢第”、“登科”,也单称“中”。唐朝进士及第最为荣耀,被视为“登龙门”,誉称为“白衣公卿”或“一品白衫”。进士及第第一名称为“状元”或“状头”。科举及第后就有了出身,也就是初步具备了做官的资格,但是要被授予实际官职,还须再经吏部考试,叫“释褐试”,又叫“关试”。考试合格,才能授官。吏部试有身(体貌丰伟)、言(言辞辨证)、书(楷法遒美)、判(文理优长)四项。试判登科,叫作“入等”。凡经过吏部考试的,均发给授官凭信,称为“告身”。按唐朝的制度,由于出身不同,初授官的品级也不同。从授官的规定看,秀才最优,其次是明经,最后是进士。而进士及第却最难,大致一百人取一二名。尽管如此,士人所重,惟进士一科。不由进士出身,终不为美。因而有“明经易考,进士难求”之说。所谓:“三十老明经,五十少进士。”进士科出身初授虽只九品,但升迁较易,“大者登台阁,小者任州县”。唐朝的宰相,大多进士出身。这大概就是士人看重进士科的原因。

吏部考试不合格者,或连常科也没有及第的士人,只能投靠节度使,充当他们的幕僚,然后经他们推荐,才能授予其他官职。例如,韩愈在考中进士后,三次参加吏部考试都未能通过,于是他只好离开长安,到宣武军节度使董晋的麾下做幕僚。以后由董晋荐举,才被授予秘书省校书郎等官。

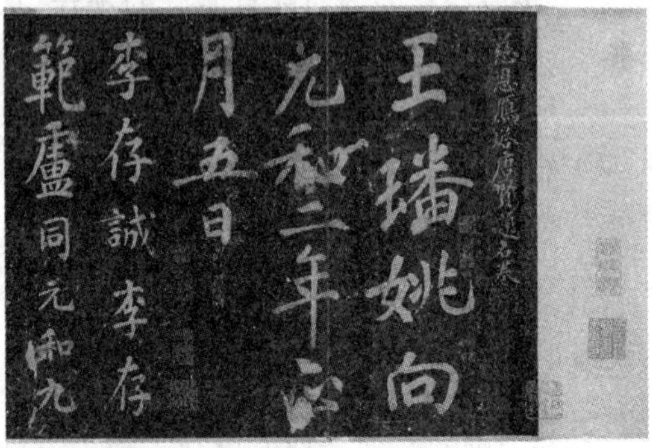

雁塔题名。(唐)李肇《国史补》载:“进士为时所尚久矣……既捷,列名于慈恩寺塔,谓之题名;大宴于曲江,谓之曲江会。”

制科是皇帝临时诏令设置的科目,有贤良方正、直言极谏科,才识兼茂、明于体用科等百余种。应

雁塔题名

制科考试的，可以是已有官位的人，也可以是常科及第的人，还可以是庶民百姓。考试内容，初仅策问，玄宗时始加试诗、赋。制科考试通常由皇帝亲自主持，考试合格后，可以直接授予官职。武则天时多授中书舍人、员外郎、拾遗、补阙等官。制科是朝廷网罗非常人才的一种办法，授官虽优，但往往不被人们看重，以为非正途出身。例如，张瓌兄弟八人，其中七人都是进士出身，一人制科出身，于是大家就不愿意和这个兄弟坐在一起，称他为“杂色”。

常科、制科之外，从武则天开始，又有武举，由兵部考试，项目有马射、步射、负重等，高第者可以得官。

3. 宋朝科举制度的发展

宋朝对科举制度更加重视，并做了不少重要改革。宋太祖赵匡胤正式建立了殿试制度，即在礼部试后，由皇帝在殿廷主持最高一级的考试，决定录取的名单和名次。殿试及第后，不需再经吏部考试，直接授官，而且考在前等的很快就可以获得高官。宋朝科举制度的这些发展变化，表明统治者要极力笼络中小地主和下层知识分子，以巩固其政权。

北宋时，殿试第一名称“榜首”，第二、三名称“榜眼”，一、二、三名都可称“状元”。南宋以后，始称第一名为“状元”，第二名为“榜眼”，第三名为“探花”。状元初与一般进士无异，后礼遇渐隆，赐紫囊、金带、靴笏，乡里立状元额牌，州县官设宴庆贺，其荣耀超过凯旋的将帅。

宋朝的科举仍大体分为常科与制科。常科有进士、九经、五经、三礼、三传等，比唐朝大为减少。进士科最受重视。神宗时，罢诸科，只保留进士科。哲宗时，将进士分为经义、诗赋两科，分别举行考试。在考试的内容和方式上，宋朝注重经书义理的阐释，取消唐朝偏重记忆的帖经、墨义等方法。宋朝的常科考试分为州府试、礼部试、殿试三级。殿试带有复试性质，仁宗下诏：“进士殿试，皆不黜落。”省试（礼部试）合格之后，殿试只有名次之差。宋初常科考试每年举行一次，英宗时始定为三年一次。

所谓“制科”，就是“特科”，也就是说，除定期开科外，如发现奇才俊杰，皇帝临时下诏，开科亲自试策。《宋史·选举二》曰：“制科无常科，所以待天下之才杰，天子每亲策之。”宋朝的制科，虽远不如唐朝之盛，但其地位已经大大提高，成为体现皇帝对臣下尊宠的“大科”，所以很受士人青睐，不像唐朝那样被视为“杂色”了。制科设有“贤良方正能直言极谏”、“经学优深可为师法”等科目。在制科考试中，官员考取后可以升官，百姓考取后可以得官，而且他们都免授边远偏僻地方的官职。这些优待也表明了宋朝制科优于进士诸科，为众科之最，因此称它为“大科”。不过，由于种种原因，宋朝的制科考试曾多次停开，间或举行，应试者也不多。据统计，北宋和南宋的制科考试总共不过22次。著名文学家苏轼、苏辙兄弟都曾在宋仁宗嘉祐六年（1061）应考制举贤良方正才识兼茂科。他们被取中后，都升了官。

宋朝科举取士的数量比唐朝多得多，授官也优越得多。进士一等多数可至宰相，所以宋人以进士为宰相科。当时有“焚香礼进士”之说。

4.元朝科举制度的低落

元朝科举制度建立时间较晚，直至仁宗皇庆二年（1313）始行科举制，延祐二年（1315）才正式开科取士，这时距离元朝建立已经四十余年了。但这一取士制度才行二十一年，彻里帖木儿就首议罢废。科举制度废弃五年后，元统治者发现人才严重缺乏，于是又恢复科举取士之法。元朝科举取士经过两兴两废，但统治者最终还是采取了这一选官方式。这说明元朝统治者认识到只有笼络汉族中小地主和知识分子，才能巩固蒙古贵族的统治。

元朝的科举考试，每三年一次，分为乡试（行省考试）、会试（礼部考试）、御试（殿试）三级。各级考试时，蒙古人、色目人都与汉人、南人，分别考试出榜。在乡试、会试时，蒙古人和色目人只考两场，而汉人和南人则须考三场。御试时，虽然四种人都考试策问一道，但是蒙古人、色目人只要求五百字以上即可，而汉人、南人则必须在千字以上才合格。《大元贡举婚礼考》记曰：“科场三年一次，考试程式，汉人南人、蒙古色目各不相同。蒙古色目依汉人考试者，加一等注授。汉人南人为一榜，蒙古色目为一榜。”就是说，在考试内容上，蒙古人、色目人的试题比较容易，汉人、南人的试题比较难。蒙古人以右为上，发榜时，蒙古人、色目人列为一榜，称为“右榜”；汉人、南人另列一榜，称为“左榜”。如果蒙古人、色目人愿意参加汉人、南人的考试，取中后授予的官职可以提高一等。这些规定都体现了蒙古统治者在科举制度中推行的是民族歧视政策。元朝科举考试重经义而轻诗赋，统治者规定，科举考试以朱熹《四书章句集注》为准，考生答题时必须以程朱理学的观点作为指导思想。在中国科举史上，以朱注《四书》试士，从元朝开始。

元朝科举考试不常举行，每次录取名额又很少。据有关史籍记载统计，元朝共举行科举16次，自延祐二年（1315）开科至元灭亡（1368），共录取进士1135人。汉族儒生要通过科举当官非常困难。所以，元朝普遍的社会风气是对读书人不尊重，有“一官、二吏、三僧、四道、五医、六工、七匠、八娼、九儒、十丐”的说法，读书人与乞丐的地位差不多。许多汉族知识分子情绪沮丧，感到前途渺茫，“天下习儒者少”，这与唐宋时期科举盛况相比较，显然是个低落时期。

5.明清科举制度的盛衰

明、清是科举制度的极盛时期，也是走向衰落的时期。明、清两朝科举的基本制度和考试程序大体是一致的，与前朝科举制相比，明、清科举制的一个重要特点是：学校与科举紧密地结合在一起，科举必由学校，进学校成了科举的必由之路。

明、清科举考试以进士科考试最为重要，进士科正式考试分为乡试、会试、殿试三级。这之前还有一个院试。院试前，有两次预备考试，即县试和府试。读书士子在参加正式的科举考试之前，首先要接受由本县知县主持的考试，俗称“县试”。县试通过后，再接受由知府主持的府试。府试及格的称为“童生”，各府把录取的童生名册呈送学院，参与考试，称为“院试”。院试在府城或直属省的州治所举行，主考官为学政，俗称“宗师”或“学台”。学政“掌一省学校士习文风之政令”，由皇帝钦点进士出身的翰林院或六部等官员到各省去任职，任期三年。学政到任之后，要依次到所辖各府、州去主持考试。第一年举行岁试，第二年举行科试，岁试和科试都称为“院试”。童生通过院试才算进学，称“生员”，俗称“秀才”。做了秀才，地位就比普通人高出一等，见了知县不必下跪，官府也不能随便对他们动用刑罚。

江南贡院

乡试　乡试在各省省城举行，每三年考一次，五年考两次，称为“正科”（如唐朝的常科）。除正科之外，若遇皇帝万寿、登基或各种庆典而加科的，称为“恩科”。若庆典适逢正科之年，则以正科为恩科，而正科或于前一年预试，或于后一年补试。

乡试之名来源于西周的乡举。《周礼》记载："三年则大比，考其德行道艺，而兴贤者能者。"故乡试为"大比"，乡试之年为"大比之年"。因考期在秋季八月，故又称"秋闱"。凡本省生员（即经府、州、县统考合格者，又称"秀才"）与监生（即毕业于清廷办的国子监等官学的学生）经考试合格者，均可应试。

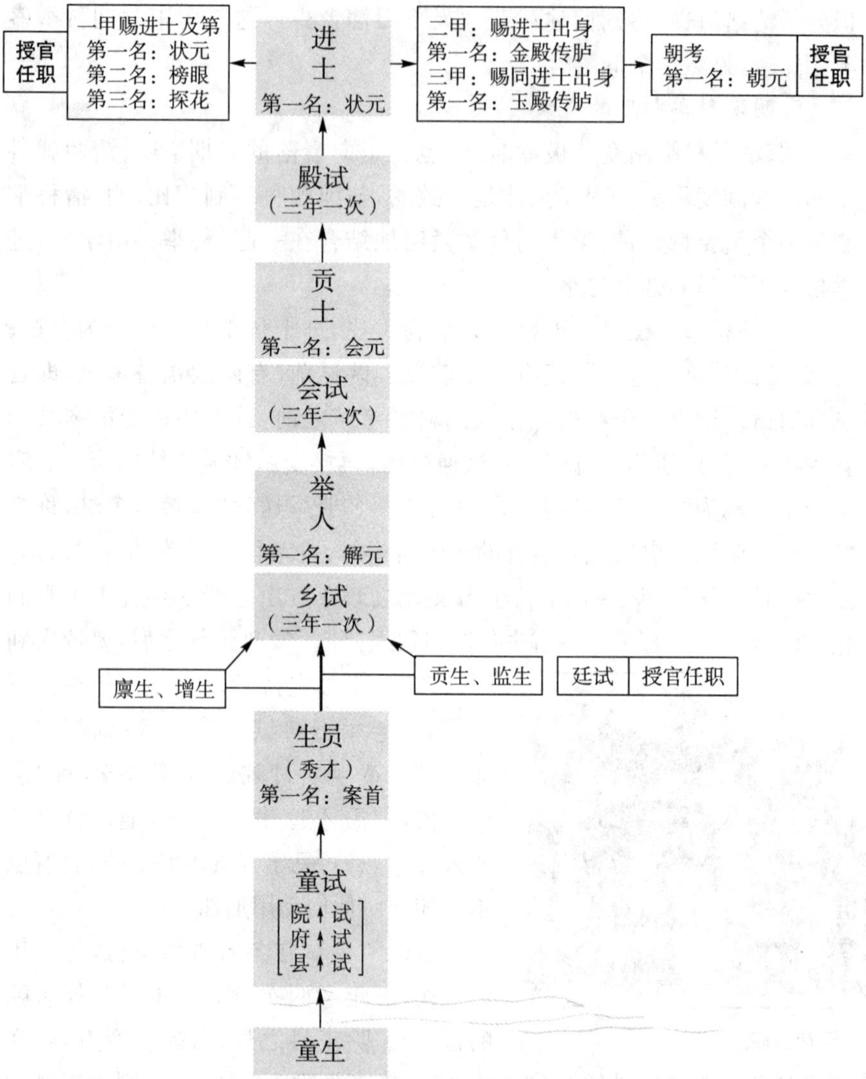

明清科举考试流程图

乡试有正规的考场，叫做“贡院”，一般建在城内东南隅。乡试分三场，考生依号入闱。入闱后，贡院大门封闭，并鸣炮三响。乡试发榜在九月，正值桂花开放，所以又称乡试榜为“桂榜”。乡试考中的称“举人”，俗称“孝廉”，第一名称“解元”。乡试中举称“乙榜”，也叫“乙科”。

在清代，乡试是科举全过程中最难登第的一级。因为乡试时各省录取名额有限定，而全国各府、州、县的生员人数很多，各省应试的儒生往往大大超过所规定的录取比例。例如，康熙五十八年(1719)，江西乡试入场士子多至12000余人，而中额只有90人，即133∶1。所以说，乡试是科举全过程中最不容易的一关。在清代笔记小说中，描写年逾花甲的老秀才，久困场屋，未能中举的故事很多。

会试 所谓“会试”，就是全国举人集中会考的意思。会试于乡试后的第二年春天在京城的贡院举行，由礼部主持，故又称“礼闱”或“春闱”。会试时间，初在二月，乾隆十年(1745)，因二月天气尚未和暖，加以各省乡试后还得进行复试，时间紧迫，便改在三月，此后成为定制。参加会试的是各省的举人。清朝规定，举人参加会试，要先由本人提出申请，经审查合格，顺天由顺天府、各直省由所在布政司发给咨文，赴礼部投递，称为“起送”。

会试也考三场，每场三日。各种程序与乡试基本一致。会试录取的名额，少则几十人，多则几百人。考中的称“贡士”，俗称“出贡”，第一名称“会元”。会试发榜时，往往正值杏花盛开，所以又称会试榜为“杏榜”。清朝新录取的贡士，在殿试之前，还须进行一次复试。复试结果，按成绩分为一、二、三等，这个等级对于以后授予官职有重要的关系。

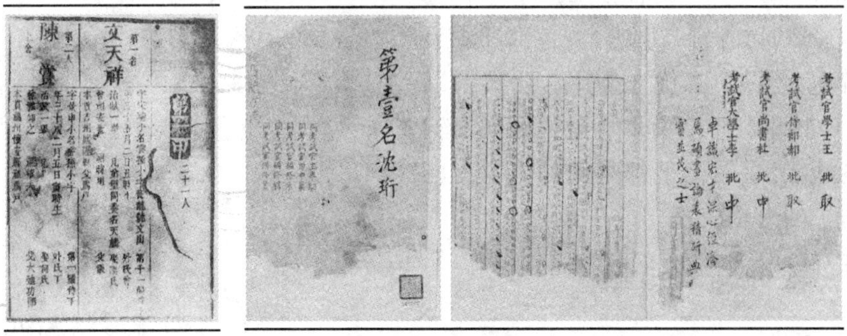

明清会试朱卷

殿试　殿试在会试后同年举行，是皇帝对会试取中的贡士再进行一次复查，也是最高一级的科举考试，又称“廷试”，由皇帝亲自主持。明清两朝的殿试都只考时务策一道。殿试只定名次，不存在被黜落的问题。录取分三甲：一甲赐进士及第，取三名，第一名称“状元”（也称“殿元”），第二名称“榜眼”，第三名称“探花”，合称“三鼎甲”，状元居鼎甲之首，别称“鼎元”。二甲赐进士出身若干名，三甲赐同进士出身若干人；二、三甲第一名，分别称“金殿传胪”、“玉殿传胪”。在一、二、三甲的泛称“进士”。

《翰林院署图》

按照清朝制度规定，殿试以后还要进行一次考试，即朝考。这次考试与功名无关，因为中了进士，功名就到尽头了。它只是为了选庶吉士和授予官职而设的。按照惯例，殿试一甲三名，即状元、榜眼、探花，在放榜后可以立即授予翰林院修撰（从六品）和编修（正七品），因此他们不再参加朝考。二、三甲进士则需参加朝考，朝考的第一名为“朝元”。殿试二甲第一名的传胪和朝考第一名的朝元，也照例要到翰林院任职。其余进士则按照贡士的复试、殿试、朝考三次成绩的总和得出录取等级，①再根据录取等级确定授予的官职。成绩一般的，根据不同情况，分别授予六部主事、内阁中书、国子监博士、御史，以及知州、知县等官。成绩比较好的，一般可以入翰林院当庶吉士，继续深造，三年学习期满进行考试，称为“散馆”，成绩优良者分别授予翰林院编修、检讨等官，其余分发各部任主事等职，或以知县优先委用。明英宗以后，非翰林不入内阁，翰林是通向宰辅的捷径，宰辅几乎都是翰林出身。庶吉士的出路仅次于一甲的三名，初入翰林院时，已被人们视为储相。

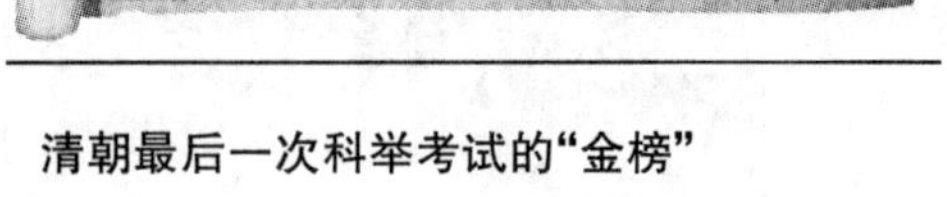

清朝最后一次科举考试的“金榜”

① 凡等级总数越小，授官越优。例如，复试为一等，殿试在二甲，朝考在一等，总计为四；或者复试为一等，殿试为二甲，朝考为二等，总数为五。这样的成绩都算比较好的。

明末一些知名人士，孤芳自赏，发泄牢骚，对清廷不利。为了笼络这些高级文人，广延统治人才，清朝特设博学鸿词科，只考诗赋，不考八股。当时很多著名学者都钻进了圈内，也有一些硬骨头拒不应征，如黄宗羲、顾炎武等。

随着封建社会的衰落，明清科举制度的流弊也越来越显著。科场舞弊名目繁多，骇人听闻；考试内容迂腐，形式呆板，严重地束缚了考生的创造性，科举制终于成为社会进步的一大障碍。从康熙朝起，就不断有开明之士提出废除八股取士、改革科举制度的建议；戊戌变法时期，维新志士更是对科举制度进行猛烈抨击。在这种情况下，光绪三十一年(1905)，清政府被迫废除科举，实行新政。这样，延续了一千三百多年的封建科举制度，终于寿终正寝，退出了历史舞台。

三、科举制度得失谈

科举制度是中国封建社会选拔官吏的主要途径，也是士子跻身官场的主要阶梯。它自隋开皇年间创立，到清光绪三十一年废止，在我国历史上延续了一千三百余年。在这漫长的历史时期中，它在不同阶段对社会的政治、经济、文化所起的作用也是不同的。早期的科举制度对于维护封建地主阶级的统治、促进封建社会向前发展，曾起过积极的作用；明清时期，采用八股取士的考试形式，使科举制度成为反对社会改革、抵制进步思想、阻碍社会发展的一种工具。八股文虽然内容空洞、形式僵化，但同时我们也应该看到，用八股文取士也有其内在和外在的原因。总之，我们对科举选官和八股取士不能采取简单的否定态度，而应该实事求是地进行具体分析，明其得失。

1. 科举选官之得失

我国选拔人才的制度，从汉代的“贤良方正”到唐朝的“诗赋取士”，其实质是以科举考试制度代替了推举选拔制度，这在历史的发展上无疑是进步的。

科举制度产生的社会背景　汉代以郡国察举与朝廷征辟为选拔人才的主要途径。东汉以来，崇儒成风，因而产生一些累世经学之家。汉代的察举与征辟，大多以通过经学为上选，累世经学之家常常产生累世公卿。他们在社会上备受尊敬并有特殊地位，此即所谓“世族”。东汉中期以后，察举与征辟渐渐注重门第而不注重真才实学，仕途渐为少数巨族子弟所独占。这种情况到魏晋南北朝时期实行的“九品中正”选官制时，变得更加厉害。九品中正制本在慎选人才，但实行的结果，流弊很大。两晋的政权，基本上就是世族政权，中正官几乎全被盘踞在朝廷的世族官僚所攫取。他们所推举的又都是权门子弟，寒门子弟虽有高才异行，也难获高品。这样，寒门出身的人就很难跻身上流社会。世族与庶族的界限渐著，结果形成两晋南北朝时期的门阀。

门阀制度确立后，世族在政治、社会、经济等方面都拥有特殊的权力，非寒门所能企及。在政治方面，世族占据清要显职，这类官职，位高而事不烦。世族的门第越高，所任的官职也越清要，各有定品，不可逾越。在社会方面，世族有崇高的地位，世族本身也因门第高低不同而等级分明。寒门虽也有居高位、握重权的，但在社会上的地位永远不能和世族相比，其门第也永远无法上升。在经济方面，世族都拥有大量的土地，经济力量特别强大。有的大姓世族，凭借其政治势力，任意封山占泽，据有广漠的庄园，蓄养众多的庄客，为他们经营各种产业。

南北朝时期，世族地主势力日益下降，而庶族地主势力则日益上升。北方的著姓大族在遭受一连串打击之后，至东魏、西魏、北齐、北周时期，已经羽败翼垂；而汉化的鲜卑贵族和鲜卑化的汉族寒门地主则虎啸鹰扬。在南方，世族子弟神昏体羸，畏苦惧死；而许多出身寒微的人则恣其所欲，展其所能，很快发迹起来。在世族、庶族两种势力彼此消长的社会大变动中，寒门庶族千方百计挤入世族行列，而代表庶族地主利益的最高统治者又通过考试手段，以抬高庶族，压制世族，使庶族地主参政的机会越来越多。南朝宋齐两代均采用过考试的办法选拔官吏，北周武帝宇文邕则采取“不限资荫，惟在得人”的选举政策，而“罢门资之制”（《周书・苏绰传》）。这些改革已经为九品中正制奏起了送葬曲。到了隋朝，由于封建经济的进一步发展，人数比世族地主多得多的庶族地主，经济力量日益强大，更迫切地要求掌握政治权利。因此，地主阶级内部矛盾也随之激化。而世家大族操纵地方政权、独霸一方的局面，在当时已不利于中央集权的巩固了。为了进一步加强中央集权，夯实政权的阶级基础，隋文帝便把选官的权力收归中央，废止九品中正制，实行科举制度。

科举制度的历史地位和作用　唐宋时期的科举制度，一般说来，对封建社会的发展起过积极作用。这主要表现在选拔官吏时比较彻底地否定了门第出身，为下层知识分子开辟了一条入仕的道路。当时，许多寒士通过科举进入各级官府，以后便形成一支与门阀势力相抗衡的政治力量，历史上称这批人为“清流”。清流的存在，在一定程度上为封建政权注入一批新鲜血液，缓和了社会矛盾，减轻了吏治腐败。

唐、宋两代有不少著名的历史人物，原来都出身于下层社会。他们正是通过科举步入仕途，乃至于迁任中央要职，从而使他们的政治理想得以实现，治国才能得以施展。例如北宋著名政治家、文学家范仲淹，年轻时家境贫寒，由于他发愤读书，终于考中进士，官至宰相。他在任上推行“庆历新政”，对北宋的政治产生了积极的影响。再如欧阳修，他年幼丧父，“家贫，至以荻画地学书”(《宋史・欧阳修传》)。后来通过科举进入仕途，最终成为著名的文学家、史学家，对中国古代文学和史学都做出了重要贡献。在封建社会，这类人物比比皆是。就唐朝而言，两千多名诗人中，除李白、杜甫外，其他如陈子昂、王维、白居易、刘禹锡、杜牧、李商隐等大多数诗人，都是进士出身。宋朝的王安石、陆游、文天祥等著名人物，也都是通过科举而步入仕途，从而为国家和社会做出了较大贡献。尤其是文天祥，他还是南宋末年的状元。

如此看来，科举制度在历史上确曾有过积极的作用。因为，不管怎么说，通过考试来选拔官吏，毕竟有它的公正性。何况中国古代科举制度，还有一整套严格的程序和客观的标准。钱穆曾说：在儒家思想的指引之下，中国行政官吏的选拔早已通过科举制度而建立了客观而公开的标准，既非任何一个特权阶级（如贵族或富人）所能把持，也不是皇帝所能任意指派的。韦伯也认为近代西方各国官僚制度的建立最初与民主的发展有平行的现象。由于行政官吏的任用采取了客观的标准，因而打破了贵族的垄断和私人的关系，结果是被统治的人民在政体面前平等化了。这种政体本身不必即是民主的，甚至依然是专制的，但这一发展还是向民主走近了一步，所以他称之为“消极的民主化”（passive democratization）。值得注意的是，韦伯所举的史例主要都是近代西方的，而其中却包括了中国的科举任官制在内。不但如此，他还特别指出，中国的制度至少在理论上更为严格。[①] 所以罗素认为，中国传统文明的三大特征之一，就是通过科举取士充任政府官员而不是实行贵族世袭制度。他说中国的科举制度有

① 参见余英时《钱穆与中国文化》，上海远东出版社，1994 年，第 48～49 页。

很多好处，它使不公正的贵族制度在中国及早消亡，使世俗文化成为民族精神生活的中心，使学问和学者受到广泛的尊重。但是，罗素也指出，科举取士制度在中国定型之后所形成的独尊几部古书的陈腐风气、注重八股文章的形式主义，完全窒息了应试者的创造性。

罗素所指出的科举制度的弊端，在明清时期表现得尤为突出。中国封建社会发展到明清时期，已经进入后期的衰落阶段。这时的科举制度已经成为统治阶级维护旧的封建秩序、抵制社会进步发展的一种工具，科举考试从内容到形式都表现出极大的保守性和落后性。统治者利用科举考试宣扬腐朽的封建礼教，压制、贬抑科学技术的发展。这时的科举制度，只能引导读书人成为追求功名的迂腐的书呆子，难以造就出对国家和社会有贡献的人才。考察明清两代的历史，就可以发现：随着时间的推移，由科举出身的著名人物越来越少。当时著名的思想家、史学家、文学家，不是未曾涉足科场，就是科举屡试不第。前者如顾炎武、黄宗羲、王夫之等，后者如吴承恩、蒲松龄、吴敬梓等。至于清朝著名的思想家、政治家龚自珍、康有为、梁启超等人，虽然也走进了科场，并考取了进士、举人，但他们都是反科举之道、批判科举残害人才的代表人物。总之，明清时期科举制度本身已经失去了量才取士的真谛，成为公正合理的选官途中的绊脚石。这种局限性最突出的是采用了八股取士的考试制度。

2. 八股取士之原因

科举制度发展到明清，采用八股取士，这种文体在内容和形式两方面都有严格的限制，从而使得科举考试完全成为一种形式，科举制度日趋保守落后。然而，从另一方面看，八股文的严格程式，就考试本身来说，又有一定的必要性。

八股文的功令程式　明清两朝的统治者都规定，科举考试必须用八股文体做文章。八股文又叫“制艺”、“时艺”、“时文”、“八比文”、“四书文”等。这种文体有固定的格式和一系列的清规戒律。其基本程式有：破题、承题、起讲、起股（亦曰提比）、中股（亦曰中比）、后股（亦曰后比）、束股（亦曰束比）、大结，共计八个部分。

破题、承题、起讲三个小部分合起来统称为“冒子”，只是为说明题意。破题就是解开、分析题目的意思。八股文的破题，通常用两句话概括、解释题义，但又不能直说题义，直说叫“骂题”。破题之后，一般用三句承接破题所说出的意思，这叫“承题”。它简单地对文章主题做进一步的补充，具有承上启下的作用。起讲是较深入地说明这个题目的用意所在，相当于文章的内容大意，一般不超过十句。起股、中股、后股、束股四部分是正式的议论，以中股为全篇的重心。在“起股”至“束股”的四段中，每一段都有两股排比对偶的文字，合计八股，故称“八股文”。关于大结，《日知录·试文格式》曰：“篇末敷衍圣人言毕，自摅所见，或数十字或百余字，谓之大结。”明朝八股文篇末用大结，可及时事。但在明中叶，考生每以此为关节。为防止在试卷上舞弊，后来废止，至清不设。八股文程式形成于明宪宗成化年间(1465～1487)，顾炎武说：

> 经义之文，流俗谓之八股，盖始于成化以后。股者，对偶之名也。天顺以前，经义之文不过敷衍转注，或对或散，初无定式，其单句题亦甚少。成化二十三年会试《乐天者保天下》文，起讲先提三句，即讲乐天，四股中间过接四句，复讲保天下四股，复收四句，再作大结。弘治九年会试《责难于君谓之恭》文，起讲先提三句，即讲责难于君，四股中间过接二句，复讲谓之恭四股，复收二句，再作大结。每四股之中，一正一反，一虚一实，一浅一深(亦有联属二句、四句为对偶，排比十数对成篇，而不止于八股者——原注)，其两扇立格(谓题本两对文，亦两大对——原注)，则每扇之中，各有四股，其次第之法，亦复如之，故今人相传谓之八股。(《日知录·试文格式》)

这就是八股文的功令程式，直至清末都无大的变化，所以前人说制艺“美备于明”。八股文的程式，也并非是明清的发明。实际上，它是参考了散文的章法、骈文的排偶和近体诗的格律，然后再加以综合改造而提出来的。

(清)梁章钜著

八股文的写作，除了结构形式方面有固定的程式以外，在思想内容方面也有具体规定。八股文的“体制”是要“代圣贤立言”，所以考试要从《四书》中命题，考生也要站在圣贤的立场，“设身处地”地以圣贤的思想去思考，替圣贤把题目的那句话加以阐释、分析，把圣贤没有说过的话具体地说出来，而且要句句说得“逼真活现”，符合圣贤的意旨，而所根据的解释，又一定要以朱熹的集注为准绳。这就从内容到形式都禁锢了读书人的思想，使热心于科举的读书人，只能整天钻研“高头讲章”，揣摩八股时文，用古人的语气去宣扬封建的伦理道德。他们不仅对天下大事、国计民生漠不关心，就是对祖国的文化历史也知之甚少，知识的贫乏达到惊人的程度，既不知“三通”、“四史”是何等文章，也不知汉祖、唐宗是哪朝皇帝。所以，明末有人大声疾呼：“断送江山八股文。”

八股文取士的原因　八股文形式僵化，内容空疏，严重地束缚了人们的思想，这是它的弊端。但是，八股文长期以来作为科举考试的法定文体，又有其必然性。田启霖说：“八股文的标准程式(包括内容、形式、文题、字数等)是制义体制本身长期发展和科举考试实际需要的产物，并非是中国古人搞的文字游戏。”①

首先，从中国封建教育制度本身来看，它的宗旨就是培养国家各级政府的官吏，以强化封建统治。为了便于控制人们的思想，故而明令四书五经是国家各类学校必读教材，而经义又是在校生员必修科目。这样，只有通过严格的考试才能达到“凭文而取，按格而官”。而八股文的严格的功令程式正是实现这一目标的保障。所以说，八股文的内容与形式是与封建政治、教育紧密联系在一起的。

其次，生员参加科举考试，以程文为法度，会场作文，这既有利于杜绝押题又防止他人代作。因此，八股文可以说是预防举子作弊的一种比较好的文字形式。它的结构、字数、书写款式都有明确的规定，凡不符合规定的试卷，一律取消录取资格。客观地说，八股文的功令程式，确实在一定程度上减少了徇私舞弊行为，举子能够在同等条件下公平竞争，因而也就乐于接受这种僵化的考试形式。这是八股文得以产生并长期实施的重要原因。

再次，八股取士，一定程度上能测试出考生的文字功夫。科举选的不是学有所成之士，而是在选可堪造就之人。若以八股文的格式，写出一篇符合要求的好文章，没有相当的文学水平是不行的。八股文注重款式与格调，是糅合了散文的章法、骈文的排偶和近体诗的格律而构成的一种新文体。周作人说：“自韩退之文起八代之衰，化骈为散之后，骈文似乎已交

① 田启霖：《八股文的历史命运》，见《八股文观止》，海口：海南出版社，1994 年，第 1193 页。

末运，然而不然：八股文生于宋，至明而少长，至清而大成，实行散文的骈文化，结果造成一种比六朝的骈文还要圆熟的散文诗，真令人有观止之叹。”①

最后，八股文的功令程式，从考官评阅试卷的角度来说也是必要的。考官评阅试卷，以程文为“绳尺”，掌握标准比较客观；发榜后再命大臣以标准程式“磨勘”（复查试卷），“首严弊幸，次检瑕疵”，这既有利于杜绝考官的随意性，又可防止考官徇私舞弊。另外，试卷的标准化还减少了评卷的工作量。总之，八股文是一种较为理想的考试文体。

第二节　中国古代职官制度

职官制度是政权机构的一个重要组织制度。它关系到这个政权的盛衰，关系到当时社会的安定或动荡，关系到当时人民的生活。所以，了解中国古代职官制度，对于研究中国古代通史、政治史、经济史、思想史、民族史等，都有着重要的意义。

一、中国古代职官制度的沿革

我国古代官制由来已久，大约从原始社会进入奴隶社会，出现了阶级，形成了国家，建立了政权，就逐渐构成了一套职官制度。这一制度，从夏、商、周到元、明、清，经历了一个不断变革发展以至最终成熟的过程。

1. 先秦官制的萌芽与发展

职官的设置是随着国家的产生才出现的。在国家产生以前的原始社会，是没有“官”的。那时的氏族和部落也有自己的首领，称为“后”、“伯”、“大人”、“火师”、“历正”等。这些首领是社会的公仆，与国家产生以后的官有本质的不同。

夏商官制的萌芽　夏、商两代，国家规模很小，机构非常简单，还没有

---

①　周作人：《论八股文》，见《中国新文学的源流》，上海：华东师范大学出版社，1995 年，第67～68页。

明确的职务分工。国家的君主称“后”(沿用氏族首领的称号)或“王”。在王的左右,权力最大的是一些称为“史”和“巫”的官员。这些官员是神权的体现者,“上帝”的旨意通过他们传达给君主,由君主下令执行,所以君主又称“天子”、“天王”。

夏朝的职官散见于文献的大都由巫史担任,如羲和掌历法、大理掌诉讼、遒人掌传达君命、官师掌教育。巫史的职务一般是世袭的。王的亲属如妻妾、子弟、叔侄等,也是一些享受特权的贵族,经常参与国家的重大事务。商朝后期有王族长老称为“父师”、“少师”的,对王负有辅佐、指导的责任,如箕子、比干等都是。夏、商的国君还有一些管理家务的臣仆,称为臣、宰、尹等,这些人本来都是一些奴隶,由于得到君主的宠信,让他们管理各种家务,如膳食、衣服、车马、洒扫等,有时也参与一些政事,如传达君主的命令、管理籍田等。

周朝官制的发展 《周礼》提出“惟王建国,辨方正位,体国经野,设官分职,以为民极”的设官目的。西周时期,国家的君主仍称“王”,又称“天子”、“天王”。王位一般由嫡长子继承,预定的王位继承人称为“太子”,也称“东宫”。王的正妻称“后”。王是“天下”的最高统治者,诸侯的封地叫“国”,大夫的封地叫“邑”。诸侯、大夫都是天子的臣。王室的机构是中央政府,诸侯、大夫的机构是地方政府。从中央到地方,军政大权掌握在王的宗族和外戚手里,巫史的地位大大下降。

《周礼》

西周官制,《周礼》一书做了系统的记载。中央官制主要有三公、三孤、六卿。三公即太师、太傅、太保,为天子的顾问,无属官,无职掌,仅坐而议政。三孤即少师、少傅、少保,为三公之副,又称“孤卿”,为常任官,系有德之人担任。六卿即天官冢宰,为六官之首,总理国政;地官司徒,掌民政教育;春官宗伯,掌礼乐祭祀;夏官司马,掌军事征伐;秋官司寇,掌刑法狱讼;冬官司空,掌百工土木。所有官员的爵位分为卿、大夫、士三级,再分上、中、下三等。各官的士大夫各置60属官,共计360个官。以上三公(太师、太傅、太保)、三孤(少师、少傅、少保)、六卿首长(大冢宰、大司徒、大宗伯、大司马、大司寇、大司空),并称“九卿”。《周礼》为后出之书,其六官排列整齐,制度严密，甚至超过汉魏之制，故有人疑其不实。

地方官制主要是随地方的行政区划而设置。在王城之外，划分乡与遂两种不同的自治区域，皆直属于天子。乡制规定是：五家为比，比有长；五比为闾，闾有胥；四闾为族，族有师；五族为党，党有正；五党为州，州有长；五州为乡，乡有大夫。遂制规定是：五家为邻，邻有长；五邻为里，里有宰；四里为酂，五酂为鄙，鄙有师；五鄙为县，县有正；五县为遂，遂有大夫。

春秋时期，王室衰微，诸侯势力增强，各诸侯国都有自己的一套官制。通常在国君之下设文官之长为相（各国称谓不同），武官有将军。各国一般都设有司徒、司马、司空、司寇等众卿，分掌民政、军事、土建、刑狱等。战国时期，各国发展情况不同，官制也复杂多端。大体说，东方之韩、赵、魏、齐，受周代制度影响较大，其官制大致相同；南方的楚国和西方的秦国，因具有与中原不同的文化传统，其官制则别具一格，自成体系，但也吸收了一些中原各国的制度。

战国时期，各国在地方大多确立了郡、县两级制。郡的行政长官是守，由国君直接任免；郡守下设郡尉，主管郡内军务。郡下设县，长官称“令”；令下有丞、尉等，分管财政、军务。

2. 秦汉的三公九卿制

秦汉官制属于一个系统。为了加强中央集权和君主专制统治，秦汉在职官制度上，确立了中央朝廷的三公九卿制，地方官制则继续实行郡县制。秦汉确立的官制，影响了中国两千多年，一直到辛亥革命才有根本的改变。

中央官制　秦汉都实行君主集权制的政体，皇帝是全国唯一的最高统治者，也就是最大的官；皇帝之上，无人也无法能对专制皇权加以任何限制。皇位是世袭的，父死子承。古代的君主，本来只是“酋长”，夏商周称“王”或“后”。“帝”在战国以前是至上神的称号，“皇”是形容帝的。战国时期才把“皇”和“帝”作为上古君主的称号，传说有“三皇”、“五帝”。秦始皇初步完成了国家的统一，为了提高君主的地位、神化君主的权力，从公元前221年开始，确定“皇帝”为新的国君称号，[①]这个称号一直使用了

① 公元前221年，秦王嬴政统一六国后，王绾、李斯等根据三皇名称，上尊号为“泰皇”；而嬴政自以为“德兼三皇，功高五帝”，决定兼用帝号，称为“皇帝”。《史记·秦始皇本纪》记载，李斯等上书秦王：“臣等昧死上尊号：王为‘泰皇’，命为‘制’，令为‘诏’，天子自称曰‘朕’。王曰：去‘泰’，著‘皇’，采上古‘帝’位号，号曰‘皇帝’。”

两千多年，到辛亥革命推翻清朝统治为止。

秦中央官制大体实行行政、军事、监察三权分立体制。中央设丞相管理全国政务，所谓“掌丞天子，助理万机”(《汉书·百官公卿表》)；太尉“主五兵”(《文献通考·职官》)，掌管军事；御史大夫司监察，掌文书，相当于副相，以上合称“三公”。三公相互牵制，只有皇帝一人才能总揽大权，收到“圣人执要，四方来效”(《韩非子·扬权》)的效果。汉武帝时改太尉为大司马，汉末又改丞相为大司徒，御史大夫为大司空，合为“三公”。东汉时改大司徒为司徒，大司空为司空，大司马为太尉，仍称“三公”。

中央政府部门的划分，西周的六官代表六个部门。秦统一以后，以宰为首的家臣组织发展为国家机构，中央各部门的划分做了新的重大调整，形成秦汉时期的所谓“九卿”。①奉常(汉景帝时更名太常)——主要职务是掌管“宗庙礼仪”；②郎中令(汉武帝时更名光禄勋)——掌宫殿掖门，为宿卫侍从官；③卫尉——掌管宫门警卫；④太仆——本职是掌管皇帝的车马，又兼管全国的马政；⑤廷尉(汉景帝时更名为大理)——掌管刑罚讼狱，为全国最高司法官；⑥典客(汉武帝时更名为大鸿胪)——主要职掌接待少数民族、藩属国来朝等事；⑦宗正——掌管皇族事务；⑧治粟内史(汉武帝时更名大司农)——掌租税钱谷和国家的财政收支；⑨少府——本是与大司农相对的皇帝私府，即宫廷总管，掌管皇家的钱财、皇室所需物品的供应及各项宫廷服务事宜。“九卿”是对中央各部门长官的一种尊称，其特点是：君主家事与国事不分，政治事务与宫廷事务混杂在一起。

除以上“九卿”外，中央还有一些高级官员，称“列卿”：①中尉(汉武帝时更名执金吾)——掌京师的治安；②将作少府(汉景帝时更名大匠)——掌宫室、宗庙、陵寝及其他；③水衡都尉——负责山林园囿。

地方官制 地方政府的郡县制确立于秦，汉基本上沿用不改，所以秦汉地方政府实行郡县二级制；直到东汉末年，改刺史为州牧，州治确立，才正式形成了州、郡、县三级制。

秦朝郡有守，西汉景帝以后改称“太守”，为治郡的最高官吏。此外又有郡尉，景帝以后改称“都尉”，与太守等尊，一主军事，一主民政。一般太守多兼都尉，东汉光武帝更省诸郡都尉，并职太守。汉代太守权力最大，所属掾吏都由太守任免，有郡丞为其佐助；都尉也有尉丞为之佐助。郡为中央与县之间的联络机关，执行中央律令，监督所属各县。

秦汉的县，万户以上置令，万户以下置长，主治一县。令、长之下设县丞，为其佐助之官；又设县尉，掌管一县的甲兵军事。此外还有主管文书的令史、主管监狱的狱掾等官吏。县以下的组织，秦、汉相同：大抵以五家为伍，伍有伍长；二伍为什，什有什长；百家为里，里有里魁或里正；十里为亭，亭有亭长；十亭为乡，乡有三老掌教化，有啬夫掌听讼、收赋税，有游徼巡禁盗贼，另有"秩"系郡所署，掌一乡之民。

秦汉于各郡有常设的监察官，秦称"监御史"，两汉称"刺史"。刺史监临一州，每年巡行各郡、国，[1]年终入京奏事，所以官虽常设，却无一定的治所，且不干预郡守行政。直到东汉末年，因黄巾乱起，需加重州牧权力，督剿贼寇，才有所谓"州牧制"。于是，职司监察地方的刺史，变为统领郡兵、管理政务的州牧。这样，原先的郡、县两级制，就从此成为州、郡、县三级制了。

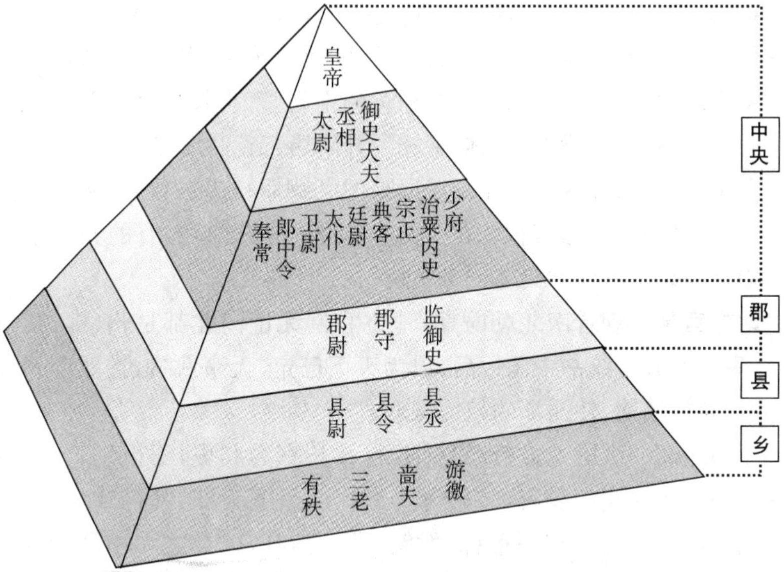

秦代官制简图

3. 魏晋南北朝官制的演变

魏晋南北朝的官制，上承两汉，下开隋唐，是由秦汉的三公九卿制向隋唐的三省六部制演进的过渡形式。由于这一时期中国大部分时间处于

① 汉行封建，皇子封王置国，所封的王称为"诸侯王"；在等级上说，国与郡同，所以郡、国连称，都受刺史的监察。

分裂、割据和战争的状态，因此各个王朝的职官设置就有许多不同，从而造成这一时期职官设置的纷繁复杂。

中央官制 汉武帝时，国家政务中心移至内廷，尚书台（本是皇帝私府中掌管收发文书的小机关）地位日渐重要，丞相府和御史府的实权逐渐被它掌握，宰相的职权逐渐移到尚书台长官的手中。魏晋以后，尚书台（南朝梁改称“尚书省”）从内廷独立出来，成为中央执行政务的总机关，尚书机构迅速发展起来。① 尚书台（省）的长官尚书令，副长官尚书仆射，加官录尚书事，都是宰相之职。尚书台由内廷的文书机关变为外廷的行政机构以后，为了收发文书、起草和传达诏令的需要，从魏晋开始，另设中书省为文书处理机关，长官为中书监和中书令，亦为宰相之职。对中书省起草的诏令，皇帝又用亲近侍从参与审议。东汉已有侍中寺之设，以侍中为长官，下有给事黄门侍郎（凡宫门都为黄色，故曰“黄门”）等，掌随驾规劝，以备顾问。至晋称“门下省”，掌管机要，实际已成为宰相。魏晋南北朝时期的宰相之职，分属于尚书省、中书省、门下省，三省长官（尚书令、左右仆射；中书监、中书令；侍中）并称“宰相”，开隋唐三省制之先河。

由于三省权力的扩大，原秦汉以来的九卿职权多被侵夺，到魏晋南北朝时期，九卿的职权已有很大的变化，有的只徒具虚名，有的则从中央执行机构落为某一方面的具体服务机构。

地方官制 魏晋南北朝时期，地方官制无论南北都是州、郡、县三级制度，只是晋武帝统一中国以后，以为天下已定，无事武备，遂罢削州郡之兵，收缩州郡辖境，使州郡的权力减弱。

州为最高一级的地方行政区划，行政长官为刺史，下设别驾、诸曹从事等。国都所在州的长官，一般称为“牧”。州下为郡，其行政长官为“太守”，国都所在郡的长官一般称“尹”。郡下为县，以县之大小分置令、长。县下还有乡、里。

由于长年战乱，刺史、太守多带将军称号，权重者更有“使持节都督某州或某某数州军事”等头衔。凡无“将军”等头衔的称为“单车刺史”。为

---

① 秦时的尚书台只是少府所属机构中的一个，有令、仆射、丞各1人，尚书4人，共7人。西汉成帝时，尚书分为四曹，略有分工。东汉增为六曹，每曹尚书1人，增置侍郎6人，专主文书起草；令史3人，掌文书抄写与保管等事。尚书台的总人数由7人猛增到60人。魏晋以后，尚书台从少府独立出来，改称“尚书省”，成为中央执行政务的总机关。以后尚书各曹逐渐变为六部，至隋唐确定为六部，唐朝定名为吏、户、礼、兵、刑、工，一直沿用到清朝。

了限制刺史的权力，有时又特命刺史属官如别驾、长史等代行刺史职权，叫做“行事”；有时在刺史之下另设“典签”官以监督刺史。

此外，自东晋以后，尚有一事须提及，即侨州郡县制。东晋以后，北方的一些世族及大批流民陆续移居江南，于是政府划出一些特定的区域安置这些人，但仍用北方的地名称呼这些新设置的州、郡、县，它们就是侨州郡县。

4.隋唐五代的三省六部制

隋唐时期是中国封建地主经济繁荣发展的时期，也是中国封建政治制度趋于成熟的时期。魏晋以来的官制改革，经隋唐的厘定，终于确立为有系统的三省六部制，使封建职官制度达到更高的水平。

中央官制 隋、唐中央设“三师”和“三公”。三师为太师、太傅、太保，是“训导之官”；三公为太尉、司徒、司空，是“论道之官”(《唐六典》卷一)。三师和三公，位虽尊贵，但无实权，往往作为“赠官”赐予有功的大臣，无其人则缺。

隋朝中央设五省，即尚书省、内史省、门下省、秘书省、内侍省；而以尚书、内史、门下三省同掌宰相的职权。内侍省是内廷的供给侍奉机构，长官为内侍，副长官为内常侍。秘书省掌管图书典籍的收藏与整理，长官为秘书监，副长官为秘书丞。门下省掌管审查政令，长官为纳言，属官有给事黄门侍郎等。内史省(为避隋文帝杨坚之父杨忠的讳，原中书省改为内史省)，掌出纳帝命，草拟诏令，参议朝政；长官为内史令，后改称“内书省”，长官称“内书令”，副长官为内书侍郎，属官有内书舍人、通事舍人等。尚书省长官为尚书令，下设左右仆射各一人为其副；尚书省统管全国的各项政务，是执行机构，职权范围很广，下置吏、礼、兵、都官(后改为刑部)、度支(后改为民部)、工六部，分理庶政。由于尚书、内史、门下三省长官位高权重，因此对于尚书令、内书令都不轻易授人，而以其次官代行其职。于是又有以他官加“参掌机事”、“参掌朝政”的名号，行宰相之职。

唐因隋制，改五省为三省：尚书省总政务，以尚书令一人为长官，以左右仆射为副职，其中左仆射统吏、户、礼三部，右仆射统兵、刑、工三部；门下省备顾问，以侍中二人为长官，以门下侍郎二人为副长官；中书省供献纳，以中书令二人为长官，以中书侍郎二人为副长官。三省长官各有官署，同享相职，遇军国大事则于政事堂共同商议。三省之间的分工是：中书省制定政策，门下省审核复奏，尚书省颁布执行。因唐太宗即位前曾兼任尚书令,故此职例不授人,而以次官仆射为实际长官,以他官加以“同中书门下平章事”、“同中书门下三品”等名号为宰相。

唐朝的三省六部制已经十分完备,各部门之间职责分明,分工细致,配合密切。三省已如上述,下面再看六部。尚书省下置吏、户、礼、兵、刑、工六部,各部以尚书、侍郎为正、副长官。吏部掌管全国文职官吏的任免、考课、勋封等;户部掌管全国户口、土地、赋税、钱粮、财政收支等事;礼部掌管礼仪、祭祀、科举、学校等事;兵部掌管武官选用及军事行政;刑部掌管全国司法行政;工部掌管各项工程、工匠、屯田、水利交通等事。六部仿《周礼》六官,又依二十四节气,每部各设四司,总共二十四司,以郎中、员外郎为正、副长官,其属官有都事、主事等。六部是隋唐以后主要的政务部门。

唐代中枢三省名称变更简表

年代	尚书省	中书省	门下省	备注
武德三年(620)	尚书令,左右仆射	中书令	门下侍中	李世民曾任过尚书令,即位之后,无人敢任此官,故左、右仆射成为尚书省之长官
龙朔二年(662)	改称“中台”,改仆射为“匡政”	改称“东台”,改尚书令为“右相”	改称“西台”,改侍中为“左相”	咸亨二年(671)废去此制,并依旧称
光宅元年(684)	改称“文昌台”,改称文昌左右相	改称“凤阁”,中书令改称“内史”	改称“鸾台”,侍中改为“纳言”	神龙元年(705)又恢复高宗永淳年间以前旧称
开元元年(713)	“尚书省”,改左右仆射为左右丞相	“紫微省”	“黄门省”黄门监	
开元五年(717)	“尚书省”,左右丞相	“中书省”中书令	“门下省”侍中	
天宝元年(742)	“尚书省”左右仆射	中书省,改中书令为右相	门下省,改侍中为左相	至德二年(757)又恢复旧制

隋唐中央官制除三省六部外,还有台、监、寺等。隋朝设御史、谒者、司隶“三台”,属监察职官系统。御史台掌管对百官的纠察弹劾,长官为御

史大夫；谒者台掌管奉诏出使、慰抚劳问等，长官为谒者大夫；司隶台掌管京畿内外的巡察，长官为司隶大夫。唐朝仅有御史台，以御史大夫为首长，御史中丞为副官，下设台院、殿院、察院。御史台三院分工明确，说明中国古代御史监察制度已经发展成熟。隋朝又有“五监”：国子监主管学校教育，长官为祭酒；少府监掌管内府器物，长官为监；将作监掌管营造事务，长官为监；都水监掌管河堤水运，长官为使者；长秋监掌管掖庭宦官，长官为令。唐朝亦设“五监”，只改长秋监为军器监，其余均与隋同。隋唐设置的“九寺”是在秦汉“九卿”的基础上形成的。这一时期，六部虽取代了原来九卿的大部分职权，但九卿的名称基本上维持不动，它们是太常、光禄、卫尉、宗正、太仆、大理、鸿胪、司农、太府。九寺的正副长官称卿、少卿。

地方官制 隋朝地方官制，始为州、县二级，以州统县；州设刺史，县设县令。隋炀帝时，又改州为郡，成为郡县二级制；郡的行政长官称“太守”。另外，隋朝在地方还设有“行台尚书省”，简称“行台省”，是中央尚书省在地方的派出机构，权力很大。

唐朝的地方官制，一般说，“安史之乱”以前是州（府）、县二级制，至唐中后期则演变为道、州、县三级制。而其中，州郡迭改，至宋，废郡为府。唐朝的首都长安和陪都洛阳设府，长官为牧，一般由亲王遥领，实际主持政务的是尹。

唐朝在边地及军事要地设都督府，有上、中、下之别，各设有都督、长史、司马等官。为了加强对周边少数民族的管理，以巩固边防，唐朝还在边疆地区先后设置了六个都护府，有大都护府与上都护府之分。大都护府长官大都护一般由亲王遥领，由副大都护主其事；上都护府长官为都护。

唐玄宗时，为了加强边防的军事力量，在沿边设置了八个节度使，统辖边疆军队，本为军事将领。“安史之乱”爆发后，中原用兵，于是内地也设节度使。《旧唐书·职官志》记载：“天宝中，缘边御戎之地，置八节度使。受命之日，赐之旌节，谓之节度使，得以专制军事。行则建节符，树六纛。外任之重，无比焉。至德以后，天下用兵，中原刺史亦循其例，受节度使之号。”为了适应战争形势的需要，节度使不仅领兵，而且兼任所在州的刺史，掌握地方军政，造成以后的割据局面。贞观年间，划全国为十道，开元时分为十五道。道原为大监察区，每道设巡察使或按察使、采访使等官。中唐以后,节度使的辖区也称“道”,后来全国划成四十余道。这时的道已不是唐初那种单纯的监察区划,而成为实际的行政区划了。这种道也称为“方镇”,节度使对所属各官大多是自行任命的,除了设置原有的文武官员外,还有一套幕僚班子。

五代十国官制大体沿袭唐制,中央以三省六部为主干,地方分州、县二级。变化较大的是枢密院地位的提高。唐朝设置的内枢密使只是负责传递诏旨密奏。后唐时,枢密院长官枢密使可以参议军国大政的决策,后周规定枢密院专管全国军事,不管民政。至宋朝形成了中书、枢密分掌文武的职官体制。

5. 宋朝的二府制及辽金元官制

中央官制 宋初中央官制,因有鉴于唐末宦官专权,紊乱朝政,乃仿汉初的办法,以仆射同中书门下平章事为宰相,负责政务,相当于汉初的丞相;以枢密使掌军权,相当于汉初的太尉;以御史中丞掌监察,相当于汉初的御史大夫。另外又设参知政事辅佐丞相,设三司使专管财政。于是形成了政务、军务、财务、监察四权并立的组织,而上总其成于皇帝,下分其权于参知政事。其他台、省、寺、监没有一定员额,也无专职,互以他官主判。这样权不专属,君主集权的政局也就得以确立。又有鉴于前此军阀之祸,宋朝更将兵权分隶于三个机关。平时统帅归殿前马步三司都指挥,给养训练归兵部,调度征发的大权则由枢密院秉承皇帝意旨执行。从此,将相都不能专兵,而兵权也直属于皇帝。

宋朝中央大权可谓集于皇帝一人。皇帝之下,中枢政权操于“宰执”,“宰”为宰相,“执”为执政。北宋神宗以前的一百多年,三省长官仍然设置,但都“不预朝政”,全非宰相之职。在三省之外,另设中书内省于禁中,为宰相的办事机构,称为“政事堂”,也称“中书门下”,简称“中书”。以“同中书门下平章事”为宰相正式官衔,参知政事为副相。宋朝枢密院为最高军事机关,其长官枢密使、副使与副相都称“执政官”,与宰相一起合称“宰执”。中书门下总揽政务,枢密院主管军事,别号“二府”。

总之,宋朝中枢,权在“二府”,其余则徒具形式,机构颇显重叠。因为统治者的目的正在于分散权力,故在制度上,使“上下相维,不得专制”,以巩固其皇权。

地方官制 宋朝地方官制分为路、州、县三级。北宋初,划全国为十五路;神宗时,定为二十三路,加上京畿为二十四个大政区。其后,宣和时为二十六路；南宋偏安，嘉定年间定为十七路。各路设安抚使，沿边地区则设经略安抚使，掌一路兵民之事；又设转运使，掌一路之财赋；再设提点刑狱公事，掌一路刑罚之事。路之各长官统称“监司”。路下有州。州虽设有刺史之名，实同虚设，实际任事的是知州。各州设有通判，与知州同领州事，以文臣任之，被称为“监州官”。县为最低一级的地方行政机构，县虽有“县令”之名，而实际任事者则为知县。

辽金元官制 辽代官制分为北面、南面两大系统。北面官又称“辽官”，是契丹自立的制度，是统治契丹等族的行政机构。主要官职有：于越，位在百僚之上，类似公师，但无具体职掌。有南北宰相府，设北府左右宰相、南府左右宰相，掌军国大政。有北院枢密使，掌契丹军政；有南院枢密使，掌契丹民政。南面官又称“汉官”，是统治汉人的行政机构，制度多仿唐宋，亦有三省、六部、台、院、寺、监等官。

金代为女真族所建立的政权，其官制初期多用女真族名号。如长官皆称“勃极烈”，意为“治理众人”，最高治理官称“都勃极烈”。又有国论（意为贵）勃极烈，类似宰相；忽鲁（意为总帅）勃极烈，为军事统领官。太宗以后，逐渐废止，沿用宋制。

元代官制在入主中原之后始臻完备。其中央官制只有中书省，不常设尚书省和门下省。有中书令，往往以太子兼任。有左右丞相，以右为上，其下有平章政事、参知政事等。有枢密院，与中书省对掌军务、政务。以上都相当于宋朝的宰执。中书省下设吏、户、礼、兵、刑、工六部，各有尚书三人及侍郎、郎中、员外郎等官。

6. 明清的内阁制

中央官制 明、清皆有三公（太师、太傅、太保）和三孤（少师、少傅、少保），合称“宫保”，都是荣誉性的虚衔，用以封赠大臣。

明、清两朝都不设“三省”（尚书省、中书省、门下省）。明初曾设中书省，置左右丞相。洪武十三年（1380），朱元璋杀左丞相胡惟庸，罢中书省，废丞相，其部分职权渐由内阁代替。内阁成员是大学士，最初仅仅充当皇帝的顾问或秘书，品级也只是正五品。因为是皇帝的近臣，权力日益扩大，地位逐渐提高，成为事实上的宰相。通常大学士有六人，明代冠以“四殿”（中极殿、建极殿、文华殿、武英殿）、“二阁”（文渊阁、东阁）；清代冠以“三殿”（文华殿、武英殿、保和殿）、“三阁”（体仁阁、文渊阁、东阁）。内阁大学士俗称“阁老”，雅称“中堂”，班次列在六部尚书之上，明代后期和清代都是一品大员，首席大学士称为“首辅”，位高权重。清代又设协办大学士二员，满汉各一，从一品，从六部尚书中简派兼任。清代自雍正以后，设军机处，皇帝指定亲王、大臣入值，称为“军机大臣”，下设提调、总办、章京等。军机处权力很大，几乎取代内阁的地位。

明清六部直接对皇帝负责，六部之上不再设尚书省。吏部为六部之首，俗称“天官”，职权特重。六部尚书俗称“部堂”，明正二品，清从一品；六部侍郎左右各一，明正三品，清正二品；每部辖若干司，每司设郎中一人(正五品)、员外郎二人(从五品)、主事若干人(正六品)，都是实际政务官。

明清改御史台为都察院，又叫“宪台”，长官为左都御史，雅称“总宪”(右都御史为各省总督座衔)，正二品或从一品，与尚书平级。副官为左副都御史，与侍郎平级。

明清翰林院为中枢最高学术机关，多以大学士兼掌院学士，其下为侍读学士、侍讲学士(均为从五品)，再下为侍读、侍讲(正六品)、修撰(从六品)、编修(正七品)、检讨(从七品)等，其地位最为清要，前途最为看好，因为内阁大学士多由翰林出身。

地方官制 明朝地方行政机构为省、府(州)、县三级。明初用元制设行省，洪武九年(1376)改设承宣布政使司，习惯上仍称“行省”。当时除南、北直隶外，全国共定十三所布政使司，即十三个行省。布政使司设左右布政使为长官，掌管一省民政和财政；又设提刑按察使司，以提刑按察使为长官，掌管一省司法刑狱；再设都指挥使司，以都指挥使为长官，掌管一省军事。布政使、按察使、都指挥使合称“三司”。省下设府，相当于宋朝的路。京师的顺天府和南京的应天府，以府尹为其行政长官，其余诸府则以知府为长官。府下设县或州，以知县、知州为长官。

清朝地方行政机构也可分为省、府(州、厅)、县三级。省一级的最高军政长官为总督、巡抚。总督辖地一般为二至三省，如两湖、两广总督各辖两省，两江总督则辖苏、皖、赣三省；也有只辖一省的，如四川总督。总督例兼兵部尚书和都察院右都御史衔，这就使他掌握了数省的行政、军事、监察大权。总督又可称为“制军”、“制台”。巡抚为一省最高军政长官，例兼兵部侍郎和都察院右副都御史衔，这样便有权统管全省的行政、军事、监察大权了。巡抚又可称为“抚军”、“抚台”。在河南、山东、山西等省专设巡抚，不设总督；直隶、四川、甘肃等省，则以总督兼巡抚。

督、抚之下设布政使，掌管一省的财赋、民政。布政使又可简称“藩台”、“藩司”。又设按察使，掌管一省的司法、监察等。按察使又可简称“臬台”、“臬司”。督抚、布政使、按察使，又可合称“三大宪”。

省下设府，以知府为行政长官，掌管一府的政务及所属州县的赋役、诉讼等事。清定都北京以后，以北京为顺天府，以其旧都沈阳为奉天府，二府为京城和陪都，地位较一般的府要高，设府尹为其长官。各省设州，州有两种，一为属州（散州），相当于县；一为直隶州，相当于府而直属于省。州有知州、州同、州判等官。

府下设县，县是地方行政的基层组织，长官为知县。

二、中国古代官吏的爵位品阶

1. 中国古代官吏的爵位

爵，又称“爵位”，是我国古代奴隶主国王或封建君主对有血缘关系的亲属或功臣授予的一种称号，它标志着古代官吏社会地位的高低和物质享受的多少。我国从有文字记载的商朝开始，一直到清朝，几千年中，封爵制度发生了不少变化。

商周时期，封爵就是分封诸侯，爵称同时也就是官称。商朝时，由商王直接统治的中心区域叫“内服”，内服以外的诸侯统治区域称为“外服”。为了维护奴隶主国家的统治，商王在外服设置一些称号，分封给自己的子孙和亲属进行管理。《尚书·酒诰》曰：“越在外服，侯、甸、男、卫、邦伯。”这里的侯、甸、男、卫、邦伯都是外服的职官名称。西周时期，分封制度更加正规化，被分封的诸侯，在爵位上有公、侯、伯、子、男五种爵号，在等级上有卿、大夫、士几个等级。战国末年，孟子追述这套制度的大致情形是：

> 天子一位，公一位，侯一位，伯一位，子、男同一位，凡五等也。君一位，卿一位，大夫一位，上士一位，中士一位，下士一位，凡六等。天子之制，地方千里，公侯皆方百里，伯七十里，子、男五十里，凡四等。不能五十里，不达于天子，附于诸侯，曰附庸。天子之卿受地视侯，大夫受地视伯，元士受地视子、男。（《孟子·万章下》）

春秋战国时期，爵位制度变化很大，许多诸侯国为了扩大本国的实力，改变了按血缘关系授予爵位的做法，主要是根据对国家功劳、贡献的大小来授予爵位。秦国是实行军功爵位制最典型的国家,其爵位共分为二十个等级:一公士、二上造、三簪袅、四不更、五大夫、六官大夫、七公大夫、八公乘、九五大夫、十左庶长、十一右庶长、十二左更、十三中更、十四右更、十五少上造、十六大上造、十七驷车庶长、十八大庶长、十九关内侯、二十彻侯。这种军功爵位制度同春秋以前的封爵制度有很大区别。首先是改变了以血缘亲疏定爵位高低的做法;其次是不掌握食邑和封地内的政权和兵权,仅仅享受"衣食租税",而且爵位不世袭。

汉朝实行两种封爵制度。一种是将宗室封为王、侯两等,一种是对功臣的封爵,仍沿用秦的二十等爵制。汉武帝在对匈奴的战争中,为了奖励军功和缓解财政拮据,曾另设十一等级的武功爵,允许富人用钱买爵,但不久就停止了。曹魏时,将封爵分为王、公、侯、伯、子、男、县侯、乡侯、亭侯、关内侯。其中关内侯为虚爵,仅是名义上的尊称,不享有实际的封邑。晋除了沿袭曹魏封爵制度外,还有开国郡公、县公、郡侯、县侯等名目。南朝及北魏后周的封爵基本上因袭前制。

唐代勋级简表

等级(转)	勋号	视品
十二转	上柱国	视正二品
十一转	柱国	视从二品
十转	上护军	视正三品
九转	护军	视从三品
八转	上轻车都尉	视正四品
七转	轻车都尉	视从四品
六转	上骑都尉	视正五品
五转	骑都尉	视从五品
四转	骁骑尉	视正六品
三转	飞骑尉	视从六品
二转	云骑尉	视正七品
一转	武骑尉	视从七品

唐朝初年，高祖李渊曾广封宗室。唐太宗即位后，对广封宗室的做法加以压缩和限制，规定皇兄弟、皇子可封为亲王，太子男可封为郡王，非宗室而功绩卓著者可封为郡王，其余爵位为国公、郡公、县公、县侯、县伯、县子、县男，共分九等。唐朝封爵在内容上与前朝不同之处是，所授爵位一般都不享有实际封地或封邑，只有在爵位前特别标明"食实封"或"真食"时，才能得到实在的封户，享受封地内的租税。

宋朝的爵位定为十二级，它们是：王、嗣王、郡王、国公、郡公、开国公、开国郡公、开国县公、开国侯、开国伯、开国子、开国男。凡封爵都有食邑，但宋朝封爵的食邑也是虚数，只有加上"食实封"的爵位，才有实际的收益。

元朝凡宗室、驸马通称"诸王"，有实封的采地。其中一字封号最贵，二字封号次之，无国邑名者最下。

明朝以皇子为亲王，亲王之子为郡王，皆实封。文武官员的爵号为公、侯、伯三级，只有岁禄，并无实际封邑。

清朝宗室封爵为十等：和硕亲王、多罗郡王、多罗贝勒、固山贝子、奉恩镇国公、奉恩辅国公、镇国将军、辅国将军、奉国将军、奉恩将军，按宗亲世系分别授予，宗室凡年满 20 岁者均可具名提请。功臣、外戚的爵位分为九等：公、侯、伯、子、男、轻车都尉、骑都尉、云骑尉、恩骑尉，只有爵位而无封邑。

我国古代封爵制度除了对皇族宗室和功臣授予爵位外，皇帝的嫔妃、女儿、姐妹、姑母等，往往也授予封号。如嫔妃的封号有：美人、昭仪、婕妤、贵人、贵妃等。皇帝的女儿，汉代称"公主"，皇帝的姐姐称"长公主"，皇帝的姑姑称"大长公主"。唐代太子和诸王之女都称"郡主"。清代皇后所生女称"固伦公主"，嫔妃所生女称"和硕公主"，皇族女儿称"格格"，亲王女称"和硕格格"。宗室及大臣之母、妻的封号也很复杂。如唐代王之母、妻均称"妃"，一品官和国公之母、妻称"国夫人"，三品以上官之母、妻称"郡夫人"，四品官之母、妻称"郡君"，五品官之母、妻称"县君"。

2. 中国古代官吏的品阶

品阶是封建社会表示官员级别高低的标志，我国封建社会官员正式以品来表示等级高低，始于魏晋时期。这以前，官员虽有高下之分，但其等级标志尚没有形成统一的制度。

西周时期，官有九命之别。九命为最高级别，一命最低。通常是天子上公九命、王之三公八命、卿六命、大夫四命、上士三命、中士再命、下士一命。汉代对各级官员实行正规的俸禄制，以“石”表示官位的大小，有秩万石、中二千石、二千石、千石、八百石等不同级别。一般丞相、太尉和将军等官为秩万石级，御史大夫及太常、卫尉、廷尉等九卿为秩中二千石级，京兆尹、州牧、郡守等为秩二千石级。

唐代文官散阶简表

阶数	品级	文散官	阶数	品级	文散官
1	从一品	开府仪同三司	16	从六品上	奉议郎
2	正二品	特进	17	从六品下	通直郎
3	从二品	光禄大夫	18	正七品上	朝请郎
4	正三品	金紫光禄大夫	19	正七品下	宣德郎
5	从三品	银紫光禄大夫	20	从七品上	朝散郎
6	正四品上	正议大夫	21	从七品下	宣议郎
7	正四品下	通议大夫	22	正八品上	给事郎
8	从四品上	太中大夫	23	正八品下	征事郎
9	从四品下	中大夫	24	从八品上	承奉郎
10	正五品上	中散大夫	25	从八品下	承务郎
11	正五品下	朝议大夫	26	正九品上	儒林郎
12	从五品上	朝请大夫	27	正九品下	登仕郎
13	从五品下	朝散大夫	28	从九品上	文林郎
14	正六品上	朝议郎	29	从九品下	将仕郎
15	正六品下	承议郎			

魏晋时期开始以品级区分官阶的高低，将官阶分为九品。一品最高，多是大将军、三公、丞相等官；九品最低，一般是县长、县令、关卡边塞之尉等。北魏在九品的基础上，把每品分为正、从两种，成为十八等；自正四品以下，每品又分上下阶，共为三十等。隋唐之后，九品等级制度逐渐固定下来。

随着官员品级的制度化，不同品级的官员在服色、礼仪等方面的规定也相应制度化。如唐代根据官员的散官品阶，决定官员的不同服饰，规定三品以上穿紫色官服，五品以上穿红色官服，七品以上穿绿色官服，九品以上穿青色官服。明清时期，除了服色规定之外，对不同品级官服上的绣纹（亦称“补子”）也有严格的规定。如文官一品绣仙鹤，二品绣锦鸡，三品绣孔雀，四品绣云雁，五品绣白鹇，六品绣鹭鸶，七品绣鸂鶒，八品绣鹌鹑，九品绣练雀；武官一品绣麒麟，二品绣狮子，三品绣豹子，四品绣老虎，五品绣熊，六品绣彪，七品绣犀牛（一谓也绣彪，如武六品），八品也绣犀牛，九品绣海马。

一品文官仙鹤补服

二品文官锦鸡补服

一品武职麒麟补服

二品武职狮子补服

清代文武官员岁俸、服制简表

品级	文官			武官		
	岁俸	冠	服饰	岁俸	冠	服饰
一品	180 两	红宝石帽顶	补服绣仙鹤	从一品正俸 81 两加支 524 两	红宝石帽顶	补服绣麒麟（如从一品之将军、提督）
二品	155 两	珊瑚顶	补服绣锦鸡	正二品正俸 67 两加支 444 两 从二品 53 两加支 324 两	珊瑚顶	补服绣狮子（如从二品副将）
三品	130 两	蓝宝石帽顶	补服绣孔雀	正俸 39 两加支 240 两	蓝宝石帽顶	补服绣豹（如正三品参将，从三品游击）
四品	105 两	青金石帽顶	补服绣云雁	正俸 27 两加支 114 两	青金石帽顶	补服绣虎（如正四品者司）
五品	80 两	水晶帽顶	补服绣白鹇	正俸 18 两加支 72 两	水晶帽顶	补服绣熊（如正五品守备）
六品	60 两	砗磲帽顶	补服绣鹭鸶	正俸 14 两加支 35 两	砗磲帽顶	补服绣彪（如正六品干总）
七品	45 两	索金帽顶	补服绣瀏鶒	12 两	索金帽顶	补服绣犀牛（如正七品打总）
八品	40 两	阴文镂金花帽顶	补服绣鹌鹑		阴文镂花金帽顶	补服绣犀牛（如外委干总）
正九品	35 两	阳文镂金花帽顶	补服绣练雀		阳文镂花金帽顶	补服绣海马
从九品未入流	31 两	同上				

三、中国古代职官制度的特点

关于古代设官，《左传》有一段记载："黄帝氏以云纪，故为云师而云名；炎帝氏以火纪，故为火师而火名；共工氏以水纪，故为水师而水名；太皞氏以龙纪，故为龙师而龙名；少皞氏以鸟纪，故为鸟师而鸟名。"自颛顼以来，"为民师而命以民事"。这里说的虽然是传说，却反映出设官的本意是"命以民事"，即统治人民。在我国奴隶社会，已经有了一套维护奴隶主专政的职官制度；到了封建社会，尤其是秦统一后的各代，逐渐形成了完

备的封建职官制度。分析中国古代的职官制度,其特点大致如下:

1. 专制制度下的君权至上特点

毛泽东说:“在封建国家中,皇帝有至高无上的权力,在各地方分设官职以掌兵、刑、钱、谷等事,并依靠地主绅士作为全部封建统治的基础。”[①]封建君主专制政体的最大特点是实行中央集权,皇帝是一国最高的官,下属各级大小官吏都是皇帝的仆从,国家大权集中在皇帝一人手中,形成君主专制独裁的统治。这种政体延续了两千多年。

我国的君主专制起源于商朝,当时有一个四方诸侯共同拥戴的领袖——商王。那时天下只有一个王,所谓“天无二日,民无二主”,一切政务全由王直接处理,所以王自称“余一人”。周人把殷商的分封制度与宗法制度结合起来,使我国古代的君权制度由上而下构成一套细密的组织系统,自天子而下,公、侯、伯、子、男五等爵位,形成宝塔似的结构,这就是我国封建时代君权制度最早的一种形式。

商周之际,革故鼎新,初期的君主制度逐渐产生了动摇。为了维护君主的统治权威,以适应变革社会的政治需要,就必须对君主的产生做出合理的解释。这个解释就是:君主乃“天”之所生,其权力乃“天”之所授。换句话说,当时人们认为殷周之君,均受命于天而为王,人间的君主即上天之子孙,这就是所谓的“王权神授”说。在当时“神”支配的社会里,这种说法最容易为人们所接受和理解。

春秋战国时期,由于社会文化的提高和生产力的不断发展,人们对天的信仰开始发生动摇,“王权神授”的思想也面临着危机。在“天道远,人道迩”;“未知人,安知天”的口号下,人们试图摆脱自然主义的王权神授说,转而从人类社会的相互关系中解释君主制度。《荀子·君道》曰:“道者何也?曰君道也。君者何也?曰能群也。能群者何也?曰善生养人者也,善班治人者也,善显设人者也,善藩饰人者也。”就是说,善于保护人民的人才能得到人民的拥护,而只有得到人民拥护的人才能成为君主。所以,君主是与人民群众发生关系,而不是与天发生关系。

秦统一天下以后,过去的封建社会已经成为统一的国家,封建时代的“王”也随之发展为大一统国家的“皇帝”,于是感到以往所说的君主权力

① 毛泽东:《中国革命和中国共产党》,见《毛泽东选集》第2卷,北京:人民出版社,1991年,第624页。

问题，不能满足大一统国家君主权力的要求，需要建立一套全新的君权学说。这种学说的主要内容是重新肯定王权神授的理论，其核心就是董仲舒提出的“天人感应”说。这一学说体现在政治制度上，就是要维护皇帝的权威，确立封建中央集权制的君主专制政体。这种封建君主专制政体的特征是：①皇权至高无上，不可转让分割；②皇帝一旦登极，便终身任职；③皇位父死子承，实行世袭制；④国家政权机构的组织原则是尊君卑臣。与此相适应，职官制度分为中央和地方两级，从三公九卿到州、郡、县的长官，等级分明，编制严密，把君主专制的权力渗透到全国各个角落。这样，各级官吏都成为皇帝的代表，皇帝也利用各级官吏去钳制天下，使中央集权更加巩固。所以说，皇帝制度与封建专制是相辅相成的。封建专制因皇帝制度的确立而得以加强；皇帝制度又构成了封建专制制度的核心和具体表现，两者“形神”结合，统治中国达两千余年。

2. 宗法制度下的血亲关系特点

封建宗法制是我国奴隶社会的产物，它是氏族血缘关系进入阶级社会以后在政治结构上的反映，是天子、诸侯、公卿、大夫用以统治同宗的一种社会制度，也可以说是一种家庭组织法。其要义是建立嫡长子继承制：每世天子以嫡长子继统，名曰“大宗”；分封为诸侯之众子，名曰“小宗”。每世诸侯以嫡长子继统，名曰“大宗”；分封为卿大夫之众子，名曰“小宗”。以下类推。天子为天下之宗主，诸侯对天子来说是小宗，在本国则为大宗；卿大夫对诸侯来说是小宗，在本族则为大宗。如此上自天子，下至庶民，合成一大宗族，君统变为宗统，政治组织建立在家族组织之上，最终使政治家族化。宗法制表现在职官制度上，就是以血缘和近亲关系为纽带来分封官位。

西周灭商以后，为巩固、稳定和加强对新征服地区的控制，实行以“封藩建卫”为目的的大分封，也就是周天子把同姓（姬）子弟和异姓姻亲封在各地做诸侯。这种分封就是以血缘关系为纽带，与宗法制度相表里。当时各封区统治者的政治经济地位，完全取决于他的宗法地位。周天子与诸侯、卿大夫的关系，一方面是宗法血缘关系，另一方面又是君臣的政治关系。周天子以自己为中心，根据血缘关系的远近，将亲、贵、富三者结合在一起，形成了一个官僚统治网络。由此可见，宗法制既是由血缘关系维系的一个家族，又是借助这种血缘关系来平衡和分享政治和经济权力的统治制度。①

进入封建社会以后，宗法制与家长制结合起来，形成了新型的封建宗法家长制，以便维护皇帝“家天下”的统治。皇帝是国父、家长，在皇帝的宗族中，血缘关系的远近往往决定官位的高低。例如，皇帝的兄弟子侄辈是血缘最亲近的，他们都可以得到“王”的称号，这在封建等级制中地位是很高的。西汉初年刘邦封同姓王，把全国大部分地区都分给子侄，而自己只留下十五郡。这些王不但地位高，权力也很大，以致他们以“朝无正臣，内有奸逆”为借口，打着“清君侧”的旗号，联合起来发动了吴楚七国的叛乱。明初朱元璋也封了一些亲王，他们权位也很高，结果发生了“靖难之役”。

除了与皇帝本人有直接血缘关系的兄弟子侄外，皇帝的近亲还有皇太后、皇后及众妃的娘家，也就是所谓的“外戚”。在皇帝年幼或皇权被皇太后、皇后掌握的时候，外戚往往成为执掌朝政的实权派。例如东汉末年的外戚专权，就是因皇帝年幼造成的。再如西汉吕后当权、唐朝武则天当权、清朝慈禧太后当权，都是由皇太后代行皇帝的职权造成的。即使在皇帝年富力强、乾刚独断时，由于宠幸妃子而“爱屋及乌”，使皇亲国戚升官发财的例子也很多。其中最突出的莫过于唐玄宗与杨贵妃一家的关系，就是通过杨玉环这条裙带，杨家从已死去的父亲，到在世的母亲和叔父，以及堂兄姐妹，无不赠官封爵。特别是族兄杨钊（杨国忠）工于心计、擅长权术，因为杨贵妃的关系和高力士的帮助，不仅身居相位，还兼领其他四十余个军政要职，权倾内外，炙手可热。真是一点点裙带关系便远远胜过数十年寒窗的饱学之士。难怪白居易在《长恨歌》里这样感叹道：“金屋妆成娇侍夜，玉楼宴罢醉和春。姐妹兄弟皆列土，可怜光彩生门户。遂令天下父母心，不重生男重生女。”

3.科举制度下的选贤任能特点

中国历代选官制度的核心问题就是选拔、任用贤能之士，因为国家的治乱、民生的安危，与“官吏之贤否”有直接关系。郑观应曾说：“地方之乱，视官吏之贤否为转移；朝廷求治，亦视用人何如耳。一县得人则一县治，一郡得人则一郡治，一省得人则一省治，天下得人则天下治。”（《郑观应集·吏治上》）尽管在具体选官过程中，由于受各种关系的影响，存在种种任

① 参见陈茂同《中国历代选官制度》，上海：华东师范大学出版社，1994年，第675～676页。

人惟亲、营私舞弊的现象，但是，从官方的选官制度上看，历朝历代都是强调为国求才、选贤任能的。具体而言，我国古代选举制度，从世袭制转到察举制，中经九品中正制，最终走向科举制，取士不问世家，扩大了选官用人的范围，为广大士子提供了平等竞争的机会。

“选贤任能”是我们民族从远古时代就形成的优良传统。尧、舜、禹就是最早被推选出来的贤人，他们在位时都各有煌煌政绩。《礼记·礼运》记载当时的选举是：“大道之行也，天下为公，选贤与能，讲信修睦，故人不独亲其亲，不独子其子。”进入阶级社会，统治者也充分认识到人才在管理国家方面的巨大作用。所以，夏、商、周三代的选士制度，也是在某种程度上体现了选贤任能的优良传统。傅说、伊尹、吕望、管仲、百里奚等贤相，都出身卑贱，有的甚至是奴隶，但他们辅佐国君，治国安民，为国家做出了很大的贡献。汉代的察举制、魏晋南北朝的九品中正制，最初设置的目的都是为了选贤任能。

然而，以私有制为经济基础的阶级社会，特别是专制主义的封建社会，私有观念和特权思想不可避免地公开或隐蔽地左右个人的行为，而社会又没有形成有效的法律制约机制。这样，企图通过“贡举制度”来达到选贤任能的目的，毕竟只是美好的愿望。历史的经验证明：当一个新王朝在刚确立的时候，新的统治者最初还表现得比较清明，但随着政治统治的日趋腐朽，客观的社会实践与统治者原先的美好愿望开始背道而驰，所以中国古代的贡举制度也随之屡遭厄运。

考试取士的科举制度的出现，是中国古代贡举制度的重大变革，为选贤任能提供了制度上的保证。首先，国家通过定期举行科目考试的方法，根据考生成绩的优劣来选取人才，这就使得科举制度具有一定的公正性，为封建王朝有效地选拔有识之士提供了可能；其次，全国的读书人都可以参加官府的考试，都有被选拔做官的机会，这就使得科举制度具有很大的普遍性，为封建王朝能在更大范围内选拔官员提供了基础；再次，科举考试以经义取士，考生答题都被规定在一个比较固定的功令程式中，这就使得科举制度具有一定的客观性，为封建王朝尽可能地避免考生和考官的作弊提供了保障。尽管科举制度有种种弊端和不足，但它毕竟是中国传统贡举制度的一次革命。

第八章　中国古代学校与教育

文化从来就是与教育紧密相关的，中国古代“文化”一词的基本含义就是“以文教化”。教育既是文化的一个重要组成部分，同时又是一个民族的文化赖以延续和发展的基础。教育包括家庭教育、学校教育和社会教育等多种类型，其中尤以学校教育最为重要，学校教育是培养人才的最基本的途径。中国是世界上学校和教育发达最早、水平最高、制度最完备的文明古国之一。中国历代统治者大多十分重视学校和教育。考察和了解古代学校和教育，对于我们深入理解和准确把握源远流长的中华文化及其精神是十分有益的。

第一节　中国古代学校

与悠久灿烂的中华文明相应，中国古代学校源远流长，早在尧舜等五帝时代就出现了学校的萌芽，夏代已开始建立正式的学校，并先后形成了官学和私学两种办学形式，在唐末五代还出现了新型学校——书院。经过数千年的历史发展，中国古代学校呈现出诸多独具一格的特点，诸如：官学和私学并行互补，教育和政治融为一体，以儒学教育为根本，培养人才和选拔人才相结合等。独具特色的中国古代学校对中国古代文化的传承与发展起了重大作用，在培养统治人才、发展古代学术、传播儒家思想和服务社会政治等方面均发挥着重要的文化功能。

一、中国古代学校的发展历程

中国古代学校萌芽于原始社会末期,创建于夏商西周时期。春秋战国时期,官学衰落而私学兴起。至两汉时期,独具特色的中国古代学校已正式定型。此后,中国古代学校进一步发展和完善,至隋唐达到了全面繁荣,并且出现了将学校育才与科举选才紧密结合的趋势。宋元时期学校持续发展,书院兴盛起来。明清时期,中国古代学校在延续发展了一段时期后,出现了转型,至清末新式学堂的建立和科举制度的废止,而逐步向近现代学校过渡。

1. 中国古代学校的萌芽与创建

原始社会末期中国古代学校的萌芽　“自有人生,便有教育”(杨贤江语)。远古时代的中国先民就已经开始了教育活动。据古籍记载,燧人氏钻燧取火,教民熟食(《白虎通义》);伏羲氏结绳制网,教民畋渔(《易传·系辞》);神农氏创耒制耜,教民农作(《易传·系辞》)等等。这些以传授生产或生活经验、知识和技能为教育内容,以口耳授受和行为模仿为主要教育手段的最初形式的教育活动,实为简单的生产或生活教育。

随着社会生产力的发展和集体生活内容的丰富,原始社会的教育内容也逐渐丰富,大约到了氏族公社末期,即中国古代传说的五帝时期,教育逐渐从生产和生活中分化出来。这种分化的直接结果,便是专门的教育机构——学校的萌芽。据《尚书·舜典》记载,虞时即设有学官,管理教育事务,如舜命夔“典乐,教胄子”,又命契为司徒“敬敷五教”。据此,我们虽不能说在舜那样的原始部族时代就有了学校,却完全可以推测,当时已有教学之事,已出现了学校的萌芽。

汉唐以来的一些学者多将学校的起源追溯到唐虞以前,如董仲舒、郑玄、孔颖达等人就认为在五帝时代,我国已有名曰“成均”的学校。① 古史

① 《周礼·春官宗伯》云:“大司乐掌成均之法,以治建国之学政,而合国之子弟焉。”郑玄注引董仲舒曰:“成均,五帝之学。”孔颖达疏曰:“尧已上当代学亦各有名,无文可知。但五帝总名成均,当代则各有别称。”关于成均,郑玄又解释说:“均,调也。乐师主调其音。”可见,所谓“成均”,不仅是乐师主管音乐事务、日常演奏歌唱之地,也是实施乐教之地。

还有虞氏之学为“庠”的传说。[1] 据历史文献可知，“成均”和“庠”都是原始社会末期开展各种活动的机构，包括当时的教育活动在内，它们虽然还未成为专门的教育机构，还不是正式的学校，但可看作是学校的萌芽，因为它们已经开始进行一些有目的、有组织的教育活动，并为以后专门教育机构的产生奠定了基础。

夏商西周时期中国古代学校的创建 由于社会阶级分化、脑力劳动与体力劳动的分离和文字的进一步发展，夏代的教育发生了一些新的变化，其中最突出的便是已开始建立学校。《孟子·滕文公上》云：“设为庠、序、学、校以教之。庠者，养也；校者，教也；序者，射也。夏曰校，殷曰序，周曰庠，学则三代共之。”《礼记·王制》云：“夏后氏养国老于东序，养庶老于西序。”《古今图书集成·学校部》云：“夏后氏设东序为大学，西序为小学。”这些古籍记载称夏代已经有了“序”和“校”这样的学校。“序”当为设在王都的国学。作为夏代国学之“序”还有“大学”和“小学”之分。“校”当为设在地方之乡学。《史记·儒林列传》载，公孙弘和太常臧、博士平议论三代之学时称：“乡里有教，夏曰校。”从夏代的经济、文化水平及历史记载等因素来考虑，夏代可能已有学校，不过这还有待于地下出土文物的证实。

商代的学校除了有古籍文献上的记载，且有大量的出土文物尤其是殷墟甲骨文字的佐证。商代的学校名称，除了“庠”、“校”、“序”以外，还出现了“学”、“大学”、“瞽宗”等称谓。甲骨卜辞中已有多种写法的“学”，[2]还有关于学校名称“庠”和“大学”的记载。[3] 甲骨文的发现和研究，证实古籍中关于商代学校的记载是可信的。《礼记·明堂位》云：“殷人设右学为大学，左学为小学，而作乐于瞽宗。”瞽宗是商代大学特有的名称，是当时奴隶主贵族子弟学习礼乐的学校。商代不仅王都有大、小学，而且地方也有学校。朱熹《孟子·滕文公上》注云：“庠以养老为义，校以教民为义，序以习射为义，皆乡学也。”

---

① 《礼记·王制》云：“有虞氏养国老于上庠，养庶老于下庠。”《通典·礼十三》云：“有虞氏大学为上庠，小学为下庠。”《礼记·明堂位》称：“米廪，有虞氏之庠也。”根据这些历史文献可知，虞氏之“庠”，兼有养老和教育的双重活动及作用，并且有了“大学”和“小学”的程度之分，分别由地位高低不同的长老执教。

② 王贵民：《从殷墟甲骨文论古代学校教育》，载《人文杂志》，1982(2)。

③ 陈梦家：《殷墟卜辞综述》，北京：中华书局，1988年，第512～513页。

西周是我国奴隶制的全盛时期，其文化教育的历史特征是“学术官守”、“学在官府”。与此相适应，西周学校建立起国学和乡学两个官学系统：国学是中央官学，设在王城和诸侯国都里；乡学则是地方官学，设在郊外的乡、州、党、闾等地方行政区域之中。国学是专为统治阶级的上层贵族子弟而设的，并按学生年龄与课程难易程度分设为大学和小学两级。其中大学又有两种情况，周王城中所设的大学称“辟雍”，诸侯国中所设的大学叫“泮宫”，这就是《礼记·王制》所谓的“大学在郊，天子曰辟雍，诸侯曰泮宫”。① 小学的设置，已见于西周青铜器《大盂鼎》等铭文，可证小学与大学相对而设。小学的建址，《礼记·王制》说“小学在公宫南之左”，明确指出小学设于王宫东南。关于乡学，据《周礼》、《学记》等古籍记载，一乡之中，25 家为一闾，闾有塾；500 家为一党，党有庠；2500 家为一州，州有序；12500 家为一乡，乡有校。也就是说，西周在郊外地方行政组织的基础上相应地设有家塾（或闾塾）、党庠、州序、乡校等不同名称、不同级别的地方学校。

西周的学校已建立了初步的教学管理制度。据《学记》记载，西周国学中大学已建立有隔年考核制度。经考核合格后，将由天子任官授爵，考核不合格者或不遵教诲者，经教育仍不改过，将被流放远方，终身不用。乡学的考核也建立了相应的奖赏和惩罚措施。

西周的学校还形成了以“六艺”为核心的教学内容。西周不论是国学还是乡学，不论是大学还是小学，其教学都是以礼、乐、射、御、书、数等“六艺”为基本学科和核心内容。其中，礼乐教育是六艺教育的核心和基础。作为西周教育的最重要的特征和标志的六艺教育，在中国古代学校教育史上产生了深远的影响。

西周学校还开创了“官师合一”、“政教合一”的办学传统。由于西周社会分工专业化不是很强，并且“学在官府”，当时教师没有成为独立的社会职业，而是由政府职官来兼任，官师合一。国学中的教师由大司乐、乐师、师氏、保氏、大胥、小胥、大师、小师、龠师等官吏担任；乡学中的教师由

① 辟雍设在城外西郊，据说四周环水，中间岛形高地建筑学宫，其堂式东西南北皆相对，组成四合式大院。其东面称“东序”，又叫“东学”，为学干戈羽龠之所；其西面称“瞽宗”，又叫“西学”，为演习礼仪之所；其南面称“成均”，又叫“南学”，为学乐之所；其北面称“上庠”，又叫“北学”，为学书之所。东、西、南、北之学，又称“四学”，都属于大学，是辟雍的组成部分。“四学”之制，已含有设科分教之意。泮宫形制大致与辟雍相同而略小。

大司徒、小司徒、乡师、乡大夫、州长、党正、父师、少师等官吏担任。由于集学校教师和政府官吏二任于一身，他们不光是把学校当作教学的场所，也把学校作为举行各种社会活动的场所。教育机构与行政机关不分，表明当时的教育与政治是紧密联系在一起的，这种“政教合一”的办学模式，对后代社会产生了重要的影响。

2. 中国古代学校的新变与定型

春秋战国时期中国古代学校的新变 春秋战国时期，是我国奴隶制崩溃而向封建制转变的社会大变革、大动荡时代。这种社会大变革、大动荡带来的后果，在教育上突出地表现为一次划时代的重大变革，即官学衰落，私学兴起。官学衰落的原因是多方面的，其中最主要的有三个方面：一是世袭制度，二是王权衰落，三是战争动乱。与此同时，私学的兴起也有着深刻的历史背景和社会根源，概而言之，主要包括两个方面：一是“文化下移”，二是“士”的崛起。当时的孔子、墨子、孟子、荀子等都是著名的民间私学大师。春秋战国私学的创立，开创了我国古代学校教育的新局面，它使学校从官府中解放出来，从政治活动中逐渐分离出来，开始了学校教育独立化的过程；它又使教师从官吏中分化出来，进而成为专门的职业。

另外，春秋战国时期学校教育史上的一个重要事件是，出现了齐国的稷下学宫。齐国君主在国都临淄城稷门外创设学宫，招揽天下贤士和各家各派学者，聚此讲学论辩、著书立说，形成了学术发展的兴旺局面。稷下学宫是一所兼备官、私两种性质的特殊形式的高等学府，它所独创的官方兴办、私家主持的办学形式，集讲学、著述、育才与咨政为一体的职能模式，自由游学和自由听讲的教学方式，学术自由和鼓励争鸣的办学方针，尊重优待知识分子的政策，都显示了它的成功之处。因而，稷下学宫成为中国学校发展史上的一个出色的教育典范。

汉代中国古代学校的定型 秦始皇灭六国统一天下后，出于加强中央集权的君主专制政治的需要，颁“挟书令”，严禁私学，“焚书坑儒”。与此同时，为了达到思想的高度统一，使法家思想深入人心，实现以法治国的目的，秦采取了“以法为教”、“以吏为师”的文教政策。私学的禁止和吏师制度的执行，必然会使秦代的学校教育上出现一种法律之外无学、官吏之外无师的局面。这无疑是中国古代学校教育发展史上的一次大倒退。秦朝二世而亡，也充分证明了秦朝采取的崇法排儒的文化专制主义文教政策的失败。

鉴于秦王朝二世而亡的历史教训，汉初统治者以“黄老之学”即新道家的思想为治国指导思想。表现在教育上，汉初采取了与秦截然不同的文教政策，重视知识分子的作用，废除了秦时的“挟书令”和对私学的禁令。这些措施为汉代学校教育的发展提供了一种较为宽松的环境。经过汉初六七十年的休养生息，至汉武帝执政时，西汉王朝走向鼎盛时期。欲图进一步发展的汉武帝为了统一思想意识，消除不利于大一统政权的思想因素，而由“无为”转向“有为”，采纳董仲舒的建议，一方面推行“罢黜百家，独尊儒术”的思想政策，一方面立五经博士，兴太学以养士，创察举以选士。这些政策措施的实行，使得汉代的学校教育出现了前所未有的繁荣景象，从而为我国封建社会学校教育制度的发展和完善奠定了基础。

汉代的学校既有官学系统，又有私学系统。官学又分为中央官学和地方官学两种。中央官学最重要的是以传授知识、研究学问为主要目的的最高学府——太学。太学由九卿之一的太常领导管理。太学的正式教官是博士，并推举德高望重者为其首领，博士首领在西汉称“博士仆射”，东汉则称“博士祭酒”。太学的学生，西汉称“博士弟子”(或简称“弟子”)，东汉则称“诸生”或“太学生”。太学学生来源多样，但基本途径有二：一是由太常在京都或京郊直接挑选“年十八以上，仪状端正者”；二是由地方(郡、国、县)举送“好文学，敬长上，肃政教，顺乡里，出入不悖”者(《汉书·儒林传》)。前者属于正式生，享有官费；后者属非正式的特别生，只是“受业如弟子”，费用须自理。

太学的教学内容是儒家经典。学生通常随所从博士专攻一经。《论语》、《孝经》是公共必修课。教学方式一是大班上课，二是高年级学生辅导低年级学生。由于教师少、学生多，主要还是靠自学。太学的经学传授尤其是今文经学传授，还强调严守“师法”和“家法”。某一经的大师所传经说，成为弟子治学的根本依据，这就叫“师法”。有的弟子在“师法”的基础上，对师说有所发挥，自立一家之言，这叫“家法”。西汉重“师法”，东汉重“家法”。

太学非常重视考试并形成一定制度，当时，太学考试的基本形式是“设科射策”。所谓“射策”，是指教师将疑难问题书于简策，让学生选择解答。所谓“设科”，是指根据学生的答题情况将成绩由优到劣依次分为甲科、乙科(有时也细分为甲、乙、丙三科)等不同等级。学生所取得成绩的实际等级,是授予相应官职的依据。随着时间的推移,太学考试的年限和设科的标准也有所变更,西汉一年一试,东汉则基本上是两年一试,设科标准最后则完全以通经多少为依据。

汉代的“五经博士”

易	田何	施氏(施雠) 孟氏(孟喜) 梁氏(梁丘贺) 京氏(京房)
书	伏生	欧阳氏(欧阳高) 大夏侯氏(夏侯胜) 小夏侯氏(夏侯建)
诗	鲁　申培公 齐　辕固生 燕　韩婴	鲁氏 齐氏 韩氏
礼	高堂生 (一说后仓)	大戴礼(戴德) 小戴礼(戴圣)
春秋	齐鲁　胡毋生 赵　董仲舒	严氏(严彭祖) 颜氏(颜安乐)

汉代地方官学主要是郡国学。郡国是当时最大的地方行政单位,故地方官学又称“郡国学”。郡国学由汉景帝时蜀郡太守文翁首创,史称“文翁兴学”。这一做法深得汉武帝、汉元帝、汉平帝等统治者的赞赏,汉平帝时下令郡国以下各级行政单位都设立相应的学校,所谓“郡国曰学,县、道、邑、侯国曰校,校、学置经师一人;乡曰庠,聚曰序,序、庠置《孝经》师一人”(《汉书·平帝本纪》)。到东汉时,地方官学发展极盛,因此,班固在《东都赋》中有“四海之内,学校如林,庠序盈门”的形象描绘。

汉代民间私学很盛,按其程度可分为书馆和经馆两类。书馆属于蒙学阶段的教育,主要进行识字和书法教育,也传授一些数学常识,并注重培养学生思想观念和伦理道德。经馆是较书馆更高一级的私学,实际上是一些著名学者聚徒讲学的场所,其中程度较高的可与太学相比。经馆又称“精舍”或“精庐”。董仲舒、王充、郑玄等都是两汉著名的私学大师。尤其值得一提的是,由于官学只传授今文经学,当时已具相当水平的数学、天文学、医学等自然科学和古文经学等,主要靠私学得以流传和发展。

汉代学校不仅确立了儒学在中国封建社会学校教育中的独尊地位,

同时也在学校教育制度、设施、内容、形式等各个方面都为后来整个封建时代的学校教育奠定了坚实的基础。中央太学和地方官学的设立为中国封建社会的官办学校制度提供了基本框架，私学中的书馆和经馆，不仅是对春秋时期私人讲学传统的继承，实际上也是后来书院、私塾的历史渊源。中国封建社会学校教育的基本特征在汉代已初步形成，有的已得到制度上的保证，可以说，中国古代学校至汉代已基本定型。

3. 中国古代学校的繁荣与发展

隋唐时期中国古代学校的繁荣　魏晋南北朝时期，由于政局动荡、战乱频仍，加上“九品中正制”的实行，国家教育事业总体上呈衰微的景况，学校教育时兴时废。尽管如此，这一时期学校教育还是有一些值得注意的特色和成就的，诸如中央官学多样化、专科教育得到发展、地方学校教育制度正式确立、私学得到充分发展并成为学校教育的支柱等等，它们“继汉开唐”，为唐代学校教育的发展奠定了基础。

隋唐结束了长久分裂割据，实现了国家统一，是我国封建社会发展的鼎盛时期。由此，在我国封建社会学校教育发展史上揭开了新的篇章，学校教育走向全面繁荣，达到了封建社会学校教育发展新的高峰。

北京国子监

隋代国运虽短，但在学校教育上采取的一些措施开唐代之先，对唐代奠定完备的学校教育制度和体系产生了十分重要的影响。其一，国子寺的设立。隋文帝倡兴学校，设立国子寺，内置祭酒1人，总管教育事业。下有属官主簿、录事各1人。国子寺负责管理国子学、太学、四门学、书学和算学。国子寺及国子祭酒的设置，是我国历史上第一次由中央政府设立专门管理教育的机构和长官，标志着我国封建教育已经发展到了成立独立部门的时代。隋炀帝又增设司业1人作为祭酒的助手，并在大业三年(607)改国子寺为国子监。“国子监”的名称一直沿用到了清代。其二，专科教育的多样化。隋代中央官学除了国子寺下辖的国子学、太学、四门学、书学和算学等五学外，还在太常寺下属的太医署设置医博士和助教等职，招收学生，传授医学，又在太仆寺中设有兽医博士，大理寺中设有律博士。书学、算学等专科学校的创建和医博士、律博士等职的设置，为唐代专科学校的多样化奠定了基础。其三，科举制的创立。隋文帝开皇十八年(598)诏令，以“志行修谨、清平干济二科举人”。炀帝大业二年(606)始置“进士科”，以“试策”取士，科举制度由此产生。

唐代复兴汉代教育的传统，同时又继承魏晋南北朝以来的教育成果并全面地加以发展，使学校教育在唐代，尤其是太宗至玄宗时期，发展到鼎盛时期。学校种类之齐全、形式之完备、管理之严密、生徒之众多，都是前代所无法比拟的。以儒家经典为教育内容的传统学校和以专科知识为教育内容的专科性学校并行、中央官学和地方官学并立、官学和私学并存、科举制度和学校教育并举，共同构成了唐代完备的学校教育体系，并为以后封建社会学校教育的发展构筑了基本框架。

官学，尤其是中央官学，是唐代学校教育的主干，也是唐代学校教育兴旺发达的重要标志。唐代中央官学的主干，有国子监领导下的六学一馆。“六学”即国子学、太学、四门学、书学、算学和律学；“一馆”即公元750年设立的广文馆。国子学，收三品以上官员子孙；太学，收五品以上官员子孙；四门学，收七品以上官员子孙以及庶人之俊异者。这三学均为儒经学校。书学、算学、律学三学，均招收八品以下官员子孙及庶人之通其学者。广文馆，为考进士者补习之所。唐代中央官学的旁支，主要是指中央各专职行政机关为了培养本机关所需之专门人才而附设的、带有专科职业教育性质的学校。如门下省所属学校有弘文馆、东宫所属有崇文馆，两馆皆兼研究和教学双重任务；尚书省的祠部所属学校有崇玄学，是专门的道教学院；太医署所属学校有医学，等等。唐代的地方官学主要是府、州、县三级学校，各府州所设学校有经学、医学和崇玄学等三种类型，由府州的长史主管。县学只设经学。州县的学生能通一经者即可毕业。

唐代官学的发达、完备并没有妨碍私学的发展。唐代政府明文鼓励私人办学，私学也颇为发达。当时许多名流学者，一方面居官理事，一方面招徒讲学，从事教育活动。或先授徒讲学而后做官，如颜师古、孔颖达；或先做官退职后再讲学，如刘焕；或既做官又讲学，如韩愈、柳宗元。这些人所设的“学馆”实际上培养了不少人才。

唐代学校不仅种类繁多、形式完备、生徒众多，而且管理严密，形成了一系列的教学管理制度。从入学到毕业都有制度化的规定。中央官学规定，学生从14～19岁(律学为18～25岁)开始入学。入学之始，学生先拜谒师长，行束修之礼。学生进入不同的学校，接受不同的教学内容。为了检查学业，不同学校和专业对考试也有相应规定。中央官学的考试通常分为旬考、岁考和毕业考试三种。学生在学的最长年限也有规定，律学在学六年，其他中央官学的学生在学九年。在校生如果三次岁试不及格，则令其退学。学校对放假时间也做了规定。官学的假期有短假和长假两种，短假为旬假，即十天放假一天；长假分田假和授衣假两种，田假在五月份，授衣假在九月份。另外，唐代对各类各级学校的教师、学生的数额和招收学生的标准等，也都有相应的具体规定。

产生于隋代、发展于唐代的科举制，对唐代学校教育的发展也产生了重要的影响。唐前期，太宗实行学校和科举并重的政策，在开科取士的同时，扩建校舍，广招学生，培养人才，以确保科举取士的数量和质量，从而使当时的学校教育获得了极大的发展。到了武则天时代，则重科举而轻学校，只重科举取士，不重学校育士，造成学校荒芜殆废。唐玄宗为了扭转重科举、轻学校之风，加强了中央对科举制的控制，重新调整了科举制与学校教育的关系，明文规定，不经过学校学习的人，不能参加科举考试。这对学校教育的发展产生了推动作用，从而使唐代学校在开元、天宝年间发展到鼎盛时期。“安史之乱”后，由于唐朝的政治、经济和文化开始由兴盛走向衰退，统治者无力恢复和发展学校教育，使学校教育最终成为科举制的附庸而开始走向衰退。

宋元时期中国古代学校的发展　宋初统治者在平息割据势力，基本上统一国家以后，在统治策略上做了重大调整，即由原来的重视“武功”，改为强调“文治”，确立了“兴文教，抑武事”的国策。为此，宋初诸帝十分重视科举考试，通过科举考试选拔统治人才。随着时间的推移，统治阶级内部一些有识之士，越来越清楚地认识到，仅仅依靠科举考试选拔人才是远远不够的，还必须广设学校，培育人才。于是，自庆历四年(1044)后，宋代历史上先后出现了三次著名的兴学运动，即范仲淹在宋仁宗庆历四年主持的“庆历兴学”、王安石在宋神宗熙宁年间主持的“熙宁兴学”和蔡京在宋徽宗崇宁年间主持的“崇宁兴学”。这三次兴学运动，都不同程度地将宋代学校教育事业向前推进了一大步。

三次兴学运动后，宋代陆续建立起了完备的官学教育体系。宋代官学建制大体沿袭唐制，并发展得更为完善。官学分为中央官学和地方官学两种。中央官学属于国子监管辖的有国子学(亦称“国子监”，它既是宋代最高的教育管理机构，又是最高学府）、太学、辟雍、四门学、广文馆、武学、律学、小学等，其中太学是宋代兴学育才的重点，也是中央官学的核心；属于中央各局管辖的有医学、算学、书学、画学等；直属于中央政府的有资善堂、宗学、诸王宫学、内小学等。地方官学有州学、府学、军学、监学以及县学，属于地方政府及诸路提举学事司管辖。

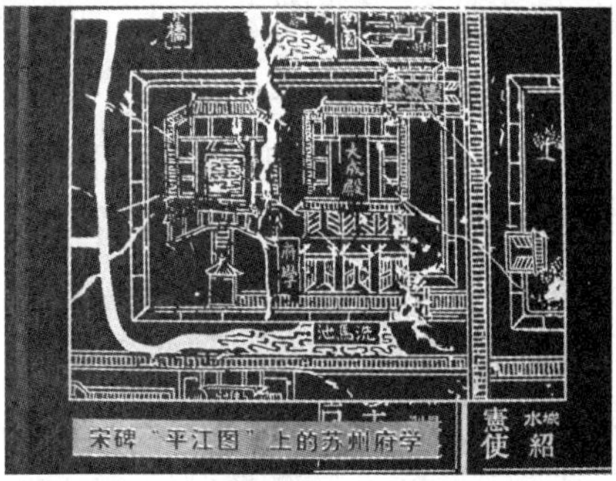

宋代苏州府学

宋代在学校教育制度方面最突出最重要的一个特色是书院的出现和兴盛。“书院”之名，始于唐代。但这时的书院，还不是教育机构，其主要职责是收藏、校勘和整理图书，如丽正修书院和集贤殿书院。真正具有讲学性质的书院，至五代末期才基本形成。但书院作为一种教学制度，作为集教育、教学和学术研究于一身的新型学校，其形成和兴盛则在宋代。宋初书院在得到较大发展的基础上，出现了一些著名书院。江西庐山的白鹿洞书院、湖南长沙的岳麓书院、河南商丘的应天府（睢阳）书院、河南登封的嵩阳书院，素有“天下四大书院”之称，“四大书院”加上湖南衡阳的石鼓书院和江苏江宁的茅山书院，又称为“北宋六大书院”。南宋时书院越来越多，其中南方的白鹿洞书院和岳麓书院因朱熹和张栻曾在那里主讲而名声尤大，后有新起的吕祖谦的丽泽书院（浙江金华）和陆九渊的象山书院（江西贵溪）与之齐名，并称“南宋四大书院”。南宋书院的兴盛与发达，与朱熹修复白鹿洞书院密切相关。朱熹修复书院后，自任洞主，亲自掌教，并亲自制定《白鹿洞书院揭示》（也称《白鹿洞书院学规》、《白鹿洞书院教条》）。这是中国书院发展史上的一个纲领性学规，不仅对当时及以后的书院教育，而且对官学教育都产生过重大影响。书院既不同于官学，也不同于一般私学，是私学发展的高级形态，有其独到的办学特色，为当时的人才培养、理学发展和文化繁荣做出了重要贡献。书院的主持人称“山长”或“洞主”。教师多是名流

白鹿洞书院

学者，招收学生不分家庭出身。书院的教学特点，概而言之，主要有五：一是日常教学与学术研究相结合，二是道德修养与知识传授相结合，三是学生自修与教师指导相结合，四是守一派学旨与学派间学术交流相结合，五是优美的自然环境（校园建设）与和谐的人文环境（师生关系）相结合。

应天书院

辽、金、元的学校教育制度，多效仿宋制，所不同的主要是金、元统治者在大力推行"汉化"政策的同时，积极在中央和地方设立民族学校以培养本民族的人才，建立起比较完善的民族学校教育体系，推动了民族教育事业的发展。如金代中央官学中设有女真国子学、女真小学和女真太学，在地方官学中设有女真府、州学，建立起了较为完整的女真族学校教育体系；元代的中央官学设有蒙古国子学，地方还在各路设有蒙古字学。

4. 中国古代学校的延续与转型

明代中国古代学校的延续　明代是我国封建社会的一个重要而复杂的朝代，沉暮与开新是其显著的文化特征。[①] 与此相应，明代的学校教育也成为中国古代学校教育发展历程中的一个重要阶段，它集中体现了中国封建社会学校教育的高度成熟与衰退，既是唐宋以来学校教育繁荣发展的延续，又是清代学校教育衰落转型的先声。明朝统治者鉴于历史教训和治国的实际需要，把学校教育置于十分重要的地位，确立了"治国以教化为先，教化以学校为本"的文教政策，广设学校，大力发展学校教育事业，并且规定"科举必由学校"，以学校教育为科举考试之基础，从而使中央官学、地方官学及社学都得到了空前规模的发展，在全国形成了比较完备的学校教育体系。与此同时，明朝统治者也采取种种措施，对学校加强控制，实行文化专制管理，并且重视科举制度，实行八股取士，以科举考试为学校教育的直接目的，使学校进一步成为科举制的附庸，从而又束缚和阻碍了学校教育的进一步发展，使学校教育的衰退趋势逐步形成。

明代官学仍分为中央和地方两大类。中央官学主要有国子监，此外

① 参见冯天瑜等《中华文化史》，上海人民出版社，1990 年，第 758～759 页。

还有宗学、武学等。地方官学主要有按地方行政区划设立的府学、州学、县学。明代官学制度有以下四点值得注意：第一，作为最高学府的国子监有许多新发展。例如，放松学生入学资格的限制，将通称为“监生”的学生根据不同来源，分为举监、贡监、荫监和例监等；国子监分为六堂三级，学生依程度入各级学堂并逐级递升，正义、崇志、广业三堂为初级，修道、诚心二堂为中级，率性一堂为高级；创立监生历事制度，使学校培养人才与业务部门使用人才直接挂钩。第二，地方官学得到空前发展。不仅按地方行政区域设学，而且也按军队编制设学，还在全国谷物财货集散地和土著民族聚居地设学。第三，社学制度更趋完善。[①] 明代继承和发展了元代的社学制度，大力提倡，在全国城镇和乡村地区广泛设立，并在招生择师、学习内容、教学活动等方面形成较为完善的制度。第四，形成从地方到中央即社学—府、州、县学—国子监三级相衔接的学制系统。明代这些官学制度上的特点，对清代教育发生了深刻影响。

无锡东林书院

与重视官学和科举形成鲜明的对照，明朝统治者对于书院则没有给以应有的注意，而且由于受到统治阶级内部矛盾的影响，明朝书院的发展道路极不平坦，经历了从明初沉寂，中叶以后勃兴，又于嘉靖、万历、天启年间先后遭受四次禁毁的曲折过程。不过，明朝的东林书院颇有特色，在中国古代书院发展史上还是具有重要地位的。

清代中国古代学校的转型 清代是中国封建社会的最后阶段，满汉矛盾和中国资本主义生产关系的萌芽，以及东西方文化的碰撞和交流，构成清代教育的社会基础。与社会的转型相一致，清代的学校教育已处于中国封建社会学校教育的末期，同时也孕育着近现代学校教育的一些萌芽，古代学校教育向近现代学校教育转型已成为历史发展的必然趋势。清代统治者在文教政策上，全面模仿明代统治者，在立国之初便制定了“兴文教，崇经术，以开太平”的文教政策，在中央和地方广泛设立各类学

① 社学，即设在农村地区，利用农闲空隙时间以农家子弟为对象的初等教育形式。

校，积极发展学校教育事业，使得顺治、康熙、雍正、乾隆年间的学校教育得到恢复和较大的发展。与此同时，清代统治者采取各种措施，制定种种学规，加强对学校的管理和控制，并更加重视科举，用僵化到极点、毫无生命力的科举制约学校，将学校纳入科举制的轨道，把学校教育进一步变成科举制的附庸，从而使嘉庆、道光之后的学校日渐衰废。

清代官学制度基本上沿袭明代旧制，也分为中央和地方两大类。中央官学主要有国子监，此外还有宗学、觉罗学、旗学、算学和俄罗斯文馆等。地方官学主要有府学、州学、县学和卫学，统称为“儒学”，此外还有社学、义学和井学等。

清朝的书院，在社会政治、经济以及清政府对书院政策的影响下，经历了顺治年间沉寂，康熙年间复苏，至雍正十一年(1733)后勃兴的发展过程，其数量之多远超前代，而且遍及一些边远省份。但与此同时，由于清政府对书院的严密控制，书院官学化现象日趋严重，绝大部分书院都成为准备科举考试的场所。

鸦片战争时期，中国的封建社会已经走到了它的尽头，千疮百孔，危机四伏，中国封建学校教育也已经呈现出病态发展的衰败景象。在这种情形下，以龚自珍、魏源为代表的开明知识分子，发出了改革社会、学习“西学”、改造旧的学校教育的呼唤。同时，西方传教士凭借不平等条约强行在中国设立的教会学校，也在封建学校教育的主体中加入了资本主义学校教育的因素。鸦片战争以后的洋务运动时期，洋务派兴办的外国语学堂、军事学堂、技术实业学堂等新式学堂，还有大量涌现的教会学校，又在传统封建学校教育的主流中注入了近代学校教育的新因素。从19世纪下半叶开始，中国思想界逐步形成一股改良主义思潮。甲午战争以后，这一思潮终于发展成为声势浩大的救亡图存的资产阶级维新运动。以康有为、梁启超、严复为代表的维新派，严厉地批判科举制，呼吁建立新的学校制度，大力倡导兴办新式学堂。“百日维新”虽然短暂，但也给封建学校教育以巨大的冲击，促进了中国近代资产阶级学校教育的发展。1898年，

京師大學堂章程
第一章　全學綱領
第一節　京師大學堂之設所以激發忠愛開通智慧
振興實業謹遵此次
諭旨端正趨向造就通才為全學之綱領
第二節　中國聖經垂訓以倫常道德為先外國學堂
於知育體育之外尤重德育中外立教本有相同之
理今無論京外大小學堂於修身倫理一門視他學
科更宜注意為培植人材之始基

《京师大学堂章程》

京师大学堂设立。1901年，由于中国社会矛盾的空前激化，清政府被迫开始实行近十年的“新政”。在清末新政学校教育改革措施中，最主要的包括两个方面：一是建立新学制，一是废除旧科举。1902年，清政府公布了统称为《钦定学堂章程》的一系列学制系统文件，又称“壬寅学制”。这是中国近代第一个以中央政府名义制定的全国性学制系统。1904年，清政府又公布了较“壬寅学制”更为系统详备的、统称为《奏定学堂章程》的一系列学制系统文件，又称“癸卯学制”。这是中国近代由中央政府颁布并首次得到施行的全国性法定学制系统。1905年旧历八月，清政府迫于形势，下令停止科举考试。这宣告了自隋代起实行了一千三百年之久的科举制度的终结。从此，中国古代学校教育开始进入一个崭新的发展阶段。

二、中国古代学校的主要特点

中国古代学校在数千年的历史发展中，形成了许多别具一格的特色和传统，概而言之，主要有以下四个方面：其一，从办学类型来看，官学和私学互相补充；其二，从存在方式来看，教育和政治融为一体；其三，从教学内容来看，以儒学教育为根本；其四，从培养目标来看，育才和选才紧密结合。

1. 官私互补

官学和私学两种办学形式并行发展，互相补充，这是我国古代学校的一大特色。我国奴隶制度时期曾是“学术官守”，“学在官府”，私人无学术，民间无学校。春秋战国时期，官学衰落，私学兴起。秦代“禁私学”，“以法为教”，“以吏为师”，造成法律之外无学、官吏之外无师的学校衰退局面。汉代以降，总结了历史经验教训，一方面积极发展官学，一方面允许并鼓励发展私学。从官学发展的历史来看，官学是随着历代王朝的兴衰而兴衰，时兴时衰，兴盛时学校如林，衰落时若有若无。而私学自春秋创立以来，一直兴盛发展。秦代虽遭严禁，但禁而未绝。汉代今文经学占据了官学讲坛，古文经学家则立私学以授生徒。魏晋南北朝时期官学不修，私学仍在发展。以后历代私学从未间断过。官学兴盛时，私学是重要的补充；官学衰落时，教育事业则全靠私学维持和延续。

和官学相比，在办学方针、内容和方式上享有相对灵活性和自由独立性的私学，对教育事业的贡献主要有以下三个方面：其一，历代官学对教育对象或多或少有等级限制，对贵族官僚子弟总是优惠在先，个别时代的官学甚至成为贵族子弟的专利。而历代私学则继承了孔子“有教无类”的传统，教育对象不受等级限制。一般平民庶人只要经济条件许可，都有可能进入私学学习，这对于提高民族文化水平是有重大作用的。其二，历代官学注重大学教育，所设小学较少，尤其是无力顾及地方县级以下的初级启蒙教育。小学启蒙教育的任务，主要由私学承担。汉代的书馆，唐代的村校，宋元的冬学、蒙馆，以及明清的家塾、义学等，都是民间的小学。小学启蒙读物常用的有《急就篇》、《三字经》、《百家姓》、《千字文》、《千家诗》、《十七史蒙求》、《名物蒙求》等，融知识性、伦理性和趣味性于一体。其三，不论官学和私学，都未能脱离政治，都是为各王朝培养统治人才的。但私学并非以此为唯一目标，还有注重学术的一面，私学的教学内容和范围广泛，兼容了旨趣相异的儒、佛、道诸学。历代私学大师，从汉代的马融、郑玄、王充，到明末清初的黄宗羲、王夫之、顾炎武、颜元等人，很多都是学术有成的大学者，都有著作流传于世。他们兴办私学，弘扬学术，对中国传统学术的传播与发展做出了重要贡献。另外，私学在传播和发展中国古代科技、文艺方面也起过重要作用。因此，我们可以说，私学在推动中国古代社会学术思想和科技文教事业的综合发展方面做出了重大贡献。

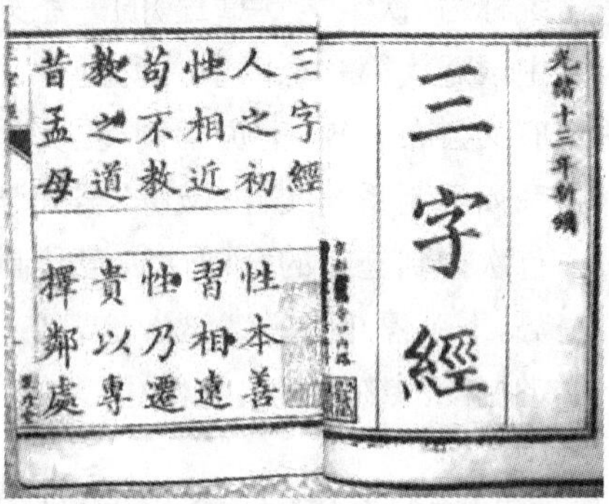

蒙学读物《三字经》

清代私塾课堂

2. 政教一体

中国古代学校教育的发展从来没有脱离过政治，是同政治紧密相连、融为一体的。中国历代统治者和教育家都十分重视学校教育，认为发展学校教育是立政治国之本；同时又认为学校教育必须为政治服务，学校教育的主要任务是为国家培养统治人才。并且,中国历代王朝又注意加强对学校的干预、管理和控制。从西周开始,中国古代学校就已经形成了“政教一体”的办学传统和办学模式;从孔子开始,历代教育家就公开申明他们办学是为政治服务的;从秦汉开始,历代王朝就明确表示发展学校教育是为实现政治任务服务的。这样,当统治者尚处于上升时期,或政治上比较清明的时候,学校便得以发展、得以兴盛,同时学校教育对社会发展起着积极的推动作用;当统治者已进入衰落时期,或政治上比较昏暗的时候,学校便遭受破坏、日趋衰废,同时学校教育对社会发展起着消极的阻碍作用。

这种“政教一体”的学校教育,若从教育内容、目的以及对象上来看,可以分为两种类型:一是政治的教育,一是道德的教化。《尚书·舜典》中所说的舜命夔“典乐,教胄子”,就可以视为政治的教育,即通过礼乐来进行立政治民的教育,也就是如何为官、如何成为统治者的教育。这种专门化的教育主要以贵族子弟为对象。《尚书·舜典》同时说到的舜命契为司徒,“敬敷五教”,可以视为道德的教化,即通过伦理道德的教育使人民懂得尊卑上下的社会秩序,这种教育主要以民众为对象。就学校对贵族子弟的教育而言,是为了培养合格的官吏,保证政治权力的稳定和延续;就学校对社会的道德教化而言,则在于使民众知道服从权力,维护等级秩序,以巩固国家政权。从这两种学校教育都可以看出,政治是学校教育所为之服务的中心。《礼记·学记》承袭了此前的教育思想和办学传统,将学校教育与立政治国高度结合起来,认为学校教育是实现良好政治的最佳手段和途径,所谓“建国君民,教学为先”,“化民成俗,其必由学”。其中,“建国君民”主要强调的是学校在政治教育方面的重要作用,“化民成俗”主要强调的是学校在道德教化方面的重要作用。

3.儒学为本

从总体上来看,中国古代学校的教育教学内容是以儒家经学教育为其根本的,诚如傅玄所说:“儒学者,王教之首也。”(《晋书·傅玄传》)自汉武帝“罢黜百家,独尊儒术”之后,儒家思想成为中国封建社会的统治思想,儒家教育思想成为中国封建社会教育的主流思想,儒家经典成为中国封建官学和私学的基本教科书,以儒家经学为基本教育内容的学校成为中国封建社会学校的主体。随着封建社会历史的不断发展,不同时代的儒学教育家对《诗》、《书》、《礼》、《易》、《春秋》等“五经”常有不同的注解和理解。但“五经”作为学校的基本教材是一以贯之的，只是各个朝代所强调的侧重点略有不同而已。此外，宋以后的儒学教育家又进而在“五经”基础上新增了《大学》、《中庸》、《论语》和《孟子》等“四书”，作为官学和私学的基本课程。只是私学经师讲学和书院学者讲学更注重儒家经典的学术性。

在中国古代学校发展史上，以儒家经学为学校教育的基本内容，孔子具有开创之功。他以《诗》、《书》、《礼》、《乐》、《易》、《春秋》，即“六艺”作为自己私学的教授内容，从而奠定了中国古代学校以儒学为本的基础。儒家经学真正居于学校教育内容的主体地位，是从汉武帝采纳董仲舒的建议实行“罢黜百家，独尊儒术”的文教政策开始的。由于不同儒学流派和不同儒经传本的存在，会在一定程度上影响政治思想的稳定，继汉武帝之后的皇帝往往召集一些著名学者对儒学进行讨论，试图达到统一经学的目的。其中最重要的两次经学会议是汉宣帝甘露元年(前53)的“石渠阁会议”和汉景帝建初四年(79)的“白虎观会议”。为了统一经学教材，东汉熹平四年(175)在蔡邕等人的倡议下镌刻石经，立于太学门外，在共达46枚的石经上镌刻有《尚书》、《周易》、《春秋公羊传》、《礼记》、《论语》等经的本文，作为规范的经学教科书。经学会议的召开和石经的创立，对中国古代学校以儒学为本有一定程度的促进之功。唐太宗为了解决由于师说多门、章句繁杂而释义多歧的问题，命令孔颖达负责编撰《五经正义》，以此为教材颁行天下，令人传习，并以此为科举考试的标准。“这一措施统一了儒家学说，提高了儒家的地位，与汉武帝‘罢黜百家、独尊儒术’具有同等重要的意义”。[①] 另外，南宋的朱熹在中国古代学校以儒学为本的进程中也起着重要的作用。他编撰刊印了教材《四书章句集注》(简称《四书集注》或《四书》)，包括《大学章句》、《中庸章句》、《论语集注》和《孟子集注》。《四书集注》刊印之后，不久便风行天下。元朝皇庆二年(1313)，规定科举考试以《四书集注》取士，从此，《四书集注》成为科举考试的标准答案和各级学校必读的教科书，影响中国封建社会后期的学校

熹平石经残片

① 孙培青主编:《中国教育史》，上海:华东师范大学出版社，2000年，第149页。

教育长达数百年之久。

4. 育用结合

中国古代培养人才的学校教育制度还有一个显著特点，那就是与选拔任用人才的国家选士制度紧密地结合在一起。中国古代往往通过考试制度将学校的育士养士与国家的选士取士统一起来。早在西周时期，国学中大学就建立起了隔年视学考核制度，对达到“大成”、考核合格的学生，最直接的奖励就是任官授爵。春秋末年，孔子提倡“学而优则仕”，并明确指出：“先进于礼乐，野人也；后进于礼乐，君子也。如用之，则吾从先进。”（《论语·先进》）又对学生说：“不患无位，患所以立。”（《论语·里仁》）这些都在一定程度上反映了春秋时期育士与选士紧密结合的状况。汉代太学中非常重视考试并形成一定制度，这不只是为了通过考试检查学生掌握经书的情况，更重要的是因为考试结果的等级好坏与学生的官职授予紧密相关。通常甲科为郎中，乙科为太子舍人，丙科为文学掌故。魏文帝又在太学中制定实行“五经课试法”，[①]将学校考试与文官选拔进一步统一起来。宋王安石“熙宁兴学”时改革太学，创立了“三舍法”，将上舍考试与科举考试结合起来，将育士与取士的职能统一于太学。

中国古代学校的育士养士与国家的选士取士最紧密地结合在一起，还是在科举制诞生以后。科举制度是通过分科考试，然后选拔人才的制度。科举制将育士制度和选士制度紧密地结合在一起。学校培养的学生，经过科举考试、吏部的铨选，然后取得官职。准备参加科举考试的人需入学接受各种文化知识的教育，学校根据科举考试的要求来组织教学活动。学校成为科举制的前提和基础，学校教育的兴衰直接影响着科举取士的质量和数量；科举制又是学生取得官职的必由之路，成为学校教育发展的指挥棒，科举取士的标准、方法等指导着学校教育的内容、方法等。科举制对学校教育的发展既有积极的一面，也有消极的一面。科举制在一定程度上刺激了人们学习读书的积极性，统一了学校的教育内容和教材，对学校教育的发展起着积极的推动作用。另外，科举考试中设有明

---

① “五经课试法”的主要内容是：初入学者称“门人”，学满两年并考试能通一经者称作“弟子”，弟子学满两年考试通二经者，可补文学掌故的官缺，文学掌故满两年并能考试通三经者擢其高第为太子舍人，太子舍人满两年并考试通四经者擢其高第为郎中，郎中满两年并能考试通五经者擢其高第而随才叙用。

法、明算、道举、武举，还有名目繁多的制科。这就扩大了人们的知识范围，对于扭转封建学校教育重文轻武、重经学轻科学的现象，也起到了积极的作用。科举制对学校教育发展的消极作用主要表现有三：其一，国家只重科举考试就会忽略学校教育，并使学校成为科举制的附庸和预备机构，而有名无实、形同虚设；其二，科举制发展到后期，考试内容日益空疏，考试方法日益繁琐、机械，成为禁锢思想、扼杀实学、败坏学风的腐朽制度；其三，在科举制的影响下，人们读书的目的不是为了求知求真，而是为了获取功名利禄，从而造成了人们畸形异常的读书学习态度。如果从整个发展历程来看科举制与学校教育的关系，那么可以说，科举制从隋唐到宋朝期间，积极作用大于消极作用；到了明清后期，消极作用就日趋明显，最终失去了存在的合理性而被社会淘汰。

三、中国古代学校的文化功能

源远流长、制度完备而又独具特色的中国古代学校，在传承和发展中国古代文化、培育和提高中华民族素养方面，发挥着不容替代的重大作用和功能。具体而言，中国古代学校的文化功能主要包括以下四个方面：一是培养统治人才，二是发展古代学术，三是传播儒家思想，四是服务社会政治。

1. 培养统治人才

与“政教一体”、“育用结合”的特点紧密相连，中国古代学校以培养统治人才为主要目标，无论是官学还是私学，都被纳入了“学而优则仕”的轨道，以满足庞大的国家机器的人才需要。在中国古代，各级统治人才的培养任务，实际上主要就是由学校教育来承担。西周时期实行的是官位世袭制，但一些低级官员的任用也时常从国学中择优选拔。春秋战国时期，主张选贤任能，打破贵族世袭制，官吏主要通过养士制度来补充，私学培养也是一个重要途径。孔子办学的目标主要就是培养德才兼备的从政人才，他积极地向当权者推荐有才能的学生去担任政治职务，实际上他培养的一批弟子，大多或早或迟地参加政治活动，“散游诸侯，大者为师傅卿相，小者友教士大夫”(《汉书·儒林传》)。战国时期的稷下学宫也为当时培养了大批统治人才，在战国中后期的政治活动中，几乎处处都可以见到稷下先生的身影。汉代为了改变统治人才短缺的局面，兴太学以养士。隋唐改选举为科举，通过统一的考试选拔官吏，将国家选拔任用统治人才的选士制度与学校培养统治人才的育士制度紧密地结合起来，从而使得隋唐以来一千余年中，中国古代学校培养统治人才的功能发挥得淋漓尽致。总之，几千年来，中国的知识分子几乎都是走着读书做官的道路，中国古代学校也几乎都是官吏的培养场所。

2. 发展古代学术

中国古代学校的又一个重要文化功能是承担了发展古代学术的任务。无论是官学还是私学，都对古代学术的承传和发展做出了重要的贡献。如两汉时期今文经学独霸太学讲坛，通过官学得以发展；而古文今学则以私学为阵地，通过私学得以承传。和官学相比，私学和书院由于有着自由办学、自由讲学的特点以及重视学术研究和学术争鸣的一面，对中国古代学术的承传和发展更是做出了不可磨灭的重大贡献。春秋战国时期，私学的产生与兴起，直接推动了各种学派的发展和诸子蜂起、百家争鸣局面的形成，为中国古代学术的发展奠定了坚实的基础，成为中国古代学术繁荣的摇篮。当时的稷下学宫，其基本特点就是学术自由、包容百家，由此云集了各家各派学者自由讲学、自由争鸣，从而汇集了道、法、儒、名、兵、农、阴阳诸家之学，形成了学术发展的兴旺局面。自宋代兴起的书院更是促进了理学的发达和学术的繁荣。书院的一大特点就是注重教学与学术研究的结合，形成了学术研究的自由争鸣风气。因此，很多书院往往成了当时当地的文化学术中心，凡是学术研究发达的地方，基本上也是书院兴盛之处；一时一地的学术带头人，也就很自然地成为该时该地的书院主持人。如：宋代的福建武夷山、江西的庐山、湖南的岳麓山、浙江的婺州之所以成为学术研究中心，就是因为当时学术带头人朱熹、张栻、吕祖谦等理学大师在这些地方分别创建、修复或主持过书院，诸如武夷精舍、沧州精舍、白鹿洞书院、岳麓书院、丽泽书院等。明中叶以后的书院勃兴，可以说是与王守仁等人所进行的创造性心学研究密不可分。清代出现了一批训诂书院，则形象地反映了汉学家学术研究的巨大成就，许多汉学家就是书院的实际主持人。最令人注目的是书院基本形成了学术研究的自由争鸣风气，如 1175 年，代表不同学术观点的朱熹、陆九渊曾在江西鹅湖召开了一次著名的、别开生面的学术争鸣会议——“鹅湖之会”。后来朱熹主持白鹿洞书院期间，仍然主动邀请陆九渊上山讲学。明代的王守仁和湛若水虽然学术旨趣不同，但他们都在书院里讲学，孜孜不倦地探讨各自的学术思想。明代后期的顾宪成与高攀龙尤其注重自由争鸣的学术讲会活动。自由争鸣必然带来学术观点的不同，而不同学术观点的讨论又反过来促进了学术思想的深化。总之，私学和书院的产生与兴起，促进了中国古代学术的发展与繁荣。

3.传播儒家思想

与“儒学为本”的特点紧密相连，中国古代学校在传播儒家思想方面发挥着特殊而重要的作用。自“大一统”的宗法封建社会形成，特别是汉武帝主动采纳“独尊儒术”的政策以后，儒家思想成为历代统治思想，儒家经学成为各级各类学校的基本教育内容。儒家思想对社会影响的主要途径就是通过各级各类的学校教育。无论是官学，还是私学，都不同程度地承担了传播儒家思想的任务。如汉景帝时“文翁兴学”就有力地促进了儒家思想的传播。蜀郡太守文翁到达成都后，深感蜀地偏僻、文化落后，“有蛮夷之风”，遂选择属下吏员十余人去京都长安从太学博士学习儒经，学毕归蜀后即委以重任。同时在成都设立学官，在属县中挑选一批年轻人，“以为学官弟子”，学成后也授予一定官职。于是儒家思想很快在蜀地得到传播发扬，改变了当地的风俗，提高了其人民的文化水平。再如隋唐以后的科举考试，其主要内容是儒家经典，人们为了参加科举考试，就必须进入学校接受儒家思想的教育，其客观效果，就是重新将人们的思想统一于儒学。值得注意的是，私学与官学相比，毕竟有了相对的自由，较少政治干预和思想控制。从这个意义上说，私学在传播儒家思想方面有自己创造性、独特性的一面，往往更注重学理或学术的研究探讨，与官学中过于直陈的伦理政治说教有所不同。如：汉代古文经学大师就十分热衷于创办私学，并敢于同太学中政治色彩浓厚的今文经学展开争鸣，推动了儒家经学研究与教育的向前发展。同样，宋代儒家学派林立，正是与私人讲学兴盛有关。程颢、程颐退居洛阳，创办私学，讲授自己所理解和体悟的儒学——洛学。而关学领袖张载也在横渠镇设学授徒，传播关学旨意。另外，由于汉代私学人数经常是数百上千，经师青睐效法“高徒相授”的教学方式，在一定程度上解决了师资缺乏的困难，适应了当时私学发展的客观需要，对大面积地普及传播儒学思想是有其独特贡献的。至宋代，理学大师适应了儒学哲理化的时代需要，在教学方式上更注重启发诱导和相互讨论，使学生在自由自在的美育中深化对理学思想的理解和把握，这可以说是对儒学思想的创造性传播和发展。

4.服务社会政治

与“政教一体”的特点紧密相连，中国古代学校在服务社会政治方面做出了重要贡献。关于中国古代学校服务社会政治的功能，我们可以从中国历代教育家和政治家阐述学校教育与社会政治关系的言论中窥见一斑。孔子在政治上主张实行利民的德政，反对害民的苛政。为了达到德政的目的，他强调以教育作为施政的基本手段，要宣传忠君孝亲、奉公守礼，认为对人民进行政治伦理说教，有助于国家社会进行自上而下的整顿，朝着恢复周礼的政治目标前进。这是教育包括学校教育最直接为政治服务的表现。《礼记·学记》所谓的“建国君民，教学为先”，“化民成俗，其必由学”，最明确最直接地道出了学校教育为社会政治服务的重要功能，认为学校教育是实现良好政治的最佳途径和手段。西汉的贾谊在民本思想的基础上进而强调礼治和教化，公开宣称“教者，政之本也”，“有教，然后政治也”(《新书·大政下》)，认为教育包括学校教育是施政的根本和基础。董仲舒的社会政治思想，也强调教化的重要作用，认为教化是实现仁政德治的根本手段，他说：“教，政之本也；狱，政之末也。”(《春秋繁露·精华》)“夫万民之从利也，如水之走下，不以教化堤防之，不能止也。是故教化立而奸邪皆止者，其堤防完也；教化废而奸邪并出，刑罚不能胜者，其堤防坏也”(《汉书·董仲舒传》)。清初黄宗羲则提出了“公其非是于学校”(《明夷待访录·学校篇》)的命题，强调学校必须将讲学与议政紧密结合，认为学校不仅应具有培养人才、改进社会风俗的职能，而且还应该议论国家政事。事实上，中国古代一些学校，尤其是私学和书院，不仅成为当时当地的学术文化中心，而且还是当时当地的政治活动中心，诸如战国时的稷下学宫和明朝的东林书院等即是。

第二节　中国古代教育

中国古代教育历史悠久，成就辉煌，除了在学校教育方面取得突出而巨大的成就外，还涌现出一大批成绩卓著的教育家和充满智慧的教育典籍，给我们留下了非常丰富而宝贵的教育思想资料。对这些教育思想资料进行深入细致的爬梳整理，我们不难从中寻绎出中国古代教育思想清晰的发展线索和基本的演进规律,也不难从中总结和发现中国古代教育思想鲜明的民族特色和优良的教育传统。毫无疑问,这些优良传统和思想精华,对我们今天建设有中国特色的社会主义现代化教育事业极富启迪意义,是中国古代教育家给我们留下的一笔珍贵的教育遗产。

一、中国古代教育思想的发展历程

中国古代教育思想渊源甚早,西周时代的"六艺教育"就已经孕育着儒家教育思想的某些萌芽。春秋末年,儒家教育思想基本形成,儒家教育学派正式创建,标志着中国古代教育思想真正奠基。到战国"百家争鸣"时代,诸子教育思想和诸家教育学派均已形成并逐步发展。经过秦代法家教育思想的短暂推广与实践之后,到西汉,儒家教育思想开始登上教育思想领域的独尊地位。魏晋南北朝时期,教育思想则开始出现了多元发展与会通融合的现象。隋唐时期儒家教育思想又重新走向振兴之路。到了宋明时期,理学教育思想正式确立,并在其内部出现了分化。至清代,实学教育思想发展成熟并广泛流行,但随着社会的近代转型,实学教育思想又逐步演变并为新兴的近代教育思潮所取代,从而意味着中国古代教育思潮的终结。

1. 西周春秋时期儒家教育思想的萌芽与奠基

西周时期儒家教育思想的萌芽　早在远古时代,中国先民就开始了生产教育或生活教育实践,随着社会的发展与进步,夏商时期又开始了较为正规的学校教育实践。西周统治者和政治家在前代积累的教育实践经验的基础上,结合治国育才的需要,先后提出了一些教育思想观念,以指导官学的教育实践。这些教育思想观念集中地体现于作为西周教育特征和标志的"六艺教育"之中。从"六艺教育"的具体教学内容,即礼、乐、射、御、书、数教育中,我们可以看出"六艺教育"的一些基本特征:既强调思想道德,也强调实用技能;既重视文化知识传授,也重视武备能力训练;既要求学生符合外部礼仪规范,又要求学生注重内心情感修养。"六艺教育"以礼乐教育为其核心和基础,已经孕育着儒家教育思想的某些萌芽。所以在后世儒家教育思想居于支配地位的历史时期,六艺教育传统均被奉为标准,凡有所主张,要从六艺教育传统中寻找论据;有所批判,则指斥异端背离六艺教育传统。

春秋时期儒家教育思想的奠基 到了春秋时期，社会剧变、文化下移的历史趋势，需要教育理论有重大发展。春秋末年，孔子教育思想便应运而生了。孔子继承三代教育思想遗产和六艺教育传统，结合社会实际需要和自身教育实践经验，提出了一系列对后世影响深远的教育思想和理论，对儒家教育理论和中国古代教育理论的形成和发展做出了卓越的贡献，从而使他成为儒家教育思想的奠基人，同时也成为中国古代教育思想的奠基人。

論語正義卷一
學而第一
寶應劉寶楠學
集解

《论语正义》书影

孔子的教育思想十分丰富，他重视教育的作用，既强调教育在社会发展中的重要作用，又强调教育在人的发展中的重要作用。关于教育对象，孔子提出并实行了“有教无类”的主张；关于教育目的，孔子认为是要培养德才兼备的、能够担负起治国安民重任的贤士、君子，提倡“学而优则仕”(《论语·子张》)。在教学内容上，孔子虽袭用传统的“六艺”名称，但使用的教材则是他自己花费了多年心血整理加工而成的《诗》、《书》、《礼》、《乐》、《易》、《春秋》等六部著作，它们成为后世儒家供奉的经典。孔子本人教育教学经验很丰富，他还总结出了一系列行之有效的德育原则和教学方法。

2. 战国时期诸子百家教育思想的形成与发展

战国时期诸子百家教育思想的形成 战国时期，在百家争鸣中，教育问题始终占有特殊而重要的地位，因此战国时期的教育思想也出现了异常活跃的现象，从而形成了中国古代教育思想发展史上的一个高峰。在这诸多学派中，在教育方面造诣颇深、影响颇大的主要有儒、墨、道、法四家。儒、墨、道、法在教育思想上都各有自己的特色，儒家教育以伦理为中心且兼顾政治和审美，墨家教育主科技，道家教育偏审美，法家教育重法制。它们既相互对立，又相互补充，共同构成了战国时期教育思想发展史上的斑斓画面。

墨子十分重视教育的作用，他把“有道者劝以教人”(《墨子·尚贤下》)作为三大治国措施之一，并提出“素丝说”，认为有什么样的环境与教育就会培养出什么样的人。重视科学技术教育和训练思维能力的教育，是墨子在教育内容上的一大创造和特色。墨子的教育方法也表现出鲜明的学派特色:强调主动,崇尚创造,注重实践,提倡量力。

孟子和荀子继承并发展了孔子的教育思想,成为继孔子之后的儒家教育学派的代表人物。由"性善论"出发,孟子认为教育的作用就在于寻回、保持、培养、扩充与生俱来的善性;教育的目的在于"明人伦"。荀子由"性恶论"出发,认为教育的作用就在于去恶立善,"化性起伪",使人成为士人、君子,以至于圣人。在教育教学内容上,荀子非常强调以儒家经典为内容的文化知识传授,重视礼乐教育。

由老子开创而由庄子继承发展的道家学派,其教育思想较为特异,体现出强烈的批判意识、超越精神和审美色彩。立足于对"道"的认识和体悟,立足于对人的自由的追求,立足于"自然无为"的立场,老庄对世俗之仁义道德、刑名法度,以及人们的尚智好知的心理,对"有为"之德教、法教和智教传统给予猛烈的抨击,指出"人为"之事不可学、不可教,提倡"无为"的自然教育,认为"我无为而民自化"(《老子》五十七章),主张"处无为之事,行不言之教"(《老子》第二章)。

法家也是战国时期的主要学派之一,其主要代表人物是商鞅、韩非,其中韩非是法家的集大成者。从"性恶论"出发,法家认为,你不能指望人们自觉为善,而只能设法令人不得为非,治国必须靠高压的政治、法制手段,而无须用温情脉脉的教育感化,正确的认识和做法是"不务德而务法"(《韩非子·显学》)。因此,法家提出了"以法为教"、"以吏为师"的教育主张。

战国末年诸子百家教育思想的发展 教育在经过春秋战国时期的大发展之后,积累了丰富的材料,对教育历史经验做系统的理论总结,成为教育进一步发展的需要。因此,在战国末年开始出现了一批集中论述教育问题的理论著作。这些论著几乎论述了中国古代教育的所有基本问题,对此后的中国封建教育的发展影响深远。儒家经典《礼记》中的诸多篇什,如《大学》、《中庸》、《学记》等,都是这些教育论著中的优秀代表。

《大学》提出了儒家对大学教育目的、任务和途径的总结性论断,提出了一个完整而概括的进行政治教育和道德教育的程序,即所谓"三纲领"和"八条目"。"三纲领",即"明明德"、"亲民"、"止于至善";"八条目",即格物、致知、诚意、正心、修身、齐家、治国、平天下,这是实现三纲领的一系列具体步骤。

《中庸》所提出的教育思想和教育理论主要包括四个方面:其一,论述了教育对人性发展的重要作用，提出了“天命之谓性，率性之谓道，修道之谓教”的命题。其二，阐发了作为道德修养和为人处世的准则与方法的“中庸”思想，旨在政治和道德实践中杜绝一切过激的行为，以恰到好处为处事原则。其三，提出了人们通过学习而完善自我的两种途径：一是发掘人的内在本性，进而达到对外部世界的认识，这就是“自诚明，谓之性”，或者“尊德性”；二是通过向外部世界的求知，以达到人的内在本性的发扬，这就是“自明诚，谓之教”，或者“道问学”。其四，将学习过程具体概括为学、问、思、辨、行五个先后相续的步骤，所谓“博学之，审问之，慎思之，明辨之，笃行之”。

《学记》是先秦时期儒家教育和教学活动的理论总结，同时也是“我国古代教学论的专著和教育学的雏形”。[①]《学记》全文不过一千二百多字，但内容却颇为丰富，主要包括关于教育作用与教育目的，教育制度与学校管理，教育、教学的原则与方法等几大部分。关于教育作用与教育目的，《学记》概括为“建国君民，教学为先”、“化民成俗，其必由学”。关于教育教学原则，《学记》提出的主要有：及时施教、循序渐进、学习观摩、长善救失、启发诱导、禁于未发、藏息相辅（即正课学习与课外练习相结合）等原则。关于教学方法，《学记》阐述的主要有讲解法、问答法、练习法等。

3. 汉唐时期儒家教育思想的独尊与重振

汉代儒家教育思想的独尊 鉴于秦王朝因实行法治而国运短暂、教育衰退的历史教训，汉代统治者始而以“自然无为”的黄老之学作为治国治教的指导思想，放松了对文化教育的钳制；继而又把目光转向了行德政、倡教育的儒家学说，以图封建统治的进一步巩固和教育事业的进一步发展。自汉武帝实行“罢黜百家，独尊儒术”的文教政策之时起，儒家教育思想就开始居于汉代教育思想的独尊地位。

汉代儒家教育思想的杰出代表是董仲舒。由他建议而被汉武帝采纳的三大文教政策是：独尊儒术，罢黜百家；兴太学以养士；重视选举，任贤使能。除了提出三大文教政策之外，董仲舒还提出了一些重要的教育思想。基于“天人感应”论，董仲舒提出了“性三品”说，认为“天”赋予人性以三等，即“圣人之性”、“中民之性”和“斗筲之性”；圣人之性不教而能善，斗筲之性虽教也难能为善，只能为恶，圣人之性和斗筲之性都是极少的；中

① 毛礼锐主编：《中国教育史简编》，北京：教育科学出版社，1984 年，第 247 页。

民之性是代表万民之性的，它先天禀有善、恶两种素质，后天具有成善、成恶两种可能，它"待教而后善"。正因为中民之性"待教而后善"，所以董仲舒非常重视教育的作用。不过，董仲舒所谓的"善"，是指封建社会的伦理道德。所以，董仲舒又非常重视道德教育，认为德教是立政之本。关于道德教育内容，董仲舒认为"三纲五常"是其核心。关于道德修养的原则与方法，董仲舒提出的主要有三条：一是"正其谊（义）不谋其利，明其道不计其功"（《汉书·董仲舒传》），确立重义轻利的人生理想；二是"以仁安人，以义正我"（《春秋繁露·仁义法》），尊重他人的价值与权利，关爱他人，宽以容众；三是"必仁且智"（《春秋繁露·必仁且智》），强调道德修养中情感与认知的统一。

儒家思想的长期独尊，无疑在一定程度上抑制阻碍了其他思想乃至整个文化的进一步发展。随着时间的推移，定于一尊的儒家教育思想越来越沉重地笼罩在教育领地的上空，也越来越暴露出其自身的弱点与缺陷，从而也不利于教育思想健康持续地发展。在这种情形下，便有人开始对儒家教育思想进行责难、抨击和批判，东汉的王充就是这样一个急先锋。尽管他的教育思想在当时未被重视而被长期埋没，但确给沉闷的教育领空吹来一股清新之风，在一定程度上起到了思想解放的作用，从而成为后世教育思潮演变的先声。

唐代儒家教育思想的重振　魏晋南北朝时期，社会动荡，战乱频仍，秦汉时期的一元帝国文化随之崩解，出现了春秋战国以来又一度的文化多元发展，儒、玄、道、佛相与激荡，胡汉文化交会融合。"这种文化多元走向，既是对经学弥漫的两汉一元帝国文化的反动，又是人文自觉的一次生动耀现"。[①] 与多元发展的文化走向相应，魏晋南北朝时期的教育思想呈现出既多元发展又会通融合的繁荣活跃局面，在儒家教育思想由于受各种思潮的冲击而日渐衰微的同时，凝成和涌出了两股特出而重要的教育思潮，即社会审美教育思潮和家庭伦理教育思潮。"如果说魏晋南北朝时期教育思潮的主流是社会化的审美教育，那么可以认为，它的潜流是家庭化的伦理教育"。[②] 魏晋南北朝时期最重要的教育家是颜之推。

说到颜之推，我们不能不提及他为了训诫子孙而根据自身的经历和

① 冯天瑜、杨华：《中国文化发展轨迹》，上海人民出版社，2000年，第151页。

② 张惠芬、金忠明：《中国教育简史》，上海：华东师范大学出版社，1995年，第196页。

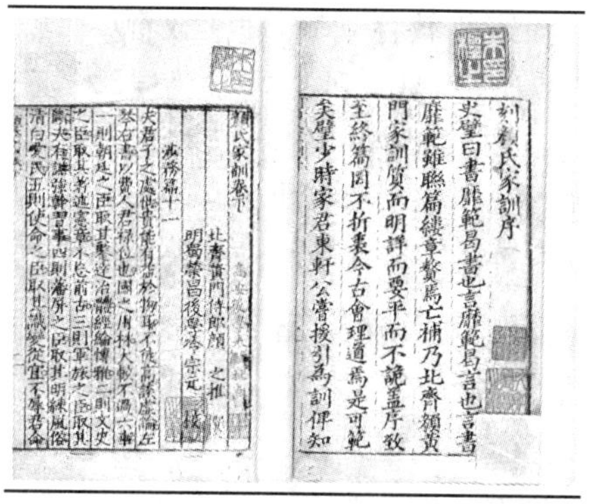

《颜氏家训》，明嘉靖三年(1524)傅钥刻朱轼批校本。

体验所著的《颜氏家训》一书，这是我国封建社会第一部系统完备的家庭教育用书，所谓“古今家训以此为祖”(王聘三《古今事物考》)。颜之推很重视士大夫的教育，他的教育思想是围绕着如何加强士大夫子弟的教育这个中心展开的。他还非常重视儿童教育，尤其注重儿童的早期教育，因此他就儿童教育的目的、内容、原则和方法等问题提出了一系列的看法和见解。由于当时儿童教育主要在家庭进行，所以颜之推的儿童教育思想即家庭教育思想。

魏晋南北朝时期学术思潮和教育思想的多元发展和会通融合为隋唐所继承并加以发展。隋唐在尊崇儒学的同时，提倡和利用佛教与道教，制定了以儒为主干、佛道为两翼的文教政策。隋朝统一中国后即加强儒学复兴以适应新的时代需要，唐朝为了“敦尚风轨，训民调俗”，也以儒学为要务。由于朝廷对儒术的大力倡导，唐朝出现了“学者慕响，儒教聿兴”的局面。与当时的文化思潮相应，在唐代的教育领域也涌动着一股重振儒学的思潮。唐代最著名的教育家韩愈，其教育思想的主旨和特征就在于重振儒学。

韩愈重振儒学的教育思想，最主要的内容包括三个方面：其一，“学所以为道”。韩愈认为教育要“明先王之教”，使人们明白“学所以为道”，而儒家之仁义道德既是先王之教，也是学所以为之道。其二，文以明道。身为古文运动的主将，他以古文作为宣传儒学的重要工具，并一再强调道要通过文来表现，文以体现道为目的，以文章作为明道的工具。其三，尊师重道。韩愈教育思想突出地表现在他的《师说》中，他认为教师代表着道，尊师就是重道，又以道为求师的标准，倡导学无常师、唯道是求，所谓“道之所存，师之所存”。他还明确提出了教师的任务：“师者，所以传道、授业、解惑也。”

4. 宋明时期理学教育思想的确立与分化

宋代理学教育思想的确立　以魏晋以来的三教融合与共弘为背景，以中唐以降的儒学觉醒与重振为前导，经过北宋五子(周敦颐、邵雍、张载、程颢、程颐)等的多方面努力，超越经学、消化佛老的儒学新形态——

理学终于形成了。伴随着理学的形成与发展，在宋代教育领域，理学教育思想应运而生并逐步发展流行起来。理学的特质，实是一种以儒学为主体，吸收改造佛、道，涵容三教思想建立起来的伦理本体论。因之，理学教育思想也形成了一些相应的基本特征，诸如：强调教育的宗旨在于恢复和振兴儒家"道统"，使人体认和笃行"天理"，注重修身养性进德。宋代理学教育思想的突出代表是南宋的朱熹。朱熹不仅是理学的集大成者、著名的思想家，也是中国古代教育史上继孔子之后的又一个大教育家。

朱熹从其"理"一元论出发，将人性分成"天命之性"和"气质之性"两种。"天命之性"，是禀受"天理"而成的，是"天理"的体现，所以至善无恶；"气质之性"，是禀受杂然相存的"理"与"气"而成的，所以有善有恶，有人欲存在，是恶的根源。他认为教育的作用就在于"变化气质"，去蔽明善，克服"气质之偏"，革尽"物欲之蔽"，恢复和发挥"气质之性"中所具有的善性。教育的过程就是"明天理，灭人欲"，"革尽人欲，复尽天理"的过程(《朱子语类》卷十三)。关于道德教育和道德修养的方法，朱熹提出的主要有立志、居敬、存养、省察、力行等。

另外，述及宋代的教育思想，还应当指出一点，就是这个时期的教育思想非常丰富和活跃，不仅在理学教育思想内部有各种不同的派别，而且还存在有与理学教育思想相异趣的功利教育思想，它对教育问题的一些看法也给宋代教育以深刻影响，从而展示了宋代教育思想的另一个侧面。功利教育思想的代表人物，前有北宋之王安石，后有南宋之陈亮、叶适。王安石强调学校应该培养具有实际才能的治国人才，认为教学内容应该是"为天下国家之用者"，其教育思想具有崇实尚用的鲜明特征。以陈亮、叶适为代表的南宋事功学派的教育思想不仅在当时与理学教育思想相抗衡，且上承北宋王安石等的"经世应务"的教育思想传统，下启明清之际黄宗羲、颜元等人的实学教育思想，对中国封建社会教育产生过积极的影响。

明代理学教育思想的分化　在风雨飘摇的南宋时代，在理学教育思潮逐渐兴盛、蔚为大观的同时，由于其自身存在着一些重大的理论缺陷与弱点而难以完全适应当时社会的实际需要，于是在理学内部也出现了以陆九渊为首的心学派与之争雄。陆九渊将孟子、理学思想和道家、佛禅思想熔冶改铸，初步创建了心学教育思想。基于"心即理"论，陆九渊反对朱熹"格物穷理"的教育和修养方式，斥其为"支离"，而提出和强调了"易简"

的反省内求的教育和修养方式，即“发明本心”、“尊德性”，并明确提出了明理、立心、做人的心学教育目标。与理学教育思想相比，陆九渊的心学教育思想明显地突出了教育的主体意识和个人自我价值及其历史职责。

明代王守仁继承并发展了陆九渊的心学教育思想，创建了心学教育思想体系。“致良知”和“知行合一”是王守仁心学教育思想体系的核心。王守仁明确提出教育的根本作用就是“致良知”，就是去除物欲对于“良知”的昏蔽，发明本心所固有的“良知”，所谓“学以去其昏蔽”(《王文成公全书》卷二)，“君子之学，以明其心”(《王文成公全书》卷七)，“圣人之学，惟是致良知而已”(《紫阳书院集序》)。他又反对理学家的“知先行后”的观点，认为这种提法割裂了两者的统一关系，进而提出“知行合一”的教育观，强调道德意识和道德修养是一回事，强调知识教学直接表现为道德修养和实践形式。关于道德修养和道德教育的方法，王守仁提出了四个基本主张：其一，静处体悟。认为道德修养无须“外求”，而只要做静处体悟的功夫。所谓“静处体悟”，实际上就是叫人静坐澄心，摈去一切私虑杂念，体认本心。其二，事上磨炼。认为学必操事而后实，只有事上磨炼，才能“致良知”。所谓“在事上磨炼”，即是结合具体事物，“体究践履，实地用功”。其三，省察克治。主张要不断地进行自我反省和检察，自觉克制各种私欲。其四，循真因性。他主张道德教育和道德修养要遵循人的真心，随各人“良知分限所及”而发展个体才性。王守仁创立的心学教育思想，以反传统教育的姿态出现，在明中叶以后风行了一百多年，曾发生过重大影响。

在心学教育思想蓬勃发展、风靡流行之时，明朝的教育领域还存在着一股反理学教育的思潮，这就是以“重实”为特征的王廷相的教育思想。王廷相批判了程朱理学教育和陆王心学教育的脱离实际、空疏无用的倾向，提出了不少有创见的教育主张，为明朝教育理论的发展注入了新鲜内容，对中国封建社会后期教育思想的发展产生了积极影响，成为明末清初实学教育思想的先声。

5. 清代实学教育思想的成熟与演变

清初实学教育思想的成熟　明末清初，中国社会正处于一个激烈变动、“天崩地裂”的时代，资本主义生产关系的萌芽瓦解了古老的封建社会的经济基础，阶级矛盾和民族矛盾激化，从西方传入的科学技术知识在社会上进一步传播，人们生活方式的变化已突破了传统伦理教育所规定的社会礼仪框架。尤其值得注意的是，在学术思想和文化领域，实学思潮达到全盛。实学思潮的基本特征是“崇实黜虚”，即鄙弃理学末流的空谈心性，在一切社会文化领域提倡“崇实”，具体表现为针砭时弊的批判精神，锐意社会改革的经世思想，重视自然科学，注重实践、考察、验证、实测的科学精神，以及反映市民阶层利益和愿望的启蒙意识。[①] 经济、政治、文化和学术的大变动，必然要反映到教育思想领域，其中最突出的表现就是实学教育思想在清初的成熟。实学教育思潮是中国古代教育理论向近代教育理论发展的中间环节，不仅在当时使人耳目一新，而且对中国近代资产阶级的教育思想也曾产生过积极的启蒙作用。清朝实学教育思想最重要的代表人物是黄宗羲、王夫之、颜元等。

黄宗羲的教育思想十分丰富，择其大要有以下五点：其一，他认为学校不仅应具有培养人才、改进社会风俗的职能，而且还应该议论国家政事，“公其非是于学校”。其二，他深刻揭露和批判了科举制度的危害，并针对当时科举制度的弊病，总结了历史上关于人才选拔的各种成功经验，提出了八种人才选拔的方法，即所谓“取士八法”。其三，他认为教育内容应当广泛实用，要重视经学、史学、诗文的传授，以及天文、数学、地理等自然科学知识的传授。其四，他主张躬行实践以求知，力学致知，勤奋刻苦，提出“学贵适用”的思想，强调求学贵在创新，重视“异同之论”，注意深思，善于质疑。其五，他十分重视教师在人类文化知识传递和发展过程中的作用，认为“古今学有大小，盖未有无师而成者也”(《黄梨洲文集》)，主张尊师，要求提高教师的社会地位，还认为教师除了向学生进行传道、授业、解惑之外，还必须从事清议。

王夫之以“六经责我开生面”自勉，对教育理论进行了诸多创新，主要表现在以下四个方面：其一，王夫之认为，一方面，教育对治国至关重要，教育是治国之本；另一方面，教育又同人的发展密切相关。其二，王夫之强调教学是在教师指导下学生“自悟”的过程，并提出了“因人而进”、“施之有序”、学思“相资以为功”等具体主张。其三，王夫之主张理欲统一，认为“天理”存在于“人欲”之中，提倡不以“一己之私”而“废天下之公”。其四，王夫之重视教师在教育过程中的主导作用，要求教师应该热爱教育工作，具有渊博的知识，能为人师表。

---

① 参见陈鼓应、辛冠洁、葛荣晋主编《明清实学思潮史 · 导论》，济南：齐鲁书社，1989 年，第 1～6 页。

颜　元

颜元以大无畏的战斗精神，深刻揭露和猛烈抨击了传统教育，尤其是程朱理学教育的严重脱离实际，并在批判中创立了以“实学”为特征的教育思想体系。颜元批驳了传统伦理道德教育的义利对立观，明确地提出了“正其谊以谋其利，明其道而计其功”的命题；深刻揭露了八股取士制度对于学校教育的危害；主张学校为“人才之本”，应该培养“实才实德之士”；提倡“真学”、“实学”的教育内容，认为除了经、史、礼、乐等知识外，还要把诸多门类的自然科技知识、各种军事知识和技能正式列为教育内容，并且实行分科设教；强调接触实际，重视练习，从亲身躬行实践中获得知识的“习行”教学法；重视向学生进行劳动教育，认为劳动既具有德育的意义，又具有体育的意义。

清末实学教育思想的演变　随着封建社会的日趋腐朽和资本主义因素的潜滋暗长，传统教育的内部已在孕育着变革的因子。鸦片战争时期，当外国资本主义的势力随着炮火在古老的中国大地上长驱直入时，封建传统教育的丧钟就正式敲响了。最先不自觉地充当了敲钟人角色的，是封建社会知识阶层中的改革派，龚自珍、林则徐、魏源等是其中突出的代表人物。他们的教育思想，内承乾嘉以来对传统教育的批判性因素，外应世界局势的激烈变动，探求着革故鼎新的自强之路，从而促使了经世致用教育思潮的再兴。他们的经世致用教育思想的主要内容包括三个方面：其一，呼吁“不拘一格降人才”；其二，复兴“经世致用”学风；其三，强调“师夷长技以制夷”。从教育思想史的角度看，龚自珍的历史贡献主要在打破了经学至尊的地位，动摇了考据训诂的基础，匡正了乾嘉以来的学风，把教育重新引向经世致用的路途；林则徐、魏源的作用则主要是建立了向西方学习的教育战略指导思想，为一种具有新的时代内涵的学风的形成，做出了勇敢的探索。而由他们三人开创的鸦片战争时期经世致用精神的再兴，则拉开了中国古代教育思想近代化的帷幕。

继经世致用教育思潮而起的太平天国教育，从另一个方面对中国教育的近代化做了探索。尤其值得注意的是，太平天国后期领袖洪仁玕的《资政新编》，展示了一幅渴望发展资本主义经济、政治、文化及教育的蓝图。洪仁玕所主张的教育内容也已突破传统教育的囹圄，趋向西方的科学技术。他反对浮文，注重实学，认为徒事空谈、虚妄不实的学风无益于培养德才兼备的人才，要求教育引导人们“弃伪从真，去浮存实”，读书目的在于通经致用，为国家献策出力，实用之人才有利于建设“新天新地新世界”。不难看出，《资政新编》的教育思想一方面继承了清初以来实学教育思潮的经世致用精神，另一方面又汲取了近代资本主义教育（尤其是科技文化）的因素，在中国教育近代化的道路上，又向前迈进了一大步。

19 世纪 60 年代兴起的洋务教育是中国教育近代化历程中的又一关键性环节。洋务教育的代表人物既有统治集团高层的奕䜣、文祥等满族权贵和曾国藩、左宗棠、李鸿章及后期的张之洞等汉族地主官僚，也有依附于上述统治集团的人物如冯桂芬、薛福成、马建忠以及容闳、王韬、郑观应等。这些人物对待西学的认识有广狭、深浅之分，其教育主张与实施也不尽相同，尤其在封建政体的改革问题上，有些人物（如王韬、郑观应）的思想已为后期改良教育做了先导。但身处洋务运动时期，这类人物的教育思想又都具有某种共通性，这就形成了洋务教育思潮的若干特征，概而言之，主要有四：一是务采西学，二是改革科举，三是建立新学，四是中体西用。其中，“中体西用”是洋务教育思潮的基本指导原则。

洋务运动开始后，随着“西学东渐”的深入以及近代工商业的产生和发展，中国思想界涌动着一股早期改良主义思潮。中日甲午战争后，这股改良主义思潮迅速转变为一场声势浩大的要求变法维新的政治运动，到 1898 年“百日维新”达到高潮。维新运动中以康有为、梁启超、严复为代表的资产阶级改良派，沿着早期资产阶级改良派的教育思想路线，提出了更为明确、更为系统的改良教育理论。他们一致强调教育的作用和地位，以教育为救亡图存、兴国富民的根本前提和主要手段，提倡系统学习西学，呼吁改革科举制度，建立新的学校制度，发展新式教育，兴办女子教育，普及全民教育等。这些思想隐约勾画出了中国近代教育的轮廓。戊戌变法虽然失败，但中国教育近代化发展的趋势已不可逆转。1901 年开始的新政教育改革，最终导致中国传统教育体制的解体，近代教

作为洋务运动的代表，张之洞在其《劝学篇》中明确提出：“旧学为体，新学为用，不使偏废。”

育在形态上得以确立。这同时也意味着中国古代教育思潮的终结。

二、中国古代教育思想的主要特点

在中国传统文化的丰厚土壤中孕育成长起来的中国古代教育家们，由于受民族文化生态、民族思维方式和民族价值观念等的浸染和影响，他们在思考和探索教育问题时，往往不自觉地表现出一致的看法和共同的倾向，从而形成了中国古代教育思想独特的民族风格，诸如全面综合的整体意识、德育为首的伦理色彩、对立统一的辩证观点、启发自觉的主体精神等等。这些风格特色凝结着中国古代教育家的集体智慧，蕴含着中国传统文化的基本精神，值得我们珍视。

1. 全面综合的整体意识

中国古代教育家在思考教育问题的时候，往往视野开阔，不是孤立片面地去讨论，而是全面综合地去看待，表现出明显的整体意识。他们很早就认识到教育是整个社会大系统中的一个子系统，许多教育问题实质上就是社会问题，必须把它置于整个社会系统中加以考察和解决，而教育问题的解决，又必然会促进整个社会的发展和进步。中国古代教育思想的这种整体意识，突出地表现在中国古代教育家关于教育作用的认识和理解上。

中国古代教育家不仅从教育与政治、经济的关系上来论述教育的社会作用，还从教育与人性的关系上来论述教育在人的成长和发展中的作用；不仅重视学校教育的作用，还重视家庭教育和社会教育的作用。孔子把“教”与“庶”、“富”并列为立国三大要素，墨子把“有道者劝以教人”与“有力者疾以助人”、“有财者勉以分人”并列为三大治国措施，都强调了教育在社会发展中的重要作用。同时，孔子提出了“性相近，习相远也”的命题，墨子提出了“素丝说”，都认为后天教育和社会环境影响在人的成长与发展中具有重要作用。《礼记·学记》明确地将兴办学校、推行教育的重要作用概括为十六个字：“建国君民，教学为先”，“化民成俗，其必由学”。强调教育既可以为国家培养所需要的统治人才，又可以形成良好的社会道德风尚，把教育与人才培养、国家治理和社会发展紧密地联系在一起。

2. 德育为首的伦理色彩

中国古代教育家尤其注重道德教育和德性培养，一直把道德教育和德性培养置于教育的首要地位，从而使得中国古代教育思想闪现着鲜明的伦理色彩。诚如钱穆所说："中国人之教育宗旨教育精神，主要乃为一全人教育，首在培养其内心之德。"①

中国古代儒、墨、道、法四大教育学派，除了法家教育学派主张"以法为教"，用法治代替道德教育外，其他三家都是重视道德教育并以道德教育为主的，只不过各家对道德的内容和标准、道德教育的途径和原则的看法不尽相同而已。墨家所谓的"一同天下之义"，主要讲的就是道德问题。道家，也是重视道德教育的，只不过道家反对儒家的仁义道德，反对儒家"有为"之德教，而提倡"无为"之德教。老庄所谓的教育目标"至人"、"真人"、"神人"、"圣人"就是德性修养较高的人。主张仁政德治的儒家，其教育思想更是以突出强调道德教育和德性培养而著称于世。并且从中国古代教育及其思想发展史来看，儒家教育思想是贯穿整个教育思想发展史的，对中国古代教育影响时间最长、范围最广、程度最深。在这个意义上，我们可以说正是源远流长、影响深远、德育为首的儒家教育思想铸成了中国古代教育思想鲜明的伦理色彩。

3. 对立统一的辩证观点

中国古代教育思想极富辩证色彩，中国古代教育家在观照和考察教育问题时善于运用对立统一的辩证观点，他们认为德育与智育、知识与能力、教与学、师与生等相互之间都存在着既对立又统一的关系。

中国古代教育家既强调要把道德教育放在首位，同时也不忽视知识教育的作用，认为德育和智育是对立统一的：首先是道德教育及其实践，其次才是知识教育，道德教育以知识教育为基础，通过知识教育来进行，知识教育主要是为道德教育服务的；道德教育与知识教育之间存在着相互依存、相互渗透、相互补充、相互促进的关系。孔子说："好仁不好学，其蔽也愚。"(《论语·阳货》)《中庸》又说："故君子尊德性而道问学，致广大而精微，极高明而道中庸。"董仲舒则提出了"必仁且智"的命题："仁而不智，则爱而不别也；智而不仁，则知而不为也。"(《春秋繁露·必仁且智》)颜之推在论述士大夫教育时，明确指出要培养的统治人才必须"德艺周厚"，既强调道德教育，又重视知识教育。朱熹继承发展了《中庸》"尊德性而道问学"的思想，坚持尊德性离不开道问学："才尊德性，便有个道问学之事"，

① 钱穆：《现代中国学术论衡》，北京：三联书店，2001年，第193页。

学者“固当以尊德性为主，然于道问学亦不可不尽其力”；认为如果像陆九渊那样只讲修德不讲为学，必然“荡其为异端之空虚”(《文集·答吕子约》)。中国古代教育家关于教学的思想，更是处处闪耀着教育辩证法的光芒。如中国古代教育家认为教学就是教师与学生共同参与的双边交流活动，教师与学生、教与学之间存在着既矛盾对立、又互补统一的关系，相互促进，教学相长。再如，中国古代教育家认为，在学习中，学习与思考、博学与精约、温故与知新等之间都存在着对立统一的关系。

4. 启发自觉的主体精神

中国古代教育家认为，在教育教学中教师起着主导作用，学生处于主体地位。在教育教学时要注意充分调动学生学习的主动性和积极性，启发学生的心智，发挥学生的主观能动性。尤其是在论述道德教育的原则和方法时，更是强调要启发主体的内在道德功能和自觉性，相信主体内在的力量，发挥主体内在的作用，从而使得中国古代教育思想表现出鲜明的主体精神。

孔子在道德教育中特别强调从自我做起，然后推己及人。一方面认为“为仁由己”(《论语·颜渊》)，强调要善于自我省察；另一方面认为“克己复礼为仁”(《论语·颜渊》)，强调要严格进行自我约束和克制，使自己的言行符合礼、仁的规范。孟子更加强调“厚于责己”、“反求诸己”。他说：“爱人不亲，反其仁；治人不治，反其智；礼人不答，反其敬。行有不得者，皆反求诸己。”(《孟子·离娄上》)《大学》提出“慎独”的修养方法，也就是要求自我省察、自我克制，在个人独处时也能自觉遵守道德准则和规范。董仲舒认为，个人道德修养应特别注意“以仁安人，以义正我”，“躬自厚而薄责于外”(《春秋繁露·仁义法》)，强调主体道德自觉精神。朱熹认为一个人要搞好自我道德修养，就应当“无时不省察”，经常进行自我反省和检查。王守仁也强调“省察克治”的道德修养方法，他说：“省察克治之功，则无时而可间。如去盗贼，须有个扫除廓清之意。无事时将好色好货、好名等私，逐一追究，搜寻出来，定要拔去病根，永不复起，方始为快。”(《传习录》上)王夫之认为道德修养的关键在于学生的自觉、自得。他曾说：“教在我，而自得在彼。”(《四书训义》卷十一)

三、中国古代教学思想的优良传统

中国古代教育家们在长期的教育教学实践中，积累并总结了丰富的教学经验，对教学的理论、原则和方法，以及对教师的要求，都提出了许多独到的、有价值的思想见解。这些思想体现了古代教育家们对教育教学规律的正确认识，是我国古代教育思想中的精华，也是对世界教育思想宝库的重大贡献。它们的产生不仅在千百年前的古代是难能可贵的，就是在今天也仍然闪耀着夺目的智慧光芒，对我们建设有中国特色的社会主义现代化教育教学事业极富启迪意义，是可资我们参考借鉴的宝贵遗产，是值得我们继承发扬的优良传统。

1. 尊师爱生

成功的教育活动往往是同和谐融洽的师生关系结合在一起的，中国古代教育家就十分重视建立良好的师生关系，认为学生应当尊敬教师，教师更应当热爱学生。

孔子最懂得爱护学生，他能够不顾“贫贱”、“富贵”地招收一切愿学之士，以一颗真诚的爱心善待每一个学生。他不仅注重学生的学问道德进步，而且十分关心他们的日常生活，弟子有病则前去探望问候，学生有难则主动设法帮助。孔子这种伟大的人格力量和对弟子的真诚爱护，很自然地赢得了弟子对老师的尊敬和爱戴。孔子逝世时，不少学生悲痛欲绝，多年守丧，决心克服一切困难来传播孔子学说，以寄托对孔子的无限怀念和敬仰之情。自孔子开了“尊师爱生”的风气之先，以后的教育家相沿成习，逐渐熔铸成中国古代教育的优良传统。

2. 因材施教

“因材施教”是公认的优秀传统教学思想之一。所谓“因材施教”，就是指根据学生的不同个性特征和自然禀赋，实施不同的教学方法，以充分调动学生的学习热情和天赋潜能。在古代教育家看来，要做到这一点，教师首先必须了解每一个学生的个性心理特征。

孔子最懂得运用“因材施教”的教学方法。孔子平时注意观察了解学生，用他的话说就是“视其所以，观其所由，察其所安”(《论语·为政》)。孔子对学生的性格特点了如指掌，并能针对学生不同的性格特点，采用不同的教学方法。据《论语·先进》记载：“子路问：‘闻斯行诸?’子曰：‘有父兄在，如之何其闻斯行之？’冉有问：‘闻斯行诸？’子曰：‘闻斯行之。’公西华曰：‘由也问闻斯行诸，子曰有父兄在，求也问闻斯行诸，子曰闻斯行之。赤也惑，敢问。’子曰：‘求也退，故进之；由也兼人，故退之。’”这就是因材施教。

3. 启发诱导

中国古代教育家很早就认识到教学是教师与学生共同参与的双边交流活动，因此教师在教学中能否充分调动学生的积极性和主动性是教学效果好坏的关键。所谓“启发式教学”，其核心就是采取有效措施调动学生学习的积极性和主动性。中国古代教育家十分重视启发诱导，重视观察和研究学生心理活动，并在适当的时候启发其心智，比较成功地应用了启发式教学。

孔子最早提出并实行了启发式教学，他有一句名言：“不愤不启，不悱不发，举一隅不能三隅反，则不复也。”(《论语·述而》)朱熹《四书章句集注》注曰：“愤者，心求通而未得之意。悱者，口欲言而未能之貌。启，谓开其意。发，谓达其辞。”就是说，如果学生在学习过程中未能达到“愤”、“悱”的心理状态，教师则不宜越俎代庖，只有在学生“心愤口悱”的情况下，教师才能启而发之，学生也才能举一反三。

4. 学思并重

学习与思考是学习过程中一对矛盾的统一体，学习是思考的基础、求知的起点；思考是学习的深入、智能的开发。离开思考的学习只能是知识的堆砌，而脱离学习的思考则无异于虚妄的空想。中国古代教育家很早就认识到这个道理，所以提出了学思并重的主张。

孔子说：“学而不思则罔，思而不学则殆。”(《论语·为政》)他主张学思并重，但应以学习为基础：“吾尝终日不食，终夜不寝，以思无益，不如学也。”(《论语·卫灵公》)他也强调必须在学习的基础上思考：“不曰‘如之何，如之何’者，吾未如之何也已矣。”(《论语·卫灵公》)《礼记·中庸》把孔子学思并重的思想进一步发展为“博学之，审问之，慎思之，明辨之，笃行之”的过程。孟子也讲学，但更强调思考，主张“尽信书，则不如无书”(《孟子·尽心下》)。

5. 温故知新

“温故”和“知新”同样是学习上常遇到的矛盾统一体，处理得当方能有所长进。中国古代教育家很早就认识到二者是相辅相成、辩证统一的，既重视时习温故,又不忽视探索求新。

《论语》第一句话便是:“学而时习之,不亦说(悦)乎!”(《论语·学而》)表达了孔子对日常学习和温习学业的极端重视。但是孔子并非泥古不化,又强调:“温故而知新,可以为师矣。”(《论语·为政》)朱熹解释说:“温,寻绎也。故者,旧所闻。新者,今所得。言学能时习旧闻,而每有新得,则所学在我,而其应不穷,故可以为人师。”(《四书章句集注》)在这里,孔子实际上是提倡一种务实创新的教风和学风。离开“时习旧闻”的刻意求新,则不免有虚夸之嫌;泥守旧闻而不思创新,则必然沦为记问之学。朱熹对孔子学而时习、温故知新的思想又进一步发挥,认为“故”是“新”的基础,“新”是“故”的发展;而“时习”集中体现了二者相互之间的联系,并含有转化的意思。只有“时习”,才能使其所学融会贯通,才能求得新知。所以说:“温故又要知新。唯温故而不知新,故不足以为人师。”(《朱子全书·论语一》)。

6.循序渐进

“循序渐进”是中国古代教育家在实践中逐渐领悟出来的一个重要的教学原则。“循序渐进”,强调教学必须考虑到教材难易程度、编排逻辑和学生接受能力的一致性,需注意由浅而深、由近及远、由具体到抽象,逐步推进。

孔子在教学中就很善于掌握“循序渐进”的原则精神,因此他的学生赞扬他“循循然善诱人”(《论语·子罕》)。孟子也重视循序渐进的教学原则,他说:“君子之志于道也,不成章不达。”他把进学的次第比作流水,“不盈科不行”,“其进锐者,其退速”(《孟子·尽心上》)。孟子还以禾苗的自然生长来比喻人受教育的过程,一方面主张尽力耕耘,反对放任自流,另一方面又反对揠苗助长,急于求成。《学记》把循序渐进的“教”和“学”形象地概括为“不陵节而施”和“学不躐等”两种情况,为后代教人为学提供了很好的范式。

7.身体力行

中国古代教育家还强调在教学中尤其是在德育中要遵循“身体力行”的原则。这项原则主要包含两层意思:一是要求言行一致,知行统一;二是要求脚踏实地,躬行实践。“中国传统教育是以伦理本位为主旨,儒学教育家所提倡的教育思想最终都要落实到人生的日用伦理实践之中。从这个意义上说,身体力行既是教师进行德育所要遵循的重要原则,又是学生开展学习所完成的必要环节”。①

孔子特别反对“言过其行”的人，认为“君子耻其言而过其行”(《论语·宪问》)。主张“言必信，行必果”(《论语·子路》)。强调教师衡量一个学生的道德水准，不能只“听其言而信其行”，而应该“听其言而观其行”(《论语·公冶长》)。荀子进而认为学习应该由“闻”、“见”、“知”上升到“行”的最高阶段，他说：“学至于行之而止矣，行之明也。”(《荀子·儒效》)《中庸》继承和发展了这一思想，把学习过程表述为“博学之，审问之，慎思之，明辨之，笃行之”。这个概括基本上成为后代为学教人的基本准则。

8. 教学相长

“教学相长”，意思是说“教”和“学”本是相辅相成的，师生通过教学这个实践活动可以达到相互促进、共同提高的目的。“教学相长”不仅意味着教与学之间的对立统一关系，而且还意味着教师与学生之间平等的相互促进、相得益彰的关系。

从教师方面说，教的过程也是学的过程，教也要学，教即是学，教与学互相促进，才能提高教的水平。从学生方面说，学生从教师的教学中获得知识，但仍需要自己努力学习，才能有所提高，不限于师云亦云。《学记》对“教学相长”有一段精辟的论述：“虽有嘉肴，弗食不知其旨也。虽有至道，弗学不知其善也。是故学然后知不足，教然后知困。知不足，然后能自反也；知困，然后能自强也。故曰，教学相长也。”

① 张岂之主编：《中国传统文化》，北京：高等教育出版社，1994年，第158页。

第九章　中国古代科学与技术

科学技术既是物质文化的体现，又是精神文化的凝聚和升华，它毫无疑问是文化大系统中的重要一环。中国古代的科学技术曾长期处于世界领先地位，并对整个人类文明的进步做出了重大贡献。在中国上下五千年连绵不断的历史进程中，科学技术的发展大致经历了五个阶段：萌芽阶段，时间大约相当于我国的原始社会和奴隶社会；形成阶段，时间从春秋至两汉；发展阶段，时间从三国到五代；高峰阶段，时间从宋到元；停滞阶段，时间为明清两代。中国古代劳动人民用数以万计的发明和创造，谱写了古代科学技术的辉煌历史，充分体现出他们高度的智慧和无与伦比的创造力。因此，要全面、系统地认识中国文化，就必须多方面、多层次地把握中国古代科学技术的成就和特征。

第一节　中国古代科学技术的成就

科学技术是文化大系统中的重要一环。科学即人们关于自然现象及其规律的知识体系，它是一种社会的观念形态，也是人们探索自然规律的文化活动；技术一般被理解为关于工具、物质产品以及它们被用来达到实用目的的方式的知识体系。中国古代在科学技术的各个领域和部门中，都创造了辉煌的历史和卓越的成就。英国科学史家贝尔纳在《历史上的科学·为中文译本写的序》中指出：中国“许多世纪以来，一直是人类文明和科学的巨大中心之一”。另一位英国科学史家李约瑟也指出：中国人“在许多重要方面有一些科学技术发明，走在那些创造出著名的‘希腊奇迹’的传奇式人物的前面，和拥有古代西方世界全部文化财富的阿拉伯人并驾齐驱，并在公元三世纪到十三世纪之间保持一个西方所望尘莫及的科学知识水平”。①

一、数学的世界性贡献

数学曾被称作“科学的女王”，它对科学技术其他领域的发展有着不可估量的作用。从公元前 2 世纪直到公元 14 世纪，中国的数学研究从未中断，并且达到了很高的水平，曾经产生过世界第一流的数学成果。

1. 古代数学的基本情况

中国古代数学的起源，可以追溯到遥远的新石器时代，古代史籍中关于结绳记事的记载，证明了“数”的观念产生的悠久渊源。至原始社会后期，又经过漫长的生产实践，我们的祖先已逐渐掌握十进制的概念。到春秋战国时期，人们在计算中又普遍地使用了算筹。这种优越的记数法和当时较为先进的筹算制，使中国古代数学在计算方面取得了一系列杰出的成就，这正是中国古代数学的特点和价值所在。秦汉时，我们的祖先就掌握了分数四则运算、比例算法、开平方与开立方、盈不足术、“方程”解法、正负数运算法则等。此后，5 世纪的孙子剩余定理、圆周率的测算；7 世纪的三次方程数值解法、内插法；11～14 世纪的高次方程数值解法、贾宪三角、高次方程组解法、大衍求一术、高阶等差级数求和、珠算等。这些数学成果在世界数学史上都处于当时的领先地位，其中有些成果还直接促进了世界数学的发展。

在中国古代数学的漫长发展历程中，出现了许多伟大的数学家和数学著作，为世界数学宝库留下了极为珍贵的资料。据专家估计，我国古代的全部数学著作约有 2500 种左右，流传下来的有近 2100 种。比较著名的有《周髀算经》、《九章算术》、《海岛算经》、《五曹算经》、《孙子算经》、《夏

① [英]李约瑟：《中国科学技术史》，第 1 卷，北京：科学出版社，1957 年，第 3 页。

侯阳算经》、《张丘建算经》、《五经算术》、《缀术》、《缉古算经》等，它们是汉唐千余年间的重要数学著作，称作“算经十书”。其中《九章算术》是最为重要的一部，它对其后各代数学发展所产生的影响，正像古希腊欧几里得的《几何原本》对西方数学所产生的影响一样，是非常深刻的。此外，在天文学、地学、测量学以及一些专门性的科学技术著作中，仍有许多高水平的数学成就。到了宋元时期，更出现了很多高水平的数学家和数学著作，如秦九韶的《数学九章》，李冶的《测圆海镜》和《益古演段》，杨辉的《详解九章算法》、《日用算法》和《杨辉算法》，朱世杰的《算学启蒙》和《四元玉鉴》等，其中有许多成就比西方同类成果要早得多。明清时代也有许多算书，如明代著名的《算法统宗》，就是风行一时的讲珠算的书。但是这一时期西方数学已经开始进入我国。由于社会政治腐败，我国近代数学的发展较迟缓，逐渐落后于世界。

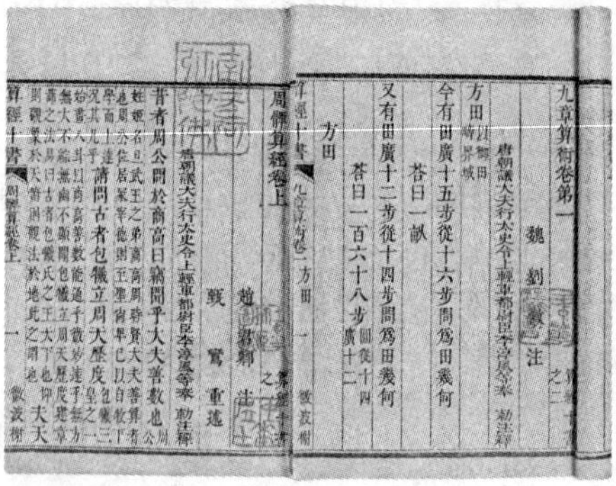
《九章算术》，清乾隆孔继涵微波榭刻本。

由于古代数学家的不懈努力，我国传统数学一步步发展起来，从而形成了极富中国特色的古代数学体系，取得了突出的成就。在数学的许多分支领域中，我们的祖先从生产实践出发，解决了许多难题，并取得了一些数学史上的重大突破，做出了不可低估的贡献。

2. 传统数学的几项重大成就

我国古代数学对世界文化的重大贡献首推“十进位值制记数法”。史载“黄帝为法，数有十等”(徐岳《数学记值》)，商代甲骨文中有一、二、三、四、五、六、七、八、九、十、百、千、万等13个数值，这些记数文字的形状，在后世虽有所变化而发展为现在的写法，但记数方法却从未中断，一直被沿袭并日趋完善。古代欧洲使用的罗马累计法，加减运算非常困难，也不利于思维过程的表达。古巴比伦人和中美洲的玛雅人虽然采用位值制，但它们分别采用六十进位和二十进位，计算比较繁琐。印度到7世纪方采用十进位制，但也很可能是受到中国的影响。现在通用的印度——阿拉伯数码和记数法，大约在10世纪时才传到欧洲。由此可见，十进位值制记数法是古代世界中最先进科学的记数法，对世界科学和文化的发展有着不可估量的作用，正如李约瑟评价的那样："如果没有这种十进位制，就几乎不可能出现我们现在这个统一化的世界了。"①

圆周率

在被称为"各个时代的数学才能的量度"的圆周率研究领域，我国古代数学家成果斐然，刘徽与祖冲之的贡献，可以说是世界数学史上的奇葩。我国在西汉以前，一般采用的圆周率是"周三径一"，也就是说圆周率 $\pi=3$。魏晋时期的刘徽首先发现这一数值极不精确，经过深入的研究，他发现圆内接正多边形边数无限增加的时候，多边形周长无限逼近圆周长，从而创立了割圆术。由此出发，他求出圆周率 $\pi=3.142$。刘徽还求得圆内接正 3072 边形的面积，得出了更为精确的圆周率值 $\pi=3.1416$。刘徽的这个结果，为圆周率的研究工作，奠定了坚实可靠的基础。

继刘徽之后，我国南北朝时期的伟大数学家祖冲之，在圆周率的计算上取得了更为卓越的成就。据《隋书·律历志》记载，祖冲之求得的圆周率的不足近似值是 3.1415926，过剩近似值是3.1415927。也就是说，圆周率的真值在这两个数值之间。祖冲之对圆周率的确定，已精确到小数点后的 7 位数字，这在当时世界上是非常先进的，比世界上其他国家的同类成果早了一千多年。自从我国古代数学在世界上越来越得到公认以后，一些人建议把 $\pi=355/113$ 叫作"祖率"，以纪念这位伟大的数学家的杰出贡献。

其他如隋代刘焯创立的"等间距二次内插法"，唐代僧一行的"不等间距二次内插法"，宋元时期的高阶等差阶数求和、联立一次同余式等等，都是当时世界上领先的数学成果，为世界数学的发展做出了杰出的贡献。

如同古希腊注重几何证明而忽视计算一样，中国古代数学在计算方面相当发达，而在几何方面却没有得到充分发展，长期停滞不前。古代计算数学本身也在《九章算术》体例的影响下，一直采用习题问答的方式，注重实用性，没有很好地加以抽象化，使之更具理性化的程度。这些恰恰反映了中国文化重视经验理性而忽视理论理性的特点，不能不说是中国古

① [英]李约瑟：《中国科学技术史》，第 3 卷，北京：科学出版社，1957 年，第 333 页。

代数学的缺陷。

二、注重技术制作的古代物理学

西方科学史家认为中国古人乏于物理理论探讨和实验精神，对中国古代物理学的成就一般评价不高。这种评论固然含有部分道理，却也有其片面性。其实，中国古人在物理理论方面，曾一度达到相当高的水平，只不过到了中古和近古，这种理论探讨受到了抑制。客观地说，中国古代物理学有其独特性，也曾取得了可观的成就，这是不可抹杀的。

1. 古代物理学发展的独特性

中国古代物理学，与西方古代物理学相比，有许多差异，这在一定程度上表现出中西思维方式甚至文化上的差异。概括地说，中国古代物理学发展的独特性，大致有这样一些表现：

第一，中国古代没有系统、完整的物理学体系，没有专门的物理学著作，也没有专门从事物理学研究的物理学家。中国古代的物理学，大多散见于古代典籍之中，或反映于器物和技艺之中，或表现在一些哲学论证中，多是零散的，随意性较大，往往是人们在生产、生活实践或思考中对所发现或想到的一些具体现象，做一些随笔式的记录，因而显得庞杂凌乱，整理起来很不容易。中国古代的物理学家，也大多是"杂家"，他们只是更多地注意到了日常生活中的物理学现象，有些做过一定的研究，而另一些则只是做了忠实的记录而已。

第二，中国古代物理学大多与其他学科融汇在一起，从未独立出来形成真正意义的学科。如早期的《墨子》、《论衡》等，都是在论证哲学问题时涉及了一些物理学方面的知识和物质运动的规律。又如《考工记》、《梦溪笔谈》等，则是古代科学史上百科全书式的著作，其中不仅包含了丰富的物理学知识，而且涉及了数学、化学、制造、农业等科学知识，甚至涉及了文学、哲学、军事等社会科学知识。这似乎是中国古代物理学的缺陷，但从实质上讲，这也正是中国古代物理的独到之处。我们的祖先从来都是把复杂多变的世界看成一个完整、系统的整体，而从未把这个整体割裂成不相联系或联系甚少的许多细部。这种独特的整体思维方式是中国古代物理学的优点，具有不可估量的价值。

第三，中国古代物理学是从古人的生产、生活实践中产生的，它与人们的生产、生活直接联系在一起，物理学的成就也往往直接用于实践，指导实践。由于这一特点，中国古代的物理学家很少做形而上的理论推理和演绎，而以取得能够服务于实践的成果为目的。所以，在我国古代，物理学的知识更多地表现在技术制作方面，对于我国古代生产力的发展做出了一定的贡献。同时，古代的哲学家在思考一些深奥的问题时，也常常把一些物理学事实作为哲学论证的依据，特别是一些唯物主义哲学家，如墨子、王充等，更注重物理学的事实。我国古代物理学对唯物论的产生和发展起过一定的积极作用，这是不能忽视的。

中国古代物理学的这些独特性，恰恰反映了中国文化重经验理性而忽视理论理性的特征，并与其他学科一起，生动地体现着中国文化的面貌。

2. 中国古代物理学的主要成就

成书于战国时期的《墨经》一书，是我国古代记载物理学知识的最早文献。《墨经》对于力学的论述比较集中。它明确提出了力重相当的概念，认为用多大力就举起多大物，并指出力是人使运动发生转移和变化的原因。《墨经》在讨论衡器一类的杠杆平衡的各种情形时，用墨家的术语表达了力矩的概念，提出了“杠杆原理”。《墨经》认为：如果加重量于衡器的一边，重物端必定下垂，因为衡器原来两端的权和重是相当的；如果它们相互平衡，那是因为“本”(力臂)短“标”(重臂)长的缘故；如果再在衡器两端加上重量相等的东西，那么标端必下垂。总之，在衡器中，长和重的一端要往下垂，短和轻的一端要往上翘。《墨经》在讨论杠杆平衡时，不仅考虑到力的大小或重量的多少，而且考虑到距离，就是通常所说的力臂和重臂。《墨经》虽然对杠杆平衡问题没有明确的定量关系的总结，但是从其中的分析讨论可以看出，墨家比阿基米德(公元前 3 世纪)更早知道距离和力的平衡的关系。

杠杆图

在《经说下》中，墨家还记述了“小孔成像”的实验过程：“足敝下光，故成景于上。首敝上光，故成景于下。在远近有端，与于光，故景障内也。景日之光反烛人，则景在日与人之间。”从这个实验和解释中，我们可以看出，墨家对于光的直射性质和光沿直线传播的规律已经有了充分的认识。同时，《墨经》还阐述了影的成因，本影、半影的生成，反射光线的成影以及决定影的大小诸因素，这些对几何成像原理的科学精神的解释，实在是弥足珍贵的。此外，《墨经》还对凹、凸面镜做了深入的研究，最早提出了焦点、焦距和球心的概念，这和现代的观点已较为相似，为我国后世光学的发展，奠定了良好的基础。

春碓画像砖。《墨经》最早记述了秤的杠杆原理。

差不多与《墨经》同时出现的，还有另一部重要科技著作《考工记》，其中也涉及了物理学方面的不少知识。书中物理学内容主要表现在力学和声学方面。其力学知识体现在工艺制造之中，如车轮的滚动摩擦问题、斜面运动、惯性现象、抛射体轨道的准确性、水的浮力和材料强度等问题；声学方面的主要成就表现在乐器的制造方面，如钟、鼓、磬的发音、频率、音色、响度同它们的形状的关系等问题。

战国中晚期的权

宋代沈括的《梦溪笔谈》，内容丰富，见解独到，被英国科学史家李约瑟誉为“中国科学史上的坐标”。《梦溪笔谈》的物理学成就，主要集中在声学、光学和磁学等方面。在声学方面，沈括曾经做过用纸人测定共振的实验，这比 15 世纪意大利达·芬奇的共振试验早了好几个世纪。在光学方面，沈括研究了针孔成像、凹面镜、凸面镜成像原理，以形象的语言说明了焦点、焦距、正像、倒像等问题。在磁学方面，沈括提出了人工磁化的方法，并在历史上第一次指出了地磁偏角的存在。此外，沈括对大气中的光、电现象也做了一定研究。

明朝时，我国在声学中的音律学方面取得突破性的进展，这就是朱载堉的十二平均律研究成果。朱载堉在《律学新说》、《律吕精义》等书中，运用极精确严密的数学方法，以公比为 $\sqrt[12]{2}$ 的等比级数的方式，完成了十二平均律的计算。十二平均律传到欧洲，引起了极大的反响，在一定程度上促进了西方音律学的发展，使我国古代声学达到了可以与西方同时代水平相媲美的高峰。

中国古代物理学虽然取得了一定成就，但是其发展道路却极其坎坷。古代物理学知识的嬗递和演进，主要寄托在工艺技术的发展中，多为片断性记录，无法形成理论体系。明代后期，西方物理学开始传入我国。自此，我国古代物理学逐步融入了世界物理学的大潮，进入了一个新的发展阶段。

三、天文学的辉煌成就

中国古代的天文学思想与统治思想联系紧密，是具有浓厚中国特色的天文学，创造了中国古代天文学的辉煌成就。

1. 中国古代天文学的文化特征

中国古代天文学在中国古老的土地上发展，与西方天文学相比，有着广泛而独特的文化特征：

第一，中国古代天文学重视为农业生产服务，反映了实用性和实践第一的思想。古代天文学一开始就以“历象日月星辰，敬授民时”为目的，观测天象、物候，掌握天时季节，以此编历法、排节气。它依据太阳和月亮的运行规律，编制并不断改进了中国独特的阴阳合历，创立了二十四节气，以适应农业生产的需要，由此推动了整个天文学的发展。直到今天，阴阳合历和二十四节气仍是中国历法的内容，一直对农业生产发挥着积极的作用。

第二,中国古代天象观测记录完整,以代数方法处理的数据也较准确。中国古代天文学比较注意日常天象观测,尤其注意异常天象,以作为星占的天象依据。我国古代留下了大量全天星图和个别星象图,这也说明了古代天象记录的系统完整。中国古代以代数方法对天象观测进行大量复杂的计算,使天文学和数学紧密结合,以此预推日、月、行星位置和交食变化,不但计算数据准确,提高了古代天文学水平,而且在一定程度上促进了数学的发展。

第三,中国古代天文学思想,同统治中国思想界的儒家思想,以及与之相互渗透的佛、道思想都有密切的联系。中国古代天文学思想受社会政治思想的影响比较大,在一定程度上又是为社会政治服务的。由于天尊地卑的传统观念的影响,历代统治者在天文学中崇拜天高地低的盖天说,而竭力反对浑天说。盖天说正是借助统治者的势力流传下来,并且逐步渗透到社会生活的方方面面。又如中国的星占术,利用观天象来占卜国家兴亡、朝代兴衰、兵戎叛逆、农业丰歉等,便是天文学服务于社会政治生活的生动例子。星占术的三大理论支柱是天人感应论、阴阳五行说和分野说。天人感应论把天象与人事相关联,所谓"天垂象,观吉凶"即指此;阴阳五行说则以为天象变化乃阴阳二气作用而生,王朝更替则相应于五行循环;分野说是将天区和地域相联应,认为发生于某一天区的天象对应于某一地区的人事。中国古代星占术具有浓厚的政治意味,这是与包括星占术在内的整个天文学研究作为官方活动的特征相联系的,也正因为这样,中国古代天文学才获得了较快的发展。

当然,中国古代天文学发展的阻力也是相当明显的。即便中国古代天文学家以一套数学的方法来计算天体运动,探求其原因,但同样未能对其做出科学、完满的解释。只是在近代科学诞生以后,天文学的发展才发生了根本性的变化。

2. 中国古代天文学的辉煌成就

中国古代以农业立国,掌握天时季节至关重要。人们从观察天象、物候开始,为制定历法奠定了基础,而历法的编制与改革又不断促进天文学的全面发展。中国古代天文学取得的辉煌成就,主要表现在天文仪器、天体观测和宇宙理论等方面。

第一,天文仪器方面。观测天象就需要仪器。据古籍记载,虞舜时已经创制了观测天象的仪器"睿玑"(浑仪的前身)和"玉衡"(窥管)。在17

世纪发明望远镜之前，浑仪是测定天体方位的主要仪器，而用窥管观测天体，利于排除侧光，可提高观测对象时的能见度。春秋战国时期所使用的浑仪较简单，由两个圆环组成：一个是固定的赤道环，它的平面与赤道面平行；一个是能够绕着极轴旋转的四游环，并附有可以在四游环内旋转的窥管。这一时期的浑仪虽然很简单，但它利用赤道坐标能很方便地表示恒星的位置。为了更方便地测量太阳的位置，东汉中叶的傅安等人在浑仪上安装了黄道环，张衡又加上了地平环和子午环，浑仪的结构已日趋完善。此后，经唐代李淳风、宋代沈括、元代郭守敬等人的不断革新和创造，我国的浑仪逐步完善，在一个时期内成为世界上最先进的天文观测仪器。

浑仪创造后不久，我国还创造出表演天体视运动的仪器，古代称之为“浑象”或“浑天仪”。第一架浑象大约是公元前 1 世纪由耿寿昌制造的。东汉初年，张衡在京都洛阳制成水运浑天仪。仪器利用漏壶滴水的力量带动复杂的齿轮传动系统，推动浑象缓缓运转，其旋转速度与地球自转速度一样，可以准确地自动演示天体运行情况和日期变化。后来，水运浑天仪多经改进。北宋时，张思训、苏颂等人又设制了测量、表演、报时三用的“水运仪象台”。这架巨型天文仪器下面是计时装置，可以按时、刻、辰、更次自动报时；中间是浑象仪，可以准确演示天体运动；上面设浑仪一架，能自动跟踪天体运转进行观测。这架仪器充分体现出当时我国天文学的发展水平及机械工程技术的卓越成就。

第二，天体观测和天象记录。我国古代劳动人民很早就有通过观察星辰位置来确定时间的习惯，中国古代天文学更是以对多种天象的最早观测记录著称于世，其连续性、完备性、准确性亦为世上所罕见。我国古文献中，有世界上最早、最丰富的太阳黑子记录。《汉书·五行志》关于永光元年(前 43)四月“日黑居仄，大如弹丸”的记载，以及河平元年(前 28)三月“日出黄，有黑气，大如钱，居日中”的记载，都要早于欧洲 800 年。根据 1975 年云南天文台统计的资料，从公元前 43 年到公元 1638 年，我国共有太阳黑子记录 106 条。

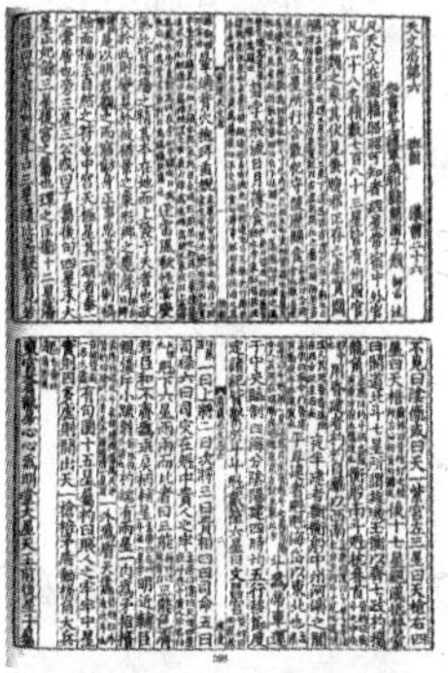
《汉书·天文志》，宋景祐刊本。

我国古文献中的太阳黑子记录，“是我们所

拥有的最完整的资料”，[①]对当代天文学研究具有重大价值。

我国古代对彗星的观测与记录，在世界上也是遥遥领先的。世界著名的哈雷彗星行踪，早在《春秋·鲁文公十四年》(前 613)就已记录在案，开创了世界上的最早记录。从秦始皇七年(前 240)到 1910 年，哈雷彗星共出现 29 次，每一次我国都有详细记录。我国古代对彗星的观测具有惊人的完整性和准确性。据统计，自有史以来到 1910 年，我国记录的彗星活动达 500 次之多，是世界上罕见的。此外，我国还是世界上最早记载陨星现象的国家。

将观测到的星辰，按照其位置画在图上，就得到星图。世界上现存最早的一些星图，都是我国古代天文学家绘制的，其中又以绘制于公元 940 年左右的唐代敦煌星图为最早。敦煌星图对赤道区域和北极附近的星采用两种不同的画法：赤道区域是圆柱形投影，北极附近是以天极为中心，将球面投影于平面。这种画法是十分科学的，比国外类似画法早了六百多年。此外，世界上最早的星表也是由中国古代天文学家首先测编的，比西方约早二百多年。

第三，宇宙构造理论。早在战国时期，一些学者已产生关于“宇宙”时空无限的概念。到汉代，已经先后出现了三种关于天体运动和宇宙结构的学说，即“盖天”、“宣夜”、“浑天”三种学说。“盖天”说创立最早，认为天在上像一个半圆形的罩子，地在下像一张棋盘。“宣夜”说认为天无一定形状，是无边无际、充满气体的空间，日、月、五大行星等都飘浮其间。“浑天”说认为可以将整个太空比作一个鸡蛋，把地球比作蛋黄。我们用近代天文学的眼光来看，“盖天”论众星的运行，“宣夜”论天空的性质，“浑天”论地球的位置，都有可取之处。特别是“浑天”说，与近代的宇宙论已甚为接近。中国古代的宇宙构造理论，既表明了当时朴素的宇宙无限的辩证思想，又展现了中国古代天文学的辉煌成就。

四、以炼丹为端倪的古代化学

中国化学的发展经历了漫长的历程，但是它的开始阶段却是幼稚的、迷信的，炼丹术就是这个阶段中国化学的原始形式之一。虽然炼丹术是

① [英]李约瑟：《中国科学技术史》，第 4 卷，北京：科学出版社，1957 年，第 637 页。

中国古代自己发展起来的方术，但是它对世界化学的发展却有极为重要的贡献，它是现代化学的前身。由炼丹术引发产生的许多重要的化学成就，在人类文明进步史中起到了不可低估的作用。

1. 中国古代的炼丹术

炼丹术，顾名思义，就是古人为求得长生不老而炼制金丹或丹药的方术，又称“金丹术”、“炼金术”、“点金术”等。在中国漫长的历史中，炼丹术一直为人们所重视，在很大程度上已融入于中国文化之中，而不单是一种技术。从中我们可以看到古人生活理想的一个方面，也可以看到中国古代社会生活的一个侧面。

道教是促进炼丹术发展的一个重要因素。在道教的教义中，讲玄学、求长生、重静炼都是其基本主张，而炼丹在很大程度上能满足这些要求。历代许多道教名士都是炼丹大家，他们掀起持久不衰的求仙长生的风气，使中国许多朝代都掀起过一阵阵“炼丹热”。我国传统医学对炼丹术的追求更多地表现出积极的意义。医家炼丹主要是为了治病，历代都有许多名医重视炼丹，如唐代的孙思邈等，他们从医药学的角度出发，对丹药的各种成分和药用价值有充分的认识，往往能对症下药，解除病人的痛苦，同时也扩大了传统医学的治疗方法，使炼丹术走向正途。

从历史上看，炼丹术在我国起源很早。在《战国策》中就有方士向荆王献“不死之药”的记载。这说明炼丹术在战国时期就已经萌芽了。秦汉时期由于秦始皇、汉武帝、淮南王刘安等人的嗜好和影响，我国的炼丹术获得了很大发展。汉末出现了我国第一个炼丹家魏伯阳，他的《周易参同契》是世界上现存炼金、炼丹书中最古的一部，比欧洲的炼金术专著《圣马克书稿》要早几百年。魏伯阳在总结前人经验的基础上，提出了自己的炼丹理论，并做了一些实验。《参同契》中记载了炼丹的重要设备，对一些物质的性质也做了记载，是一部比较重要的著作。随着道教的形成，我国的炼丹术获得了长足发展，今天所传下来的大部分炼丹著作，都包含在道教经典《道藏》之中。

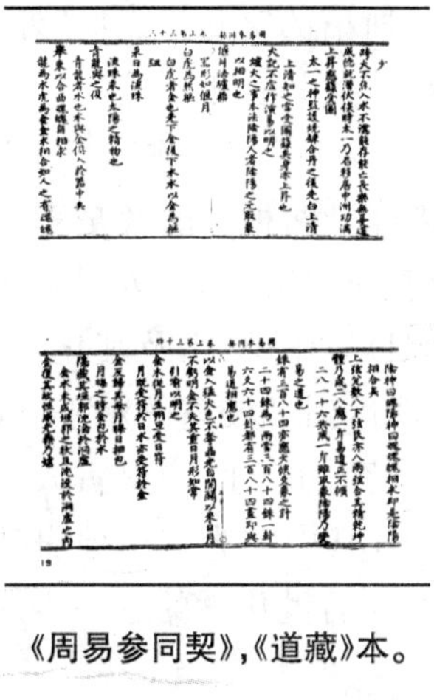

《周易参同契》，《道藏》本。

西晋是个崇尚玄学的时代，炼丹化仙成为时尚，而在炼丹术方面最有成就的是葛洪。他的《抱朴子》是我国古代炼金术的经典著作之一，其中《金丹》、《黄白》两卷专讲炼丹术。他相信，金、银等物可以用其他物质合成，并且在变化之后，形状性质也会有大的改变。《抱朴子》所记载的物质，比《周易参同契》中记载的物质种类要多，表明了人们对物质世界认识的深入。南北朝时期的陶弘景，也是一个炼丹理论家和实践者，他在真硝石的鉴定方面取得了很大的成就，为火药的发明奠定了坚实的实践基础。唐宋两代是炼丹术的鼎盛时期，也是炼丹术向西方传播的时期。这一时期出现了更多的炼丹家，如唐代的孙思邈、孟诜、陈少微、张果、独孤滔等，宋代则有吴误、白玉蟾等，他们在炼丹术的各个方面都取得了较大的成就。

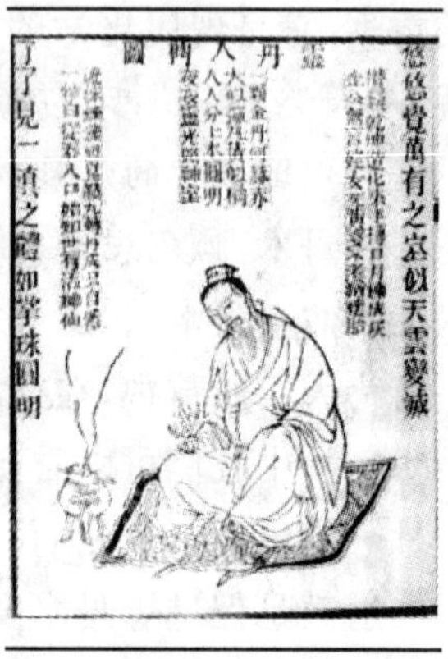
《抱朴子·灵丹入鼎图》

虽然炼丹家在炼丹过程中发现了不少物质，取得了很大的化学成就，但其终极目的却是为了求仙长生，这个目的显然是不能实现的。不仅如此，许多人因服用了一些含有毒素的丹药反而深受其害。残酷的事实逐渐使人们意识到丹药的害处，于是炼丹术也转向了制药方面，即“不求长生，但求治病”，或者转到炼气养神方面，这就是所谓的“内丹”。而“外丹”的炼丹术，就渐渐式微。到了清代，炼丹术已经基本上绝迹了。

2. 炼丹术中的化学成就

我国古代的炼丹方法，有火法炼丹和水法炼丹两种。前者是带有冶金性质的无水加热法，后者就是溶解法。在火法炼丹方面，古人对硫化汞和水银的变化关系、汞和其他金属形成汞齐(剂)的作用、铅及其化合物，以及人工方法炼制金、银等化学物质的认识，都达到了较高的水平，取得了较大的成果。特别是火法炼丹，直接导致了火药的产生，更是古人对世界文明的重大贡献。水法炼丹的成就也很突出，其中较为突出地表现在黄金、丹砂以及硫黄的溶解技术上。这些技术，为后世化学的进一步发展提供了有利的条件。

欧洲化学的发展是建立在中世纪炼丹术的基础上的，而欧洲中世纪的炼丹术却又源于阿拉伯炼丹术，这在化学史上已是举世公认的。但是，对阿拉伯炼丹术与中国炼丹术的密切关系，特别是中国炼丹术对阿拉伯炼丹术的影响和作用，人们却知之甚少，甚至一度产生过误解。事实上，阿拉伯炼丹术是在中国炼丹术的直接影响下产生的。在唐朝初年到北宋五百多年的历史中，中国炼丹术发展到了顶峰时期。在此期间，许多阿拉伯商人、教士、学者陆续来到中国，对中国的许多科技成就有了较深的认识，并将其带回阿拉伯。炼丹术在八、九世纪的阿拉伯蓬勃兴起，与这些人是有极大的关系的。而且，像一些重要的炼丹原料，如硝石，在阿拉伯和埃及都叫"中国雪"，在波斯则叫"中国盐"；阿拉伯和波斯炼丹家还用"中国"给一些物质冠名，如"中国铜"、"中国金属"等；甚至连阿拉伯语中的"炼丹术"这个词 al－kimiya，据人考证，是汉语中"金液"二字的古音。这些都是中国炼丹术传入阿拉伯世界的有力证据。然而直到 20 世纪 30 年代，西方学者才逐渐认识到这一事实，不再向古希腊和埃及去探寻炼金术的来源。英国著名科学史家李约瑟指出："整个化学最重要的根源之一（即使不是唯一重要的根源），是地地道道从中国传出去的。"这是符合历史事实的。

然而，尽管我国古代的炼丹术蕴含着丰富的化学内容，并且在实际上也取得了突出的成就，但是却一直没有发展成严格科学意义上的化学理论体系。特别是近代以来，西方现代化学在我国炼丹术成就的基础上，取得了突飞猛进的发展，而我国的化学却停滞不前，远远落后于西方。这是一个不能不令人深思的问题。从根源上讲，这与中国古代统治者不重视科学，以及中国人观念中缺乏对系统理论科学的追求和研究有关。像炼丹术这样蕴含丰富化学内容的事物，古人往往注意到其治病、延年的实用性，却很少探求其过程与结果中科学的、有价值的因素，加之愚昧和迷信思想的介入，使我国的炼丹术只能在其实用而带有迷信色彩的圈子里打转，不能深入和扩展到科学意义上的化学系统内。

五、独树一帜的中医中药学

在中国古代科学技术的各个分支中，未被近现代科学技术所融汇，且至今仍具有强烈生命力的，唯有中医中药学。其所以能如此，原因之一是它拥有自己的理论、方法和内容，形成了一个完善的科学体系。在中国古代科技上，中医中药学的地位和情况是颇为独特的，即便在中国古代科技超出同时代西方科学的一般背景下，中医中药学也表现出了令人惊讶的成熟性。

1. 中医学的理论成就

早在两千多年前的先秦时期，中医学就不但积累了丰富的经验，而且基本上构造了一个独特的理论体系。中医学理论体系是以中国古代盛行的阴阳五行学说为理论依据，来说明人体的生理现象和病理变化，阐明其间的关系的，并将生理、病理、诊断、用药、治疗、预防等有机地结合在一起，形成了一个整体的观念和独特的理论。这一体系的核心是整体观和综合观，其基本理论则集中体现在下列方面：

第一，人体生理功能与自然环境的高度统一。传统中医学用构成万物的“气”，把生命活动与大自然联系在一起，认为“百病生于气”，“气治则安，气乱则病”。当人体生理活动与自然环境不协调时，疾病就产生了。因而，同一疾病，应随不同季节时辰、地理环境等自然条件，以及个体的差异，给予不同的诊治。

第二，人体生理机能的整体性。传统中医学认为人体各部器官功能是休戚相关的，局部疾病可以影响到全身，全身病变亦可显现于某个局部。人体病症的发生，无不体现出整体的失调。肾与耳在解剖学上至今没发现有什么直接联系，但中医认为“肾气通于耳，肾和则耳能闻五音矣”。其次，人体内部功能与外部表象也是紧密联系在一起的。内部病变可以连及外表，外部病变亦能转入内里。中医诊断中运用的“四诊”，即望、闻、问、切，就是用来“审察内外”的，体现了一种整体性。

第三，疾病过程的统一性。中医认为疾病是人体内正气与邪气的搏斗。邪气由外入，故每种疾病都有一个从外入里的转变过程。邪盛气夺，每种疾病又都有一个由实到虚的发展过程。据此，中医以扶正祛邪为治疗原则，只要达到某个阶段的虚实程度，许多疾病均可用同样方法治疗，这就是所谓“异病同治”。

第四，精神活动与物质功能的统一。中医认为，人的精神刺激可以导致脏腑功能的变化，诸如喜伤心、怒伤肝、忧伤肺、思伤脾、恐伤肾等，反之，脏腑病变也会引起人的精神活动异常。因此，中医十分重视心理治疗，所谓“治病须治人”即指此而言。

总之，中医学理论是从人体整体以及与环境的高度统一出发，通过“四诊”合参的系统观察，进行阴、阳、表、里、寒、热、虚、实所谓“八纲”的综

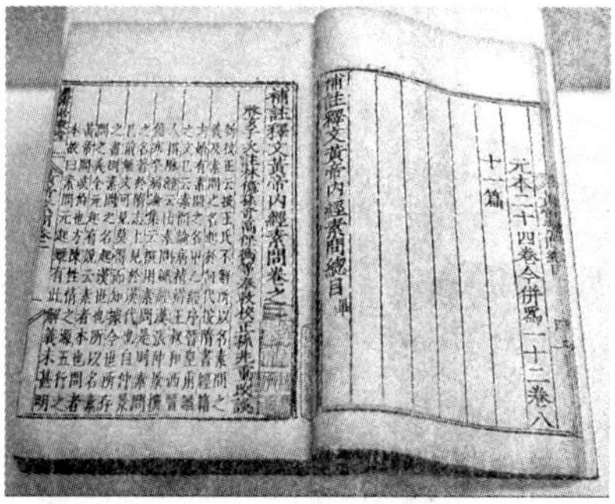

《黄帝内经》

合辩证施治。中医学理论体系是中国传统的整体思维观念的产物，在医疗实践中显示了有效性，在内科学和外科学方面均取得了卓越的成就。古代中医学“医经”留传后世的代表作《黄帝内经》，至今仍是从事中医学工作的人必读的指导性著作，表明了传统中医学理论体系的卓越成就和强大生命力。但是，中医学理论强调人体复杂性，却没有诊断指标的标准化和观察的客观化，其运用于施治和传授便必然带有较为浓厚的主观色彩，在一定程度上也影响了中医学的发展。

2. 中药学的伟大成就

除了系统的中医学理论，丰富而发达的中药学（本草学）也是中国古代医学成熟的重要表现。中药学也具有非常显著的特色，它在药物的自然属性和在人体内的治疗作用的基础上，总结出了一套独特的理论系统，并形成了一套独特的药物炮制和配方用药方法，在实践中取得了很高的成就。

我国本草学有悠久的历史。早在夏、商时期，用药经验就较为丰富。春秋战国时期，史书上记载的药物已有一百多种。大约到了汉代，出现了一部记载药物的专书《神农本草经》，收集药物 365 种，是我国现存最早的本草书。到了唐朝，唐高宗命苏敬等人编修了一部图文并茂的药物学专著《新修本草》，书中总结了一千多年的药物学知识，共载药物 844 种，分为 9 类，这种由国家颁定的药物学专著，现在称为“药典”。世界各国都有自己的药典，《新修本草》就是我国古代的第一部药典。据记载，欧洲最早的药典是 1494 年意大利佛罗伦斯药典，它比《新修本草》晚得多。

古代中药学的发展，到明代达到高峰，其标志便是李时珍的不朽巨著《本草纲目》。

《本草纲目》共 52 卷，将近 200 万字，分 17 部（水、火、土、金、石、草、谷、菜、果、木、服器、虫、麟、介、畜、禽、人），10 类。在安排分类次序时，先是非生物，后是生物；先植物，后动物；先低级生物，后高级生物。这种分类法，在当时世界上是先进的。在植物分类上，李时珍力求按照植物的形态、特征、生长环境和效用等自然属性来加以分类，相当系统、明确。

《本草纲目》在西方植物分类学的创始人瑞典博物学家林耐的《自然系统》一书出版(1753)前一个半世纪,就提出了相当先进的植物分类法,这是很了不起的成就。

《本草纲目》收录诸家《本草》所载药物共1518种,新增药物374种,共录药物1892种。书中对每种药物的名称都加以确定;对药物的产地、形态、栽培和采集方法、炮制法、药物的性味和功用等,都有详尽的叙述。此外,书中还搜集古代医学家和民间流传的方剂11000余副和药物形态图1100余幅。它系统地总结了16世纪以前我国丰富的药物经验,涉及古代自然科学许多领域,对后世产生了深远影响。

《本草纲目》于1674年第一次译成拉丁文,以后又被译成英文、日文、德文、俄文等多种文字,流传于全世界,被誉为"东方医学巨典"。达尔文曾赞誉这部巨著为"中国古代的百科全书",鲁迅也高度评价这部巨著"含有丰富的宝藏","实在是极可贵的"。

传统中医中药学的成就是辉煌的,虽然其自身也有一定的缺陷,但是其蕴涵的积极因素,仍能维持其旺盛的生命力。因此,西方近现代医学传入中国后,虽然给传统中医中药学造成了强烈冲击,但是中医中药学始终未被挤垮,而是在近现代的条件下继续有所发展,获得了新的生命力。

六、四大发明及其历史意义

指南针、火药、造纸术和印刷术并称为"四大发明",是中华民族奉献给整个世界的伟大科技成果。在长期的生活劳动实践中,我国古代劳动人民世世代代进行了不懈的思考和总结,终于以中华民族的聪明才智创造出了人类文明史上的奇迹,即四大发明,从而极大地方便了生活和生产。在漫长的历史中,经过逐步完善,四大发明成了我国古代文明成就的杰出代表,并逐渐传播到世界各地,成为人类共同的财富,极大地推动了人类文明的发展。

1. 四大发明及其传播

指南针的发明和应用,在我国有着悠久的历史。相传黄帝战蚩尤时就出现了指南车。据记载,最早的指南针大约出现在我国战国时期,这就是所谓的"司南"。司南是磨制成汤勺形状的天然磁石,将其放在平滑的"地盘"(用铜或涂漆木料制成)上旋转,静止时勺柄恒指南方。后来人们又对指南针进行了不断的改进。北宋时则发明了人工磁石，人们用它制成指南鱼，让“鱼”浮在水面自由转动，静止时鱼头便指向正南。后来人们把鱼片改成细小的磁针，真正的指南针便诞生了。沈括在《梦溪笔谈》中详细记载了用人造磁钢制作指南针的技术过程，并列出水浮法、指甲旋定法、碗唇旋定法和悬挂法等四种装置指南针的方法。中国的指南针大约在11世纪中叶开始用于航海，北宋末年朱彧在《萍州可谈》卷二中写道：“舟师识地理，夜则观星，昼则观日，阴晦则观指南针。”这是世界航海史上使用指南针的最早记录。由于指南针技术的大规模应用，船只能够在茫茫大海上进行全天候航行，从而对宋、元、明时期的中国航海事业起了巨大的推进作用。以后这项伟大的发明相继传播到波斯、阿拉伯和欧洲，又对世界范围内近现代的航海事业起到了奠基作用。

火药的发明很可能起源于中国古代炼丹家的炼丹实验。炼丹家先是对火药的三种成分的特性有了充分的认识，并掌握了许多控制和使用的方法。汉代的《神农本草经》中就曾有“石硫黄……能化金银铜铁”的介绍；南北朝的炼丹家陶弘景也曾指出如何辨别硝石，“以火烧之，紫青烟起，云是硝石也”。至迟在唐代，火药就由炼丹家发明出来了。孙思邈在《丹经要诀》中最早记录了黑色火药的配方，即把硫黄、硝石粉末放进锅里，加入点火的皂角子就会起焰生火。北宋曾公亮在《武经总要》中最早使用“火药”一词，并记述了三种复杂的火药配方和各种火药武器。火药在古代的主要用途是制成火器应用到军事方面。在唐代，我国就开始出现火药武器；宋代以后，人们相继发明了“火枪”、“突火枪”、“火炮”等火药武器；明代还出现了“飞弹”和“两级火箭”之类较复杂的东西。我国的火药及其制造使用技术在南宋时开始由商人外传，14世纪传到欧洲，遂成为资产阶级革命强有力的武器。

自有文字以来，人们曾以不同的东西作为书写材料，但是没有比纸更方便和经济实惠的了。我国的造纸术起源很早。根据考古发现可知，我国早在公元前2世纪的西汉初期，就已经有了纸，其原料主要是大麻、苎麻等植物纤维。公元2世纪，东汉的宦官蔡伦革新了造纸术，在原料上，采用比较经济的树皮、麻头、破布和旧渔网等；在工艺上，可能已用石灰对原料进行碱性蒸煮，从而改善了纸的质量。这种被称为“蔡侯纸”的新产品，因其质地好、成本低，很快就推广开来。到了公元3世纪，纸张已为人们普遍使用，完全取代了简、帛的地位，成了主要的书写材料。从公元6

世纪开始，中国造纸术相继传入朝鲜、越南、印度和日本。8 世纪传入阿拉伯地区，而且许多中国工匠还到阿拉伯亲自操作并传授造纸技艺。到了大约 12 世纪，造纸术又经阿拉伯传入欧洲，西班牙、法国、意大利、德国等国家相继设厂造纸。到 16 世纪，中国造纸术传遍欧亚大陆并传入美洲，取代了当地传统的羊皮纸。到了近代，中国造纸传遍了五大洲，为整个人类科学文化的繁荣昌盛做出了杰出的贡献。

被称为“文明之母”的印刷术是我国古代劳动人民的又一伟大发明。最初的雕版印刷是在印章和碑拓的基础上产生的。到了隋唐时期，人们把反手字雕刻在木板上，用刷子把墨汁刷在凸起的字上，敷上纸张即可印出文字，然后将之汇集成册。这种雕版印刷在当时已流通较广。唐懿宗咸通九年(868)雕版印刷的《金刚经》，由 7 个印张粘接而成，是世界上目前发现的最早的印刷品。逮至宋仁宗庆历年间毕昇发明活字印刷，完成了印刷史上的一次伟大变革。毕昇用胶泥刻单字，然后烧硬成活字，再按照需要把活字排在铁框板上进行印刷。这便是排版印刷的开始。以后，又有人用锡、铜等金属制成活字。中国印刷术最先传入朝鲜，8 世纪又传到日本，后来又经欧亚大陆北部传入欧洲。雕版与活字印刷在欧洲的流行，逐渐改变了当地文化落后的状况，从而为当时欧洲的宗教改革运动、反封建斗争和思想文化的交流，提供了有力的武器，发挥了巨大的作用。

2. 四大发明的历史意义

指南针、火药、造纸术和印刷术这四大发明，不仅是中国古代科学技术高度发展的重要标志，而且也是整个人类文明发展的重要里程碑。马克思曾指出：“火药、指南针、印刷术这是预兆资产阶级社会到来的三项伟大发明。火药把骑士阶层炸得粉碎，指南针打开了世界市场并建立了殖民地，而印刷术则变成了新教的工具，总的来说变成了科学复兴的手段，变成了对精神发展创造必要前提的最强大的杠杆。”[①]马克思从政治军事、经济贸易和思想意识三个方面高度评价了中国三大发明所做出的历史性贡献。虽然他没有提到造纸术，但是不言而喻，造纸术和印刷术的关系是十分紧密的。西方一些具有远见卓识的科学家和科学史家，也都盛赞四大发明的卓越贡献。英国著名科学史家李约瑟指出：“要是没有这种贡献，就不可能有我们西方文明的整个发展历程。因为如果没有火药、纸、

① 《马克思恩格斯全集》，第 47 卷，北京：人民出版社，1979 年，第 427 页。

印刷术和磁针，欧洲封建主义的消失就是一件难以想象的事。”[①]美国学者德克·海德也指出：“倘使没有纸和印刷术，我们将仍生活在中世纪。如果没有火药，世界也许会少受点痛苦，但另一方面，中世纪欧洲那些穿戴盔甲的骑士们可能仍然在他们有护城河围绕的城堡里称王称霸，不可一世，而我们的社会可能仍然处在封建制度的奴役之下。最后，如果没有指南针，地理大发现的时代可能永远不会到来，而且是这个地理大发现的时代刺激了欧洲的物质文化生活，把知识带给了当时人们还不了解的世界，包括我们美国。”[②]总之，四大发明对人类历史进程所产生的革命性作用及其全部文化价值，已经得到举世公认了。

但是，在古代中国，由于封建经济发展的停滞、传统文化观念的束缚，举世闻名的四大发明并未能在本土产生革命性的社会效应，而处于一种自生自灭的状态。鲁迅指出：“外国用火药制造子弹御敌，中国却用它做爆竹敬神；外国用罗盘针航海，中国却用它看风水。”[③]活字印刷发明于北宋，却基本无人知晓，更没有得到推广，明代中叶以前普遍使用的仍是木版印刷。如果不是沈括在《梦溪笔谈》中对这一成就加以记载，世人恐怕根本无法得知 11 世纪的中国就有这样惊人的创造。具有巨大生命力的发明湮没于历史尘埃中，而传到欧洲的火药和指南针“应用在枪炮和航海上，给本师吃了许多亏”。[④] 法国作家雨果在小说《怪面人》写道：“像印刷术、大炮、气球和麻醉药这些发明，中国人都比我们早。可是有一个区别，在欧洲，有一种发明，马上就生气勃勃地发展成为一种奇妙的东西，而在中国却依然停滞在胚胎状态，无声无臭。中国真是一个保存胎儿的酒精瓶。”这确实是值得深省的历史现象。现在，科学技术和科技人才在社会发展中的重要性愈来愈为人们重视，我国的科技事业在新时代有了突飞猛进的发展。我们相信，有过四大发明辉煌历史的中国人民一定能够团结奋斗，在现代科技领域重新放射出我们中华民族的智慧之光。

曾经走在世界前列的中国古代科技成就不胜枚举。美国学者德克·

---

① [英]李约瑟：《李约瑟文集》，沈阳：辽宁科学技术出版社，1986 年，第 123 页。

② [美]德克·海德：《中国物品西传考》，载《中国文化》，第 2 辑。

③ 鲁迅：《伪自由书·电的利弊》，见《鲁迅全集》，第 2 卷，乌鲁木齐：新疆人民出版社，1995 年，第 200 页。

④ 鲁迅：《集外集拾遗·〈近代木刻选集（1）〉小引》，见《鲁迅全集》，第 3 卷，乌鲁木齐：新疆人民出版社，1995 年，第 435 页。

海德指出:“从公元前200年到公元后1800年这2000年间,中国给予西方的东西超过了她从西方所得到的东西。”中国古代科技的实用经验型特点,也给世界文明做出了一些贡献。中国古代科学技术的伟大成就及近代以来的历史教训,都值得我们认真思考和反省,都应该成为我们再度创造科技繁荣局面的推动力。

第二节 中国古代科学技术的特点

作为中国传统文化的一个子系统,中国古代科学技术具有区别于世界其他文明中心科学技术的特殊风貌、特殊结构和特殊传统,反射出中国文化的璀璨光辉。中国古代科学技术受其他文化要素的影响,具有鲜明的整体性和实用性。这些特点既有长处,又有不足,必须对其进行具体的分析和深入的探讨,才能真正认识其长处与不足,进而总结出它在理论思维方面的经验和教训。

一、中国古代科技的整体观

西方科学技术注重分析,在研究某一具体事物或事物的某一局部时,总要把它从错综复杂的联系中分离出来,独立地考察其实体和属性。中国古代科学技术则截然不同,它重综合,注重从整体上把握事物及其结构、功能和联系。它在研究任何具体事物时,都能持一整体观俯视鸟瞰,把具体事物放到一个更大的宏观系统之中。素朴的整体观,集中反映了中国人宏观把握世界的高度智慧,构成了中国古代科学技术独特的理论模式。

1. 古代科技整体观的思想基础

中国古代科学技术的整体观有其深厚的思想基础,正如英国科学史家李约瑟指出的那样,“在希腊人和印度人发展机械原子论的时候,中国人则发展了有机宇宙哲学”。[①] 这种所谓的“有机宇宙哲学”,正是中国古代科技整体观所赖以形成的思想基础。不同的地理环境、生活习惯以及

① [英]李约瑟:《中国科学技术史》,第3卷,北京:科学出版社,1957年,第337页。

其他原因，使中西方形成了迥然不同的自然观。西方古代的自然观是以机械原子论为代表的，中国古代则形成了以元气论为代表的自然观，亦即“有机宇宙哲学”。

中国古代的元气自然观是古代人民在长期的生产、生活实践中逐渐形成的。早在春秋时代，“气”作为哲学概念就已经产生了。后来经过《管子》、《淮南子》、王充、柳宗元、张载、王夫之等的不断补充和发展，最终概括出了较为系统的元气论自然观。这一自然观认为，宇宙间充满了气，气是万物的本体。“元气未分，浑沌为一”(《论衡·谈天》)，“太虚无形，气之本体”(《正蒙·太和》)，“庞昧革化，惟元气存”(《柳河东全集·天对》)，万事万物皆由气所生、皆由气所成，所谓“万物之生，皆禀元气”(《论衡·言毒》)。《淮南子·天文训》说：“宇宙生气，气有涯垠，清阳者薄靡而为天，重浊者凝滞而为地……天地之袭精为阴阳，阴阳之专精为四时，四时之散精为万物。”其认为气占有空间，有清浊的属性，气演化成天地、四时和万物是一个过程。与此同时，气的活动不是杂乱无章的，它按照自身固有的规律运行和变化。阴阳二气的相互作用是气运行变化的内在原因。“若阴阳之气，则循环迭对，聚散相荡，升降相求，絪缊相揉。盖相兼相制，欲一之而不能，此其所以屈伸无方，运行不息，莫或使之”(《正蒙·参两》)。从上述内容可以看出，元气论自然观与西方原子论自然观不同，它认为“万物的本原是非形非质的贯通于一切形质之中的气。这气没有不可入性，而具有内在的运动性”。[①] 由此可见，这种元气论自然观十分明显地表现出了有机整体性的特征。

这种有机整体性特征可以归纳为以下两个方面内容。首先，元气论自然观总是先从宏观角度指出宇宙整体的物质构成，然后再分析整体内部各个物体是如何构成的。“天地，含气之自然也”；“夫天覆于上，地偃于下，下气蒸上，上气降下，万物自生其中间矣”(《论衡·谈天》)。它不像西方原子论自然观那样把原子看作最后的不可分割的个体、质点，而是把个体事物的构成纳入宏观宇宙整体的系统中来考察。其次，元气论自然观始终把人、社会、自然看作一个有机整体，把人的生理、心理活动以及社会的组合看作自然的产物，反过来也把自然拟人化。《易传·序卦》说：“有天

① 张岱年：《释“天”、“道”、“气”、“理”、“则”》，见《中国哲学范畴集》，北京：人民出版社，1985年，第116页。

地然后有万物，有万物然后有男女，有男女然后有夫妇，有夫妇然后有父子，有父子然后有君臣，有君臣然后有上下，有上下然后有礼义有所错(措)。”从天地万物到男女夫妇，再到君臣礼义，整体自然、社会、人，浑然而为一体。

作为中国古代朴素唯物主义的基本形态，元气论自然观及其整体性原则，对中国古代科学技术，特别是农学、医学、天文学等产生了深刻的影响。比如中国古代农学理论，就始终把天、地、人看作一个有机整体，强调获取农业丰收必须把顺天时、量地利、用人力三要素加以有机结合，并进行统筹规划；又如中医学理论，不仅把人放在自然环境和社会环境的整体中去剖析病症，而且始终把人体当作一个有机整体来进行论治，避免了那种“头痛医头，脚痛医脚”的片面性错误。当然，在充分肯定元气论自然观对古代科技进步所起的推动作用的同时，也不能忽视其固有的内在缺陷，以及它给古代科技思维方式和方法所带来的局限性。

2. 古代科技整体观的长处与不足

对古代科技整体观的历史作用要做出恰当的评价，就不能仅仅停留在一般性的概述上，而必须进行具体分析和深入探讨，辩证地考察古代科技整体观的长处与不足。

中国古人运用元气论自然观这种朴素辩证法思想，对物质世界运动变化的规律和现象得出了一些正确认识。而这正体现了中国古代科技整体观的长处，具体说来有下列几方面内容：

第一，它始终把所研究的对象作为一个整体来看待，一方面把研究对象放在一个大的整体中去研究，另一方面把研究对象自身也作为一个整体。它不同于西方那种把整体割裂成一个个部分加以研究的方法，实质上是一种朴素的古代系统论观点。比如在古代建筑学方面，古代中国人不仅考虑房屋建筑本身的内部整体的结构布局，而且也考虑建筑与气候环境、社会观念的关系，使得建筑对象既体现出在材料选用、结构样式、平面布局、艺术造型及采光防风等方面的特色，也体现出社会中尊卑有序的等级伦理观念。正是在这种整体性原则的支配下，中国古代建筑才显示出气象庄严、雍容华贵的风格，取得了很大成就。这是古代科技整体观比较显著的长处之一，也是古代科技能取得辉煌成就的一个重要原因。

第二，它强调整体对象与外部环境以及整体对象的内部各要素之间的联系性，注重从联系与相互关系来把握事物的整体特征，不像西方那种从普遍联系中单独抽取某种因果关系去研究部分的做法。例如,《黄帝内经》就把人的肝、心、脾、肺、肾五脏和木、火、土、金、水五行联系起来加以综合判断,运用五行的生、克、乘、侮等学说来说明五脏之间的关系,如诊断肝病时,就根据木克土的原理,认为肝病可能传之于脾,因此在用药上就需注意先实脾气,防止肝病流向脾脏。传统医学还认为,生理、病理与心理之间有着矛盾统一的关系,也可以构成一个系统来加以研究,《素问·阴阳应象大论》说:"人有五脏化五气,以生喜怒忧思悲恐惊。"认为情志活动是以五脏为基础的,过度的情志活动,会影响五脏机能,即所谓"怒伤肝,喜伤心,思伤脾,忧伤肺,恐伤肾"。传统医学研究人与自然、人与社会、生理与心理的种种联系,比较集中地体现了古代科技的整体观。

第三,它强调整体的有序性,认为整体是多个要素有序地结合而成,并非是一些要素杂乱无章地偶然结合,而且整体的功能的发挥要依赖整体内部结构的有序性。中国古人非常强调自然界和人类社会的和谐,认为两者都必须具有一定的秩序。《国语·周语》载伯阳父解释地震成因的话说:"天地之气,不失其序,若过其序,民乱之也。阳伏而不能出,阴迫而不能烝,于是有地震。"就是把地震这种自然界的反常现象看作阴阳失序造成的。张载在《正蒙》中也说:"生有先后,所以为天序。大小高下,相并而相形焉,是为天秩。天之生物也有序,物之既形也有秩。"强调整个客观世界都自然而然地存在着某种秩序。传统医学则把人体与外界环境的整体统一和机体内在环境的平衡协调,看作人体得以生存的基础。而疾病的发生,则是这种有序整体的平衡遭到破坏的结果。总之,这种整体有序性就是指整个世界无论是结构还是运动状态都呈现着某种确定性和规则性。

中国古代科技整体观是当时历史条件下的产物。由于当时人们受认识条件的限制,不可能对事物内部的各个部分把握得那么深刻准确,只能靠事物之间的联系、靠事物之间的信息交换,从整体上把握事物的性能。正是这种整体性认识,使得中国古代科技在相当多的领域中都取得了一定的成就。

随着科学技术的不断发展,特别是到了近代实验科学兴起后,中国古代科技整体观越来越显示出它的局限性,主要表现在以下两方面:

第一,缺乏对事物内部各要素进行独立的具体分析,至于通过实验手段来获得事物的部分性能则更属少见。中国古代科学技术理论的形成过程往往是先全面地观察现象，获得一定的信息与经验，然后再进行整体的理论综合。如古代天文学，对天文现象的观测和记录都非常详细，获得的天文资料也很丰富，但是天文学家却很少对它们进行深入的分析，以探求其中的规律。在医学方面，中国古代的生理解剖理论和西方相比就显得发展不足。其原因就在于中医学理论始终把人作为一个整体，诊断治疗往往停留在经验性观察和推导的阶段，从而带来了不够精确的结果。

第二，由于古代科技理论大多是经验的整体综合，因而具有直观性和模糊性，缺乏严密的逻辑推理和公理系统。我国古代产生过许多宇宙生成模式理论，但是都摆脱不了气、阴阳、五行、四象等直观的、具体的物质形态。因此，这些理论根本经不起严密的逻辑推敲。我国古代数学以其精湛的运算技巧著称于世，但由于它一直与生活、生产密切结合，未能走上抽象化与逻辑化的发展阶段，所以它既缺乏符号化的数学语言，更缺乏严格而明确的定义与公理系统。这方面的局限性，是导致古代科技停滞和落后的一个重要原因。

近代科学以分析方法作为标志登上历史舞台，中国古代科技整体观已明显跟不上时代发展的步伐。因此，中国古代科技发展到近代呈现出停滞的趋势。但是，我们并不能因此就抹杀古代科技整体观的长处和历史贡献。现代科学的许多综合性原理，不少可以在中国古代科技整体观中找到其端倪；而中国的一些传统科学与现代科学方法的结合，也得到了一种新的解释和阐发。如量子力学的创始人玻尔就认为他一生反复阐述的互补观念在中国就有它的先河；又如托姆的突变理论、重整化群、分支点理论都更符合于中国古代的哲学思想。凡此种种，数不胜数。在这种情况下，我们应该扬长避短，在新的时代更好地发挥我们的优势，早日实现我国的科技现代化。

二、中国古代科技的实用性

如果说整体观是中国古代科技的内部特征的话，那么实用性就是中国古代科技的外部特征。一般说来，举凡科学技术都有其实用性，但是我国古代科技和西方比起来，其实用性则表现得更充分、更明显、更具有特色。

1. 实用性与国家政治的关系

科学技术没有阶级性，但是在阶级社会里，它总是为一定阶级所掌握、为一定阶级的利益服务的。因此，国家政治不可能不对科学技术发生影响。在中国古代社会里，科学技术具有明显的政治化、伦理化的倾向，其强烈的实用性主要表现为“绝对地以国家的‘实用’为主”。[①] 因此，对于古代科技的实用性，我们应从更宽泛的意义上去理解，它不仅指对生活、生产的直接实用，而且指对国家政治的实用。

中国古代科技的政治实用性，最明显地体现在古代天文学与数学上。古代天文学是中国古代社会的官方科学，几乎每一个朝代都设有司管天文的机构。这种状况，一方面促进了古代天文学的发展，使得古代天文学家们可以在国家提供的各种物质条件下从事研究工作。另一方面，天文学又被封建统治者加以利用，成为他们改朝换代、篡权夺位、祈祥避灾的工具。如董仲舒创立了“三统说”，以夏代为黑统、商代为白统、周代为赤统，三统依次循环，朝代的更换即是三统的嬗替。东汉时，刘歆把三统说巧妙地引进了历法，制定了“三统历”，为王莽篡位获得“天命”作舆论准备。像刘歆这样的人古代为数不少，他们利用自己所掌握的天文历法知识去为统治者服务。而统治者也确实需要这样一批人，既为他们制定切合生活生产实际、具有实用性的历法，又为他们的统治制造君权神授的合理性舆论。因此，中国古代天文学异常发达，形成了天象记录殊为丰富、历法日臻精确的发展盛况。古代数学虽没有像天文学那样的殊荣，但也受到封建统治者的高度重视，这确实出于生活生产的实际需要，但是也有其政治目的。如《易经》研究中的象数学派，就是利用数学知识来推算社会人生中的各种必然和偶然现象，以预测未来。而为了政治需要，一些人更把数学吹捧成参天地造化、助君王统治的大法。如唐代王寿通在上奏其《缉古算经》的表中说：“臣闻九畴载叙，纪法著于彝伦，六艺成功，数术参与造化。夫为君上者司牧黔首，有神道而设教，采能事而经纶，尽性穷源莫重于算。”这就赋予了数学以强烈的政治实用性。又如，明代曾编辑大量算学书籍，但是，“非官曹民事所必需者，虽九章古法，亦所摈弃”，表现出强烈的实用色彩。

中国古代科技的实用性渗透于各学科，虽然其他学科不像天文学、数

① [德]黑格尔：《历史哲学》，北京：商务印书馆，1962 年，第 177 页。

学那样与国家政治结合得较紧密，但是也和国家政治有一定的关系。如农学，历代统治者都认识到“仓廪实而知礼节”的道理，因而非常重视农业的发展，甚至把各地农业生产的好坏作为考核地方官吏政绩的标准。这种政治需要无疑是促进古代农学发展的一个重要因素，在一定程度上也培育了古代农学的政治实用性。当然，科学技术的发展程度，最终是由生产、生活实践决定的。因此，从根本上讲，我国古代科技的发展取决于以农为本的社会生产和生活的需要，封建统治者的政治需要并不能成为我国古代科技发展的直接动力。当然，也不能完全否定这种政治需要在一定程度上所起的作用。从某种意义上说，它引导了古代科技的发展方向，使得中国古代科技具有强烈的实用性特征。

2. 实用性与传统思维方式的关系

清代学者阮元在其《畴人传》中说：“良以天道渊微，非人力所能窥测，故但言其所当然而不复强其所以然。”又说：“但言其当然，而不言其所以然者之终古无弊哉。”这两句话很清楚地说出了古代科技的实用性与传统思维方式之间的关系。我国自古“以农立国”，农业生产对气候、天文等具有一种依赖性，因此古人很早就注意对天文现象的观测和研究。但正如阮元所说的“天道渊微”，天文现象不是以人力就能窥测到其底蕴的，因此只能言其“当然”，即只能对天体变化及其引起的旱涝灾患和社会治乱等现象加以描述，从而把握天体变化的外部特征和作用。而对其“所以然”，即天体为什么这样变化、天体变化为什么会引起如此的社会后果等，则不能进一步做出分析。在古人看来，天道渊深微邈，而人生有限，与其妄加推测其所以然，不如只言其当然。这种思维方式不只体现在天文学研究上，也渗透到了古代科技的各个分支。

中国传统思维方式的特征，概括地说，就是重经验概括，不重逻辑推理；重整体证悟，不重内部分析。这些反映在古代科技上，就是单纯强调科技的经验性和实用性。我国古代许多科技理论往往是经验整体实用性的描述，极少进行科学理论的系统探讨。如古代天文学，对天文现象的观测和记录都极为详细、系统，但是古代天文学家却没有对其进行深入分析，以探求其规律。又如明代的《本草纲目》、《农政全书》、《天工开物》是我国古代医药学、农学、工艺三大领域的最高水平总结，但也只限于记录、归纳、总结生活生产经验，缺乏理论方面的概括和升华。造成古代科技这种发展状况的原因，显然应归结为古人重经验概括、重整体功用的思维定势，这种“不复强其所以然”的科技思维方式，给中国古代科技的发展所带来的更多的是缺憾。

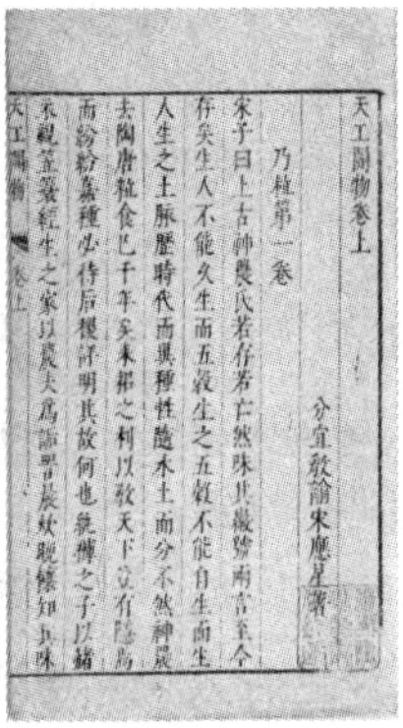

天工開物卷上

分宜教諭宋應星著

乃粒第一卷

宋子曰上古神農氏若存若亡然味其徽號兩言至今存矣生人不能久生而五穀生之五穀不能自生而生人生之土脈歷時代而異種性隨水土而分不然神農去陶唐粒食已千年矣耒耜之利以教天下豈有隱焉而紛紛嘉種必待后稷詳明其故何也紈袴之子以赭衣視笠蓑經生之家以農夫為詬詈晨炊晚餉知其味

天工開物 卷上

《天工开物》明崇祯十年刻本(1)

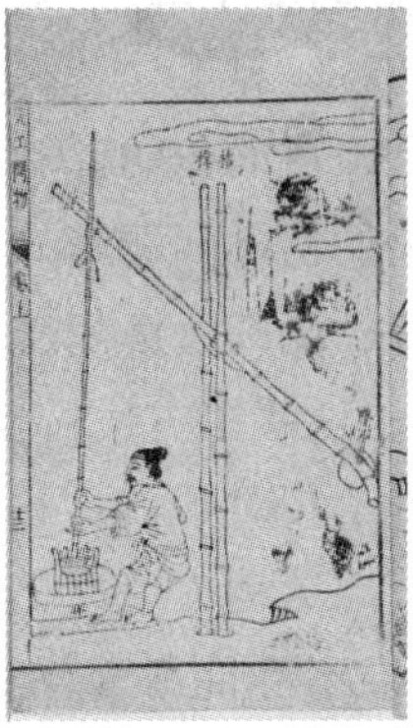

《天工开物》明崇祯十年刻本(2)

总之，我国古代科技的实用性和传统思维方式之间有着内在的联系。传统思维方式促使古代科技形成了实用性的发展趋向和价值取向，而古代科技的实用性又反过来强化了传统思维方式的基本结构。

3. 实用性的具体表现

中国古代科技的实用性不仅表现为对国家政治的实用性，而且更主要地表现为对人民生活、生产的实用性。古代科技各个分支无不以实用性来规范自己的发展道路，而这也正是中国古代科技长期居于世界前列的重要原因。

首先，古代科技在其宗旨上体现出了强烈的实用性。中国古代科技始终以解决实际问题为宗旨，其产生与发展无不与国家政治、人民生活生产密切相关。例如，中国农学史上的两部巨著《齐民要术》和《农政全书》，就表现了这种实用性特征。《齐民要术》的所谓“齐民”就是指一般的老百姓，“要术”则指治生的主要方法和手段，该书的写作目的就是要教会人民以农谋生的方法。《农政全书·凡例》中说徐光启“生平所学，博究天人，而皆在实用”。该书定名为《农政全书》，就表明作者是从国家政策和生产实践的双重角度来考察和研究农业的。农学如此，天文学、医学、数学等也无不体现了这种实用性。

其次，古代科技在其研究成果的表达方式上也表现出了强烈的实用性。与研究宗旨的实用性相联系，古代科技研究成果的表达也没有脱离具体的实际应用的范围，总是以解决实际生活生产问题的形式出现的。例如数学，在西周时期作为“六艺”之一的“数”被当作基本教育的内容之一，郑玄释《周礼》中的“九数”为方田、粟米、差分、少广、商功、均输、方程、勾股等项内容。显然这些都是当时生产、生活中经常碰到的计算问题，如方田讲的是田亩面积的计算，古代数学研究的内容、成果等往往就是用这些切乎民生的实际问题形式表现出来的，此外，古代数学的一些著作，如《数术九章》、《测圆海镜》等，往往是以一定数量的实际应用题的形式汇编成书的，这也说明了古代科技在研究成果的表达方式上的强烈的实用性。

古代技术相对于古代科学来说，具有更加明显的实用性。因为古代技术多为下层劳动人民实践经验的总结，与生产劳动过程紧密关联。一般说来，如果不是具有重要实用性的技术，便不会为人民群众所接受，也不会得到广泛的推广和一代代的流传。《考工记》是我国最早的一部技术著作，其中所涉及的运输和生产工具、兵器、乐器、容器、皮革、染色、建筑等技术都是古代社会所必需的。正是因为其所具有的这种实用性，所以它才成为我国历代工匠所必须研究的重要科技文献。

如前所述，古代科技的实用性与国家政治有着密切的关系。需要指出的是，国家政治的实用性与生产生活的实用性往往会产生矛盾。有些科学技术纵然有很重要的生产或生活的实用价值，但是如果它被认为违背了国家政治的利益，那么也会被统治者视为“奇技淫巧”而加以限制的。如清王朝实行闭关锁国政策后，就曾对当时西方先进的科学技术采取拒绝排斥的态度。后来西方人曾向清政府进献过钟表等物，但都被视为“奇技淫巧”而不加重视，仅被置于宫中作为消遣的玩意儿。在清朝统治者看来，计时有中国的漏刻就足够了。这就说明古代的封建政治往往凌驾于科学技术之上，虽然有时能够促进古代科技的发展，但是在绝大多数情况下往往成为古代科技发展的阻力，限制了古代科技的发展。

第三节　中国近代科技落后的原因

中国古代科学技术曾经在世界文明史上写下了光辉灿烂的篇章。但是当西方科技经过文艺复兴的洗礼而在近代开始生机勃勃地迅速发展之际，中国近代科技的发展却越来越迟缓，逐渐落后于西方。认真总结中国近代科技迟滞落后的原因，对于发展中国现代科学技术，可以有许多启示。

一、传统科学思维的局限

中国古代科技的实用性曾经是一种巨大的推动力，促进了古代科技的发展。但是，过于讲求实用而忽视理论的探讨，又会使得科学技术在经历了一定的发展后很难跃入新的水平。中国古代科技的各个分支，除医学因建立了博大精深的理论体系而至今仍有强大的生命力外，其余均缺乏系统的科学基础理论建构。传统天文学丰富的天象观测、精密的历法，终因政治实用性的限制而未能进入逻辑推理和科学抽象的殿堂；传统数学以实用性为前提，一定程度上成了天文、农业、赋税、商业等的附庸，而数学本身重计算轻推理，始终没有形成严密的理论体系，因而长期停滞在借助文字叙述各种运算的阶段上，未能升华为纯理论性的独立科学；传统农学局限于经验，追求实用，农业基础理论科学始终没有得到健康的发展，无法形成自身体系的完整性。至于各个技术领域中的一系列发明、创造，往往更是“言其所当然而不复强其所以然”（阮元《畴人传》），“详于法而不著其理”（王锡阐《晓庵遗书·杂著》），大大影响了技术的进步。实用的价值取向局限了传统科技思维的升华，注定了中国古代科技不可能进入更高层次、建构独立的科学体系。

当然，科学技术的产生与发展不可能完全离开理性思维，中国古代科学技术也的确形成了一些杰出的理论，如天人学说、元气学说、阴阳学说、五行学说等，但是这些理论均是普适型的理论，普适于天地万物以至社会人事。这种高度普适的理论，虽然也可以用来笼统地、模糊地解释一些自然现象，但是往往容易导致科学技术的伦理化、政治化，并且当它成为一种以不变应万变的律条时，也就成了人们对自然界进行具体深入的探讨的束缚力量，最终成为人们深刻认识事物本质、形成专门科学理论的障碍。

中国古代科技擅长综合，处处从整体、联系和动态功能去把握事物，充满了整体观和朴素的辩证法。但是由于它忽略了对个别物质实体及物质内部深层结构的独立研究，因而往往不能深入到事物内部进行研究，仅仅满足于用朴素的对立统一观念泛论宇宙的一般法则，容忍思想的朦胧性和认识的不精确性。科学技术不仅需要一定的逻辑推理，而且需要相应的实证和分析手段，实证和分析是其基本方法。中国古代科技未能在高度发达的基础上走上科学实证的道路，仍旧习惯于整体的、定性的综合，没有实验分析，也没有定量研究，因而始终保持着学科分类粗疏的状况，始终没有形成独立的分门别类的自然科学体系。

中国古代科技是经验型、实用型的，它重实际应用而轻理论探讨、重整体综合而轻个案分析，这种科技思维方式及其研究方法，限制了中国古代科技从传统形态向近代形态的创造性转化，最终导致了中国近代科技的迟滞。

二、传统观念的影响

古代中国是一个文化政治化倾向非常强烈的国家，在漫长的历史发展中，形成了"重政务，轻自然，斥技艺"的观念。在封建国家的全部事务中，政治体制的建立、健全和巩固，始终是最重要的事情。在政府机构中做官供职，被看作最有发展前途、最受人尊敬的人生道路选择。这样，在社会生活中就逐步形成了"重政务"的价值观念，从而使得社会生活的各个侧面无不深深依附于政治、效力于政治，以政治及与之互相关联的伦理为出发点和目的。各种与国家政治无直接关系的学问均被视为"无用之辨，不急之察"，被"弃而不治"(《荀子·天论》)。因此，很多重要的科技著作往往无人问津，以至于最终湮没无闻。中国古代最早的数学专著《九章算术》，在世界数学史上也是极其宝贵的文献，但是由于不受重视，北宋以后其术已不传，至明代则已无人知晓。祖冲之的数学名著《缀术》，唐代还在传习，后因"明理之儒士直天下之实事"，"数学衰竭，是书遂亡"。明末科学家宋应星的《天工开物》，因与功名进取无关而失传。李时珍的《本草纲目》，献给朝廷后，明神宗只批了"书留览，礼部知道"数字，就将其束之高阁。由此可见，"重政务，轻自然，斥技艺"的传统观念形态已经成了阻碍科技进步、破坏科技进步的巨大社会力量。

中国古代学术思想也有重道轻器的传统。就整个理论学术而言，重视人文科学而轻视自然科学；就自然科学而言，重视宏观规律的探究、重视事物总体特质及其与环境关系的探究，而轻视一事一物具体形质的研究，轻视社会生产领域具体器物、具体技能的研究。对于具体事物的研究也只有在从中发掘出总体认识的情况下，才具有一定意义。孔子曾说过"君子不器"(《论语·为政》)，很能代表这种重道轻器的学术传统的价值取向。因此，中国古代贤哲大量关于自然界的敏锐观察和新颖见解，往往总是一致地导向对人心的启迪，归结为某种社会人生哲理的阐发与概括。否则，就会被认为是"玩物丧志"。儒家崇尚政治人伦之道、崇尚天地万物通理而轻贱具体科学知识和生产技艺，这种价值取向将许多儒门学者士人隔在了自然科学的殿堂外。道家虽然重自然之道，但是反对任何科学进步和技术革新，同样不利于科学技术的发展。

中国传统伦理观念对科技发展的限制和束缚也是不言而喻的。"利用"、"厚生"的科技活动不能违背"正德"的伦理宗旨。在"身体发肤，受之父母，不敢伤毁"的伦理观念的束缚下，很难设想人体解剖学在古代中国会有什么发展。这种伦理教条限制科学发展的事例，在历史上屡见不鲜。传统伦理观念限制和束缚了古代科技的发展，阻碍了它向近代形态的革命性转化，也是导致中国近代科技发展迟滞的一个重要原因。

三、封建制度的扼制

中国古代若干消极观念之所以会成为传统，并进而成为束缚、阻碍传统科技发展进步的巨大社会力量，与封建统治者的思想灌输和舆论导向有着密不可分的关系。除此之外，封建专制制度对古代科技的直接扼制也是造成近代科技发展迟滞的重要原因，这也是不容忽视的。

首先，古代社会从事科技活动的人员社会地位低下，商鞅曾经指出，管理国家必使利出一孔，"利出一孔，则国多物；出十孔，则国少物。守一者治，守十者乱"(《商君书·弱民》)。中国历代统治者大多采取了这一治国要术，一方面垄断全国的土地、资源，控制各行各业的生产，独占天下之利；另一方面又通过各种制度，如选举制、科举制等，操纵天下士民的荣辱沉浮。知识分子非仕进则无社会地位，科学技术非直接服务于国家政治亦无应有的地位。这样，与国家政治无关的学科断难生存，农、医、天、算、地这些比较发达的学科均在国家机构的直接控制下。科技事业及其队伍长期依附于封建专制制度，缺乏独立的社会地位，这是中国古代未能形成独立的科学思想和科学精神的根本原因。

同时，从事科技事业的人员在政府机构中不仅所占比例极小，而且地位十分低微。以唐代为例，医官最高不过正五品下阶，而阴阳、卜筮、工巧、造食、天文等最高不过七品。又如，陆羽著《茶经》而被后世尊为“茶圣”，但在当时，御史大夫李季卿召见他却不以士人之礼相待。隋代庾质世代研习天文，竟以直言下狱死，其子庾俭深以为戒，“耻以数术进”，不肯久任太史令职(《旧唐书·傅奕传》)。知识分子社会地位低微，普遍以从事科学技术工作为耻，在这样的社会背景下，又怎能期望科技有长足的进步！

其次，封建专制制度在政治经济上重本抑末，科学技术很难凭借商品经济的力量获得长足发展。中国古代高品位的科技产品、高水平的技师工匠，几乎全部为统治阶级所占有、所支配。在统治阶级内部，封建等级制度也严格地限制着各类科技产品的使用。在封建专制制度下，科学技术很难通过有效途径得以推广普及，这就严重束缚了科学技术的发展。欧洲近代工业革命和伴随这场革命而诞生的科学技术，是当时时代需求呼唤出来的产物，是新型的生产关系发展壮大的产物。而在封建专制制度统治下的中国社会，资本主义萌芽发展得极为曲折迟滞，没有资本主义生产关系条件下那种提高生产效率的迫切要求，科学技术也就失去了应有的发展动力。总之，缺乏任何重大的能够刺激科技革命爆发的因素，也是中国近代科技迟滞落后的一个重要原因。

再次，封建统治者为了维护统治，还经常直接限制科技的发展。中国封建专制制度的基础是农业和家庭手工业相结合的自然经济与千百年沿袭不变的伦理道德传统。而科学技术则意味着自由独立思想的充分发展和生活生产方式的不断更新，科学技术的长足发展必然会给封建专制制度带来巨大的冲击。因此，封建统治者出于维护统治的需要，必然会对科学技术的发展施加各种限制和打击。相传周初“齐肱氏作飞车，周公毁之”(《淮南子·氾论训》)。《礼记·王制》说：“作淫声、异服、奇技、奇器以疑众，杀。”汉儒郑玄在诠释这段话时，就把战国著名工匠公输般列为“作奇技奇器”应杀的典型人物。特别是被认为密切关系着王朝气运兴衰的天文学，更被历代统治者严格控制，严禁民间私习。唐律规定天文图书私家不得有，违

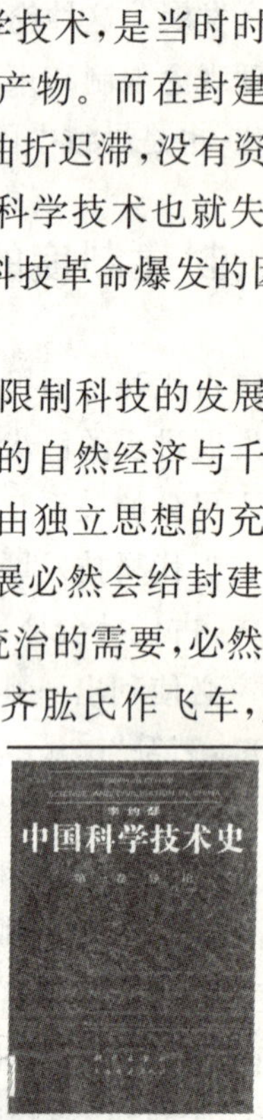

(英)李约瑟著《中国科学技术史》

者“徙二年”(《唐律疏义》卷九)。明律中也有类似条文。这种保守、封闭、专制的文化氛围,对科学技术的发展无疑有着极大的扼制作用。

中国近代科技迟滞落后的原因是多方面的。应该说,传统自然经济的牢固性、封建专制制度的坚韧性以及科技思维方式的局限性等,是近代科学迟滞落后的主要原因。此外,政治型(伦理型)的文化特质也影响了科学技术的发展。英国著名科学史家李约瑟在《中国科学技术史》的序言中,曾提出一个值得深思的问题:“欧洲在十六世纪以后,就诞生出现代科学,这种科学已被证明是形成近代世界秩序的基本因素之一,而中国文明却没有能够在亚洲产生与此相似的现代科学,其阻碍因素又是什么?”认真反思这一问题,对于我国现代科学技术的发展进步,无疑是具有重要意义的。

参考书目举要

庄锡昌等. 多维视野中的文化理论. 杭州:浙江人民出版社,1987。

林惠祥. 文化人类学. 北京:商务印书馆,1991。

[美]露丝·本尼迪克特. 文化模式. 北京:三联书店,1988。

庞朴. 文化的民族性与时代性. 北京:中国和平出版社,1988。

姜义华等. 港台及海外学者论中国文化. 上海人民出版社,1988。

余英时. 中国思想传统的现代诠释. 北京:商务印书馆,1995。

萧克. 中国文化通志. 上海人民出版社,1999。

吕思勉. 先秦学术概论. 北京:中国大百科全书出版社,1985。

梁启超. 清代学术概论. 上海古籍出版社,1998。

梁启超. 中国近三百年学术史. 北京:中国书店,1985。

侯外庐等. 中国思想史. 北京:人民出版社,1995。

梁漱溟. 东西文化及其哲学. 济南:山东人民出版社,1989。

梁漱溟. 中国文化要义. 上海:学林出版社,1987。

刘小枫. 中国文化的特质. 北京:三联书店,1990。

郁龙余. 中西文化异同论. 北京:三联书店,1989。

文史知识编辑部. 儒佛道与传统文化. 北京:中华书局,1990。

杜维明. 现代精神与儒家传统. 北京:三联书店,1997。

张岱年. 文化与哲学. 北京:教育科学出版社,1988。

胡适. 中国哲学史大纲. 上海古籍出版社,1997。

冯友兰. 中国哲学史新编. 北京:人民出版社,1986。

张岱年. 中国哲学大纲. 北京:中国社会科学出版社,1982。
吴怀祺. 中国史学思想史. 合肥:安徽人民出版社,1983。
朱维铮. 周予同经学史论著选集. 上海人民出版社,1983。
林惠祥. 中国民族史. 北京:商务印书馆,1993。
蔡元培. 中国伦理学史. 杭州:浙江人民出版社,1998。
孙培青. 中国教育史. 上海:华东师范大学出版社,2000。
毛礼锐. 中国教育史简编. 北京:教育科学出版社,1984。
[美]杨联陞. 中国制度史研究. 南京:江苏人民出版社,1998。
[英]李约瑟. 中国科学技术史. 北京:科学出版社,1978。
陈鼓应等. 明清实学思潮史. 济南:齐鲁书社,1989。
陈茂同. 中国历代选官制度. 上海:华东师范大学出版社,1994。
张岱年等. 中国文化概论. 北京师范大学出版社,1994。
李宗桂. 中国文化概论. 广州:中山大学出版社,1988。
黄公伟. 中国文化概论. 台北:商务印书馆,1984。
张岂之. 中国传统文化. 北京:高等教育出版社,1994。
徐仪明等. 中国文化论纲. 开封:河南大学出版社,1992。
钱穆. 中国文化史导论. 北京:商务印书馆,1994。
冯天瑜等. 中华文化史. 上海人民出版社,1990。
阴法鲁等. 中国古代文化史. 北京大学出版社,1989。
刘蕙孙. 中国文化史稿. 北京:文化艺术出版社,1990。
谭家健. 中国文化史概要. 北京:高等教育出版社,1997。
吴荣政等. 简明中国文化史. 长沙:湖南师范大学出版社,1991。
许苏民. 比较文化研究史. 昆明:云南人民出版社,1992。
张岱年等. 中国文化与文化论争. 北京:中国人民大学出版社,1990。
曾乐山. 中西文化和哲学争论史. 上海:华东师范大学出版社,1987。

初版后记

1994年以来,我在安徽师范大学开设"中国文化概论"课程,授课的专业有中文、新闻、文秘等,授课的学生有专科、本科、研究生等。当时,全国只有少数高校开设了这门课。我在接受这门课的教学任务时,处于"三无"境地,即无教学大纲可参照、无教学经验可借鉴、无适当教材可使用。这样,我只好一边编讲义一边上课,一面听取学生意见一面修改讲义。

时过五六载,课上了十余轮,我对传统文化的认识也逐渐加深。于是开始进行由点及面的研究工作,先是写了一些论文在大陆及港台刊物上发表,然后撰写了《道教文化》、《气功与中国文化》两本小书。而《梁启超传》一书的撰写,也是因为最初对梁启超的文化学术思想发生兴趣才开始的。这些都可以看作是为《中国文化概论》一书所做的前期准备工作。

尽管如此,我还是感到传统文化博大精深,要撰写一部全面反映传统文化精神风貌的《中国文化概论》,非个人能力所及。于是,我拟订了一份提纲,邀请几位也有志于传统文化研究的同好共同参加编写。值得一提的是,詹绪佐教授本来也乐意担任本书部分章节的写作任务,并一同参加了提纲的讨论,后因忙于他事,未能执笔,我对此表示深深的遗憾。但是,他对本书的写作自始至终给予热情的关怀,本书绪论有关文化结构的观点就是他提供的。在此我向他深表谢忱,恭致敬意!

这本书是集体智慧的结晶,现将分工情况做一交代,以示文责。绪论、第三、四、六、七章,由我执笔;第九、十、十一章,由杨柏岭执笔;第一、二、八章,由芮宏明执笔;第五章第一节和第二节分别由张勇和周伟业提供初稿,由我修改定稿。在合作过程中,我们互相商讨、切磋,不仅提高了学识,而且增进了友谊。作为主编,我借此机会向诸位表示感谢!

李　平

1999年8月16日

修订版后记

《中国文化概论》教材当时是应教学急需而仓促编写的，尽管如此，该书出版后还是受到社会的好评。同时，该书荣获2001年高等教育校级教学成果奖。该书出版两年多来，先后被省内多家高校选作“中国文化概论”课程教材使用，省外也有高校到出版社订购该书用作教材。另外，该书还经安徽省高等教育自学考试委员会办公室组织审定，作为全省自学考试统一教材使用。应该说该书在不长的时间里，已经取得了一定的社会效益和经济效益。

1999年，教育部将“中国文化概论”课程定为高等院校的主干必修课。现在又有多家高校选择该书作为教材，我们想借此机会对该书进行修订，使其成为全省高校“中国文化概论”课程的统一教材，出版社对此亦予以积极配合，并组织召开了部分高校关于《中国文化概论》教材修订的研讨会，组建了《中国文化概论》教材编辑委员会，负责对教材的内容进行审定。根据研讨会的精神和编委会的意见，我们对该书的内容进行了调整和修订，将原来的第一章“中国文化的历史地理环境”和第九章“中外文化交流与传播”撤下，增补现在的第五章“中国古代文字和典籍”与第八章“中国古代学校与教育”，以使该书典章制度方面的内容更加充实。“中国文化的儒道互补格局”一章，此次也做了结构调整，使其纲目更加清晰。此外，我们还对全书的文字做了修订，核对了引文，并增补了一些注释。即使这样，该书也一定还存在诸多不足与缺憾，我们希望在使用过程中再积累一些经验，发现一些问题，以便再次对其进行修订。

此次修订由我统稿，分工情况如下：绪论、第二、三、六、七章由我负责，第一、九章由芮宏明负责，第四、五章由张勇负责，第八章由侯宏堂负责，第十、十一章由杨柏岭负责，我对全书做了最后审读。

本书的修订出版，还得到了安徽省教育厅高教处领导的热情指导和大力支持，在此致以诚挚的谢意。皖西学院的陶易先生在通读本书的基础上，提出了一些具体的修订意见，我们基本采纳，并向他表示感谢。

李　平

2002年2月21日

第3版后记

这是伴随我度过生命中一些重要节点的一本教材。20世纪90年代中期，已过而立之年的我，在安徽师范大学首开“中国文化概论”课程。至20世纪末，我主编的这本《中国文化概论》教材正式出版。而到本世纪初，对这本教材做修订时，我已届不惑之年。修订版“后记”中有这样的话：“我们希望在使用过程中再积累一些经验，发现一些问题，以便再次对其进行修订。”没想到，这以后我因忙于其他事务，一直无暇顾及对这本教材再次进行修订，甚至2007年出第2版时，也没有做大的修订。当我在出版社的一再催促之下，对其进行第3版修订时，已是12年后的今天，距离我当时开设这门课，已历时整整20年，而此时我已过天命之年。

在这个教材不如“专著”的时代里，我为主编这样一本既能融众家之长，又不失自己特色的《中国文化概论》教材而倍感骄傲！其实，现在很多所谓的“专著”，除了作者本人校对时读过外，恐怕也很少有人再读它了，出版之日就是死亡之时。相比之下，我怎能不为这本一版、再版乃至三版，已累计发行几十万册的教材而感到自豪与欣慰呢！正是缘于对这本教材的特殊感情，我宁愿丢下自己的专业课“中国文学批评史”不上，也始终坚持为本科生开设“中国文化概论”课程。

正值《中国文化概论》第3版修订之际，教育部印发了《完善中华优秀传统文化教育指导纲要》，强调加强中华优秀传统文化教育，是深化中国特色社会主义教育和中国梦宣传教育的重要组成部分，是构建中华优秀传统文化传承体系、推动文化传承创新的重要途径，是培育和践行社会主义核心价值观、落实立德树人根本任务的重要基础。根据这一精神，结合时代的发展和课堂教学的需要，此次修订主要从以下两个方面进行：

一是为这本教材配上大量的插图，这是此次修订的最大亮点。我早就想使本书成为插图本《中国文化概论》了。20世纪90年代后，图片大行其道，以至于有人说"读图时代"到来了。我一直感觉，《中国文化概论》既应是文字的"图书馆"，也应是图片的"展览室"，这样图文并茂的教材，才能形象、生动、具体地展示中国文化的魅力和精神。为此，我们选择了170多幅图片插入书中。全书绪论及上下编9章共计10个部分，除第一章图片较少（只找了3幅），其他各章都有10多幅，有的还有20多幅，大体均衡。配图原则是根据各章的特点，直观的知识点用图较多，理论性的话题则较少用图；也考虑到不同类型，主要有人物图像、古籍版本书影、书画作品图片以及各类图表等等。需要说明的是，本书插图部分是从网上搜集、剪切而来，主要服务于学生的教学活动。因无法获悉图片版权所有人的具体信息而难以及时取得联系，我们在此表示歉意和感谢。请相关人员与出版社联系，以便及时支付报酬，或赠送样书若干。

二是将原来下编的第十章"中国传统文化的近代化"和第十一章"中国文化的现代转型与未来取向"两章撤下，由于课时及其他原因，教材中下编的内容在课堂教学中基本不涉及。初版时，下编还有一章"中外文化交流与传播"，考虑到其中相关的内容已在各章有所涉及，故修订版中已将这一章撤下。我近年一直在反思一个问题，就是我们过去常常为了体系的架构，甚至为了个人的臆想，而忽略了现实的需要，结果搞出许多大而全、全而空、空而不切实际的东西。《中国文化概论》初版的内容设置就有这样的弊端，绪论加上、中、下三编11章，从中国文化的历史地理环境、政治经济结构、儒道互补格局，到哲学历史、文学艺术、宗教礼俗、选举职官和科学技术，再到中外文化的交流传播、中国文化的近代化与现代化等，试图构筑一个庞大而又完整的体系。殊不知，体系再完备，如果不切实际，不过是空头幻想而已。现在的内容设置与初版相比，撤掉了4章，增补了2章，更换了一半的内容，结构也有了很大的变化。修订后的这本教材，空洞的理论少了，实际的内容多了；大而全的理论体系淡化了，课堂教学的有效性增加了。

此次修订得以顺利进行，首先要感谢念东君，他利用上课之余，搜集了大量的图片，并做了大致的分类，为本书的插图工作奠定了基础；其次要感谢出版社约请的审读专家，他认真地审读了全书，对一些观点内容和文字标点，提出了具体的修改意见；再次要感谢达送君，他为本书涉及的一些象形文字，提供了文字图片，并做了规范化处理；最后还要感谢我的学生黄诚祯，他仔细核对了全部书稿，并纠正了若干文字讹误。

本书第3版的分工、撰写情况如下：我撰写了绪论和第二、三、六、七章，并负责全书的统稿和最后审读工作；第一、九章由芮宏明执笔，第四、五章由张勇执笔，第八章由侯宏堂执笔。再次感谢所有参加《中国文化概论》初版、修订版、第2版和第3版编写工作的同仁和所有曾对这本教材的修订提出宝贵意见的朋友！

李　平

2014年12月22日